Rethinking
Reconstructing
Reproducing

*

———

"精神译丛"
在汉语的国土
展望世界
致力于
当代精神生活的
反思、重建与再生产

———

*

Séminaire: La bête et le souverain
Volume I (2001—2002)

Jacques Derrida

——————————

[法] 雅克·德里达 著 王钦 译

精神译丛·徐晔 陈越 主编

——————

野兽与主权者（第一卷）

西北大学出版社
·西安·

雅克·德里达

目　录

法文版总序　/　1

法文版编者说明　/　5

第一讲　2001年12月12日　/　11

第二讲　2001年12月19日　/　59

第三讲　2002年1月16日　/　103

第四讲　2002年1月23日　/　153

第五讲　2002年1月30日　/　211

第六讲　2002年2月6日　/　255

第七讲　2002年2月13日　/　291

第八讲　2002年2月20日　/　323

第九讲　2002年2月27日　/　371

第十讲　2002年3月6日　/　399

第十一讲　2002年3月13日　/　443

第十二讲　2002年3月20日　/　485

第十三讲　2002年3月27日　/　531

人名索引　/　556

译后记　/　559

法文版总序

雅克·德里达的研讨班和课程讲稿全编,将让读者获得一次前所未有的机会来接触这位哲学家的教学发言。这一全编将是德里达著作的新的组成部分,有别于他生前出版或修订的著作和其他文本,并且有着明显不同的地位。这些研讨班讲稿和授课讲稿作为整体,同时通过它们与德里达的哲学著作的关系,将构成一份无可比拟的研究材料;我们相信,它们也会提供一种关于德里达思想的不同体验,它与德里达的教学紧密相关。无论在法国还是国外,德里达的教学总是他写作的重要源泉。

我们准备出版的文稿数量庞大。从教学生涯开始,德里达就习惯将授课讲稿和研讨班讲稿几乎完完整整地写下来。我们手上有1.4万页左右的打印稿,按照每学年为1卷的基准计,可达43卷。这份材料可根据不同标准进行归类。首先,根据授课场所:1960年至1964年在索邦大学;1964年至1984年在巴黎高等师范学院;1984年至2003年在社会科学高等研究院。① 其次,根

---

① 我们也得加上在美国的教学场所:1968年至1974年在位于巴尔的摩的约翰·霍普金斯大学,然后是1975年至1986年作为访问教授在耶鲁大学。

据教学类型:1964年以前的课程有着不同的授课次数(从一次到十五次不等),此后则是他一直所谓的"研讨班"。最后——恐怕也是对编辑工作来说最相关的——根据执笔工具分类:1960年至1970年的讲稿是手写的;1970年至1988年的讲稿是打字稿,带有手写的注释和修正;1988年至2003年的讲稿是电子文档和打印资料。

在巴黎高等师范学院时期,德里达的研讨班已经具备自身的风格,也已经吸引了许多来自不同国家的听众(而在巴黎高师,研讨班能够选择的主题和作者,甚至是讨论的方式,都受到中等·高等教师资格项目的制约)。在社会科学高等研究院时期,德里达的研讨班形式基本固定:每周三下午5点至7点、一年12次,德里达每次都会在众多听众面前阅读他完整写好的讲稿,有时带点即兴发挥(此外还有几次即兴的授课,有时是关于文本的解读,以及几次讨论课)。由于此后可以自由选择主题,德里达便开始了一些长达数年的研究计划,它们以明确、连贯、扣人心弦的形式紧密相关。关于"哲学的民族性和民族主义"(1984—1988)的大问题,通向的是"友爱的政治"(1988—1991)的问题,接着通向关于"责任问题"(1991—2003)的长系列,后者依次聚焦秘密(1991—1992)、证言(1992—1995)、敌对与好客(1995—1997)、伪证与宽恕

在那里,德里达每年在常规学期(春季或秋季学期)开设课程。1987年至2003年,德里达定期在加州大学尔湾分校、社会研究新校、卡多佐法学院和纽约大学(1992—2003)教课。在美国的教学(除了部分例外,大体上是巴黎研讨班的重复)最初以法语进行,但在1987年以后多以英文进行:德里达会事先在讲稿上写好英文注释,并在课堂上即兴发挥。

(1997—1999)、死刑(1999—2001),而最后两年的关注点是"野兽与主权者"(2001—2003)。

德里达习惯以这些研讨班的丰富材料为基础,准备他每年在世界各地进行的演讲,并经常在这一过程中修改和发表研讨班的部分内容。此外,他的一些著作也源于这些研讨班:例如,《论文字学》(1967)很大程度上是对1965—1966年研讨班"自然、文化、书写"的发展;关于"黑格尔的家族"(1971—1972)的研讨班内容进入了《丧钟》(1974);《友爱的政治》(1994)明显是对1988—1989年研讨班第一讲内容的扩充,而且其中也有其他几次授课内容的痕迹。但是,尽管有着部分重合与对应,这些为每周研讨班写下的数量庞大的讲稿仍然有待出版,它们将为已经出版的著作提供一个极为重要的补充。当德里达将某次授课内容予以发表——无论是否有过修改——我们会给出文献参照。我们的考虑是,这一研讨班全编作为原始资料,不宜在其中对这些版本作出比较性的阅读。

我们已经提到,编辑工作随文本的不同生产方式而有很大不同。就打字稿时期而言,许多手写修正和注释需要大量时间进行辨读;至于德里达完全手写的讲稿,转录他那漂亮但难认的字迹更是需要时间。因此,我们将首先出版德里达最后20年的研讨班,同时着手准备余下的部分。总之,我们的首要目标是呈现研讨班的**文本**,而德里达在**书写**它们时,会**考虑到**言说、大声阅读,因而它们会带有一些预设的口语标记和一些习惯性说法。我们无法确定德里达是否会出版这些研讨班讲稿,尽管他有时会表达这样的意图①；不过，如果他打算出版这些文本，他也很可能一如既往地会对它们进行改写，使它们变得更具书面性。当然，我们无法代替德里达做这一工作。如我们指出的那样，读者可以将这里呈现的原始版本和德里达自己单独发表的几次讲课进行比较。

Geoffrey Bennington

Marc Crépon

Marguerite Derrida

Thomas Dutoit

Peggy Kamuf

Michel Lisse

Marie-Louise Mallet

Ginette Michaud

---

① 例如，参见 *Politiques de l'amitié*, Paris: Galilée, 1994, "前言", 第 11 页。

法文版编者说明

这次题为"野兽与主权者"的研讨班,是雅克·德里达于2001年秋季至2003年春季在巴黎社会科学高等研究院(EHESS)开设的最后一个研讨班。与其尝试给出必然是简单化的概述,不如在此转录德里达为研究院年报所写的陈述:

此前几年关于死刑问题的研究,将我们带向了对于**主权**、对于主权概念和形象的政治与本体—神学历史的研究。这一年,我们有意将关注点放在这种历史与另一种历史——关于生物(生物学意义上的生物和动物学意义上的生物)的思考的历史,更准确地说,是关于处理各个层面上的所谓"动物生命"的历史(狩猎和驯服、动物园和动物庭院的政治史、对于活的动物的饲养、产业性和试验性的利用、"兽性"和"愚蠢"的种种形象,等等)——之间的纠葛。关键问题不仅仅是围绕将人阐释为"政治动物"这一点来研究从亚里士多德至今(福柯、阿甘本)的各个经典文本。我们首先需要探究的是各种"逻辑",它们不仅令野兽(和生物)服从于政治主权,而且在野兽和主权者之间确立了一种难以抗拒的、过剩的类比关系,两者被认为分享了一个外在于"法律"和"权利"的空间(外在于法律:高于法律:法的起源和根据)。

关于这个多元决定的类比关系,我们研究了它的一系列哲学、修辞学、政治学等形迹(拉封丹的《寓言》,此前和此后的传统,马基雅维利、施米特等人的文本,等等)。我们尤其从主权角度尝试对政治的动物形象进行分类(总是外在于法律:高于法律)。除了狮子、狐狸等等之外,(在许多文化中的)狼的"角色"和往往是(在欧洲的)"狼人"形象特别引起我们的兴趣,从普劳图斯到霍布斯和卢梭。

在我们持续的工作视野中,有着关于强力和权利、权利和正义、"人的固有性"、所谓"人"和不恰当地被以单数性总称来称呼的"动物"之间的边界的哲学阐释等大问题。由于"兽性"(bestialité)和"愚蠢"(bêtise)被认为是人在与同类的关系中固有的、与"动物"相异的东西,我们从这一观点出发,对一系列文本——拉康对于"兽性"的讨论、德勒兹(《差异与重复》)对于"愚蠢"的讨论、德勒兹和加塔利(《千高原》)对于"人向动物的生成变化"的讨论——展开"问题化"的阅读。①

---

① Jacques Derrida, «Questions de responsabilité (IX. La bête et le souverain)», dans l'*Annuaire de l'EHESS 2001—2002*, Paris, Éditions de l'EHESS, 2002, p. 607–608.

＊

本书再现了德里达在社会科学高等研究院授课时念的研讨班原稿。这次研讨班的第一卷对应于2001—2002学年,包含13次授课①,而第二卷(2002—2003学年)则包含10次授课。这次研讨班的大部分内容没有出版,不过第一卷的几次授课内容曾在各种学术会议上进行报告,并在此后以稍经修改的形式发表。

除了第九讲和第十三讲,这次研讨班的所有授课内容都备有完整的书写稿。第九讲即兴讨论了D. H. 劳伦斯的诗歌《蛇》(德里达在出版于2003年的《无赖》中有所涉及②),第十三讲是一次总结性的课,以回到研讨班起点的方式开场。我们认为,删略这两次课程内容颇为可惜,所以我们以一些简短的笔记,尤其是以录音资料③为基础进行了整理,但读者需注意,这两次授课内容必定不如其他几次授课可靠,因为作者无法阅读和检查整理稿。此外,德里达经常留时间给研讨班的参与者进行讨论。我们在授课

---

① 当代出版保存研究所(IMEC)存有两份《野兽与主权者》研讨班文本:第一份文本上有德里达手写的少量注释,他在念讲稿时会不断用笔对文本作出改动。这份文本包含从数字1到12顺序排列的全部讲课内容(这一次序因第九讲即兴讲课的插入而有所调整,见第九讲注释1),它也是本书用作参照的资料,此后记作"打印稿"。第二份文本包含德里达2002年春季在美国加州大学尔湾分校,以及2002年10月在纽约大学、社会研究新校、卡多佐法学院进行的研讨班的文本;除了第一讲之外,这份文本包含从数字2到12的完整内容。

② J. Derrida, «La raison du plus fort (Y a-t-il des États voyous ?)», *Voyous. Deux essais sur la raison*, Paris, Galilée, 2003, p. 23.

③ 由马勒(Marie-Louise Mallet)录音和保存。

内容中标记了这些环节,但决定不把它们包括进来;虽然这些讨论有录音(但在技术上有缺陷,常常有听不清、难以辨认的情况),但在我们看来,它们会引起太多问题。在这一点上,我们遵循在瑟里希(Cerisy)旬日会和其他有关德里达作品的主要讨论会那里的通常做法。

在研讨班的打印稿中,参考文献通常以简略的形式明确标记出来;我们对此进行了核对,对遗漏的部分通过"编注"进行补充。一些引文没有显示在打印稿中,而是作为从书本上复印下来的几页夹在文稿内。我们重新插入这些引文,必要时根据授课录音确认引文位置。此外,如果文献能在德里达位于里索朗日的住宅的藏书中找到,我们就用德里达自己的书。遇到有疑问的情形,或不能确定他所使用的书籍版本的情形,我们使用一般认为最可靠的版本。我们核对并在必要时改正了德里达的引文,调整明显的誊录错误,恕不一一标出;但在关键的地方,我们标出了引用或翻译的一些改动。关于参考文献的最后一点:德里达在整个研讨班过程中很多次提到了自己之前的著作,无论是否已经发表。凡是引用明确的地方,我们都给出了参照文献,哪怕所引用的作品属于尚未出版的研讨班本身。

至于我们编辑工作的技术性层面,相对来说比较轻松简洁。本书是德里达研讨班的完整文本,如实呈现了他写下和安排的样子,特别是那些很长的句子和段落。类似地,在更加微观的层面,标点符号也一切照旧;尤其是所有的方括号,都是德里达自己的。①

---

① 在译文中,为疏通前后文意,译者有时不得不增加一些方括号。——译注

不过，在极少情况下，我们作出了修正或调整，因为圆括号、方括号、破折号的增加（或缺失）使读者难以跟上论述。

我们保留了研讨班的所有口语表达，尤其是德里达放在方括号中的补充部分，尽管这些补充在念讲稿时经常被大幅修正。出于同样的考虑，我们选择保留圆括号内的指示，如"（板书）""（朗读并评论）""（重读）""（发挥）"——它们为研讨班赋予一种节奏，带来重音和抑扬。遇到以稍有不同的拼法重复出现的表达（大写、引号、强调、随意的省略等等），我们认为没必要系统性地调和这些差异性表达，因为它们不妨碍阅读。尖括号内的语词为我们所加，用于补充打印稿中的空白——经常是省略了的语词。在打印稿上，德里达习惯于在每次授课结尾处以类似电报的风格写下几行有待考察的研究内容。这些"边料"有时从一次课转录到另一次课，有时则被修正和扩充。考虑到它们并不构成一个持续的文本，它们没有被包含在本书之内。

最后，我们要感谢 Gil Anidjar、Joseph Cohen、Jean-Jacques Lavoie、Ursula Sarrazin 和 Stéphanie Vanasten，他们帮助解释或确认了有关希伯来文转写的语言问题、德语表述的翻译问题和一些参考文献。我们特别要由衷感谢 Georges Leroux 对于希腊文转写的细心修订。在他的建议下，我们决定在此遵照本维尼斯特（Émile Benveniste）在《印欧制度语汇》（*Le Vocabulaire des institutions indo-européennes*）中使用的准则。

Michel Lisse

Marie-Louise Mallet

Ginette Michaud

第一讲[①]

Première séance

2001年12月12日

① 这一讲几乎完整地发表在 2002 年瑟里希会议的会议纪要上,参见 *La Démocratie à venir. Autour de Jacques Derrida* (Marie-Louise Mallet (dir.), Paris, Galilée, 2004, p. 433 -456)。在 2003 年科英布拉会议上,德里达将它作为演讲文本,作了些许改动和扩展(«La Souveraineté. Critique, Déconstruction, Apories. Autour de la pensée de Jacques Derrida»);它最初以双语版本的形式单独出版,题为 *Le souverain Bien / O soberano Bem* (tr. Portugaise Fernanda Bernardo, Viseu, Palimage Editores, 2004),随后以"Le souverain Bien ou Être en mal de souveraineté"为题发表在会议纪要 *Derrida à Coimbra / Derrida em Coimbra* (Fernanda Bernardo (dir.), Viseu, Palimage Editores, 2005, p. 75 -105)上。最后,科英布拉会议的文本被进一步修改和扩充,并加了一个很长的导言,作为德里达 2004 年在法国索邦进行的最后一次演讲。这次演讲由柯恩(Joseph Cohen)发表在 *Cités*(n° 30, 2007, p. 103 -140)的特别号"Derrida politique-La déconstruction de la souveraineté (puissance et droit)"上,题为"Le souverain bien-ou l'Europe en mal de souveraineté. La conference de Strasbourg du 8 juin 2004"。——原编者注

La……*le*。

我再提一下这一年度研讨班的标题：[**阴性的**]野兽与[**阳性的**]主权者(*la bête et le souverain*)①。*La*, *le*。

自然，随着我的行进，一步步地行进，也许是蹑手蹑脚地/以狼的脚步(*à pas de loup*)行进，我会试图证明这个标题的合理性。你们如果听了前几年关于死刑的研讨班，就知道主权问题在那里是一个巨大而严重的核心问题。因此，通过接下来的研讨班的回转，或者说在它的转折点上，这一无法穷尽的问题将提供某种连续性，连接之前的研讨班和这一新的视野上有待开拓的内容。

在此处和别的地方，动物问题也是我们持续关心的问题之一。但确切来说，野兽不是动物，而恰恰是在事后，在选定了这个标题、选定了这个标题的字面表述("[**阴性的**]野兽与[**阳性的**]主权者")之后，我认识到了促使我写下这些语词的动机之一，或背后静默而坚决的含义之一，它潜藏在我的无意识中，潜藏在标题"野兽与主权者"的无意识中：也就是定冠词"*la*""*le*"(阴性、阳性)的语法所标记的性别差异，仿佛我们事先已经在这里命名了

---

① "la"和"le"分别是法语中修饰阴性名词和阳性名词的定冠词。另外，标题中的接续词"et"与系词"être"的第三人称单数现在时活用形"est"在读音上无法区分，这一标题在声音层面也可被理解为"la bête est le souverain" (野兽是主权者)。——译注

某个对子或某种耦合，某种联合或敌对、战争或和平、婚姻或离异的错综关系——不仅在两种生物之间（动物和人），而且在两种性别之间。在标题中，在法语这一特定语言中，这两种性别已经形成了一个舞台。

什么样的舞台？

"我们马上就会显示这一点。"（板书）

蹑手蹑脚。想象一个研讨班如此开场，**蹑手蹑脚地／以狼的脚步**：

"我们马上就会显示这一点。"

什么？我们马上要显示什么？没错，"我们马上就会显示这一点"。

想象一个研讨班以"'我们马上就会显示这一点。''什么？我们马上要显示什么？'没错，'我们马上就会显示这一点'"开场。这几乎什么都没说。

为什么说这样一个研讨班**蹑手蹑脚地**进行？

总之，我说了这句话。蹑手蹑脚。这句话指的是习语"à pas de loup"，它一般意指某种引入、不显眼的侵入，甚至是某种不引人注目的、不张扬的、秘密而隐蔽的非法入侵，某种尽可能不被注意，尤其是不被阻止、阻挠或打断的进入。"**蹑手蹑脚地／以狼的脚步**"行进，即走路不带声响，毫无预告地到达，谨慎地、安静地、不被人看到地前行，几乎不可听见、不可察觉，仿佛要让猎物大吃一惊，仿佛要出其不意地捕获在自己视线内却无法看到自己的猎物。猎物无法看到捕猎者已然看到它，已然准备出其不意地捕获（prendre）它、出其不意地把握（comprendre）它。所以，蹑手蹑脚的言语（因为我们在此讨论的是沉默的言语），不会以"鸽子的脚步"行进。伟大的哲学传统谈到鸽子时，多提及真理以无法察觉的进展或步伐在历史中前行，如小偷一般，或如飞翔一般。（①既然我们身处哲学的鸽笼中，不妨回想一下康德在《纯粹理性批判》导言里提到的"轻盈的鸽子"（*die leichte Taube*）②：它在飞行时感觉不到空气阻力，设想自己在真空状态下能飞得更好。特别是《查拉图斯特拉如是说》，尼采的这一著作是西方哲学书籍中最丰富的动物志之一，而且是一份政治动物志，充满作为政治形象的动物形象。在《查拉图斯特拉如是说》第二部分"至高的沉默时刻"（*Die stillste Stunde*）（这是歌的标题）的结尾，一只鸽子在一首歌中横越而过。这一至高的沉默时刻说话了，它向我说话，向我传达，它是我的言语、我的时刻，它昨日向我说话，在我耳边低语，这一言语离我最近，仿佛在我身内，如我内部的他者之声，如我的他者之声，而它的名字，这个沉默时刻的名字，**我的**沉默时刻的名字，是一个令人畏惧的女主人（souveraine）的名字："*Gestern gen Abend sprach zu mir meine stillste Stunde: das ist der Name meiner furchtba-*

---

① 打印稿中这里开始的开括号没有对应的闭括号。——原编者注

② Immanuel Kant, *Kritik der Reinen Vernunft. Werke in Zehn Bänden*, vol. III, Wilhelm Weischedel (éd.), Darmstadt, Wissenschaftliche Buchgesellschaft, 1968 [Insel-Verlag, 1956], p. 51; « Introduction », dans *Critique de la Raison pure*, tr. fr. A. Tremesaygues et B. Pacaud, Paris, PUF, 1950, p. 36.——原编者注

22 　ren Herrin[昨晚我的至高沉默的时刻（我的最大的沉默时刻、至高的[souverain]沉默时刻）对我说：这是我那可怕的女主人的名字：'das ist der Name meiner furchtbaren Herrin']。"①（评论：这一时刻，我的时刻，我至高沉默的时刻向我说话，而它的名字，这一绝对沉默的时刻的名字，是我最可怕的女主人的名字，她在沉默中向我说话，在沉默中命令我，通过沉默向我耳语，在沉默中、作为沉默而下达命令。）我希望你们自己读一下这首歌，在这里这个女主人要对他、**对我**说什么？在她对他（查拉图斯特拉说：对我）说了如下的话之后——"你身上最不可饶恕的事情（dein Unverzeihlichstes）就是，你有力量（Macht）却不想统治（du willst nicht herrschen）"，你有力量但你不想成为主权者——查拉图斯特拉的回答也一同召集了主权权力和野兽："我身上缺乏下达命令所需的狮子的声音。"在这一刻，他最沉默的声音如耳语一般对他说："Da sprach es wieder wie ein Flüstern zu mir: 'Die stillsten Worte sind es, welche den Sturm bringen. Gedanken, die mit Taubenfüssen kommen, lenken die Welt [...]'（最为静默的言辞带来风暴。以鸽子的脚步到来的思想指引世界）。"

　　读一下接下去的内容：一个很小的声音，以戏仿《圣经·列王记》的形式，这个沉默之声命令他下达命令②，但要在沉默中命令、

---

① Friedrich Nietzsche, *Also sprach Zarathustra. Ein Buch für Alle und Keinen* (1883—1885), dans *Kritische Gesamtausgabe*, t. VI, vol. 1, Giorgio Colli et Mazzino Montinari (éds), Berlin, Walter de Gruyter & Co, 1968, p. 183. 德里达的译文。——原编者注

② 德里达的打印稿作"commande de commander de commander（命令[他]下达命令下达命令）"，显然是笔误。——原编者注

成为主权者,学习如何命令、如何发号施令(*befehlen*),并学习在沉默中下达命令,他要明白正是沉默,正是沉默的命令,命令和领导着世界。在鸽子的脚上,以鸽子的脚步。

那么,现在我们身处何地?我们说过,不是如鸽子一般,尤其不是在鸽子的脚上,而是"以狼的脚步"。尽管与鸽子的脚步全然不同,但这也意味着:隐秘的、谨慎的、不惹人注目的方式。狼的脚步和鸽子的脚步的共同之处在于,它们都很难被听见。但[其中]一个脚步宣告战争,是战争首领,是命令战争的主权者,而另一个脚步则沉默地命令和平。在这里我们所关注的、大型的动物政治学中——这一动物政治学将持续引起我们的关注,而且已经事先占有了我们——这是两个主要形象。这两个形象**事先**占有了我们的空间。很难想象比鸽子和狼差异更大,甚至更敌对的动物了:自从有确保人类和动物的未来救赎的诺亚方舟以来,鸽子寓言着和平,而狼和猎鹰一样,寓言着狩猎、战争、捕猎、捕食。

存在一系列包含狼的形象的习语性表达和准谚语性表达("随声附和"[hurler avec les loups]、"狼来了"[crier au loup]、"饿极了"[faim de loup]、"严寒"[froid de loup]、"黄昏时候"[entre chien et loup]、"野心家"[un jeune loup]①、"大恶狼"[le grand méchant loup]等等)。这些短语都是习惯用语。它们并不都能从一种语言或文化翻译到另一种语言或文化,甚至无法从一个领域或地域翻译到另一个——并不是所有地方都有狼,而人们在阿拉斯加或阿尔卑斯、在中世纪或今日对于狼的体验也不尽相

---

① 这几个短语表达的字面意思分别为"和狼一起吠叫""狼的饥饿""狼的寒冷""狗和狼之间""年幼的狼"。——译注

同。这些习语性表达和这些狼的形象,这些寓言或幻想,随着地点和历史时刻的不同而变化;因此,狼的诸多形象遭遇到、并向我们提出许多前沿性的难题。真实的狼未经许可跨越了人类的诸多民族边界和制度边界,跨越了人类的主权民族国家。如我们所说,自然界中的狼,真实的狼,在比利牛斯山脉或阿尔卑斯山脉的这边或那边都一样①,但狼的诸多形象则属于不同的文化、民族、语言、神话、寓言、幻想、历史。

我选择"蹑手蹑脚"这一提到狼的"脚步"的表述,无疑是因为它几乎以**缺席**的方式提到了狼。狼被提到了,但你还看不到也听不到它的到来;除了名字,它依然缺席。它有出现的兆头,它令人感到不安,人们命名它、指涉它,甚至用它的名字称呼它;人们想象它,或在它身上投射某个印象、比喻、形象、神话、寓言、幻想,但指涉的总是某个正在蹑手蹑脚/以狼的脚步行进的东西,某个尚且不在那里,尚且不在场或未被表征的东西;你甚至看不到它的尾巴——如另一个谚语所说:"你谈到狼,就看到它的尾巴(Quand on parle du loup, on voit sa queue)",意思是当你谈论某人的时候,他刚好出现。我在研讨班开头说:"我们马上就会显示这一点。"但眼下,我们尚未看到或听到任何正在蹑手蹑脚行进的东西。

在这一系列谚语中,我之所以挑了带有"狼的脚步"的谚语,原因之一——有很多原因,太多原因,我无法一一列举,否则整个研讨班都将花在这上面——[原因之一]恰恰是,狼的缺席同样表

---

① 帕斯卡在《沉思录》中曾经提到,在比利牛斯山脉这一边是真理的说法,到了另一边就是谬误。参见 Blaise Pascal, *Pensée*, 60, *Œuvres complètes*, ed. L. Lafuma, Paris: Éditions du Seuil, 1963。——译注

现在"pas"（没有/脚步）的沉默作用之中。"pas"这个词不声不响地让人听到否定副词的野蛮入侵（pas［没有/脚步］、pas de loup［狼的脚步］、il n'y a pas loup［没有狼］、il n'y a pas le loup［那头狼不在这里/狼并不存在］），也就是否定**副词**"pas"对于**名词**"狼的脚步"的隐秘入侵。一个副词困扰着一个名词。副词"pas"（没有）隐秘地、蹑手蹑脚地潜入名词"pas"（脚步）之中。

这也就是说，恰恰在事物蹑手蹑脚地有出现征兆的地方，狼还不在那里，没有真实的狼，没有所谓自然的狼，没有字面意义上的狼。在事物蹑手蹑脚地有出现征兆的地方，狼还不在那里。那里只有一个词，一个言语，一个寓言，一个寓言的狼，一个寓言性动物，甚或一个幻想（*phantasma*：希腊语意义上的幽灵；或是精神分析的晦涩意义上的"幻想"，例如一个**图腾**对应于一个幻想）；那里只有另一个"狼"，它意味着别的东西——别的事物或别的人：如一个转喻性替代或增补一般，狼的寓言形象同时宣告和隐藏、显示和掩饰了这一他者。

不要忘了，法语里"loup"也指过去人们——比起男性来尤其是女性即"贵妇"们在某个时候、在特定场合尤其是化妆舞会上戴的黑色天鹅绒面具。所谓"loup"让她们可以居高临下地看到他人而自己不被看到，辨认他人而自己不被认出。这一戴面具的女人，便是我过去称作"面甲效果"①的女性形象。在《哈姆雷特》

---

① Cf. J. Derrida, *Spectres de Marx. L'État de la dette, le travail du deuil et la nouvelle Internationale*, Paris, Galilée, 1993, p. 26 -27.——原编者注

　［中译本参见德里达：《马克思的幽灵》，何一译，北京：中国人民大学出版社，1999。——译注］

中，父亲或国王的幽灵操纵甲胄的上半部分，当他放下面甲时，他能看到他人而自己不被看到。而在"loup"这里，在这个被称作"loup"的面具这里，面甲效果尤其、或至少最经常发生在女性身上。

为什么在戴上面具的藏匿状态这里，在"loup"这里，我们遇到的是戴面具的女人（la femme au loup）而不是戴面具的男人（l'homme au loup），但在"你谈到狼，就看到它的尾巴"这句谚语中，我们则更多被带向性别差异中的男性一端？

总之，在性别差异的两种情形下，"狼的脚步/没有狼"都指涉一种缺席，即诉诸狼的名称时，狼本身的缺席、字面意义上的不在场，因而这一对狼的涉及仅仅是形象性、比喻性、寓言性、幻想性、暗示性的：没有狼，只有"狼的脚步/没有狼"。而狼的这一缺席，这一若不通过寓言性话语便无法捕捉其本体（en personne）的缺席，同时表达了权力、源泉、力量、狡诈、奇袭、计谋或战略、支配方式。在这些称呼、说法、习语中，狼的本体尚未出现，而只是以面具的舞台形象（persona）、以拟像或话语的舞台形象，也就是以寓言或幻想的舞台形象出现；正是因此，狼更为强大，其力量的意义更为骇人、更具武力、更有威胁，事实上带有掠夺性。狼不在那里，没有狼本身，除了"狼的脚步"，在"狼的脚步"之外，除去"狼的脚步"，只有"狼的脚步"；正是因此，狼的力量更为强大，甚至至高无上（souveraine），摧毁一切。

我认为，这一无知觉的狼的力量（无知觉，因为人们无法看到或听到它到来，看不到也听不到，因而无法感知；同时，无知觉也是因为它极其凶残，对其潜在的受害者的苦难无动于衷）——这一无知觉的野兽的力量似乎无坚不摧（avoir raison de tout），因为通过这另一个独特的习语性表达(avoir raison de tout:摧毁、战胜、最为强大),出现了关于理性、关于动物学理性、关于政治理性、关于一般意义上的合理性的问题:什么是理性(raison)?什么是一个理由(raison)?什么是一个正当或不正当的理由?你们清楚地看到,当我从"什么是理性"的问题转移到"什么是一个理由",一个正当或不正当的理由,"raison"(理性/理由)一词的意思已经变了。而当我从"avoir raison"(正当、有理由)(也就是说,在争论或战斗时拥有能够提出的正当理由,拥有相对于不当理由的正当理由、相对于不义理由的正义理由),当我从合理讨论或理性讨论的"avoir raison"转移到权力关系、征服性战争、狩猎,甚至是拼死斗争那里的"avoir raison de"[摧毁],"raison"一词的意思再次发生了变化。

我说过,"我们马上就会显示这一点"。

我也说过,设想一个研讨班蹑手蹑脚地如此开场:

"我们马上就会显示这一点。"

什么?没错,"我们马上就会显示这一点"。

现在就是这一刻。你们已经意识到这是一句引文。

它出自拉封丹(La Fontaine)一则寓言的第二行。我们在研讨班中将要讨论很多狼,这则寓言将其中之一搬上了舞台。在此,这头狼来自寓言《狼与小羊》。其开头两行如下——在故事开始之前,在颇为少见地推迟了的叙事环节之前,这则寓言以寓意开场:

> 最强者的理由/理性(raison)总是最好的；
> 我们马上就会显示这一点。①

我要请你们关注我的同事和友人马兰(Louis Marin)在其题为《被吃掉的言语及其他神学—政治论文》的著作中讨论拉封丹这则寓言的出色章节。② 该著作中这一章节的标题是"最强者的理由/理性总是最好的"，在此之前有一个较短的章节，题为"寓言动物"。虽然我们的考察方式与之不尽相同，我们还是会不时提到马兰的分析，所以我强烈建议你们读一下。其分析进路有很多有意思的地方，其中之一在于，它在几个完全同时代的文本之间指出了一种历史性关联，即拉封丹的这则寓言、《波尔－罗亚尔一般语法》[1660]和《波尔－罗亚尔逻辑学》[1662]，以及帕斯卡尔《沉思录》中关于正义和力量的著名论述——马兰经常回到最后这个文本，而它的逻辑对我们而言也非常重要。我指的是帕斯卡尔题为"结果的理由"的文本，我会阅读这一整个片段，虽然更仔细的解读要留待之后进行，因为对于它的阐释要求集中全部的注意力和警惕(Brunschvicg 版《沉思录》第 298 页，Lafuma 版《沉思

---

① Jean de La Fontaine, «Le loup et l'agneau», *Fables*, Livre premier, fable X, édition établie, présentée et annotée par Marc Fumaroli, avec les gravures de Jean-Baptiste Oudry (1783), Paris, Le Livre de poche, 1985, p. 51.——原编者注

② Louis Marin, *La Parole mangée et autres essais théologico-politiques*, Paris, Méridiens/Klincksieck, 1986.

录》第 103 页）：

> **正义、强力**。追随正义者是正确的，追随最强者是必要的。正义离开了强力是软弱，强力离开了正义是暴政。没有强力的正义是自相矛盾的，因为总有坏人；没有正义的强力则会遭到谴责。所以正义和强力必须结合，为此要让正义者变强，让强力者变得正义。
>
> 关于正义，人们聚讼纷纭；强力则易于辨识，毫无争议。因此，不能为正义赋予强力，因为强力会与正义相矛盾，说它是不义的，说强力才是正义的。既然无法让正义者变强，就只能让强者变得正义。①

在关于这一片段的诸多阐释中，除了马兰的分析，我还想向你们提到我的小书《法之力》②以及本宁顿（Geoffrey Bennington）在《立法：解构的政治》中探讨德曼（Paul de Man）的出色章节"偏移：德曼（和）机器"。③

因此，这次研讨班的舞台上会出现很多狼。我们马上会表明，对于野兽与主权者之关系的兴趣，对于动物和政治、动物的政

---

① Blaise Pascal, *Pensées et opuscules*, Léon Brunschvicg (éd.), Paris, Hachette, 1946, §298, p. 470.

② J. Derrida, *Force de loi. Le « Fondement mystique de l'autorité »*, Paris, Galilée, 1994.

③ Londres/New York, Verso, 1994, p. 147 *sq*.

治等问题的兴趣,对于国家、城邦、共和国、社会体、一般意义上的法律、战争与和平、恐惧与恐怖主义、国内或国际的恐怖主义等语境下一切关于人与野兽的问题的兴趣,某种程度上都离不开"狼"的特权形象。而且,这不仅是在霍布斯的意义上这么说,不仅是在人和狼之间幻想性的、幻影般的、持续而反复出现的争吵意义上这么说——两者之间的争吵,**对于人而言的狼**、**对于狼而言的人**、**对于人而言的作为人的狼**和作为人类的人(超越男人和女人的性别差异)。(homo homini lupus[人对人是狼]:这个与格清楚表明,这句话也涉及人在人类空间内部,借助幻想、叙事、神话原则、寓言、比喻、修辞表现,来自我给予、自我再现或自我讲述这个关于狼的故事,这个关于人通过招来狼、追踪狼而狩猎狼的故事(对狼的狩猎被称作"louveterie");在这里,人们向自己讲述政治的故事、社会起源的故事、社会契约的故事,等等:**对于人而言,人是狼。**)

在我说到狼的时候,一定不要忘了母狼(la louve)。① 在这里,重要的不再是作为真实动物的狼和女性戴的面具之间的性别差异。在这里,问题不再是这个双重性的狼,这个"双生"语词,即两个阳性语词——自然界的狼、真实的狼,以及作为面具的狼(le loup),狼的拟像——而是母狼,它通常是性的象征,甚至是淫荡或丰饶的象征,它是另外那对双胞胎的母狼母亲,例如在罗马创建时,给双胞胎瑞摩斯(Remus)和罗穆卢斯(Romulus)轮流喂奶、依次或同时喂奶的那头母狼。说到双胞胎和起源性奠基神话,北美印第安人那里(既然我们也身处美国)经常有双胞胎争抢母乳

---

① 在罗马世界,母狼一般是淫荡的意象。法语中"lupanar"(妓院)一词即由此发展而来。——译注

的情况。而在欧吉布瓦族（Ojibwa）中，英雄马纳波佐（Manabozho）大部分时候与其兄关系融洽，但根据故事的不同版本，他要么在其兄去世后悲痛不已，要么亲手杀害其兄；那死去或被他杀害的哥哥是一头狼：真正的狼。他的哥哥是狼，他的同胞是狼。对这个男人来说，双胞胎哥哥是一头狼：一头友好的狼，一个友好的哥哥，他的死会让他悲痛不已，任何哀悼仪式都无济于事；或者，他是一头敌对的狼，一个敌对的哥哥，他会杀了这个双胞胎哥哥，也不会哀悼他。这些同胞、这些兄弟、这些友好或敌对的兄弟都是狼，它们是我的同胞和我的兄弟。

此外，神话中的狼群不计其数，回想一下日耳曼民族的诸神中的沃旦（Wotan）（北方神话中的沃旦或奥丁）。沃旦是战神，战争之怒的神（现代德语中"*wüten*"一词的意思就是大怒、由战争导致的破坏），沃旦作为主权君主、作为战争首领作出决断。主权是他的本质。当他坐在王位上，他身边有两头狼，它们是其高贵的象征，是活的武器，是捍卫其主权的活的武器。他把人们给他的所有食物都给这两头狼，因为他自己不吃东西，只喝水，尤其是蜜酒。另外，奥丁或沃旦还能随意变成野生动物，变成鸟、鱼或蛇。

我们会持续考察主权者向野兽、向动物的生成变化，主权者首先是一个战争首领，并且将自己规定为一个直面敌人的主权者或动物。敌人的可能性、敌对的可能性将他确立为主权者；施米特宣称从中认出了政治的可能性甚或主权者的可能性，认出了主权决断和主权性例外的可能性。在有关奥丁（或沃旦）和大地的化身娇德（Iord）之子索尔（Thor）的传说中，也出现了有关狼的可怕故事。巨狼芬里尔（Fenrir）在诸神黄昏之日中扮演了重要角色。这个故事很长也很复杂，我只提一点（留给你们自己重新整理故事内容):我记得这头凶狠而贪婪(没错,贪婪)的狼给诸神带来了威胁,他们为它设计了一个非常巧妙的陷阱。这头狼发现了这个陷阱,但同意自投罗网,前提是要满足它的一个条件①。根据契约,战神提尔(Tyr)将它放入陷阱中;条件满足之后,芬里尔最终将提尔的手腕咬断了。在此之后,为了遵守契约并补偿向狼提出的不正当考验,战神提尔接受自己断肢,他成为司法之神,正义和誓言之神,由他来确定所谓"物"(海德格尔所谓的"*Ding*")、物件、事由的法规和准则;也就是集会、辩论、共同商议、法律纠纷、争讼、判决的场所。物件、事由、正义、誓言之神,他的手被狼吃掉,手腕被狼咬断,被狼吞入口中。

接着——这份列表太过庞大——回想一下阿克拉(Akela),这位狼群的至高首领和幼狼之父,他保护并养育了毛克利(Mowgli)②。

现在,关于这个母狼和所有这些狼—人(hommes au loup),关于城市或城邦的创建,关于政治的起源、原初的社会契约和主权,我想提一下众所周知的一件事。卢梭反对人变成狼的某种幻想或幻影,或普劳图斯③的喜剧《阿西纳里亚》(*Asinaria*)里出现的"人对人是狼":"*Lupus est homo homini, non homo, quom qualis sit non nouit*"(没有人认识他的时候,人对人就不是人而是狼)。这句话

---

① 诸神制作了一条特殊的锁链,想要束缚芬里尔。后者提出一个条件,即必须有一个神让自己咬住手腕。最后战神提尔将手腕放在狼的口中,它才同意被锁起来。——译注

② 英国作家吉卜林(Rudyard Kipling)出版于1894年的小说集 *The Jungle Book* 中的人物,一个在丛林中被狼的首领阿克拉养育的野孩子。——译注

③ Titus Maccius Plautus(约前254—前184),罗马剧作家,以喜剧作品著称。作品多化用自希腊戏剧。——译注

的谚语般的核心将被许多人采用、再阐释、再补充、中介:拉伯雷、蒙田、培根,尤其是霍布斯。而且你们知道,卢梭思考和写作《社会契约论》,正是为了反对霍布斯的"人对人是狼",同样也反对格劳修斯。关于普劳图斯、特别是蒙田和霍布斯笔下的"人对人是狼",我们要到下次课的结尾再进行详细探讨。在此之前,我们先要绕一段路,这么做的必要性在接下去的过程中会得到证明。

  回到卢梭。在《社会契约论》第二章("论原始社会"),也就是似乎马上要在下一章"论最强者的权利"里回应拉封丹之前,卢梭批判了作为政治理论家、作为政治根基之理论家的格劳修斯和霍布斯,他们将公民还原为野兽,将人类的原初共同体还原为动物共同体。要言之,在这个动物共同体里,首领是某种狼,类似狼—僭主,类似柏拉图《王制》中变成狼的僭主(《王制》卷八,以后谈到我所谓柏拉图式政治学的"狼学"[lycologies]、谈到政治学作为关于狼[lukos]的话语时,我们会回到这一点上)。回到卢梭这里,这个首领是一个更强有力、因而能将他所命令的人——即牲畜(bétail)——吞食掉的主权者。不过,卢梭在别的地方(我不记得在哪里了①)也写道:"我像一个真正的狼人般生活"(我们之后会详细讨论狼人,这是另一个问题)。在此,在《社会契约论》(第二章)中,卢梭批判了格劳修斯和霍布斯那里对于政治起源的某种动物化。他写道:

    按格劳修斯的说法,究竟全人类是属于某一百个人的,抑或那一百个人是属于全人类的,仍然是个疑问;而

---

  ① 指的是卢梭《忏悔录》;参见下一讲开头部分。——译注

且他在他的全书里似乎是倾向于前一种见解的;而这也正是霍布斯的看法。这样,人类便被分成一群群的牲畜,每一群都有它自己的首领,首领保护它们,就是为了要吃掉它们。(重读)①

32　　[注意"为了要吃掉它们"这句话,别忘了"吃掉"这个词:这位首领并不是**通过吃掉它们**来保护这些野兽,而是最终要吃掉它们(我们已经置身于《图腾与禁忌》的空间内,吞食的残暴场景在其中被释放、抑制、压抑,因此被移置到症状之中;吞食的狼没有走远,这个大恶狼,这张狼嘴,小红帽狼外婆的大牙齿("外婆,你的牙齿真大"),以及《梨俱吠陀》中吞食的狼,或以吞噬时间的阿努比斯[Anubis]②之面貌出现的克洛诺斯[Kronos])——注意卢梭的文本中"为了吃掉它们"一语("这样,人类便被分成一群群的牲畜,每一群都有它自己的首领,首领保护它们,就是为了要吃掉它们"):这位首领并不是**通过吃掉它们**来保护这些野兽,他并不是先保护这些牲畜,然后再吃掉它们;不是的,他保护它们是**为了吃掉**它们,他保护它们**仅仅是为了吃掉**它们,为了可以残暴而饕餮地吃掉它们,用它的牙齿将它们凶残地撕裂,他为了自己而保存这些牲畜,就像我们(在食品储藏室内)为自己保存东西,但其目的是通过吞食,也即通过杀戮和毁灭,来为自己实现更好的

---

① J.-J. Rousseau, *Du contrat social ou Principes du droit politique*, Paris, Garnier Frères, 1954, p. 237. [中译文根据卢梭:《社会契约论》,何兆武译,北京:商务印书馆,2005,第 6–7 页,略有改动。——译注]

② Anubis 为埃及神话中的冥界之神,拥有狗或豺狼的脑袋。——译注

保存,就像人们为了自己而毁掉想要保存的东西那样——卢梭使用的词是"牲畜",也就是尚未被驯化(那又是另一回事了),但已经被人类**以人为目的**而界定和支配的一种动物性;通过人的组织性再生产,这种动物性的命运已经注定了:要么变成奴隶性的劳动工具,要么变成动物性食物(马、牛、小羊、羊等等,注意,这些都能成为狼的牺牲品或猎物)。

卢梭继续写道——我们仍然处在**类比**的层次上(你们很快会看到,"类比"是卢梭自己的用词),仍然处在形象的层次上,处在隐喻、比较甚或寓言的"类比"层次上:〕

正犹如牧羊人的品质高于羊群的品质,作为人民首领的人类牧人,其品质也就同样地高于人民的品质。据费龙的记载,卡里古拉皇帝便是这样推理的;他从这种**类比**竟然作出结论说:君王都是神明,或者说,人民都是畜生。

这位卡里古拉的推论……①

〔这确实是主权者的推理,是主权者给出的理由;我们别忘了,卢梭明确指出,这个话语、这个"推理"的署名者不是哪个哲学家或政治科学家,而是一位首领,一位君王,因此是一位主权者。这位主权者自己处在类比之中,处在他自己认可的"动物"类比之中。根本上,人从这个类比中消失了,消失于神和野兽之间:"君

---

① J.-J. Rousseau, *Du contrat social*…, *op. cit.*, p.237. 强调为德里达所加。——原编者注

〔中译文根据卢梭:《社会契约论》,何兆武译,第7页。——译注〕

王都是神明，人民都是畜生。"这位主权者，君王卡里古拉声称——他命令道，他从主权出发、从主权的位置上谈论主权，他说道：存在神和野兽，存在神学动物学，也仅仅存在神学动物学，而在神—人—动物学中，人只是短暂的、消失中的东西，它卡在中间，它是主权者和野兽之间、神和牲畜之间的单纯中介，一个连接符；我继续前面的引文：]

> 这位卡里古拉的推论又复活成为霍布斯和格劳修斯两人的推论。亚里士多德早在他们之前也曾说过，人根本不是天然平等的，而是有些人天生是做奴隶的，另一些人天生是来统治的。
>
> 亚里士多德是对的[avait raison：又是"理性"！这回，在"avoir raison"这一表达中，重要的不是"avoir raison de"（摧毁、战胜），而是"avoir raison"，即正义或正确]，然而他却倒果为因。凡是生于奴隶制度下的人，都是生来做奴隶的；只是再确凿不过的了。奴隶们在枷锁之下丧失了一切，甚至丧失了摆脱枷锁的愿望；他们爱他们自己的奴隶状态，有如尤利西斯的同伴们爱他们自己的畜生状态/愚蠢一样。因而假如真有什么天然的奴隶的话，那只是因为已经先有违反了天然的奴隶。强力造出了最初的奴隶……①

---

① 卢梭最后一句话如下："强力造出了最初的奴隶，他们的怯懦则使他们永远当奴隶。"——原编者注

[中译文根据卢梭：《社会契约论》，何兆武译，第7-8页。——译注]

因此,卢梭的论题一方面是:"最强者的理由/理性"**事实上最好**,事实上迄今为止都占有主导地位(最强者压倒最弱者,狼压倒羊);不过另一方面,最强者的理由/理性**在事实上胜出**,可**在法理上**(*en droit*),它却不是最好的,不能是最好的,不该是最好的,不该是正当的。一切都取决于寓言中"raison"一词的语义:当寓言说"最强者的理由/理性总是最好的",最好的究竟是理性本身、正当的理由、最为正义的理由、真正的理性,抑或是最强者(卡里古拉或主权者或寓言中的狼)给出的、声称的理性/理由?而"最好"也有两种截然不同的意思:要么是在事实上占有主导地位的一方,要么与之相反,指的是从法理上、根据正义而应该占有主导地位的一方。

我向你们连续引用了卢梭的一些段落,而且希望你们自己读一下《社会契约论》中的前后部分。这么做确乎是出于几个理由。

一、第一个理由是,我们将来要讨论的问题的大部分动机,已经交织在上面一连串句子中,首先就是这一持续的"类比",这一多重的、多元决定的类比。我们将看到,这种类比一方面通过许多形象将人与动物联系起来,将两者铭刻在一个比例关系中;另一方面,将人与动物紧密联系在一起,则是为了让两者相互对立:[显示]介于真正的"政治人"(*homo politicus*)和似乎具有政治性的动物之间、介于主权者和最强力的动物之间的异质性和不相称性。当然,对我们来说,"类比"一词是问题所在,而非答案所在。无论怎么理解这个词,类比总是一种理性,一种逻各斯,一种推论,甚至是一种计算,它回溯到一种生产关系、相似关系或可比性关系，在那里，同一性和差异性得以共存。

在此，每当我们提到野兽和主权者，我们都将看到两个通行表征之间的类比（通行的，因此也是成问题的、可疑的、有待探讨的）：一方面是被称作"野兽"或被表征为兽性的动物物种或生物种类，另一方面则是经常被表征为人性或神性——事实上是在人类学神学的意义上被表征——的主权者。不过，发展这一类比，清理或开垦它的领地，并不意味着完全信赖它，也不意味着仅仅朝着一个方向行进，例如将通常处于人类秩序中的主权（政治、社会或个人意义上的主权——这些已经是非常不同、很成问题的维度）还原为动物学、生物学、动物性或兽性的配置（préfigurations）（我们也必须谨慎区分这四个概念——动物学、生物学、动物、野兽）。

尽管有着种种诱惑，我们千万不能满足于指出：社会、政治，以及主权在其中的价值和施展，不过掩饰性地展现了动物性力量或纯粹力量的冲突，个中真理已经由动物学告知我们了，即归根结底是兽性、野蛮或非人性的残忍。人们可以列举出无数以这一图式为基础的陈述，它们可以形成一整个资料库或一个世界性的图书馆。我们也可以颠倒这个类比，从而获得相反的认识：不是说政治性的人仍然是动物，而是动物已然具有政治性，我们可以轻易举出很多所谓动物社群的例子，可以看到精致而复杂的、带有等级结构的组织方式，可以看到权威和权力的属性、象征性的信任现象———一众通常被认为属于（被天真地被保留给）与**自然**相对的所谓人类**文化**的东西。例如，仅举长久以来令我感兴趣的一个迹象，它触及被许多哲学家和人类学家认为是人和人类法律所固有的现象：乱伦禁忌。基于现代灵长类学，并且（请原谅我提到这一点)基于我在论及动物和人的固有性质这一大问题时(也就是几乎所有时候)所强调的特征——我将此称为"**肉食阳具逻各斯中心主义**"(*carno-phallogocentrisme*)(关于这一问题,为了节省研讨班时间这个单纯的经济原因,我想提到最简要的几部近著:《论精神》《标点》中的"正确进食"、《自传性动物》中的"我所是/追随的动物"以及《为了将来》,阅读……并参照《自传性动物》中列出的参考文献①)——我一直在强调自然和文化之边界的脆弱性和渗透性(porosité),一直在强调如下事实,即在一些所谓高级猿人的社群里,也存在避免乱伦的情况(避免和禁止的边界总是很难辨认),正像如果我们观察仔细的话,会发现在人类社会中,正是在乱伦看上去遭到禁止的地方,乱伦不可避免地发生了。在这次研讨班中,我认为目前我们能给予自己的唯一准则,就是不再依赖于通常被信赖的,介乎所谓自然与文化、自然与法律、*physis*(自然)与 *nomos*(法)、上帝、人、动物或"人的固有性质"之间的种种对立性边界,也不要将一切混为一谈,急于通过

---

① *Cf.* J. Derrida, *De l'esprit. Heidegger et la question*, Paris, Galilée, 1987 [中译本参见德里达:《论精神》,朱刚译,上海:上海译文出版社,2008。——译注];«"Il faut bien manger" ou le calcul du sujet», entretien avec Jean-Luc Nancy, dans *Points de suspension. Entretiens*, Elisabeth Weber (éd.), Paris, Galilée, 1992, p. 287 – 298; «L'animal que donc je suis (à suivre)», dans *L'Animal autobiographique. Autour de Jacques Derrida*, Marie-Louise Mallet (dir.), Paris, Galilée, 1999, p. 251 – 301 (repris dans *L'animal que donc je suis*, M.-L. Mallet (éd.), Paris, Galilée, 2006, p. 15 – 77); «Violences contre les animaux», dans *De quoi demain... Dialogue*, avec Élisabeth Roudinesco, Paris, Fayard/Galilée, 2001, p. 105 – 127. ——原编者注

类比逻辑冲向各种相似性和同一性。每次我们对一个对立性边界提出质疑时，要做的不是得出"同一性"这个结论；相反，我们必须加倍关注差异性，在一个重新结构起来的领域内强化我们的分析。举一个与我们研讨班非常相关的例子：一些**动物社群**和动物组织在下述各方面都非常精致而复杂——在家庭关系组织和一般意义上的社会关系组织上，在劳作和财富分配上，在建筑上，在对于所有物、财产或非天生能力的继承上，在战争与和平的行为上，在权力等级制上，在绝对首领的配置上（通过一致认同或强力，如果两者可以区分的话），这个首领握有其他成员的生杀大权，也带有反叛、和解、给予赦免等等可能性——上述现象是没有争议的事实；但仅仅考虑到这一点是不够的。这些几乎无可争辩的事实，并不能让我们下结论说，在非人类生物的共同体内存在着**政治**尤其是**主权**。"社会性动物"的意思未必是政治动物；所有**法律**未必都是伦理性、司法性或政治性的。因此，我们的反思核心正是**法律**概念，以及随之而来的契约、权威、信任和其他许多概念。在一切所谓动物社群中，统治（以非常差异化和异质的方式）社群的法律，与我们所理解的人权和人类政治意义上的"法律"性质相同吗？在西方（这个概念本身也是我们要尽可能加以考察的一个建制），主权概念所具有的相对短暂却相当复杂的历史，是否是某种法律/法则的历史？在用于组织所谓动物社群中的各种等级化关系——权威、领导权、强力、权力、生死权力——的法律/法则那里，是否可以见到同样的结构？考虑到下面这一点，这个问题就更为晦涩也更为必要了：就这个非常初步的阶段来说，我们过去几年谈论施米特时反复提到①,在主权的立场上,能够辨认的最小特征是一种**给予**法律、**创造**法律,同时也**悬置**法律的权力。它是一种让人将自己置于权利(droit)之上的例外权利,可以说是一种对于非权利的权利。它有可能让人类主权者凌驾于人性之上,靠近无所不能的神性(并且,这一点往往奠定了主权原则的神圣和神学起源);与此同时,由于这种对法律/权利的任意悬置或中断,主权有可能让主权者看起来像是最凶残的野兽,不尊重任何事物,藐视法律,直接将自己放在法律之上,与法律保持距离。根据我们起初提到的通行表征,主权者和野兽的共同之处是,两者似乎都外在于法律。两者似乎在定义上就远离或超越法律,对绝对的法律毫不尊重。他们创造了绝对的法律,或他们自己就是绝对的法律,但他们并不尊重它。或许从一方面来看,这个外在于法律的存在(这是主权的形象),能够以高于法律的形式出现,因而能够以法律本身、以法律起源的形式出现,以法的守护者形象出现,仿佛凭借一个大写的"法",法律的条件先于、高于因而外在于法律,在法律的外部,甚或异质于法律;但另一方面(这是通常从动物性或兽性来理解的形象),这个外在于法律的存在,也可以指法律不出现,或不被尊重,或是被触犯的场合。"外在于法律"的这些模式(无论是野兽的模式、罪犯的模式,甚至是我们去年讨论的大罪犯的模式——本雅明[Walter Benjamin]曾说,即使大罪犯被定罪和处刑,他也令大众着迷,因为他除了违抗法律之外,还违抗了作为暴力垄断者的国家的主权——[无论是野兽的模式、罪犯的模式,甚至

---

① 尤其参考德里达的研讨班《友爱的政治》,1988—1989,Paris,EHESS,未刊稿,以及前揭著作《友爱的政治》。——原编者注

是我们去年讨论的大罪犯的模式，]抑或是主权者本人的"外在于法律"）可以表现得彼此相异，甚至在表面上异质于法律，但如下事实始终不变：野兽、罪犯、主权者共同分享/分割着这种"外在于法律"，他们有着令人感到棘手的相似性；他们彼此呼召、彼此联想，从一个到另一个；在主权者、罪犯和野兽之间有一种难以捉摸而充满魅力的共谋关系，甚至是一种令人不安的相互吸引，一种令人不安的熟悉感，一种**诡异的**（unheimlich/ uncanny）相互纠缠。动物、罪犯和主权者，二者——三者都外在于法律，远离或高于法律：虽然看上去位于不同的极端，位于彼此的极端，罪犯、野兽和主权者却奇特地彼此相似。而且，这里再次短暂出现了狼："狼"的称呼被给予一位国父，一位国家领袖。被称为阿塔图尔克（Atatürk）（土耳其人的国父）的凯末尔（Mustapha Kemal）被支持者们称作"灰狼"，以纪念他们的神话先祖、"蓝狼"成吉思汗。

我认为，从一定角度来看，野兽和主权者两者都外在于法律，或"没有法律"，或"高于法律"，两者之间令人不安的相似和重叠，解释并产生了某种催眠般的魅力或不可抗拒的幻觉，让我们像透过 X 光一般，在主权者的特征底下看到、投射、感知野兽的面庞；或者相反，如果你愿意的话，仿佛也可以透过无法驯服的野兽的外表，看到主权者的形象。就像那些通过一个形象辨认另一个形象的游戏那样。在这一令人晕眩的诡异（unheimlich/ uncanny）幻觉中，我们仿佛被一个幽灵捕获，或毋宁说是被一种幽灵性（spectralité）的景观捕获：主权者那里的野兽的幽灵，和野兽那里的主权者的幽灵，一方栖息或盘踞在另一方那里，一方变成另一方的亲密主人，动物变成主权者的"hôte"（主人和客人），同时也是他的人质；此外，我们知道，这个主权者可以非常愚蠢（bête），却无损于其职位所确保的全能,也可以说是由"国王的两个身体"①之一所确保的全能。因此,在野兽和主权者这两个形象的变形式叠加中,我们可以预感到,一个深刻的、根本性的本体论系词运转在这个对子里;它像是一个配对(accouplement),一种本体论意义上和本体—动物—人类—神学—政治意义上的交配:野兽成为主权者,主权者成为野兽:野兽和(et)主权者(连词),同时野兽是(e. s. t.)主权者,主权者"是"(e. s. t.)野兽。

因此(这是我们反思的主要关注点之一,也是最具现实政治性的一点),今天政客们经常用来批判主权国家的修辞伎俩便是,这些国家不尊重国际法或权利,这些国家是法语中所谓的"无赖国家"(États voyous)(我们会对此进行详细讨论)——无赖国家,也就是不法国家、罪犯国家,行为像恶棍一样的国家,像劫匪、粗鲁的流氓一样的国家,它们凭自己的感觉行事,不顾国际法,它们置身于国际礼节的边缘地带,破坏财产、边界、法则和良好的国际礼仪,包括破坏战争法(根据一些主权国家首脑们的修辞,恐怖主义是这一不法行为的经典形式之一,而这些首脑们宣称自己很尊重国际法)。"États voyous"是对英语"*Rogue State*"的翻译(德语"*Schurke*"也有"无赖"、粗鄙之人、骗子、坏蛋、暴民、恶棍、罪犯等意思,这个词也用于翻译"*rogue*")。英语"*Rogue State*"似乎是首先出现的名称("voyou"和"*Schurke*"都是翻译),因为这一谴责首先出现在英语里,由美国使用。如果我们沿着这一方向前进并考察

---

① *Cf.* Ernst Kantorowicz, *Les Deux Corps du roi. Essai sur la théologie politique au Moyen Âge*, tr. fr. Jean-Philippe et Nicole Genet, Paris, Gallimard, 1989.——原编者注

"rogue"一词的种种用法、语用学和语义学（莎士比亚经常用这个词），会发现它也与动物性或兽性有关。无论是大象、老虎、狮子或河马（更一般地说，肉食动物），"rogue"都是指连动物共同体的法律，连兽群、同类的法律都不遵守的个体。因其蛮横或不受束缚的行为，它选择待在自己所属的社群中或是离开。要知道，被谴责为无赖国家的那些国家，经常将谴责的矛头倒过来对准指控者，声称真正的无赖国家是那些主权性的、强大的、霸权性的民族国家，它们首先就不尊重自己口口声声提到的国际法或权利，而且长期以来实行国家恐怖主义——后者不过是另一种形式的国际恐怖主义。在这场争辩中，首先遭到谴责的指控者就是美国。美国被指控实行国家恐怖主义，而且经常违背联合国决议；美国谴责其他国家的时候，谴责其他所谓无赖国家的时候毫不迟疑，但自己却经常违抗国际法的司法机构。我们会回过头来详细讨论这个问题领域。乔姆斯基（Noam Chomsky）甚至写了本题为《无赖国家：国际事务中的力量法则》①的书，凭借过去几十年的地缘政治史的许多事实和证据，这本书的主要目的是支持针对美国的指控。美国随时准备谴责其他国家为无赖国家，但事实上它可以说是最无赖的一个，最经常触犯国际法，哪怕它要求其他国家（经常是通过武力，只要美国觉得合适）尊重国际法，但只要它自己觉得合适，它就不会尊重国际法。美国指控性地使用"无赖国家"一词，这是最为虚伪的修辞策略，是最为凶险、败坏、险恶的伎俩，以掩饰美国不断诉诸最强武力，不断诉诸最不人道的凶残

---

① Noam Chomsky, *Rogue States. The Rule of Force in World Affairs*, Cambridge (USA), South End Press, 2000.

行径。我们暂时仅从乔姆斯基在《无赖国家》中展示的重要材料当中举出一例,并从里面挑出对我们这里的考察来说非常重要的动物相关语汇:这个例子出自这本书开始时谈到的一段历史,即美国与萨达姆·侯赛因(Saddam Hussein)的伊拉克之间长期而复杂的关系。当然,乔姆斯基对萨达姆或伊拉克并无多少宽容,他以一系列众所周知的事实为基础,将伊拉克描述为"犯罪国家之首"(第24页,阅读前后相关页码)。但如果萨达姆的伊拉克确乎占据犯罪国家列表首位,如果像美国国务院近十年来不断提醒我们的那样,萨达姆的罪行在于使用大规模杀伤性武器来对付邻国和本国人民,乔姆斯基也很容易地指出,萨达姆很长一段时间内被美国当成盟友和客户。这一待遇最终导致的是一场骇人的生物武器战争,数以千计的伊拉克人因此丧生(乔姆斯基引用的联合国儿童基金会数据显示,每个月都有五千名儿童因营养不良和疾病死去);将萨达姆当成尊敬的盟友和客户,这一待遇一直持续到萨达姆不再听从美国的政治和军事经济战略为止(同样的事情也发生在塔利班那里)。只有到那个时刻,伊拉克才不再是盟友、同伙或顺从的客户,而成了一个"无赖国家";只有到那个时刻,人们才开始将萨达姆这个无赖国家的首领说成是野兽,"巴格达的野兽"。① 我指出这一点是为了告诉你们,在接下来的研讨班中,我们恐怕会就所谓"9·11"谈论很多。

虽然说得非常简短且纯粹是预告性质,以上便是"类比"这个晦涩的词——政治主权者和野兽之间的类比——引领我们到达的晦暗场所。"类比"这个词不仅晦涩,其概念或定理、其理论内

---

① N. Chomsky, *Rogue States*..., *op. cit.*, p. 28.

核也无法看见、难以接近;"类比"这个词晦涩、昏暗、晦暗不明,犹如现实中一团骇人的乌云,预示和携带着电闪雷鸣、暴风骤雨的威胁;这个词晦暗不明,因为它充满了难以名状的各种(现实或潜在的)暴力和历史灾祸;当(国内或国际)法、战争、内战或国际性战争、(国家或国际)恐怖主义等名字失去了它们最基本的信赖度,我们甚至将无法知晓这些灾难,也无法命名这些灾难。

二、我引用《社会契约论》的这些段落的第二个理由,是其中已经出现了需要我们首要关注的一些哲学家、哲学命题、政治哲学:例如亚里士多德、格劳修斯和霍布斯。在这里,卢梭把三者迅速刻写在同一个传统中,忽略了一个重要事实,即霍布斯写作《利维坦》和《论公民》并发展出一套主权理论(我们后面会讨论),恰恰是为了告别亚里士多德,告别亚里士多德从他那著名但始终含混的定义——人是政治生物或政治动物(*politikon zôon*)①——那里引出的种种后果。自然,我们得阅读或重读这些文本。

三、我提到《社会契约论》最初几章的第三个理由在于,在我刚才引用的段落里,卢梭为"畜生状态/愚蠢"(abrutissement)加了一个注释("他们爱他们自己的奴隶状态,有如尤利西斯的同伴们爱他们自己的畜生状态/愚蠢一样")。这条注释提到了普鲁塔克(Plutarch):"参见普鲁塔克的一篇题为《动物运用理

---

① Aristote, *Politique*, I, 1253 a 3, tr. fr. Jean Aubonnet, Paris, Les Belles Lettres, 1991, t. I. ——原编者注

性》的短论。"①普鲁塔克的这个非常有意思的文本由阿米约（Amyot）译成法语，收在方特涅（Élisabeth de Fontenay）作序的《动物三论》②中。卢梭提到的文章在其中题为《野生的野兽（bêtes brutes）运用理性》。对我们而言，"野生"（brutes）一词很重要，它的含义不仅是"动物性"，而且是动物的某种兽性。我强烈建议你们读一下这几个文本，它们可以耗费我们很长时间。在《野生的野兽运用理性》中，几个不同的声音进行哲学讨论，而讨论一开始就已经或再次召唤出狼的形象，召唤出一种类比，或是准变形，即从人到狼（还有狮子）的过渡。这次讨论以变形式的类比开场：

> 喀尔刻，我觉得我已经理解了你说的，我会记住的。但能否请你告诉我，被你变成狼和狮子的人里面，有没有希腊人？③

接着往下看。注意，讨论的参与者之一格里琉斯（Gryllus）在赞美动物的某种德性时，恰恰认为这一动物德性高于或远离法

---

① J.-J. Rousseau, *Du contrat social*, op. cit., «Chapitre II. Des premières sociétés», p. 237, n. 3.——原编者注

［参见卢梭：《社会契约论》，何兆武译，第7页。——译注］

② Plutarque, «Que les bêtes brutes usent de raison», dans *Trois Traités pour les animaux*, tr. fr. Amyot, précédé de «La raison du plus fort», par Élisabeth de Fontenay, Paris, POL, 1992, p. 123 sq.——原编者注

③ Plutarque, «Que les bêtes brutes usent de raison», dans *Trois Traités pour les animaux*, op. cit., p. 125.

律。我读一下对于动物的这一伦理和政治赞词。动物的道德、社会甚至政治德性,在这里高于或先于法律——有点**像**(这个"像"带有类比问题的全部分量),有点像主权者:这是在《动物三论》第129页:

> 然而,你可以看到,动物与你们人类打斗和彼此打斗时,不用诡计和战术,它们用的是坦诚和坦率的勇猛;它们以一种率真的大度来抵御和袭击敌人,而**根本不需要法律告知它们去打斗**[我强调这一点],也不是因为害怕自己的胆小怯懦会受到制裁。此外,凭借自然的本能,它们厌恶失败的状态;它们忍受和抵抗到底,不作屈服。[继续读下去;跳几段:]
>
> [……]你不会看到动物向敌人乞求宽恕或承认失败[普鲁塔克的错误:评论]:一头狮子从未因怯懦而受到另一头狮子的奴役,或一匹马受到另一匹马的奴役;人就不一样,很容易就能接受奴役的生活,人是懦弱的近亲。
>
> 说到那些被人所发明的精妙陷阱或诡计捕获的动物,如果是成年动物,它们就会拒绝进食进水,与其接受奴役不如选择死亡。[评论]①

如果要将《社会契约论》中提到普鲁塔克为"动物理性"辩护的这个注释放到一个卢梭式的脉络中,我们还应该细读《爱

---

① *Ibid.*, p. 129 –130.

弥儿》(第二卷)中的一个超过三页的长段落,它引用自普鲁塔克《动物三论》中的第一篇文章(《如果允许吃生肉》)的开头部分。在引用普鲁塔克之前,叙事者警告爱弥儿这个想象的学生不要吃肉。孩子天生是素食主义者,重要的是"不要把他们变成肉食者"。这既是为了他们的健康,也是为了他们的性格。这位老师说道:

[……]无疑,喜欢吃肉的人往往比其他人更残酷、更凶残:这一观察放之四海而皆准。英国人的野蛮人尽皆知……所有野蛮人都很残酷,这不是他们的习俗所致。这一残酷源于他们的食物[评论:残酷和血①、残酷和死刑]。他们去战场一如去狩猎,对待人**像**对待熊那样[我的强调:始终是人—动物学类比的这个"像"]。在英国,屠夫和外科医生一样无法当证人。大罪犯饮血之后,杀人不眨眼。②

(出于谨慎考虑,卢梭在这里加了一个注释,因为他的译者告诉他——译者总是最警觉、最可怕的读者——事实上英国屠夫和外科医生有权利当证人,只是屠夫无权作为刑事裁判的陪审员,外科医生则不然。)继续读下去,读一下引用自普鲁塔克之辩护或

---

① 打印稿作"sans"(没有),盖为"sang"(血)之误。——原编者注

② J.-J. Rousseau, *Émile ou De l'éducation*, Livre second, chronologie et introduction par Michel Launay, Paris, Garnier-Flammarion, 1966, p. 196 – 197. ——原编者注

控诉的长段落。在对肉食文化及其"残酷的快乐"的审判史上,这是最为雄辩的文本之一。("你不是在吃这些肉食动物,你是在模仿它们;只有那些无辜而温顺的野兽,那些不会伤害任何人的野兽,才让你感到食欲。这些野兽亲近你、服侍你,而作为对它们服务的回报,你**吞食**[我强调这个词]它们。")

你们恐怕已经注意到,与吞食相关的语汇("吞食""贪婪")反复出现:野兽是贪婪的,而人吞食野兽。吞食和贪婪。吞食(*devoro*)、贪婪(*vorax*)、贪婪者(*vorator*)。与嘴、牙齿、舌头相关,它们迫不及待地想要残暴地咬、吞咽、吞下他者,也想将他者纳入自身内部,想要杀死或哀悼他者。主权是吞食性的/贪婪的(*dévoratrice*)吗?是否可以说,主权的强力、它的权力、它的最大力量,主权的绝对权能,从本质上说,归根结底总是一种吞食的权力(嘴、牙齿、舌头,迫不及待地咬、吞咽、吞下他者,将他者纳入自身内部,杀死或哀悼他者)?但是,通过内面化的吞食,也即通过唇、口、嘴、齿、喉、声门和舌头——这些也是喊叫和言说的位置、语言的位置——经过这些部位的东西,同样可以栖居在面部或面庞的另一个位置那里,即耳朵、耳朵的诸特征、让人言说和听见和倾听的视觉形态(因此也是视—听觉形态)。小红帽对狼说:"外婆,你的耳朵真大。"**吞食**的位置也是带有声音的位置,是扬声器["porte-voix",字面意思是"声音携带者"]的位置(*topos*)——简言之,是**带来声音/喊叫**(*vocifération*)的位置。在这里,吞食和喊叫是面庞的形象(la figure de la figure),是张大嘴巴的面庞,但也是比喻的形象/面庞,即比喻形象的形象(la figure de la figure),大声喊叫的吞食和吞食性的喊叫。一方面,喊叫把被吃掉、吞食或内在化的东西外在化;另一方面,与此相反或与此同时,吞食把被外在化或说出来的东西内在化。关于这个主题——吞食、说话、吃、言说、倾听、通过耳朵接收到内部、服从——关于野兽和主权者的主题,我请你们自己思考一下这个故事,即阿波罗(Apollo)为惩罚弥达斯国王(Midas)在音乐比赛中支持对手一方,让他长出了驴耳朵。驴很不公平地被当作最愚蠢的野兽。弥达斯把驴耳朵藏在王冠下面,而当他的理发师发现它们并将这个秘密透露给大地时,奥维德写道:芦苇在风中低语——"弥达斯国王长了驴耳朵!"接着是在《特里斯丹与绮瑟》中,有另一个国王,另一对动物耳朵,即马克国王(Marc)的马耳。

> 最强者的理由/理性总是最好的:
> 我们马上就会显示这一点。

从某种意义上说,任何研讨班都不该如此开场。但事实上所有研讨班都如此开场,以某种方式预告并延宕提示或证明。所有研讨班的开场,都有一个寓言般的"我们马上就会显示这一点"。

什么是寓言?

首先,我们可以自问(没错,**自问**;但当我们自问的时候,当一个人问自己**某事**的时候,是在干什么?当一个人向自己提出问题,就某个主题进行自问,或者——这又是另一回事——对**自己本身**发问的时候,是在干什么?一个人向自己就自己发问,仿佛这是可能的,仿佛自己是一个他者)——首先,甚至是在开始之前,我们可以自问:研讨班和寓言之间,研讨班和虚构、拟像、虚构性言语的模式之间,研讨班和我们称作寓言的、关于"从前"和"似乎"的叙事之间,可能是什么关系？尤其是,如果这个寓言将一些寓言性的野兽搬上舞台:小羊、狼以及《创世记》(1:21)中上帝创造的大型海兽,或《但以理书》记载的梦中或幻觉中出现的四头野兽(你们自己读一下《但以理书》(7:2);以及 7:17:"这四个大兽就是四王将要在世上兴起",也就是历史—政治主权的四个野兽形象);此外,尤其是《圣约翰启示录》中的所有野兽,它们明确作为政治形象或战争形象出场,解读它们得花去几个研讨班的时间;还有比希莫特和利维坦——终末论意义上的海兽名称,这条政治巨龙在几乎是上帝向约伯的最后传言(40:15)中得到了重新命名,我想请你们重读一下:"你且观看河马[比希莫特]。我造你也造它。它吃草与牛一样。它的力气在腰间……"跳几行,《约伯记》后面写道:

> 你能用鱼钩钓上鳄鱼[利维坦]吗？能用绳子压下它的舌头吗？
> 你能用绳索穿它的鼻子吗？能用钩穿它的腮骨吗？
> ……
> 你能用倒钩枪扎满它的皮,能用鱼叉叉满它的头吗？
> 你按手在它身上,想与它争战,就不再这样行吧。
> 人指望捉拿它是徒然的。一见它,岂不丧胆吗？
> 没有那么凶猛的人敢惹它。这样,谁能在我面前站立得住呢？
> ……
> 论到鳄鱼[利维坦]的肢体和其大力,并美好的骨

骼,我不能缄默不言。①

继续读下去,但记住这句"我不能缄默不言"。同样,读一下《以赛亚书》(27:1):

> 到那日,耶和华必用他刚硬有力的大刀,刑罚鳄鱼[利维坦],就是那快行的蛇,刑罚鳄鱼[利维坦],就是那曲行的蛇。并杀海中的大鱼。②

此外,读一下《诗篇》(74:13,14),会看到人们始终吁求上帝毁灭、杀死利维坦这个丑陋、强大、可憎的野兽:

> 你曾用能力将海分开,将水中大鱼[龙]的头打破。
> 你曾砸碎鳄鱼[利维坦]的头,把它给旷野的民为食物。③

动物的领地经常与人的领地对立,就像非政治领域与政治领域的对立。恰恰是在这里,恰恰是在人似乎可以被界定为政治动

---

① Livre de Job, tr. fr. Pierre Alferi et Jean-Pierre Prévost, dans *La Bible*, nouvelle traduction, Paris, Bayard, 2001, p. 1518. [中译文根据和合本《圣经》;下同。——译注]

② Vision d'Isaïe, tr. fr. Pierre Alferi et Jacques Nieuviarts, dans *ibid.*, p. 759.——原编者注

③ Les Psaumes, tr. fr. Olivier Cadiot et Marc Sevin, dans *ibid.*, p. 1290.——原编者注

物或生物(不仅是生物,而且是"政治性"的生物)的地方,政治的本质,特别是国家和主权的本质,往往被再现为一种动物般的畸形形式,一种没有形式的形式,一种神话性的、寓言性的、非自然的怪物形象,一种没有形象的形象,一种动物的人造畸形。

在我们将于各种方向上展开的所有问题中,在我们将自问的所有事情中,就有人类作为"政治动物"或"政治生物"的形象化问题。("politikon zôon",根据亚里士多德非常著名也非常晦涩的说法[《政治学》第一卷 1253 a 3]。亚里士多德说,城邦显然构成了自然事物(tôn phusei)的一部分,而人天生就是政治性的存在(kai oti anthrôpos phusei politikon zôon);在同样的几页内,在同一个文本中,就在此前,与通常的理解和读解相反,亚里士多德强调了作为善好生活的生活和生命——他用的词不是"bios",而是"zên",善好生活(eu zên),我们也会回到这个问题上来——然后他由此下结论说,一个没有城邦的存在者(apolis),一个非政治的存在者,自然而非偶然地①(dia phusin kai ou dia tuchên)[没有城邦],那么他要么比人更糟(phaulos),要么比人更好,超越于人(kreittôn ê anthrôpos)②——这清楚地表明:政治性,被称作"人"的生物的政治性存在,位于野兽和神这两种其他生物中间,而野兽和神都以各自的方式是"非政治的"。)回到我们的讨论,在我们将要展开的所有问题中,在我们将自问的所有事情中,就有人类作为"政治动物"或"政治生物"的形象化问题,但也是一个双重的、

---

① 根据亚里士多德,这句话应作"自然或偶然"。——译注

② 关于这些段落,参照 Aristote, *Politique*, I, 1252 b 27 −1253 a 2 −4,前揭。——原编者注

自相矛盾的形象化问题(形象化总是寓言或寓意的开端),政治人的双重而矛盾的形象化,也就是说,**一方面**,政治人凭着自己的主权而优越于被他主宰、奴役、支配、驯化或杀害的野兽,因而其主权体现为他高于动物并攫取动物,随意处置动物的生命;**另一方面**(与之相矛盾),政治人的形象化,尤其是主权国家的形象化,又是作为**动物性**甚至兽性(我们也要区分两者的含义)的形象化——要么是普通的兽性,要么是本身具有神话或寓言性质的怪物兽性。优越于动物性的政治人,和作为动物性[本身]的政治人。

因此,我们自问的问题,其最抽象也最一般的形式是:为什么政治主权(国家主权或人民主权)的形象,有时借助理性的法则而高于野兽,高于动物的自然生命,有时(或同时)又是兽性或人的动物性,即人的自然性的体现?我暂时把这些问题放在这里。但回答的原则(我将称之为假肢般的[prothétique]、代理—国家的[proétatique]、假肢—国家的[prothétatique]回答,也即按照一种技术性或假肢性的增补逻辑作出的回答,这一逻辑通过增补一个人造器官——在这里是国家——而对自然进行增补)——假肢—国家的回答原则,来自那个最具冲击力的事例,恐怕也是我们记忆中最鲜活的事例(我们会回到这一点上),来自那个怪物般的动物寓言里对于政治、国家和主权的形象化,确切而言,来自《约伯记》中名为利维坦的巨龙:也就是霍布斯的著作《利维坦》(1651)。在这本书的导论中,通过与亚里士多德的对立(我们后面会详细讨论),霍布斯《利维坦》将人的技艺刻写在一种模仿神性技艺的逻辑之中。上帝创造并掌管世界时,也就是说,上帝通过一种生命的技艺、生命的化身而创造并命令生物时,"自然"便是他的技艺。人是上帝最卓越的造物,人的技艺是上帝技艺的最优秀的复制。人这一生物的技艺模仿上帝的技艺,但由于无法**创造**,人只能**制造**;由于无法孕育自然界的动物,人只能制造人造动物。技艺甚至可以模仿人这一卓绝的生物,并且:"[……]技艺还要更进一步,它模仿有理性的、大自然最卓绝的作品,即人。技艺创造出了伟大的利维坦。"①(书的封面再现了这个统治着城邦的巨大的、怪物般的人;在这个封面上,霍布斯用拉丁文引用了《约伯记》(41:26)中的话:"在地上没有像它造的那样",原文后面的话是"凡高大的,它无不藐视。它在骄傲的水族上做王"。)

你们自己阅读或重读一下这两三页,我邀请或要求你们阅读或重读一下这几页内容,它们用上帝的语言描述怪物利维坦。我继续引用霍布斯《利维坦》的导论:

> [……]技艺还要更进一步,它模仿有理性的、大自然最卓绝的作品,即人。技艺创造出了伟大的利维坦,即国民整体或国家(拉丁文为 civitas),它只是一个人造人;虽然它比自然的人更为高大,且目的在于保卫和守护自然的人。

---

① Thomas Hobbes, «The Introduction», *Leviathan*, A Norton Critical Edition, Authoritative Text, Backgrounds, Interpretations, Richard E. Flathman et David Johnston (éds), New York et Londres, W. W. Norton & Company, 1997, p. 9; «Introduction», *Léviathan ou Matière, forme et puissance de l'État chrétien et civil*, II, tr. fr. et éd. Gérard Mairet, Paris, Gallimard, 2000, p. 63. ——原编者注

[因此,利维坦是国家和政治人本身,是人造人,是技艺和制度的人,人自身技艺的制作者和产品,人的技艺模仿上帝的技艺。在这里,技艺像制度本身一样,像人造之物一样,像技术性增补一样,是某种动物性的、怪物般的自然性。霍布斯会详细描述和分析这个由人制造的、将它作为政治人而制造的利维坦,他会详细描述和分析这个动物的怪物般的细节,它的"身体构成"。"我不能缄默不言",如《约伯记》所说。他从主权开始,它既是绝对的,又是不可见的(我们会回到这一点上——霍布斯很可能读过博丹,后者是第一个对政治主权作出讨论的伟大理论家);但我们会看到,这一绝对主权绝不是自然的;它是机械性人造的产物,是人的制造,是人造物;这就是为什么,它的动物性是怪物的动物性,一种假肢般的人造动物的动物性,就像实验室里做出来的东西一样。同样,如果我们从注解转移到阐释,也就是,如果我们追踪霍布斯话语的后果,而未必是他自己的明确意图,那么可以说:如果主权——作为人造动物,作为假肢性的畸形,作为利维坦——是一件人造物,如果主权不是自然的,那么它就是可以解构的,它就是历史性的;作为历史性的东西,作为可以被不断改变的东西,主权同时是不稳定的、必朽的、可完善的。让我回到前面的引文并继续引用:]

[……]技艺还要更进一步,它模仿有理性的、大自然最卓绝的作品,即人。技艺创造出了伟大的利维坦,即国民整体或国家(拉丁文为 *civitas*),它只是一个人造人;虽然它比自然的人更为高大,且目的在于保卫和守护自然的人。在"利维坦"中,主权是为整个身体赋予生

命和动力的人造灵魂；官员和其他司法与行政人员，是人造的关节；奖励和惩罚（各个关节和成分由此和主权的职位紧密相连，执行其义务）是神经……①

53 　　我打断一下引用，强调两点。一方面，主权是人造的灵魂，也就是这个利维坦的生命原则、生机和活力的原则，同时也是这个国家、这个由人的技艺创造并主宰的国家怪物、这个人造动物（霍布斯说，它同样也是人造人）的生命原则、生机和活力的原则。依靠这一主权，这个利维坦才能作为共和国、国家、国民整体、Civitas 而存活。这一主权像一个钢铁的肺，一种人造的呼吸系统，一个"人造的灵魂"。因此，国家是一种机器人，一个动物性的怪物，通过人的形象，或通过以动物性怪物面目出现的人的形象，它比自然的人更强大，等等。它就像一个巨大的假肢（prothèse），被设计来增强生者的权力、增强它所保护和服务的活人的权力，方式是在自然人的外部将生者的权力对象化；但它也像一个没有生机的机器，甚或是一个死亡机器，只是生者的面具，像一台服务于生者的死亡机器。但这个国家，这个假肢般的机器，这个**假肢—国家**的机器，也必须在细节上延伸、模仿、甚至再生产制造它的活人。吊诡的是，这意味着霍布斯的政治话语是活力论的、有机论的、合目的的，**以及机械论的**。在细节上，《利维坦》中的**类比式**描述在国家身体、共和国身体、Civitas 的身体、国民整体的身体方面遵照了人体的完整结构。例如，霍布斯说，神经是"刑法"，主权通过赏罚确定每个关节和每个成分的职能，让它们活动起来执行义务。

---

① Th. Hobbes, *Leviathan*, *op. cit.*, p. 9; tr. fr., p. 63 –64.

因此，正是在谈论刑法的时候，霍布斯以政治生理学命名了一种主权，它是政治体的神经或神经系统，确保政治体的联结并促使它运动起来。富裕和财产是国家的体力，是"人民的安全"，国家安全是"国家的业务"，"议员"是国家的"记忆"，"和谐"是"健康"，"动乱"是"疾病"；最后，我们会反复提到这一点："内战"是"死亡"。内战是利维坦的死亡、国家的死亡，而根本上，我们研讨班的主题也正在于此：在今天，什么是战争，如何区别内战与一般的战争？如何区别作为"游击战"的内战（施米特的概念，他从霍布斯那里看到了"一位真正伟大的、体系性的政治思想家"）①和国家间战争？战争和恐怖主义的区别是什么？国家恐怖主义和国际恐怖主义的区别是什么？如果没有主权的这一假肢—国家性要素（它同时是动物学、生物学和技术—机械论的要素），如果没有这种作为动物性机器、活的机器、死亡机器的主权，霍布斯的体系是无法想象的。霍布斯在《论公民》中提到，这一假肢—国家性的主权是不可分割的②——这一点对我们来说至关重要——它以人对野兽拥有的权利为前提。人对野兽的这一权利体现在第八章"论主人对奴隶的权利"，就在第九章"论父母对子女的权利，

---

① Carl Schmitt, *Der Begriff des Politischen*, Berlin, Duncker & Humblot, 1963 [1932], p. 64; *La Notion de politique/Théorie du partisan*, préface de Julien Freund, tr. fr. Marie-Louise Steinhauser, Paris, Flammarion, 1992, p. 109. 德里达始终将标题写作 *Le Concept du Politique*。——原编者注

② Th. Hobbes, *Le Citoyen ou Les fondements de la politique* [*De Cive*], tr. fr. Samuel Sorbière, Paris, Garnier-Flammarion, 1982, Section deuxième, ch. IX, p. 186. [英译见 *On the Citizen*, Richard Tuck et Michael Silverthorne (éds et tr.), Cambridge, Cambridge University Press, 1998, p. 108.——原编者注]

兼论父权制国家"开始之前。在那里，霍布斯指出，主权、主宰或主权权力是**不可分割的**（我们会不断回到这个特征上来）；霍布斯表明，在家族内部，这一主权属于父亲（他是"家族里的小君主"），而不属于母亲，尽管在自然的繁衍过程中，在自然状态中，在这个霍布斯认为"无法确认谁是孩子的父亲"（一个古老而固执的偏见）的状态中，掌控孩子的是母亲，母亲是唯一确定的生育者。当人们通过社会契约离开自然状态后，在"文明的共和国"中，拥有权威和权力的则是父亲。因此，在处理"论父母对子女的权利，兼论父权制国家"（也就是"市民社会中父亲的绝对权利"）之前，在第八章"论主人对奴隶的权利"结尾，霍布斯提出了人对动物的权利。我们在这里看到一种既是系统性、又是等级制的构造：位居最高处的是主权者（主人、君主、丈夫、父亲：自我同一性［ipséité］本身［评论］），下面服从于这一职位的是奴隶、野兽、女人、孩子。"服从"一词、"屈从"的姿态在第八章"论主人对奴隶的权利"的最后一段中占据核心，作为今天课程的总结，我读一下这个段落：

> 人们获取对不具理性的动物的权利的方式与获取对人的人身权利的方式是同样的，都是通过自然的强悍和力量。在自然状态中，因为处于所有人对所有人的战争状态，任何人凡在似乎对他有利的时候就可以合法地降服乃至杀死他人。这种情况在对付动物时要常见得多。这就是说，一个人可以按照他的意思通过约束那些能被驯化或利用的动物来使之服务于人，并继续向为害人类的动物开战，捕获它们，杀死它们。对动物的支配

起源于自然权利而非神的实定权利。如果在《圣经》发表前不存在这种权利,就不会有人合法地捕食动物,除非神在《圣经》中已昭示了。这样,人的生存条件肯定会恶化,因为动物可以无知无觉地吞食他们,而他们却不能吞食动物。因此,动物可以凭借自然权利吞食人,而人也可以依据同样的权利吞食动物。①

结论:野兽与主权者(连接、交配、系词),野兽是主权者,人对人是野兽,人对人是狼(homo homini lupus),彼得与狼,彼得与爷爷一起狩猎狼,彼得、祖父和狼,父亲是狼。②

你们知道,弗洛伊德在《业余精神分析的问题》(Die Frage der Laienanalyse, 1926)第四章中③,假装与一位不偏不倚的人物对话。弗洛伊德提醒他,每当故事场景中出现一个凶狠的动物(弗洛伊德说道:"正如狼"),"我们就要将它认作父亲的掩饰"。弗洛伊德解释道,我们必须回到幼年性征来说明这些寓言和神话。他说,在一系列吞食的父亲形象那里,我们可以发现克洛诺斯(Kronos),他将自己的父亲乌拉努斯(Ouranos)阉割之后,吞掉了自己

---

① Ibid., ch. VIII, p. 184. [中译文根据霍布斯:《论公民》,应星、冯克利译,贵阳:贵州人民出版社,2003,第 92 页。——译注]

②《彼得与狼》是苏联作曲家普罗科菲耶夫创作于 1936 年的一部交响曲童话,讲述了少年彼得智斗恶狼的故事。——译注

③ Sigmund Freud, La Question de l'analyse profane, tr. fr. Janine Altounian, André Bourguignon, Pierre Cotet et Alain Rauzy, dans Œuvres complètes. Psychanalyse, vol. XVIII (1926—1930), Jean Laplanche (dir.), Paris, PUF, 1994, ch. IV, p. 35.

的孩子,而他自己也将被儿子宙斯阉割——后者因其母亲的诡计得以保留性命。

不过,说到这些动物—人类学**类比**,甚至是无意识的动物—人类—神学的比喻(因为弗洛伊德在《文明及其不满》(1929—1930)第三章说过,依靠技术和对自然的征服,人已经成了一个"假肢性的上帝"①)——弗洛伊德在同一著作中(第七章开头)问道,虽然动物社群的国家制度和人的国家制度之间有种种类比,为什么这些类比会遇到边界? 根据同一个法语译本,动物与我们有关,它们甚至是我们的兄弟,我们的亲族②,而且甚至存在动物国家,只是我们人类在其中不会感到满意。为什么? 他留下的假说是,这些国家停止在它们的历史中。它们没有历史、没有未来;而这一停止、这一稳定状态、这一停滞(在这个意义上,动物国家似乎比人类国家更稳定,因此也更像国家),这些国家的相对非历史性的停滞,其原因在于环境和驱力之间的相对平衡。而对人来说(这是弗洛伊德留下的假说),力比多的过度或重启可能促成毁灭性驱力的新一轮叛乱,引起死亡驱力和残暴重新爆发,因此也就促成历史的重启(无论是有限还是无限的重启)。这是弗洛伊德留给我们的问题(阅读弗洛伊德《文明及其不满》,第 309 – 310

---

① Id., *Le Malaise dans la culture*, tr. fr. Pierre Cotet, René Lainé et Johanna Stute-Cadiot, dans *ibid.*, ch. III, p. 279.

② *Ibid.*, ch. VII, p. 309: «ces êtres qui nous sont apparentés»; *Le Malaise dans la civilisation*, tr. fr. Ch. et J. Ogier, Paris, PUF, 1971, p. 79:"我们的动物兄弟。"——原编者注

页;英译本第 123 页①)。

为什么我们的动物亲属没有显示这种文化争斗？我们不知道。很可能,它们中的一些——蜜蜂、蚂蚁、白蚁——奋斗了数千年,才实现今天这样令人羡慕的国家制度、职能分配和对个体的限制。我们从自己的感觉可知,我们当今状况的标志之一是,我们无法在这些动物国家或它们分配给个体的任何角色那里感到满意。在其他种类的动物那里,它们环境的影响和它们内部相互冲突的本能之间,可能达成了暂时的平衡,因此导致发展停止了。可能在原始人那里,受到力比多的新活动刺激,毁灭性驱力得以重新爆发。这里的很多问题尚没有答案!②

---

① Id., *Civilization and its Discontents* [1930], tr. angl. Joan Riviere, dans *Standard Edition*, vol. XXI, James Strachey et al. (éds), Londres, Hogarth Press/Institute of Psycho-Analysis, New York, Cape and Smith, 1961, ch. VII, p. 123.——原编者注

② Id., *Le Malaise dans la culture*, dans *Œuvres complètes. Psychanalyse*, vol. XVIII (1926—1930), *op. cit.*, ch. VII, p. 309 -310.

第二讲[①]

Deuxième séance

2001 年 12 月 19 日

① 这一讲曾以略加删减的形式发表于 *La Démocratie à venir*, op. cit., p. 456 –476.——原编者注

[**阴性的**]野兽与[**阳性的**]主权者，*la…le*。

什么和谁？谁或什么？谁知道呢（allez savoir）。

无法判断什么和谁，这里的什么和谁就是我们今天要提出的问题。

野兽与主权者，野兽是主权者：我们的对子如此出场。一个对子、一组甚或一个对决；但也是一个联盟，近乎一次婚姻，上周我们就已经开始探究两者之间头碰头（tête-à-tête）的动荡。头碰头、面对面，潜在的性别差异萦绕其间：**一方面**是单纯的连接（"与"），似乎将两者提出、对举、并置为两种彼此完全异质的生物，一边是人以下的存在者，另一边是人类甚或超人的存在者；**另一方面**是系词（"是"），似乎通过某种本体论——性别的吸引、某种相互吸引、共同体般的依附、甚或自恋性的相似，将两者连接在一起，一方在另一方那里认出某种分身，一方向另一方生成变化，一方就是另一方（因此，"是"带有过程、生成变化、自我认同式的变形等含义）。野兽就是主权者，主权者就是野兽，两者都牵扯在一个主权者变成野兽或野兽变成主权者的过程中，事实上，两者在这一过程中变化甚或彼此交换。这个过程是一种类比、相似、联合、婚姻，因为两者都占据着法律之外的独特位置，高于或远离法律。野兽对法律一无所知，而主权者有权中止法律，将自己置于法律之上——他体现法律，他创造法律，他制定法律，他主权性地决断法律。或许可以说,主权者不是天使,但像主权者那样行动的人,也像野兽那样行动。① 主权者变成野兽、搞成野兽(se fait bête, se fait la bête),有时是在最令人不安的意义上的兽奸甚或兽性(有必要搜罗、检查甚至阐释它在历史上的种种症状)。这是我们的最初冲动,是我们"与/是"这一类比的关键所在。我们的"呃、呃……"②,未曾决断甚或无法决断。由于所有决断(本质上,决断总是例外的、主权性的)都必须避免"可能性"的层次,避免对于假定的决断主体而言已然是可能的、可规划的层次,由于值得被称为决断的决断都必须是这种例外的、争议性的被动决断或来自他者的决断,那么决定性的决断和悬而未决的决断之间的区别本身就变得悬而未决。因此,假定的决断,例外性的主权决断,看起来就与一种非决断、非意愿、非自由、非意图、无意识、非理性等等无甚区别;因此,出于一种难以抗拒的吸引力,被认为是主权者的主体看上去很像那个被认为臣服于自己的野兽(而我们已经了解并经常确认的一点,上次也确认过的一点是:根据同一个等级制,在野兽的位置上,我们还可以放上奴隶、女人、孩子)。

现在我要提到一个极为含混的法语表述,你们来思考一下。这个表述同时也是悬而未决、恐怕也是无法翻译的,即"faire savoir"③

---

① 帕斯卡尔《沉思录》第 678 断章:"人既不是天使也不是野兽,其悲惨在于凡是像扮演天使的人行动起来都像野兽。"——译注
② 法语中语气词"eh"听起来与"et""est"相同。——译注
③ "faire savoir"的意思为"让(某人)知道""告知";"faire"的基本含义是"做、干",而"savoir"的基本含义是"知识",因此这个表述也有"制造知识""生产知识"的意思。——译注

（板书）。

"faire savoir"是什么意思？

在这个表达中，"faire"和"savoir"这两个含义多样的动词的结合意味着什么？当我们说"faire savoir"（告知、让人知道）的时候，我们在告知什么事情？

我们把问题放在这里。或许，我们之后或"马上"就会回到这个问题。这个问题马上/准时会按照自己的时刻回来。你们记得，查拉图斯特拉谈论"我的时刻"，谈论他的时间、最为沉默的时刻（*die stillste Stunde*），谈论他的至高时刻——它向他发言，几乎在沉默中低声讲述那个会"以鸽子的步伐"按时到来的事物。

> 最强者的理由/理性总是最好的：
> 我们马上就会显示这一点。

这是《狼与小羊》这个寓言的开头，也可以说是它的寓意。从下周开始，我们会来考察这个寓言。从某种意义上说，"我们马上就会显示这一点"这句话可以被翻译为"我们会让人们知道"，"我们不会拖延告知"；而"**显示**"和"**证明**"之间的差异、这个故事的直观意象（一个视—听觉的意象）和寓意的推理论证之间的差异，在此被悬置起来了，就像在电视上一样：我们会通过展现意象和一个视—听觉故事来让你们知道，以一种直接可感的方式，仿佛直播一般，我们会证明我们想要显示的内容，即"最强者的理由/理性总是最好的"。

原则上，在大学体制最为高贵的传统中，研讨班不是寓言。

它不属于寓言范畴。当然，有时候研讨班可以呈现为一种知识话语，将所谓寓言这一文类的法则作为探讨的**主题**。它可以呈现为一种教养性的、历史性的、批判性的、理论性的、哲学性的话语，一种**关于**寓言、关于一般意义上的寓言式主题的知识话语。

但原则上，根据它法定的使命，根据它预设的法则和契约，教学话语不应该是寓言性质的。它提供认知的机会、传播知识，而认知不能带有寓言性。必须在没有寓言的前提下让人了解/生产知识（il faut faire savoir sans fable）。同样，在政治的主流传统或霸权传统中，一个政治话语——首先是一个政治行动——任何时候都不该通过寓言出现，不该通过那种被称作"寓言"的拟像、通过那种被称作寓言的言语而出现（无论是一般的寓言，还是欧洲西方社会中确立的"寓言"文类）。如其拉丁名称所示，寓言总是、首先是言语——"*for*""*fari*"的意思是言说、说话、赞美、歌颂、预测，而"*fabula*"首先是某种被说出的内容，一个熟悉的言语片段，一次谈话，然后是一种不带有历史知识的神话故事，一个传说，有时是一个舞台剧；总之，它是一种声称带有教育意义的虚构，人们假定它有内容要让人了解，人们假定它"*faire savoir*"（让人知道/制作知识），双重意义上的"*faire savoir*"：（1）让人意识到某些知识，告知他者某些知识，与他者分享某些知识，<让>他者知道；（2）"制造"知识，也即给予知识的印象，制造知识的效果，在未必存在知识的地方，类似于知识：在"faire savoir"的第二种意义上，在**制造知识效果**的意义上，知识是一种所谓的知、虚假的知、知识的拟像、知的面具，就像我们上次谈到的覆盖人脸的面具（loup）。但是，关于拟像，必定存在一种技术、修辞、技艺，必定存在一种"**技艺**"（*savoir-faire*），可以在无关知识的问题上、在没有值得被称作"知识"的内容的地方**制造知识**(*faire savoir*)。

因此,在研讨班的古典话语中,也即在一个理论性的、哲学性的、述事性的话语中,在一个知识话语中,甚或是在政治哲学的反思中,我们的问题之一可以表达如下:如果,例如政治话语(甚或是与之相连、不可分离的政治行动)由某种寓言性的事物构成乃至建立,由那种叙事性的拟像构成乃至建立,由某种历史性的、约定俗成式的"仿佛"构成乃至建立,由那种被称为传奇性或寓言性的、"讲故事"的虚构模式构成乃至建立——而这种"讲故事"的虚构模式就人们不了解的内容提供知识,虚假地装出或表现"制作知识/告知",并在叙事作品之中或作品之外掌管着某个道德教训,某个"寓意"——假如是这样的话,事情会如何呢?根据这一假说,政治的逻辑和修辞,甚至政客的逻辑和修辞,总是、完全就是让寓言产生效果,完全就是一种为寓言和虚构赋予意义和可信度的策略——因而也就是为故事、为与寓意紧密相连的故事赋予意义和可信度,将生物(动物或人类)搬上舞台,这个故事被认为有教育意义、信息丰富、具有启发和教育性,这个完全虚构的、人造的故事注定要教育、教诲、**传达/制造知识**、分享知识、上升到知识的高度。

这一政治逻辑和修辞的寓言维度不限于话语性的运作,不限于口头言语,不限于所谓政治决断者、国家首脑、主权者、伟人、公民或媒体的言论和书写;换句话说,这些虚构不限于公共空间内关于政治的一切言论、书写甚或意象。在言论、书写和意象之外,这一寓言维度也规定了政治行动、军事作战、各种争端、爆炸和杀戮的骚乱、军人和市民的杀害、所谓战争行为或恐怖主义行为、内战或国际战争、游击战,等等,无论是否有基于法律的死刑判决。

寓言的寓言性不仅在于它的语言性质,不仅是因为寓言由语词构成。寓言性同样涉及行为、姿态、行动,即便它仅仅生产叙事,仅仅是用特定方式组织和安排话语,以进行描写,将生物搬上舞台,为叙事的阐释赋予可信度,"让人了解/制造知识",以述行的方式进行制作,运用知识(有点像奥古斯丁谈论真理的制作,*veritatem faciare*)。没错,考虑到这一点,如今对于信息、对于远程信息技术和媒体的寓言式展布,也许恰恰是寓言帝国的扩张。很长一段时间内,尤其是在战争时期,例如在过去几个月里,大大小小的电视频道里发生的事情,印证了政治行动和话语成为寓言的过程,无论这些行动和话语是军事性的还是市民性的,无论它们带有战争性质还是恐怖主义性质。这一寓言化过程并不排除某种有效性、某种效力,包括死亡那不可逆的现实性。死亡和苦难不是寓言,但它们被带入并铭刻在寓言的曲谱之中。

对此,我们可以举出无数例子。我只提几个。如果飞机撞击世贸双子塔的意象,如果"这个"意象——我将用两种语言称之为世界贸易中心高楼的"*collapsus*"(倒塌/虚脱)——没有作为意象被记录下来,没有被记录、摄制下来,更没有立即在全美国——但与此同时,例如通过CNN,从纽约到巴黎,从伦敦到柏林、莫斯科、东京、伊斯兰堡、开罗甚至上海(我当时恰巧在那里)——被强迫般地再生产、无止境地复制,那么所谓"国际恐怖主义"战略(我们或许有机会回到这个概念上来,但我在这里只引用一下)的意义和效力究竟何在?这种技术上的可复制性(reproductibilité),从一开始就是这一事件本身的一个内在部分。在被认定的加害者和被认定的受害者那里,在前线的两端,"faire savoir"的"让人知道"和"制造知识"直接以组织化的方式发挥作用;两者都有兴趣知道,如何将这一"制造知识"的过程变得高效、有力、可复制、尽可能广泛地传播。换言之,档案在技术上的可复制性并不是事实发生之后到来的东西,而是规定事实的作用、效力、范围和意义本身(如果存在"意义"的话)的条件。哪怕这些不断循环重复的、灾难电影般的意象,通过某种令人兴奋的痛苦,既发挥哀悼的作用,也能平复创伤——它并不取决于"无辜牺牲者"的人数,不取决于过去的可怕侵害所唤起的苦难,而取决于不受伤害者对于脆弱性的体验(l'expérience de la vulnérabilité de l'invulnérable),取决于一种关于将来、关于将来的攻击威胁的焦虑,这种将来的攻击可能更糟糕、更可怕(类似的袭击,或核武器、生化武器、细菌武器的使用)。离开了这些意象效果、这一告知行为、这一假定要"制造知识"的行为、这些"新闻"的逻辑和展布,遭受的打击就算不是一点都没有,至少也会大幅减少。(例如,削减到关于饥荒或台风的新闻的程度:当饥荒或台风发生在远离欧洲或美国的某个国家时,它们很少被报道或被感知;或是削减到每周末发生交通事故的年均数量、非洲的艾滋病死亡人数,或伊拉克封锁的效果的程度。为数众多的人类灾难,绝不是地震这样不可避免的自然灾害——而在这里,我们很清楚,飓风或地震等据说是自然的、不可避免的灾害,根据所涉国家的富裕程度和发展水平不同,造成的后果也不尽相同。这一点提醒我们注意一个明显的事实:就幅度和影响而言,这些灾难的后果和反响同样受到政治—经济处境的规定,因此也受到媒体权力的规定。这种权力是一种赋予意义的权力,同时是行为学和伦理性的权力,是行为学的伦理(ethos)——它在这里确立了自然环境与伦理之间的联系,因而也建立了自然环境与经济、生态、道德、法律、政治等领域中所谓人的责任的联系。)

我们都知道，意象的运作不限于保存记录意义上的档案化；毋宁说，它使得档案化成为一种积极的阐释，一种甄别性的生产、作为再生产的生产，它对意象进行再生产，同样也生产"让人了解/制造知识"的叙事；在世贸双子塔的"倒塌/虚脱"那里发挥作用的"让人了解/制造知识的技艺"，同样也在五角大楼的名字（而非其形象）那里发挥作用，同样也在闪现于全世界荧屏上的——最初由半岛电视台转播，它在这一过程中扮演的角色值得花几个研讨班的时间来讨论——本·拉登的显现/幽灵（apparition：我认为这是最佳的词）那里发挥作用。

这一高科技档案化力量规定了事件的政治效力，而不是、或不如说先于对它的记录保存；这一力量产生、共同产生了人们认为它仅仅是在复制和存档的事件。在这一力量的众多指标中，我想到的是，例如（有很多其他例子）"9·11"事件发生两周左右之后，我在纽约时从电视上看到的内容。一方面，主要电台和电视频道的审查和管制是半强制、半自发的（因而越来越难以区分自我审查和外部审查）。由于市场的逻辑是战争逻辑的一部分，资本主义的新闻控制就彻底体现为美国政府的**购买**行为（根据全球化世界的逻辑，这当然也是它的权利）：通信卫星能够以厘米为单位监视并公布阿富汗的地形，美国政府买下所有影像，并**让全世界知道**那里发生的事情，尤其是知道市民遭受的苦难，知道轰炸的真实效果。购买力这一市场的政治**技艺**（*savoir-faire*），控制着"让人知道/制造知识"。而正是在这里，正是在看上去与之处于对立端的地方，在档案化和档案的公开化一端，在一切都可以透明地看见和听见的地方，我们可以接触到庞大数量的记录。什么样的记录？没错，当世贸双子塔遭到袭击并倒塌的时候，有个匿名人士,旧金山的一个装备充分的业余电台爱好者,于9月11日早晨6点(因为东海岸和西海岸之间有时差)被一通电话吵醒。他立即启动一套复杂的系统,调整波段,从旧金山秘密截取、偷听并记录下从国家的另一边发出的所有关于世贸双子塔的消息——纽约警察和消防局(NYPD,FDNY)发出的消息、遇害者的呼喊,等等。这个人在镜头前证实自己的行为,并将记录都送交给电视台(他很可能是卖了它们,卖了这一"让人知晓/制造知识的技艺");所以,所有这些无声的影像,连日来无数镜头和广播公开记录的照片和摄影(不过有命令不准展现尸体——事实上,大部分尸体都消失了,只剩下了"失踪"),我们都可以为之加上声轨,为之加上非公开话语的声音形象,而它们本来会在警察、消防员等那里秘而不宣。在这个意义上,无论是否是一种假象,我们可能有一个印象:即我们掌握了事件全体的全部档案,公开的和不公开的,我们以一种穷尽式的告知/制造知识的方式,掌握了全部信息(明显的例外是那些在大楼里经历了死亡的人,他们消失在楼里,甚至没有留下尸体)。对于我们这里关心的"让人了解/制造知识"的不可决定性而言,尸体的消失、一般意义上的死亡(不论是否有尸体),成为创伤(纽约、美国、全世界的创伤)的核心结构。这一创伤带来的不仅是对过去、对已然过去的袭击的不可能之哀悼,而且是对将来的不可能之哀悼——它只会愈发严重地在我们目前能够知道的一切事情上,在我们知道如何行事、如何告知的事情上,埋下最坏的潜在威胁。关键问题始终是了解如何引起恐惧、如何通过"让人知道/制造知识"而让人感到恐怖。而对于双方而言,这种恐怖无疑都是有效、真实、具体的,这一具体效力溢出了当下的在场,蔓延至创伤的过去或未来,因为创伤从来无法被当下在场填满。所以，所有这些知识、技艺、"让人了解/制作知识"，无论是通过寓言、拟像、幻想或潜在性而实现，还是通过媒体或资本的非真实的、寓言性的飘忽不定（inconsistance）而实现（因为对于双方而言，暴力都离不开媒体和资本，其结合方式是寓言性的、非真实的、潜在的，取决于信仰和信任——资本必须要有一种被人们信任的寓言——但在结果上极为实际有效），这一"知道如何让人知道"的技艺都在制造知识，因此也有效地、具体地、情动性地触及了身体和灵魂。这便是恐怖的"非本质的本质"，是恐怖向恐怖主义的生成变化，既是反国家的恐怖，也是国家的恐怖，无论它是实在的还是潜在的。

事实上，我们在这里探讨的恐惧、恐怖或恐慌，正是霍布斯在《利维坦》中提到的典型政治情绪，正是政治的原动力。如果我们要写一部恐怖史或恐怖主义史，所谓国内恐怖主义和国际恐怖主义的历史（"恐怖主义"这一现代称谓原本来自法国大革命的恐怖，这场革命也开启了所有普遍性的人权宣言），如果我们要梳理恐怖主义的概念系谱，也即技艺的系谱（总是备有技术性，无论多少）——在所谓市民群体中组织恐慌以便对公共性、政府或军事政策施加舆论压力的技艺——那么我们应该重构所有那些政治理论，它们将恐惧或恐慌（因而就是恐怖或恐怖主义，它们是让恐惧占据支配地位的技艺）视作主体性、臣属、主体性存在、服从或政治臣属的本质性和结构性原动力。我们在那里会发现，恐惧就位于主权的旁边，仿佛是它的相关物：例如，《利维坦》中定义的恐惧就是如此。"利维坦"是一个设计来制造恐惧的动物—机器的名称，也是一个假肢性的、国家性的器官名称，一个作为假肢的国家，一个国家性假肢的器官，我将它称作"**假肢—国家**"

(*prothétatique*)(板书),它依靠恐惧运作和统治。例如,在《利维坦》第二十七章①,恐惧(*fear*)被界定<为>人的人性中促使人遵从法律、不触犯法律、遵纪守法的"唯一因素"。而情绪上的相关物、法律的根本情绪,就是恐惧。由于法律离不开主权,可以说主权要求、预设、唤起恐惧,恐惧既是它的可能性条件,也是它的主要效果。主权引起恐惧,恐惧制造主权。《利维坦》中讨论恐惧作为根本政治情绪的章节题为"论罪行、宥恕与减罪"。阅读或重读这一章,你们会发现在"罪行"这个词最严格的意义上,罪行的条件、触犯法律和受到法律惩罚的条件,是存在主权者和主权权力。霍布斯写道:"没有法的地方便没有罪恶。"而且,"没有主权的地方就没有罪行,因为没有这种权力的地方就不可能从法律方面得到保障,于是每一个人便都可以用自己的力量来保卫自己"。② 因此:只要主权尚未建立(对霍布斯来说,主权总是一种建制,因此是一个非自然的假肢),每个人都有权保护自己的身体而不放弃这一自我保护。于是,每个人都可以出于正当的自我防卫而杀人,而不构成犯罪,也不负有罪责(我们甚至不应该称之为"正当"

---

① Th. Hobbes, *Leviathan*, *op. cit.*, Deuxième Partie, «*Of* Common-Wealth», ch. XXVII, «*Of* CRIMES, EXCUSES, *and* EXTENUATIONS», p. 146-155; tr. fr., ch. XXVII, «Des CRIMES, EXCUSES, et CIRCONSTANCES ATTÉNUANTES», p. 438-462. 德里达在此用括号标记出《利维坦》的安排:"(第二部分:论国家[第一部分:论人;第三部分:论基督教体系的国家;第四部分:论黑暗王国(第四十六章:空虚的哲学和神怪的传说所造成的黑暗)]。)"——原编者注

② *Ibid.*, p. 147; tr. fr., p. 440. [中译文根据霍布斯:《利维坦》,黎思复、黎廷弼译,北京:商务印书馆,1985,第 227 页。——译注]

或"合法",因为还不存在法律);每个人都可以靠杀人来**保护**自己而不因此构成犯罪,因为尚不存在主权,也就不存在法律。霍布斯说,主权是"制定"(ordain),"建立主权权力"以确保臣民的身体安全。一旦主权得以建立,一旦它因契约或信约而被委任,来确保对公民的**保护**,那么就会有犯罪,比如有人不经由国家(他已经通过契约而将保护委任给它)来确保对自己的保护。我就不涉及这一很长章节的细节了,你们自己读一下。只指出一点:霍布斯认为,如果我杀死一个威胁要马上杀死我的人,如果当时我有"时间和手段要求主权权力的保护",那么我就犯罪了。正如在面临攻击时,如果我因害怕被蔑视而用"私下的复仇"(private revenge)来给对方施加"恐怖"(这是霍布斯的用词:"terrour"),这一恐怖就是犯罪。因此,一切都归结到恐惧:我可以通过恐惧而犯罪、施加恐怖,但正是同一种恐惧使我遵守法律。霍布斯写道:"恐惧有时是罪行的原因,如果危险既不是当下的,也不是切身的。"①这一细节非常重要:霍布斯强调"**身体的恐惧**"(Bodily Fear)和身体的"当下"性,但在所有恐惧那里,都存在着某种根本上非身体、非当下的因素,哪怕它仅仅是将来的威胁:如果纯粹的身体性由当下在场所填满,那么引起恐惧的从来都不是完全当下在场、完全身体性的因素。恐惧总是超出身体性的当下在场,这也是情绪与法律相关的原因;因此,恐惧既是法律的起源,也是对法律的违反,它同时是法律和罪行的起源。如果将恐惧推到已经实施的威胁或被感知到的威胁的极限处,也即恐怖的极限处,那么就得下结论说,恐怖既促成了对法律的尊重,也促成了对法律的违背。如

---

① Th. Hobbes, *Leviathan*, *op. cit.*, p. 150; tr. fr., p. 448.

果用"主权"和"国家"来翻译"法律",那么就得下结论说,恐怖既是与国家相对立的一种挑战,但同时,作为主权的本质性展现,国家也施行恐怖。霍布斯颇为节制的发言由此产生(或多或少有所节制)。归根结底,只存在恐惧,恐惧没有对立物,它与情绪的整个领域完全一致,与政治情绪完全一致。政治主体首先臣服于恐惧,恐惧有时**最为有利**,有时**最为不利**,但人们无法不依靠它,无法不与之共存。而且,恐惧首先是对身体、对身体本身的恐惧,对人自己固有的身体的恐惧,也即对生命的恐惧。生命活在恐惧之中。生命本质上是恐惧性的,恐惧是生命的情绪,等等。"在所有情绪中,最不易于使人犯罪的是恐惧。"(注意这一定义的奇特逻辑—语法表达:"*Of all Passions, that which enclineth men least to break the Lawes, is Fear*".① 霍布斯没有说,恐惧比其他情绪更能驱使人遵守法律;他说的是,在所有那些引人犯罪、违背法律的情绪中——暗示包括恐惧在内的所有情绪都是如此,因为他在这段话结尾处会说,一个人可以经由恐惧而犯罪——在所有这些情绪中,恐惧作为情绪、情动,是**最不易这么做**的一种情绪。接着他会将问题反过来,考察同一主张的另一面,不是从破坏法律的角度,而是从遵守法律的角度。如果恐惧这种情绪**不太**倾向于、**不太**有利于让人触犯法律,那么它是最有利于甚至是唯一有利于人们遵守法律的情绪——仅有的例外是一些"天性宽宏"的人,他们可以在没有恐惧的前提下主张法律,可以不依靠恐惧这种负面反应而保存法律或不破坏法律。)"不仅如此,当破坏法律看来可以获得利益和快乐时,(除开某些天性宽宏的人外)恐惧便是唯一能使人

---

① Ibid., loc. cit. 强调为德里达所加。——原编者注

守法的激情。但在许多情形下,却又可能由于恐惧而使人犯罪。"①

这里清楚的是,恐惧推动人们遵守法律、因而遵从主权(根据信约,它要确保对公民的保护)——恐惧在此被定义为一种人类事项,它是人类固有的东西。霍布斯两次强调这一人性,这一人的固有性质("所有情绪中,最不易于使人犯罪的是恐惧。不仅如此,当破坏法律看来可以获得利益和快乐时……恐惧便是唯一能使人守法的激情。")这一人性,这一人的固有性,在此指的是:主权、法律、法和国家都不是自然的,都由契约和信约设立。它们都是假肢。如果作为政治动物或怪物的利维坦拥有一个假肢般的结构,这是由于它的约定性、论题性、契约性的结构所致。在此,*physis*(自然)和 *nomos*(法)之间的对立,正如 *physis* 和 *thesis*(自然和信约,或自然和设置)之间的对立,以一种关键而充分的方式呈现出来。其结果是,法律、主权和国家的建立都是历史性的,总是暂时的,可以说是可解构的;根本上,它们是脆弱的、有限的、必朽的,尽管主权**被设置为不朽**。它被设置为不朽、不可分割,正是因为它必朽、可以分割。契约或信约被用于确保主权所不具备的性质,或并不是自然就有的性质。因此,假如像霍布斯所说的那样,主权是"国家的灵魂"②,那么这是一个人造的、体制性的、假肢性的、必朽的灵魂:只有在法律、主权、国家能够**保护**恐惧的臣民不

---

① *Ibid.*, *loc. cit.* [中译文根据霍布斯:《利维坦》,黎思复、黎廷弼译,第 232 页。——译注]

② Th. Hobbes, *Leviathan*, *op. cit.*, ch. XXI, «*Of the* LIBERTY *of Subjects*», p. 121; tr. fr., ch. XXI, «*De la* LIBERTÉ *des sujets*», p. 351.

受他们所恐惧之物伤害的情况下，这个灵魂才可以持续。"保护"一词在这里承担着全部的政治重量，也就是说，担惊受怕、感到恐怖的臣民之间订立保障契约，将如下责任委任给国家或主权者，即当他们无法自我保护时保护他们。于是，他们必须服从他们的保护者。恐惧促使他们遵守和服从法律、形成服从法律的条件，但这种恐惧只有在主权者能够确保对他们的保护时才成立。这份保障单基本上将警察力量、将安全保障委托给主权，结果就是从一种恐惧转到另一种恐惧。人们建立主权，因为人们（对自己的生命，对自己的身体）感到恐惧，因而也是因为人们需要得到保护；接着，人们遵守通过恐惧而制定的法律——恐惧因破坏法律而遭受的惩罚。在保护和强迫服从之间，有一种本质联系。对于国家而言，"我保护你"意味着我迫使你，你是我的臣民，你臣服于我。作为自身恐惧的主体、作为法律或国家的臣民，被迫像服从自身的恐惧一般服从国家，到头来都是一回事。也可以说是在"obliger"（强迫/帮助）一词的双重含义上。我通过迫使你服从，通过约束你而帮助你，因为我帮助/强迫你的方式是保护你。我通过强迫你服从而帮助你；在同一过程中，我通过保护你而强迫你，我迫使你抱有感激，迫使你承认/感激（reconnaissance）：承认国家和法律，承认它们强迫你/帮助你（在"obliger"一词的双重含义上：约束和保护，迫使承认/感激）。正是在这个意义上，施米特会说（我一会儿就要读这个段落）："'保护故约束'是国家的'我思故我在'。"在我接着要提到的《利维坦》的另一个段落中，我想强调"保护"一词。这一表述及其逻辑说明了主权的悖论，即它的必朽的不朽性。作为国家的灵魂、因而作为国家的生命，作为国家的人造呼吸系统，主权被**人为地**设置、建立、承诺、约定为**不朽**

的,恰恰是因为它**自然地必朽**。假肢性的、人为的技术让它不朽,或至少保证它无限期存活:(朗读并评论)

> 臣民对于主权者的义务应理解为只存在于主权者能用以**保卫**他们的权力(*is able to protect them*)持续存在的时期。因为在没有其他人能**保卫**自己(*to protect themselves*)时,人们的天赋自卫权力是不能根据信约放弃的。主权是国家的灵魂(*The Sovereignty is the Soule of the Common-wealth*),灵魂一旦与身躯脱离后,肢体就不再从灵魂方面接受任何运动了。服从的目的是**保护**(*The end of Obedience is Protection*),这种**保护**,一个人不论在自己的武力或旁人的武力中找到时,他的本性就会使他服从并努力维持这种武力。虽然从建立主权的人的意图说,主权是永存不灭的(*in the intention of them that make it, be immortall*),但根据其本身的性质,它不但会由于外患而有暴亡之虞,同时也会由于人们的无知和激情而从刚一建立起就包含着许多因内部不调而发生自然死亡的种子(*many seeds of a natural mortality, by Intestine Discord*)。①

同样,作为霍布斯的好学生,施米特(他经常引用霍布斯,认

---

① *Ibid.*, p. 121; tr. fr., p. 351 – 352. 强调为德里达所加。——原编者注

[中译文根据霍布斯:《利维坦》,黎思复、黎廷弼译,第 172 页。——译注]

为他是决断主义的主权理论家)也认为内战就是恶。施米特以完全历史性的考察方式,分析了这一伟大的保护性法律,即一方面,它的历史性在于,它是通过信约、契约、联合、制度而产生的;另一方面,它也是一种历史性的理论,即作为政治哲学,它得以产生的基础是历史经验(例如霍布斯政治理论背后的历史经验)。施米特写道:(朗读并评论)

> 进而言之,相信一个民族通过宣告它与全世界友好相处或自愿解除武装就能排除敌友的划分,完全是一种错误。世界并不会因此而非政治化,也不会因此而进入一种纯道德、纯正义或纯经济的状况。如果一个民族害怕生活于政治世界所带来的考验和风险,那么,另一个民族就会站出来,通过保护它免受外敌入侵并进而接管政治统治来担负起这种考验。随之,保护者便根据那种永恒的庇护与臣服的关系来决断谁是敌人。
>
> 封建秩序以及领主与封臣、领袖与追随者、赞助人与食客之间的关系便是建立在庇护与臣服的原则之上。这种关系在这里明晰可见。如果没有庇护和臣服的关系,任何秩序、任何合理的正当性或合法性均无从存在。"保护故服从"乃是国家的"我思故我在"。任何一种尚未系统地理解这句格言的政治理论均是只见树木不见森林。霍布斯称(1651 年英文著作的结尾,第 396 页),《利维坦》一书的真正目的在于,再次向人们潜移默化地灌输"庇护与臣服的相互关系",人类的本性和神圣的权利均要求不容置疑地遵循这种关系。[……]

霍布斯本人在可怕的内战时期曾亲身体验过这一真理,因为当时所有那些人们在安定时期用来自欺欺人的关于政治的正当性与规范主义的空想,统统破灭了。[……]庇护与臣服公理的根本正确性在对外政策以及国与国的关系中表现得更为明确和突出:这一公理最简单的形态不仅在国际法规定的庇护关系中可以看到,而且在联邦制国家和国家邦联均由其中某一国控制这种现象中,也可见一斑,不但如此,各种各样的条约均提供庇护和保护。①

如他经常做的那样,施米特进一步解释道,他所谓政治理论——真正值得被称为"政治理论"的理论——其人类学基础依赖于一种悲观主义人类学,即将人视作坏的、堕落的、危险的、可怕的或暴力的。基于这个标准(把人视作危险动物的悲观主义人类学),施米特笔下真正的政治理论家包括马基雅维利、波舒埃、迈斯特、柯特斯、黑格尔、马克思、泰纳(Taine)——尤其是霍布斯。这些思想家都对恶作出了思考,无论恶以何种形式呈现;我们不难从中看出一般加之于野兽的那些性质(用施米特的话说:残暴、难以控制的本能,生物的非理性)。然后,施米特提到了有关动物的寓言(动物行为在其中具有政治意义)。我引用如下:(朗读)

---

① C. Schmitt, *La Notion de politique*, op. cit., p. 93-94. [中译文根据施米特:《政治的概念》,刘小枫编,刘宗坤等译,上海:上海人民出版社,2004,第130-131页,略有改动。——译注]

对人的看法是否存在疑问,对任何进一步的政治思考所涉及的前提至关重要,也就是要回答下面的问题:人是否是一种危险的存在,他到底是一种危险的生物,还是一种无害的生物?

我们在此并不是要详细评论善与恶的人类学划分所具有的无数形态和不同花样。"恶"能够以腐败、软弱、怯懦、愚蠢,或者"残忍"、肉欲、冲动、无理性等面目出现。"善"则可能以种种相应的形态如合理、完美、能被操作和传授以及和平等面目出现。在这种关系中,引人注目的是某些动物寓言的政治意义。它们几乎全部都能运用到实际的政治状况中去:狼和羊的寓言中的"侵犯"问题;拉封丹寓言中瘟疫的罪行问题,这种罪行自然落到猴子们身上,动物联盟中国家间的正义,丘吉尔在1928年10月的竞选演说中讲到裁军时曾经描绘每一种动物都相信他们只把自己的牙、爪、角作为维护和平的工具;还有大鱼吃小鱼等等。这种奇怪的类比可以从政治人类学和那些17世纪的政治哲学家(霍布斯、斯宾诺莎、普芬道夫)所谓的"自然状态"的直接联系中得到解释。在自然状态,人类始终处于危险之中,他们活动的内容就是完全与动物一样受到各种冲动的驱使(饥饿、贪婪、恐惧、嫉妒)而作"恶"。①

---

① C. Schmitt, *La Notion de politique*, *op. cit.*, p. 101 - 102. [中译文根据施米特:《政治的概念》,刘小枫编,刘宗坤等译,第138 - 139页。——译注]

人的本性,政治人类学,主权以及国家的规约主义理论、论题、假肢,**假肢—国家**——所有这些都预设、提醒或包含至少**三个主张**,我们会不断提到它们。

第一,这一规约主义(而非自然主义)理论,使得假肢性的国家主权成为人的固有性质。主权国家的这一人造假肢总是一种保护。假肢起到保护作用。保护是它的根本目的,是国家的根本职能。

第二,这一保护主义的假肢性国家,设置了主权的绝对不可分割性(不可分割是主权概念的分析性内容:可分割的或可分享的主权不是主权)。

第三,主权起源处的规约、立论、假肢、契约既排除了上帝,也排除了野兽(对我们来说,这一点非常重要)。

从根本上说,以上三个命题在原初性的论题或假肢那里就已经设置了。为了认识它们之间的逻辑关系,你们可以读一下《利维坦》第十八章,题为"论按约建立的主权者的权利"①。霍布斯开头就写道,当一群人仿佛通过代表而成为一个整体,当这一整体开始代表众人,国家就"建立"起来了("这时国家就称为按约建立了")。为了这一目的,众人达成一致并订立规约(Covenant:你们之后会看到,这个词也被用来翻译上帝和犹太民族之间的结盟;"covenant"作名词时,它的意思是契约、规约、结盟、誓约;作动

---

① Th. Hobbes, *Leviathan*, op. cit., ch. XVIII, «*Of the RIGHTS of Soveraignes by Institution*», p. 96–102; tr. fr., ch. XVIII, «Des *DROITS* des souverains d'institution», p. 290 *sq.*

词时,它的意思是投身、签署规约,参与契约或结盟)。(霍布斯写道:"当一群人确实达成协议,并且每一个人都与每一个其他人订立信约,不论大多数人把代表全体的人格的权利授予任何个人或一群人组成的集体(即使之成为其代表者)……"①)根据这一规约,根据这一用来保护他们、让他们防御外人并和平生活的规约——除了"规约"之外,"保护"是这些段落中出现得最频繁的词——他们自我"授权"(Authorise),他们自我授权来授权那个由大多数人给予代表权的个人或集体,使之能够采取**所有**行为(没错,所有)和**所有**判断(没错,所有)。甚至那些**投反对票**的人也被迫无条件地服从,他们迫使自己被迫无条件地服从。正是在呈现这种对于规约的无条件服从所包含的一切内容时(你们自己读一下第十八章的开头),霍布斯遭遇并驳斥了如下反驳,即在建立国家的规约之上,一个人可以订立另一个规约。例如与上帝的规约。有些人会说,他们不服从人类主权者是因为他们服从上帝,而后者的主权凌驾于国家主权之上。可以想象,对于像我这样经常提到(有待被解构的)主权的本体—神学—政治结构的人而言,这个问题非常微妙。霍布斯的回答(在这一点上与博丹的回答类似),看起来——我是说**看起来**——想要分开所谓现代国家主权(由规约确立或建立的主权)和神圣主权。但在博丹和霍布斯这里,有很多迹象可以表明,事情要比这复杂;无论如何,在我们正在讨论的霍布斯这里,问题的复杂性在于:从《利维坦》一开始,这

---

① *Ibid*., p. 96; tr. fr., p. 290. ——原编者注

[中译文根据霍布斯:《利维坦》,黎思复、黎廷弼译,第 133 页。——译注]

一人性、这一假肢性国家的人类学本质,就是按照神性模式制作出来的。如霍布斯所说,利维坦这一人造人,这一人造的灵魂和"人造动物",模仿的是上帝的自然技艺:"'大自然',也就是上帝用以创造和治理世界的技艺,也像在许多其他事物上一样,被人的技艺所模仿,从而能够制造出人造的动物。"① 这是《利维坦》开头的几句话,我们已经读过了;而我们可以不断从各种地方见到它的后果。人的这一**模仿**制造出机器人,这些机器是对上帝所创造的自然生命的模仿。这些机器人和机器的生命好比钟表的生命。霍布斯随后立即问道,为什么不能说所有机器(像一块手表那样依靠弹簧和齿轮运作的机器或引擎[*Engines*])都有一种人造生命? 在这个意义上,归根结底,一种**模仿**的哲学甚至神学,为主权的最具人性论意义或人类学意义的话语奠定了基础。因此,无论多么困难,我们都必须认识到:所谓现代人性论或人类学对于国家或所谓现代政治主权之特征的坚持,其不可化约的原创性——也即其人造的、规约性的,甚至可以说是技术性—假肢性国家的性质——正是源于它将自己确立在一种深刻的本体神学之中,甚至是一种宗教之中。至少,如果你们读一下博丹《共和国六书》(1583;《利维坦》出版于 1651 年)中题为"论主权"的第一卷第八章(它开头部分用多种语言将主权定义为"国家的绝对和永恒的权力":拉丁语的"*majestas*""*majestatem*",希腊语的"*akran ex-*

---

① Th. Hobbes, «*The Introduction*», *Leviathan*, *op. cit.*, p. 9; tr. fr., «Introduction, p. 63. ——原编者注

[中译文根据霍布斯:《利维坦》,黎思复、黎廷弼译,第 1 页,略有改动。——译注]

ousian"" kurian arch[e]"" kurion politeuma",意大利语的"segnioria",希伯来语的"tismar shabat"①),你们会看到,尽管他提出"主权不受限制,在权力、责任、时间上不受限制"②,尽管无限的主权始终是属人的,但它的**模式**却是神性的,而且主权者始终是上帝的**形象**。"模式"和"形象"是博丹自己的用词,出现在这一章结尾:"因为如果正义是法律的目的,法律就是君主的作品,君主则是上帝的**形象**;根据这一推论,君主的法律必定要以神之法为它的**模式**。"③在同一章节的另一个地方,博丹提到,"绝对的主权者除了上帝之外,无法看到比自己更伟大者";此外,至高的君主"只对上

---

① Jean Bodin, *Les Six Livres de la République*, Gérard Mairet (éd.), Paris, Le Livre de poche, 1993, Livre I, ch. VIII, p. 113. 这一版本里的希腊语表述有很多错误。德里达仅仅注意到其中一些(在打印稿上用铅笔改正了),所以他的转写并不完全正确。我们根据"法语哲学著作集"中收录的版本进行了校勘(参见 Catherine Frémont, Marie-Dominique Couzinet, Henri Rochais, Paris, Fayard, 1986, p. 179),正确的表述是:"[……]拉丁语作 *majestatem*,希腊语作 ἄκραν εξουσίαν,以及 κυρίαν ἀρχ[ήν],以及 κυρίον πολίτευμα [……]:希伯来语作חוֹמֶךְ שֵׁרֶט。"勒鲁(Georges Leroux)指出,被转写为"*akran exousian*"" *kurian arch*[*e*]"" *kurion politeuma*"的表达分别可以被译为"最高权力""主权权力"和"主权政府"。至于希腊语,德里达在这里给出的转写是"*tismar shabat*";在第八讲那里,他写的是"*Tismar schabet*"。拉瓦(Jean-Jacques Lavoie)指出,这些词在再次誊写时包含错误,而因为缺少最后一个字母,所引的文本难以读解。根据希腊语文本,这一希伯来语的表述作"*twmk shbt*"(读作 *tomek shevet*),字面意思是"手握权杖",但这个意思很少出现,只出现在《阿摩司书》1:5 和 1:8。——原编者注

② *Ibid.* (G. Mairet, éd.), p. 113.

③ *Ibid.*, *loc. cit.*

帝负责"。① 这些也被博丹(以及后来的霍布斯)称为"主权的标记",而博丹在《共和国六书》第一卷末尾宣告说,那些篡夺主权标记的人必须被处以死刑。② "主权的标记"这一表达为博丹和霍布斯所共有,而有关这个主题,我想提到巴利巴尔(Étienne Balibar)的一篇论文,去年发表在《现代》(Temps modernes)的一期讨论主权问题的特刊上。③ 巴利巴尔在文章中指出,"主权的标记"这一表达"很可能"来自"神学和法学的全部历史",并顺带驳斥了施米特对博丹的征用——施米特认为博丹是第一个决断主义主权理论家,第一个就"例外"进行讨论的理论家,而这种"例外"可以授权主权者悬置法律,赋予他权利以中断法律、将自己置于自己所体现的法律之上。我在这里无法深究这场论辩。巴利巴尔认为,博丹的整个学说都与这种"(施米特式的)例外的优先性"相悖。为了支持这个说法,巴利巴尔指出,施米特的阐释相当于"歪曲了博丹论述的方向,博丹恰恰将例外状态视作例外,它的地位和应对方式取决于已经建立的规范"。④

很可能的确如此。但施米特说的不也是这回事吗?例外就是例外,它必定始终是例外,例外不是规范,即便它只是相对于规范而言才显得是例外。施米特并没有说,例外是规范性的(这太

---

① Ibid., p. 114 -115.

② Ibid., p. 178.

③ Étienne Balibar, «Prolégomènes à la souveraineté: la frontière, l'État, le peuple», dans Les Temps modernes, n° 610, «La souveraineté. Horizons et figures de la politique», sept.-oct.-nov. 2000, p. 47 -75.

④ Ibid., p. 58.

荒唐了),也没有说主权是规范性的,虽然他的确说例外比规范更有意思、更关键……但这一讨论到此为止——它再次将我们带向关于例外(以及主权决断)的哲学或理论所包含的种种悖论。关于例外的**理论**,尤其是关于例外的法学理论或政治理论,不可能是**哲学理论**,哪怕关于例外的**思想**十分必要。也许这里就是下述两者的分野:一方是理论、科学、哲学乃至概念,另一方暂且可以说是思想(缺乏一个更好的词)。正是当施米特试图思考例外的时候,他无法接受我刚才提出的区分。他声称自己仍然位于政治哲学、理论的范围内,甚至位于概念、概念的一般性或普遍性的范围内。事实上,问题恰恰是,例外无法成为一个一般规范,一种法则、法律或定理。准确地说,像例外和决断一样,主权**通过将自己作为法律的例外而创制法律**,通过悬置它所实施的规范和权利,通过它自己的强力而创制法律;恰恰在这样一个时刻,主权将它对于规范的悬置,标记在它创制法律或权利的行动之中。对于法律或权利的制定或确立,这些行动是例外性的,它们本身既不是合法的,确切而言也不是法理性的。

　　博丹之后过了不到一个世纪,霍布斯以神性技艺的模式为基础,同样想要将人的自律性从国家主权体制那里拯救出来。他驳斥认为有一个超越于人类规约的规约的说法,例如与上帝的规约。我想强调的是,排除所有与上帝的规约,这似乎与另一个排除相对称,即排除与野兽的规约。这两种非人的存在(野兽和至高的上帝)都被排除于契约、规约或信约之外;两者之间的对称性引发我们思考,因为其中一端的上帝同时也是主权的模式,但这一主权、这一绝对权力在此外在于契约和体制。上帝超越于主权者,但他也是主权者的主权者。这相当于说,作为人的技艺或模仿上帝技艺的人造物,利维坦的这一神学模式、政治的这一神学模式,从政治的范围内排除了一切非属人的事物,包括上帝和野兽,上帝**一如**野兽。如果上帝是主权的模型,那么"上帝**一如**野兽"这句话就再次将我们带到同一个轨道上,通过这一"**正如**"而察觉让两者(主权者和动物、作为超主权者的上帝和野兽)相互吸引的所有因素。上帝**是/和**[*e(s)t*]野兽——因而**是或不是野兽**,取决于有或没有"*s*"。野兽**是/和**上帝,是或不是[这一]存在。根据我很久之前尝试提出的一个含混句法(我不记得是哪里了①),野兽是**没有**[**上帝的**]**存在**的上帝(La bête est Dieu *sans l'être*),一个没有存在的上帝。

我们先来看一下这一颇为棘手的问题,即排除与上帝的规约。霍布斯以非常具有症候性的攻击语调,强烈谴责那些提起这种与上帝的规约的人。这出现在《利维坦》第十八章。他在这里提到,有些人为了违抗人类主权者,也就是违抗让他们与主权者相联合的规约,声称有另一种规约,一种"新的信约",这次不是与人类订立,而是与上帝订立;总之,他在这里提到,一些人设置了法律之上的法律、权利之上的正义,和主权者之上的主权者。霍布斯在此言辞激烈地回应说"不":如此主张的人,和不服从主权者的人一样"不义"(*unjust*)。因为不存在与上帝的规约或信约。由于这一点很难说出口,也很难以这种方式被人接受,霍布斯只能把事情搞得复杂一些,他区分了"间接"和"直接"。简言之,他说不存在与上帝的直接信约,"不通过代表上帝的人的中介作用,就不可能和上帝订

---

① *Cf.* J. Derrida, «Comment ne pas parler. Dénégations», dans *Psyché. Inventions de l'autre*, t. II, Paris, Galilée, 2003, p. 150, n. 1. ——原编者注

约,而代表上帝则只有在上帝之下具有主权的神的代理人才能办到"。"不过,"霍布斯补充道,"这种与上帝立约的借口甚至在提出借口的人自己的良心中说来也显然是一种谎言,以致这种行为不但是不义的,而且是卑鄙和怯懦的"(But this pretence of Covenant with God, is so evident a lye, even in the pretenders own consciences, that it is not onely an act of an unjust, but also a vile, and unmanly disposition)。①

这一段落丰富、复杂而深刻。需要对它进行多层次分析。显然,霍布斯非常愤怒、咄咄逼人,找不到语言来刻画那些在他看来卑鄙无耻的说谎者:这些说谎者知道自己在说谎,他们不义、怯懦、卑鄙、恶劣。他们说的谎有何过错?在进入这个问题之前,我们需要设想,霍布斯在实际上、在情绪上如此激动,如此顽固,如此凶猛而热烈,他想到的肯定是近在咫尺的危险,甚至是自己国家的政治领域中的敌人,而众所周知,霍布斯是这个国家的主体/臣民和当事者。伟大的政治哲学家、所有谈论政治的伟大哲学家,他们总是令人瞩目的一点在于,他们的哲学命题始终鲜明地属于他们自身时代的公民和政客,这些哲学命题裹挟并呈现于他们时代的民族政治领域之中。当然,一般来说,所有哲学家在谈论政治的时候都是如此,从柏拉图到康德、黑格尔或海德格尔。但在另一个意义上,凭着一种更为严格的投身方式,也就是以政治的法定参与者的方式,可以说对于官员和政客的来说,对于那些本质上是在现代性边缘思考"政治性"的哲学家来说,对于像马基雅维利、霍布斯,别的意义上还有博丹、孟德斯鸠和施米特这样

---

① Th. Hobbes, *Leviathan*, *op. cit.*, p. 97; tr. fr., p. 291 – 292. [中译文根据霍布斯:《利维坦》,黎思复、黎廷弼译,第184页。——译注]

的人来说,以上所说的就更为正确,另一种意义上的正确。所有这些人都以参与者的身份卷入国家或城邦事务之中。凭靠不同的能力,他们在某个特定的时刻投身政治。哪怕很困难,我们也需要仔细辨认,哪些线索将他们与同时代的国家政治网络相勾连,哪怕对我们来说,在这一原本的政治网络之外,这些线索会将我们引向一个更广大的问题域:尽管这个问题域仍然是历史性的、分期性的、时代性的,但它连接着更广泛的政治后果,有时连接着我们自己的时代。例如,博丹和霍布斯的主权论述在根本上、在内部带有他们时代和国家的政治动荡的痕迹,但我们如今讨论主权的根本问题和基本问题时,他们的主权论述为何、如何能够保持强烈而持续的概念相关性,哪怕主权的基础和民族国家主权逻辑的严密性正面临极大的挑战?

回到霍布斯的愤怒。这些"不义"者、"怯懦"者,这些说谎并知道自己在说谎的人,这些谎称与上帝本身直接立约的人,他们的罪责是什么?至少有三点。

一、对人说谎。他们声称的内容不是真的,而原则上他们也无法为此作证或提供属人的证明。至少无法提供**直接**可感的证明或迹象,表明他们与上帝**直接**立约。霍布斯承认(我们会回到这一点上),可能存在一种中介作用和上帝的人类"代理"。霍布斯拒绝的是与上帝的"直接"盟约或信约。因此,谎言在于主张直接性。

二、这些怯懦的不义说谎者的罪责在于将一种法置于法律之上,自我授权以超越性的法为名、以超越人类的和政治之前的义务为名,违抗政治的法律和权利。他们是不服从的公民,甚至可以发展到叛国。他们首先是不尊重权利尤其不尊重政治权利的人,也就是不尊重人类城邦的权利和政治。在今天,这些人会是拒服兵役者、通过"公民不服从"的方式进行抵抗的人们等等,他们在法律之上、在国家宪法之上放置了另一种法。或者,在至少是**类比**的意义上,今天这些人会让人权凌驾于公民权或民族国家政治。简言之,他们所做的是"去政治化"(在施米特的意义上),他们威胁到政治的根基:领土、民族国家、主权的民族国家形象,等等。

三、这些声称与上帝订立直接规约或信约的坏人就像犹太人一样,而"信约"一词确证了这一相似,这个词经常用于翻译耶和华与以色列民族的盟约,正是这一"信约"将他们变成"选民",他们只从超越一切政治或一切属人的政治—法律制度的神的超验性那里,接受自己的法律、秩序、使命、权利和义务。无论在霍布斯这里"信约"是否指涉"选民"的"信约",几乎可以说,霍布斯对于直接性和间接性的不懈坚持,尤其是对于中介者的涉及——他是作为上帝的(人类)代理的中介者,他在地上以及人类之中代替上帝、代表上帝,几乎是上帝的人类化身,他将属人的政治、属人的主权、属人的国家与上帝连接起来,同时却不与上帝直接立约——几乎可以说,霍布斯提出这一"代理"概念,在人类政治和国家的尘世城邦中代替并代表上帝,是为了证成或至少是留出"基督教的政治基础"这一可能性。但这是一个中介性的、中介了的基础,它不会破坏、威胁或缩减属人的政治规定性和自律性,因此不会破坏、威胁或缩减主权的属人面相和它由以成立的规约。我要强调这一点,因为这个问题非常关键。它涉及的恰恰是政治主权概念的根基问题,无论这一根基是神学的还是非神学的,是宗教的还是非宗教的,是基督教的还是非基督教的。总之,这是最强有力的、最具主导性的、最被人信赖的、最具有正当性的概念之一,是人类固有的、政治性的、所谓现代的主权概念。

许多研究霍布斯或博丹的专家认为，有必要强调他们的主权概念的现代性，因为这个概念作为一个政治而非神学概念，作为一个非神学的政治概念，据说被从神学和宗教中解放出来，最终落座在纯粹属人的土地上。但在我看来，事情远比这复杂，这几位政治理论家的逻辑和修辞也远比这复杂。事实上，尽管人们都会同意说，例如霍布斯尽其所能将国家主权的起源和根基"人类学化"和"人性化"（比如明确而严格地确证说，建立主权者的规约是人与人之间而非人与上帝之间订立的），但不能否认的是，这一人类学化、现代化、世俗化过程，可以说在根本上仍然连带着一条双重脐带。

一方面是我们之前谈到的，《利维坦》从一开始就涉及的**模仿**，它描述并分析了人对于国家的建立（人造人、人造灵魂、利维坦等等）作为对于上帝作品的复制。

另一方面是这一代理逻辑（无论是否是基督教的代理）：我说"无论是否是基督教的代理"，是为了对必须隐而不彰的事物保持谨慎或尊重，但霍布斯提到"代表上帝"（*that representeth God*）的"某人／某个身体"（*some body*），看起来确乎指涉某个［特定的］人，他是上帝在世上的身体和化身，是作为神之子的人之子，是在《圣经》中代表上帝的人。为了更具体地勾勒出这个难点，你们读一下《利维坦》颇有意味的第十六章，那里讨论了人格和人格化的概念，提出了三个例子来说明"人格化"（*Personated*）① 上帝的人格性"代表"，因而三者都**代**上帝发言，**代替**上帝、以上帝的**名义**发言：

---

① Th. Hobbes, *Leviathan*, op. cit., ch. XVI, «*Of* PERSONS, AUTHORS, *and things Personated*», p. 88；tr. fr., ch. XVI, «Des PERSONNES, AUTEURS, et des choses personnifiées», p. 275.

摩西、耶稣基督、圣灵。总而言之，无论是犹太教的也好，严格意义上是基督教的也好，这一上帝"代理"（lieu-tenance）的逻辑——作为上帝之后的主权者的代理——明确标志着如下事实：主权者的**固有位置**（*lieu propre*），这一属人主权的**场所—政治**（*topolitique*）的恰当**位置**（*topos*），事实上属于一种服从于、臣服于、隶属于神性主权的权威，一种处于神性主权之下的权威。无论是摩西、基督、基督教君主，还是被甄选并确立为主权者的一群人，他们的位置总是对上帝的代理。（人类）主权者作为代理而产生，他占据着代替上帝这一绝对主权者的位置。人类主权者的绝对性、他的必需且宣告的不朽，根本而言始终是神性的，无论法定上将它确立在这个位置上的代替、代表或代理究竟是什么。

如果事情的确如此，如果我的解读不错，换言之，如果主权和国家体制的这一人性论的或人类学意义上的现代性，保留着一种深刻而根本的神学基础和宗教基础，如果对于一切与上帝的规约的明确排除，并没有违反这种神学政治（恰恰相反），那么我们就不必再作引申，而是要以突然的方式切入问题，一举进入另一种排除那里，从而尝试进一步理解这个所谓现代的、人性论的、世俗的建构的核心建筑结构。这一排除不像排除与上帝的信约或规约那么明确。何种排除？没错，正是在一种看起来不对称的对称性中，排除与野兽的规约。在《利维坦》前面的部分（第十四章，题为"论第一与第二自然法以及契约法"[1]），这两种排除（排除与上

---

[1] Ibid., ch. XIV, «Of the first and second NATURALL LAWES, and of CONTRACTS », p. 76–77; tr. fr., ch. XIV, «Des première et seconde LOIS NATURELLES et des CONTRATS », p. 241–242.

帝的契约,并排除与"野生的野兽"的契约)似乎相互并置、相继、相邻,甚至重合。这一重合(一个段落在另一个段落前面,一个马上接着另一个)让两者的邻近性呈现出立体的景象——正像所有立体感/残留物(relief)那样,这种立体感也恰恰会残留在我们的研讨班之中。在本次研讨班的桌面上,残留着对于野兽和主权者、对于野兽、主权者和上帝之间的转喻性相邻关系的思考,残留着对于处在野兽和上帝**之间**的主权者的属人形象和政治形象的思考;野兽和上帝成为主权者的"**主体/臣民**"(在 sujet 一词的全部意义上),成为主权者的至高主体,对人类主权者下达命令,也作为臣民而服从主权者。这三个形象彼此取代,彼此替换,彼此代替,在这根隐喻的链条上,一方总是准备成为另一方的代理或增补(suppléant)。因此是双重排除,即排除与上帝的规约以及与野兽的规约,但很重要的一点是,这一次,对于排除的证成(排除与上帝一如与野兽的信约)提到了语言,提到语言问题、特别是回应的问题。如果一个人无法与野兽立约,就像无法与上帝立约那样,那么原因在于语言。野兽无法理解我们的语言,而上帝并不回应我们,也就是说,无法**让我们知道**,因此我们也无法知道我们的规约是否被他**接受**了。在上述两种情况中,都不存在交流,不存在共有的语言,不存在提问和回答、命题和回应,而任何契约、规约或信约似乎都要求这些。我一会儿会说,为什么我不仅要强调语言作为交流,而且要强调语言作为**回应**(réponse)或**责任**(responsabilité)的维度和环节。在此之前,我要从《利维坦》第十四章那里引用两段话。第二段引文涉及排除与上帝的信约,但它并不因我之前引用过的相关段落而显得多余,因为霍布斯这次提出的论述谈到的正是通过**回应**而**接受**契约。我引用如下：

> 除开上帝以超自然的神启，或是通过他的助手以他的名义传话给中间代理人的方式之外（or by his Lieutenants that govern under him, and in his Name）[所以，仍然是有关代理的论述]，就不可能和上帝立约（To make Covenant with God, is impossible）。因为除此以外，我们就无法知道自己的信约是否被接受（accepted）。

在前面一个段落里，霍布斯已经规定（我要用"**规定**"[posé]一词，因为这一论述包含了一些深具论题性和教条性的内容），不可能和野兽、野生的野兽立约。在后面一个段落里，他谈到上帝时，用了相同的语词和句法（"不可能和上帝立约"[To make Covenant with God, is impossible]），而这里谈论的是野兽："不可能和野生的野兽立约"（To make Covenant with bruit Beasts, is impossible）。在论述野兽所无法理解的语言时，我们再次发现了"接受"一词：和上帝一样，野生的野兽也无法**接受**或让我们知道它们**接受**了规约，或进入规约所要求的相互接受关系之中。我读一下：

> 不可能和野生的野兽立约。它们不懂我们的语言（not understanding our speech），因之便既不能理解也不能**接受**任何权利的让与[原文是 Right：为他人放弃权利]，同时也不能将任何权利让给他人。没有**相互间的接受**

(*without mutuall acceptation*)就没有信约。①

虽然我确实这么认为，但我不会急切地说(dire brutalement)，所有这些都是野蛮的错误(brutalement faux)，认为一般意义上的野兽(假如真有这么个东西的话)或所谓野生的野兽("野生"是什么意思?)无法理解我们的语言，无法回应或进入任何规约之中，这是错误的看法。我不会急切地指出，许多所谓的野兽能够很好地理解我们的语言。我甚至不会急切地指出：虽然它们很可能不会与人订立字面意义上的、话语性的规约，不会用我们的语言、在公开在场的公证人面前立约，但**一方面**，在所谓动物和所谓人类之间，仍然存在各种各样的规约，也就是凭借学习和经验(因而不是凭借天性或自然)达成的种种一致或不一致(我所想到的不仅仅是各种在驯化、训练(如驯马)、驯服过程中形成的关系，不仅是领地的组织，不仅是边界和禁止行为的确立——我们之后会详细论述动物展览和动物园的政治历史，但除了所有这些暴力形式之外，也存在着将人像动物那样对待的情况；我是说，存在各种人类动物园和展览，对此我们也会提到)；**另一方面**，与此相反，没有人(特别是霍布斯)能够主张说，在国家的起源处，人类规约总是甚或经常呈现为字面意义上的、话语性的书面契约，带有立约主体相互间的理性合意。同样，延续我对这一整套有关"动物"的

---

① Th. Hobbes, *Leviathan*, *op. cit.*, p. 76-77; tr. fr., p. 241. 强调为德里达所加。——原编者注

[中译文根据霍布斯：《利维坦》，黎思复、黎廷弼译，第 104 页，略有改动。——译注]

传统话语(仿佛真的有"动物"这个以一般单数形式存在的东西)反复进行的解构性批判,我们不能满足于指出,如果仔细观察的话,会发现被认为是"人类固有"的性质同样属于其他生物;我们同样得反过来说,被认为是人所固有的性质,并不纯粹而严格地属于人类。因此,我们必须重构整个问题领域。

所以,今天我不会急切地提出或宣告所有这些主张。我只想强调"回应"这个母题,它在规约的双重排除中发挥作用——排除与上帝的规约和与野兽的规约。从笛卡尔到拉康,从康德到黑格尔再到海德格尔,中间经过霍布斯,关于动物的最有力、最冷漠、最教条的偏见,并不是主张它无法交流、无法意指,并不是主张它无法运用符号,而是主张它无法回应。在别的地方,在已经出版和尚未出版的文本中,我试图详细说明为何这一"反应"和"回应"的区分始终是教条性的,因此是成问题的。① 在那里我讨论了刚才提到的所有这些人的著作,这里就不再谈了。我只想指出,从这一角度看,霍布斯是笛卡尔主义者,他关于野兽的论述属于那一传统。之后,我们会阅读《论公民》中的一个章节,霍布斯在那里批评亚里士多德的时候谈论了野兽,谈论了为什么在他看来动物社群不配被叫作"市民社会"。② 对我们来说特别有意思的是,在不能立约这一点,以及在不能回应这一点上,我们所谈论的双重排除,将野兽和上帝结合在一起。这就促使我们思考:作为

---

① 例如,参见 J. Derrida, *L'animal que donc je suis*, op. cit., p. 54, 79–80, 115–119, 125, 154.——原编者注

② Th. Hobbes, *Le Citoyen ou Les fondements de la politique*, op. cit., Section deuxième, ch. V, p. 142.

主权者的主权者,上帝本身就像野兽一样无法回应,我们无论如何也不能确认他是否接受,我们无法指望他作出回答。事实上,这是对于绝对主权、对于主权的绝对性——这一绝对性将主权从相互性的一切义务中分离和解放①出来——最深刻的定义。主权者并不回应,他无须回应,他始终有权不作回应(répondre),尤其是不对他的行为负责(répondre)。他位居法律之上,有权中断法律,他不必在议员或法庭面前作出回应,他在法律判决作出之后给予赦免或不予赦免。主权者有权不作回应/不负责任,他拥有这组不对称关系中的沉默权。他拥有某种不负责任的权利。由此,我认为绝对主权者激起了我们模糊但又明快的情绪,激起了双重情感:主权者像上帝一样超越法律、超越人性、超越一切,但他看起来有一点愚蠢(bête),有点像野兽,甚至像他自身所包含的死亡,像列维纳斯(Lévinas)谈到的死亡——它不是虚无,不是非存在,而是无回应。主权者**像**上帝、**像**野兽、**像**死亡,这些有关"像"的残余仍然留在我们的桌面上。如果主权为人类所固有(我根本不相信这一点),它将会**像**这一去固有化的(expropriante)、不负责任的出离状态一样,会像这个无应答的场所一样——人们在一般的、教条的意义上,将它称作"兽性""神性"或"死亡"。

在这一点上,作为今天的总结,让我们回想一下我们一直在追踪的——蹑手蹑脚地/以狼的脚步追踪——狼的足迹。我们会在一月份的课上阅读拉封丹的《狼与小羊》,在"9·11"发生后阅读这个文本,届时我们会再次遇到这一足迹。我在这里仅仅很快

---

① 在词源上,"absolu"(绝对)一词由"ab-"(分离)和"solvere"(解放)构成。——译注

地确认一下狼(lukos)的奇特谱系,一种狼系谱学的血统,一种奇特的狼系谱学(génélycologie);这一足迹从一个洞穴引向另一个洞穴,通往(来自东西南北各个方向的)主权的主张者们之间的联合,他们聚集在一起且彼此相似:狼、人、上帝。一方**对于**另一方的相似。

我认为,我们现在不仅可以更好地理解"人对人是狼",而且可以更好地理解这一场景中关于上帝的段落。在这一共同的狼系谱学轨迹上,有着主权者、人、上帝、狼人、神—人、神—狼、神作为狼的父亲或狼外婆,等等。作为来年课程的提示,我在这里留下三段引文,将它们放在一起以追溯"人对人是狼"的故事线索。这一组合不断转化,我们不断在其中转移,而在此过程中总是能遇到上帝。暂且将三者引用如下:

一、霍布斯《论公民》中,给德冯夏尔(Devonshire)伯爵的献词的开头部分。霍布斯先是引用了加图的话(我希望和你们重读一下这个论证),后者以罗马帝国的名义谴责那些"该被归类为猎食动物"的君主;然后,霍布斯对罗马人民本身的帝国主义作出了思考:"但罗马人民是何种动物?罗马人民劫掠了几乎整个世界,包括非洲、亚洲、马其顿……他们才是凶猛的野兽",以至于庞蒂乌斯·特勒西努斯(Pontius Telesinus)在与苏拉的战斗中决定摧毁罗马,因为"若不砍倒其栖息之森林(我们或许还可以加上:就像阿富汗的洞穴),狼群对于意大利之自由的蹂躏便无终止之日"。霍布斯继续写道:"以下两点都正确:人对人是上帝,人对人是狼。"[1]

---

[1] Th. Hobbes, *Le Citoyen ou Les fondements de la politique*, op. cit., p.83.——原编者注

二、让我们从霍布斯那里回到蒙田(《随笔》卷三第五章"论维吉尔的诗歌")。在这里,正是在沉思婚姻甚至沉思婚姻的契约、信约、盟约的过程中,出现了"人对人是狼"这一表达。这里的场合和主题是婚姻的狂热,这一点远非偶然或无关紧要。我们需要仔细考察这个长段落,逐字逐句地读。蒙田如何定位"好婚姻",如果这种东西存在的话?如他自己所说,"如果这种事情存在的话"?定位在哪里?他没有将它定位在"爱"这里,而是定位在"友爱"这里。我引用如下:"一个好婚姻,如果这种事情存在的话,它拒绝爱的陪伴和爱的条件,而试图再现友爱的性质。"这一表达的审慎令人叹服。在此,一切都处在条件句的语法中,不透露明确的倾向或任务:"一个好婚姻,如果这种事情存在的话……试图再现友爱的性质。"不确定这是否能做到,不确定是否存在婚姻;但如果存在的话,它也仅仅是**再现**友爱的性质,甚至不是**作为**情人或女性友人而**处在友爱关系之中**,而是再现友爱的性质。蒙田补充道:

> 任何感受过[这种再现友爱的社会生活]的女性,[这里引用了卡图卢斯(Catullus)①]都不会想要作为她丈夫的情人或恋人。如果她作为妻子生活在他的爱情中,那么她在另一种生活中更会感到光荣和安全。②

---

① 德里达跳过了蒙田文本中对卡图卢斯的引用。——原编者注

② Michel de Montaigne, « Sur des vers de Virgile », dans Essais, Albert Thibaudet (éd.), Paris, Gallimard, coll. « Bibliothèque de la Pléiade », 1950, Livre III, ch. V, p. 952.

在书写的这一瞬间,出现了第一个动物。第一个动物穿过文本,一个既是野生也是/或是家养的动物:鸟。"健全的婚姻"对我们来说不可或缺、弥足珍贵,但它像一个笼子一样,人们在里面时会想要逃走,而在外面时则想要被关进去(这一例子表明的是容易被驯化——调教、驯服、家禽化——的生物,这里是我们刚才谈到的"家禽化"例子,严格意义上的"家禽化";这是人和动物都有的规约之一,即让生物服从于家庭的法,服从于 oikos(家)和 domus(主人),服从于家庭经济)。蒙田解释说,婚姻就像一个笼子,在里面的人想逃出去,在外面的人想关进去。他说:"就像笼子一样,外边的鸟极力想要进去,里边的鸟极力想要出来。"然后他引用了苏格拉底,后者说无论如何,无论是否娶妻[你们看到,是否结婚这一问题或决断是男性固有的,但不是女性固有的:问题是要知道是否**娶妻**]——对于这个作为"娶妻"问题的结婚问题,苏格拉底的回答同样是鸟和鸟笼的两难处境,既想要进去又想要出来,而无论你做什么,你都会后悔:"无论做什么,都会懊悔。"这意味着,男性(vir/aner)、丈夫或父亲、实际的一家之主、父权、家庭的主权者,感觉自己像一个鸟,首先就受困于"家禽化"的两难处境之中:无论他进入或离开家庭的笼子,他不仅会后悔,而且会受到谴责,他会谴责自己犯下大错,而不是偶然的意外:他只剩下懊悔。"无论做什么,都会懊悔。"紧接着,没有一点过渡,仿佛仅仅是苏格拉底上述言辞的延伸,仿佛仅仅扩展了鸟受困于鸟笼的形象,扩展了受困于家庭的笼子这一双重束缚形象(而且,尽管表面上如此,但笼子本身、被叫作"笼子"的装置本身并不是陷阱,陷阱不是笼子:陷阱是那个双重束缚,是这一双重联系、双重义务、双

94

重命令:进去/出来,内部/外部)[——紧接着,没有一点过渡,仿佛仅仅是为苏格拉底的言辞和鸟受困于鸟笼的形象、鸟受困于家庭的笼子的双重束缚形象加上一个注解,]蒙田引入了狼,仿佛是引狼入室,甚至将狼引入动物的屋内或羊群的屋内。但这是伴随着人和上帝的狼。接着两次出现的"要么"十分精彩:"'人对人'要么是'上帝',要么是'狼'"("**要么/要么**",无法决定的"要么",含混的"要么",抉择性的"要么",[拉丁语的]*vel* 或 *aut*)。绝非无关紧要的是,"契约"(convention)一词也出现在同一句话中:"(婚姻)是一份契约,与之最匹配的谚语是:'人对人'要么是'上帝',要么是'狼'。"由于在蒙田的"人对人是狼"中,问题是婚姻、爱或友爱,因此是两性差异,或许这是一个正确或合适的时机,让我们想起狼系谱学中柏拉图的狼群。不仅是《王制》(卷八566a)中的僭主—狼或狼—僭主——如果你找一下的话,会发现"要么被他的敌人宰杀,要么变成一个僭主,从而由人转变为狼(*ê turannein kai lukô ex anthrôpou genesthai*)"①——而且更相关的是《斐德若》(241c-d)中的狼与羊,爱和友爱的问题在那里对应于吞食他者的欲望,对应于"必须好好地吃掉他者"的欲望。也读一下这段话之前的全部内容:"我的孩子(*ô pai*),你必须记住这些事情,必须知道有情人的情爱(*tên erastou philian*)并非好意,而是出于他想要满足的欲望:'就像狼爱羊羔,有情人热爱他的情伴'(*ôs lukoi arnas agapôsin, ôs paida philousin erastai*)。"

---

① Platon, *République*, 566 a, Livre VIII, tr. fr. Émile Chambry, dans *Œuvres complètes*, t. VII (IIe partie), Paris, Les Belles Lettres, 1934, p. 40.——原编者注

三、一句"老话",其假定的源头至少可以追溯到普劳图斯,他出生于翁布里亚(Umbria)北部的撒西纳(Sarsina)——简言之,属于罗马的殖民地——很早便学了拉丁语并来到首都。我只想从喜剧《阿西纳里亚》中阅读并翻译两行(我下次还会回到这里),这两行围绕人性中最未知的内容,提出甚或**拟人出狼**的形象、狼的面孔、狼的面具。对于人而言,狼就是人本身,在人们认识他之前,只要人们不认识他(tant qu'on ne le connaît pas, en tant qu'on ne le connaît pas)。一个人始终不让人知道、因此**不告知别人**,在此期间、在这个程度上,他是狼。一个人超越所有知识、超越所有告知行为,在此程度上/就此而言,他对人而言是狼:"*Lupus est homo homini, non homo, quom qualis sit non nouit.*"这句话的字面意思是:"人对人是狼,而不是人,当〔因为或如果〕人们不知道他是谁。"①

换言之,当一个人不告诉人们/不让人们知道他是谁或什么样的人,他就成了一头狼。谁或什么样(*qualis*),也可以意味着"谁或什么"。

正如蒙田的句子被刻写在一个婚姻—契约场景中,在此我们不能忽略,这个来自普劳图斯的句子是由一位商人(*mercator*)说出来的,我们面对的是一个资本主义市场的场景,一个借贷场景。这个商人不想放贷,不想借钱给他不认识的人,不认识的人可能像一匹狼那样行事。谁——或什么——是狼?用狼替代人,对人来说用狼人替代人,这一替代难道不是用"**什么**"替代"**谁**"吗?

谁知道(Allez savoir)。这是那个**商人**暗示的内容。他想知

---

① Plaute, *Asinaria*, II, 4, 86, vers 495, dans *Comédies I*, *op. cit.*, p. 113.

道,他问道"谁知道",因为"*Lupus est homo homini, non homo, quom qualis sit non nouit*",这句话可以被译为(比如根据我手上这个译本)"当人们不认识他的时候,人对人不是人,而是狼";但或许在一个不那么正确但语法上同样可能的意义上,这句话也可以译为"狼对人是人,但当人们不认识它的时候,它就不是人"。

这一语法——从同一文本中产生不同翻译的语法——动摇了能够在"谁"和"什么"之间作出决定的权威,动摇了替代的秩序。野兽是"谁"还是"什么"?在替代的场合,总是存在着交换(*qui pro quo*),存在谁替代谁、谁替代什么或什么替代谁的问题。

谁知道。我们能马上表明这一点吗?或明年告诉你们?总之,我们会从不同方向回到所有这些问题,至少其中一个方向会通过寓言也就是口头表达而呈现出来,它是一个关于吞食可能性的口头话语,正如拉封丹《狼与小羊》里那样。你们看到,它很晚才出现。

今天到此为止,已经很晚了。

新年快乐。

第三讲

Troisième séance

2002 年 1 月 16 日

[阴性的]野兽和[阳性的]主权者。阴性……阳性(La...le)。她和他。母狼和公狼。小心狼!

"……我像一个真正的狼人(loup-garou)一般生活":这是卢梭《忏悔录》第一卷结尾处的忏悔。① 此外还有一些忏悔性的表述,将让-雅克呈现为一头狼,在他自己眼中的狼,在他人眼中,在其他语境中、其他修辞中、其他意义上的狼。

但在这里,卢梭将自己描述为一个狼人,他将自己再现和呈现为一个狼人,也即一个狼—人类(homme-loup),而且有点令人惊讶的是,他这么做是出于一种不节制的、强迫性的、贪婪的阅读嗜好,对于书籍文化和购买书籍的嗜好。问题始终是阅读和不阅读的差异,即是否忽略书本、忽略(neglego, neglegere)阅读。"忽略"总是一种不阅读(lire)或不选择(elire)或不聚集(legere),在"legere"的问题上,在阅读、选择和聚集的问题上,这一"不"(ne, nec, neg)带着关于否定、否认、压抑、镇压、遗忘、健忘等问题的全部分量,不是吗? 卢梭在16岁时停止偷窃行为,全身心投入阅读,投

---

① J.-J. Rousseau, *Les Confessions*, dans *Œuvres complètes*, I, *Les Confessions et autres textes autobiographiques*, Bernard Gagnebin et Marcel Raymond (éds), avec la collab. de Robert Osmond, Paris, Gallimard, coll. « Bibliothèque de la Pléiade », 1959, p. 40.——原编者注

入他所谓"对于想象性对象的热爱"①。而吊诡的是,这一对阅读(*legere*)的热爱,对书本的热爱,这一对想象性对象的热爱,非但没有将他推向文化和有教养的社会,反而让他变得野蛮、沉默、静默、非社会;"野蛮"是他自己的用词:"我的习性变得缄默而野蛮;我的头脑开始变得曲折,我像一个真正的狼人一样生活。"②

(我想参考一下这个段落的英译文。③ 很神奇的是,英译本将"loup-garou"这个词翻译为"不法之徒"(*outlaw*)。有点像"无赖",不是吗?流氓、反社会的人、不法之徒。"我像一个不法之徒一样生活",因为"我像一个真正的狼人一样生活"。因此,狼人、"真正的"狼人,事实上像野兽或主权者一样,将自己置于或发现自己位于"法律的外部",*outlaw*,远离或高于法律和权利的常规制度。)

因此:不要忘了,不要忽略这些狼,从一年到下一年。

千万不要忘记狼和母狼。这是不是说,不要狩猎它们?或不要镇压它们?或不要压抑它们?或不要忽略它们?如果遗忘、镇压、压抑、忽略——无论是否带有否定、拒绝或否认——在某种意义上是狩猎/驱逐(*chasser*),追逐以驱赶、排除、逃离、忽略,或是相反,追逐以追随、跟随、纠缠、跟踪、尾随[,情况会如何]?

问题始终是了解如何应对狼。在我们所谓的狼之系谱、狼之

---

① J.-J. Rousseau, *Les Confessions*, dans *Œuvres complètes*, I, op. cit., p. 41.

② *Ibid.*, p. 40.

③ *The Confessions*, tr. angl. J. M. Cohen, Londres, Penguins Classics, 1953, p. 47.

书、狼系谱学中,需要了解我们所谈论的是何种狩猎/驱逐。这一狼系谱学必须在它的系图中,在它的系谱树中包含所谓狼化妄想患者、狼人、狼变身人和人变身狼。

当我们把狼和树联系起来的时候,马上出现了弗洛伊德的狼男之梦①,这个狼男讲述他在梦中看到在一棵很大的核桃树下蹲着六七匹白狼,别忘了,它们也和其他动物相似,比如狐狸——今天我们会遇到狐狸——或牧羊犬,因为它们有着**像**(像,总是类比!)狐狸一样的大尾巴、**像**(像!)狗一样竖起耳朵。因此,这里是一整个动物展览、一整个动物学群体,它们不仅聚在那里,而且有意义地组织在狼男的梦中。在分析过程中,其他动物也会出现,如黄蜂和蝴蝶。狼男很快承认他害怕被狼吃掉:正是这一恐惧,这一对狼的恐怖,让他哭喊着醒来了。为解释他的联想,他自己提到一本书;确切地说,是一本弗洛伊德在阐释中没有漏掉的书,即《小红帽》寓言或叙事的绘本。为解释六七匹狼的形象,弗洛伊德参考了另一本不会被忽略的书,另一个童话故事《狼与七只小山羊》,这让他可以更具体地描述情形。你们知道,弗洛伊德毫不犹豫地在狼这里看到了引起阉割情结的父亲的替代。由于他的父亲经常对还是个孩子的狼男开玩笑说"我要吃掉你",这一替代就更为明显。在随后的分析中,母亲像父亲一样也变成了狼(如果不是母狼的话)。因此,狼男的所有直系亲属都以女性和男性的形象出现在这一系谱树中,占据野兽和主权者、野兽和主人的

---

① S. Freud, «Extrait de l'histoire d'une névrose infantile (L'homme aux loups)», dans *Cinq Psychanalyses*, tr. fr. Marie Bonaparte, Paris, PUF, 1954.——原编者注

位置；在此期间，我们遭遇到一个狼—老师——这个孩子学校里的拉丁语老师名叫"沃尔夫"（Wolf）——所以这一点就更明确了。我们今天还会回到这个关于老师的问题。你们自己重读一下弗洛伊德的《狼男》，我在这里就不继续了，因为在这个系谱树中，在这一狼的图录中，归根结底令我们感兴趣的不是"狼男"，而是狼—人类、狼化妄想患者、狼变成人和人变成狼。例如狼人。

对于我们正在寻找的政治入口，对于从政治上接近或把握在野兽和主权者之间扮演中介作用的角色，这一隐喻，或毋宁说这个类比性的变形，这个幻想的产物至关重要。在政治或动物人类政治（zooanthropolitique）的领域内至关重要。我们的问题视域是动物人类政治，而不是生命政治。

［阴性的］野兽与［阳性的］主权者。阴性……阳性（*La...le*）。

在前几讲中，我们已经注意到一种双重摆动。这种双重摇摆似乎为上述标题的钟摆赋予节奏，只是单纯地念出原稿，或毋宁说口头发音出来，这一摆动就会产生。在法语中，通过法语这门语言——我强调这门语言和它施加的性别——［阴性的］野兽和［阳性的］主权者。阴性……阳性。至于口头表达，我们已经在人的嘴和动物的嘴之间，看到它的双重效力（portée）、双重语言，其一是说话的效力，作为**大声喊叫**（"vociférer"的意思是**传达声音**）的效力；其二是吞食的效力，用嘴和牙齿撕开咬碎的**饕餮效力**（*portée vorace*）。我们说到了喊叫和吞食，但不要急于将言说归之于人的嘴巴（它被认为用来说话和喊叫），甚至不要急于将喊叫归之于动物的嘴巴。我们在这里看到的正是这种单纯而教条性的对立,以及对这种过分简化的滥用。

我们开始重视这种摇摆、摆动,它对于我们标题的钟摆产生影响绝非偶然,即在法语中如此发音的"[**阴性的**]野兽与[**阳性的**]主权者。**阴性**……**阳性**(*La…le*)"。这一摆动或摇摆的节奏印刻在每个词上,印刻在冠词上(la,le),印刻在名词或实词上(野兽、主权者),印刻在动词、系词或连词上(与[et]、是[e(s)t])。如我所指出的那样,对于这一钟摆的悬置是双重的。

一方面,第一个摆动,至少是由法语语法(la…le)标示的性别差异,似乎偶然地(如我们已经以多个事实、多个文本说明的那样)确证了如下这一点:野兽经常是被征服、主宰、家禽化、统治的生物,就像(这个类比绝非无关紧要)女人、奴隶和孩子。关于这个主题,关于对于野兽的权利的主题,回想一下我们读过的霍布斯《论公民》里是怎么说的。这一性别差异似乎也确证了另外一点(如我们已经以多个事实、多个文本说明的那样):主权者通常出现在君主、主人、首领、家长、丈夫等男性形象中——出现在**自我**的**自我同一性**(l'*ipséité* de l'*ipse*)的男性形象中。关于这一点,几年前在阅读本维尼斯特时,我们已经强调指出,从语源上说(参考《印欧诸制度语汇集》中的"好客"词条)①,["自我的自我同一性"]意味着某个人的权力施展,而只须以"**他自己**"、以 ipse 来称

---

① Émile Benveniste,« L'hospitalité », *Le Vocabulaire des institutions indoeuropéennes 1. Économie, parenté, société*, Paris, Minuit, 1969, Livre I, section II, ch. VII, p. 88 -91. ——原编者注

呼他便足够了。在最宽泛的意义上,主权者就是有权利和力量作为且被承认为**他自己**、**同一者**、**与自身完全相同者**的人。本维尼斯特继续考察了一系列相关语词——poti,梵语的 patyate,拉丁语的 potior(对于某物拥有权力,掌握某物,拥有某物,potsedere):"'能力'概念……由此成立,它从缩约成 potest 的谓述表达 pote est 那里获得动词形式。possum, potest(我能够,我可以)等活用也由此产生。"①我想强调的一点是(它的种种后果难以估量),本维尼斯特将自我同一性、自我、"某人自己""他自己"[lui(soi) même]放在同一个谱系中,仿佛权力首先在那个可以被指认或自指为**同一者**、**他自己**、**自己**的人那里得到辨认。几年前我们曾讨论过本维尼斯特的这些段落,他惊讶地发现,一个意为"主人"的词[如他在之前一页所示:potis,梵语的 patih(主人和丈夫),希腊语的 posis(丈夫),以及合成词 despotês]会被削弱到用来指"他自己"("削弱"是本维尼斯特的用词和评价,但我认为这里谈不上削弱或失去力量;恰恰相反)。另一方面,本维尼斯特清楚地认识到,一个意指"他自己"的词,可以带有"主人"一词<的>固有含义。如本维尼斯特指出的那样,在拉丁语口语中,普劳图斯(我们不要忘记,我们永远不要忘记狼系谱学中的狼群,不要忘记——无论这是否是一个巧合——普劳图斯正是上次我在追逐狼的过程中提到的《阿西纳里亚》的作者,这个文本中第一次出现了"*Lupus est homo homini, non homo, quom qualis sit non nouit*")——普劳图斯用"*ipsissimus*"(**绝对的他本人**)来指涉主人、主宰者、最重要的人物,简言之即首要者、领导者或君主。简言之,主权者。在俄语中,领主被命

---

① Ibid., p. 91.

名为"*sam*"(他本人)。在毕达哥拉斯学派,教师(maître)毕达哥拉斯被称为"*autos*""*autos epha*":他本人这么说,也就是教师/主人这么说。"在丹麦语中 *han sjølv*(他自己)也有相同的意思。"主人(关于主人的内容也很容易用于首领、君主、主权者)是被称作,可以被称作,可以自称为"本人"、自我同一的"自己"的人。

主权概念总是带有这一定位(positionnalité)、立论、自我立论、自我定位的可能性,即那个将自己设立为 *ipse*、**自己**、**本人**的人。而对所有"第一位的人物"而言,对于主权者和君主般的人而言,对于君主、国王或独裁者而言,对于民主政体中的人民而言,甚或对于实施其至高自由的公民主体而言(例如,当他在主权的意义上投票或将选票放入箱中的时候),事情都是如此。要言之,每当出现真正意义上的决断、古典意义上的决断时,事情都是如此。独裁(在最小的、严格的意义上,主权总是一个独裁的环节,即使人们并不生活在所谓的独裁政府中)始终是主权的本质,独裁通过主权而与下述权力联系在一起:通过指令、要求、命令或 *diktat*(指示)来发言的权力。从罗马的 *dictatura*(独裁制)(在那里,*dictator*[独裁官]是例外时的最高行政官,有时是首要行政官,因而是某些城邦的主宰者),到现代独裁形式如 *Führer*(领袖)或 *Duce*(首领)或"人民之父"或某个"*papadoc*"①,但也呈现为无产阶级专政的形象,呈现为一般意义上的独裁,即无条件地以 *Diktat* 的形式实施权力,具有下达命令、只对自己负责、不服从任何更高的决策机关(尤其是议会)的最终决定权或述行式裁断权;没错,只要

---

① 海地总统弗朗索瓦·杜瓦利埃(François Duvalier)的绰号,自 1957 年直至其去世,他在海地实行独裁统治。——译注

有主权,就会看到这一独裁、这一独裁式的决策机关。

本维尼斯特接着恰恰将**主权**本身界定为 ipse、同一者、自我固有的权威(不过他没有使用"主权"一词)——这也是为什么我在这里坚持这一点,并且会经常在这个意义上使用"ipséité"一词及其包含的各种意义[本维尼斯特接下去的论述中,每个词都很关键]:

> 为了把意为"自己"的形容词扩展到"主人"的意义,一个必要条件是:一个封闭的群体服从于一个核心人物,后者代表整个群体的人格和全部同一性,以至于他自己集合了整个群体;他单独体现了整个群体。
>
> 这正是发生在合成词"dem-pot(i)-"[梵语]那里的情况,这个词的意思是"家庭之主"。由此命名的人物,其角色并不是施加命令,而是承担一种代表作用,这一代表作用使他对于整个家庭、对于自己与之相认同的家庭具有权威。①

除了性别差异,冠词"la""le""[阴性的]野兽""[阳性的]主权者"清楚表明,我们在此处理的是普通名词、实词,而不是形容词或定语。这一区分让人想起有关法语习惯用语的两个显而易见的事实,从而更为关键。我们从来不说野兽"**愚蠢**"(bête)或"**兽性**"(bestiale)。作为形容词、修饰语或定语的"愚蠢"和"兽性"从

---

① É. Benveniste, « L'hospitalité », *Le Vocabulaire des institutions indo-européennes 1*, op. cit., p. 91.

来不适用于动物或野兽。"愚蠢"(bêtise)是人固有的(甚或是作为人的主权者固有的)。关于这个主题(愚蠢作为人的固有性质),我们接下去会考察德勒兹的《差异与重复》。

我们会探讨德勒兹的这个文本,以及罗奈尔(Avital Ronell)讨论"bêtise"的重要著作《愚钝》。① 说到德勒兹,你们自然也应该读一下《千高原》②里非常丰富的章节"1730年:生成—强度,生成—动物,生成—难以感知"。那里不仅能发现狼男、被狼群看到的狼男、狼人(第303页和第323页),而且能发现狼孩的现象(第335页)、《莫比迪克》中船长亚哈变成鲸鱼(第374页)。在一千座高原和一千个其他事物那里,你们也能发现我们这里关注的分类学问题,将动物形象进行归类的问题。顺带一提,德勒兹一如既往地嘲笑了精神分析对动物的讨论(有时有点着急);他不仅嘲笑它,更有意思的是,他说动物自己也嘲笑这种分析。这是在《千高原》第294 – 295页:

> 同样,还应该区分三种动物:个体化的动物,家庭宠物,情感上的、俄狄浦斯的动物,——其中每一种都有其逸史,"我的"猫咪,"我的"狗;这些动物使我们退化,将我们带入一种自恋式的冥思之中,精神分析只理解此种动物,它想要在它们身上更好地发现爸爸、妈妈、小兄弟

---

① Avital Ronell, *Stupidity*, Urbana et Chicago, University of Illinois Press, 2002.

② Gilles Deleuze et Félix Guattari, *Mille Plateaux*, Paris, Minuit, 1980, ch. X, p. 284 – 380.——原编者注

的形象(当精神分析谈到动物的时候,动物就学会了笑):**所有那些爱猫咪、爱狗的人都是傻蛋**。接下来,还有第二种动物,即具有特征或属性的动物,从属于种属、分类或国家的动物,那些伟大神圣的神话描绘了它们,为了从中获得系列或结构、原型或模型(荣格无论如何都要比弗洛伊德更为深刻)。最后,还有一些更为凶恶的动物,它们是集群的、情状的动物,它们构成着一个多元体、一种生成、一个种群、一段故事……抑或,再说一次,难道不是所有的动物都可以通过以上三种方式被描述?始终存在着这样的可能性:某个动物——虱子、猎豹或大象——可以被当作一个家庭宠物,我的动物小宝贝。同样,从另一极来看,所有的动物也都可以按照集群或麇集的模式来被描述,这是适合我们这些巫师的模式。即便是猫咪,即便是狗……牧羊人,首领,魔鬼,都可能在集群之中有着其所偏爱的动物,但这并非是以我们刚刚所讨论的方式。确实,所有的动物都是或可能是一个集群,但却具有多变的适应性的等级,正是这些等级使得对于一个动物(在不同的情形之中所现实地或潜在地)包含的多样性和多样性级别的发现变得更为容易或困难。集群,集团,麇集,种群,这些不是低级的社会形式,它们是情状、力量、缠卷,它们将所有的动物带入一种生成之中,此种生成与人和动物之间的生成一样有力。①

---

① 中译文根据德勒兹、加塔利:《资本主义与精神分析(卷二):千高原》,姜宇辉译,上海:上海书店出版社,2010,第338-339页。——译注

当然，贯穿这整个研讨班的问题——无论它是以明确还是间接的方式呈现出来、迫近我们——总是"人的固有性"问题。此外，兽性**要么**被描述为性倒错或性异常，即促使人与野兽或对野兽进行性行为的恋兽癖；**要么**被描述为残忍，这一兽性、这一双重的兽性（恋兽癖或残忍）也是人所固有的。我们之后会考察拉康关于这个主题（人所固有的兽性残忍）的文本。

另一方面，第二个摆动，在连词和系词之间的摆动，"et"通过两个字母"e""t"来重叠、比较甚或对立野兽和主权者，但也可以通过三个字母"e""s""t"将野兽存在者和主权者的存在者连接起来，以无数种不同的方式连接起来，通过系词"是"将它们连接起来，描述一种比例上、吸引力上或相互吸引上的类比性相似（affinité）。甚至，如我们接下去所示，这是一种嫁接、混合合成的倾向，它把同时涉及野兽和人（主权者）的形象进行嫁接和混合，野兽和人通过主权者而连接起来。这是因为，作为嫁接的假肢，不仅产生了利维坦这一主权国家形象，即如霍布斯所说，一个人造的动物、动物机器，上次我称之为"假肢性国家"。作为嫁接的假肢，也许是人—野兽的合成或混合。这将是探讨野兽和主权者之间的类比、探讨两者的共同命运的方式之一。例如（我们一会儿会回到这一点上），千万不要忘记那些狼和狼人。不是［弗洛伊德的］狼男，而是作为狼人的狼—人类（l'homme-loup）。野兽是主权者，主权者是野兽，两者都分享了一种法律之外的存在（我们已经注意过这一点），高于或远离法律。

我们需要尽可能严密细致地考察乃至解决的核心紧张之一是：如果主权被界定为人所固有的东西（在人造物、法律、习俗、契约的意义上,如博丹和霍布斯笔下那样;即使一种神学基础——我们也考察了这一复杂状况——根本上仍然在为这一人性,为主权的人类学维度和所谓世俗性维度提供正当性),[如果主权被界定为人所固有的东西,]那么,同样是以人的名义、以人的人性名义、以人的尊严名义,因而是以人的固有性名义,某种现代性开始质疑、瓦解、威胁民族国家的主权。每当人们提及普遍人权(超越人和公民的权利),每当人们提及反人道罪行或种族灭绝罪行的晚近概念(1945),以此来确立一种国际性的权利,甚至是一个国际法庭,甚或种种NGO(非政府组织)发起的人道主义行动,每当人们为**普遍**废除死刑而斗争,等等,他们就是在质疑民族国家主权的原则和权威,并且是以人的名义、以人权的名义、以人的固有性的名义这么做。它以人的某种固有性为名,而我认为,这一固有性有时完全没有得到思考,而仅仅是被**承诺给**一种思想——后者尚未对它认为正在思考的事情进行思考,这种意见(*doxa*)的顽固程度一如其幼稚程度;正是在人的某种固有性的名义下,在人性的名义下,这些人限制、规定、限定,甚至反抗、对抗、谴责民族国家的主权。我说国家主权和民族国家主权,因为由人权或反人道主义犯罪所唤起的、由国际法或国际法庭所唤起的人的人性或人格,很可能是在诉诸另一种主权,诉诸一种关于人本身的主权,关于人自己(*ipse, ipsissimus*)的存在本身的主权,它高于、超越于并先于国家主权或民族国家主权。

此外,顺便一提,这种对于国家之上的人性、人道主义甚或人权的提及,正是施米特所谓的去政治化,它要为现代政治的中立化或去政治化(*Entpolitisierung*)负责。事实上——而这一点也是我说"援引"(*allégation*)国家利益之上的人性或人道主义的原因——施米特相信,他总是能够在这一人性论和人道主义话语里找到战争的狡计,一种由国家出于争夺霸权目的而布下的狡计,一种狼和狼人的狡计,甚至是狐狸的狡计(我们不要忘记狼群和狐狸)。去政治化过程,超越国家主权的过程,是一种[实际上]服务于主权、服务于确定的民族国家主权的虚伪。施米特在20世纪30年代尚未谈到"全球化",不过,他在对新的国际法、国际社会等的前提进行批判时,明显已经想到了这一点。全球化世界将是一个策略、一个虚假概念或一个伪造的概念,它作为武器、作为走私货、作为欺诈,目的是将某些特殊利益假扮成世界利益或普遍利益,目的是将某个民族国家或某个特定的国家集团的利益假扮成世界的利益,假扮成普遍人性的普遍利益,假扮成一般意义上人类的固有利益。施米特写道:"人类本身(*Die Menschheit als solche*)并无法发动战争,因为人类没有敌人,至少在这个星球上是这样[评论最后这一点]。人性概念把敌人的概念排除在外,因为敌人仍然属于人类——所以,在人类这个概念中并没有特殊的差异。"① 在论述了人性概念无法成为政治概念或政治的基础之后,施米特表明,**事实上**,每当这个概念在发动战争的过程中被提出来(如今这样的例子有很多),它就是一个欺骗性的修辞、一种意识形态掩饰,它旨在伪装和偷偷携带民族国家利益,因而也就是确定的主权利益。于是,人性不过是一个语词,特殊的国家以它

---

① C. Schmitt, *Der Begriff des Politischen*, *op. cit.*, p. 54; tr. fr., p. 96. 法语译本没有强调原文中的"人类"一词。——原编者注

[中译文根据施米特:《政治的概念》,刘宗坤等译,第134页。——译注]

为名来实现自己的特殊利益和暂时利益：

> 以人性的名义[*im Namen der Menschheit*，施米特继续写道]发动战争并不与这条简单的真理相矛盾(*Widerlegung*)；恰恰相反，它有着特别强烈的政治含义[一种强度更大的政治含义，一种将政治含义的强度增强的过程，*einen besonders intensiven politischen Sinn*：换言之，如今所有以所谓高于民族国家主权的"人权"为名进行的抗争，都不是真正的去政治化，而是显著强化了服务于明确利益的国家政治]。当一个国家以人性的名义与其政治敌人作战时，这并不是一场为人性而战的战争，而是一场某个具体国家[确定的国家：*ein bestimmter Staat*]试图篡取这个普世概念(*einen universalen Begriff zu okkupieren sucht*)以反对其军事对手的战争。以损害对手为代价，这种国家把自己等同于人类，这与人们对和平、正义、进步和文明的滥用如出一辙，其目的无非是把这些概念据为己有，而否认敌人同样拥有它们。"人性"①这个概念尤其是帝国主义用以扩张的得力意识形态工具[引号里的*Menschheit*：*ist ein besonders brauchbares ideologisches Instrument imperialistischer Expansionen*]，在其伦理—人道主义形态中(*und in ihrer ethisch-humanitären Form*)，它则成为经济帝国主义的特殊工具。这不禁让我们想起普鲁东稍微温和的说法：谁讲人性，就是在欺骗。独占"人性"一词，征用或垄

---

① 与原文一样，德里达将这个概念放在引号里。——原编者注

断这个崇高的概念[这样一个崇高的概念:solche erhabenen Namen],可能会造成某些无法估量的后果(nurden schrecklichen Anspruch manifestieren)。比如说,否认敌人具有人类的品质(die Qualität des Menschen),宣布敌人为法外之徒和非人性之徒[施米特文本中用的是法语"hors la loi"和"hors l'humanité"];借此,一场战争就会变得极端非人道(zur äußersten Unmenschlichkeit)。尽管人们在高度政治意义上使用人类这个非政治性的概念[Aber abgesehen, von dieser hochpolitischen Verwertbarkeit des unpolitischen Namens der Menschheit;我重复并重新翻译这句话:除了一个例外,即高度政治性地利用"人性"这个非政治的名称、将它工具化],但是,事实上却根本不存在关于人性本身的战争。人性不是一个政治概念(Menschheit ist kein politischer Begriff),也没有任何政治统一体或共同体,没有任何状态[Status:状态和国家?]与这个概念相对应。18世纪的人道主义人性概念(Der humanitäre Menschheitsbegriff)是对当时存在的贵族——封建制度及其特权的敌对性否定[我们应该说,这是一种论战性的否认:eine polemische Verneinung]。①

阅读接下去的段落,这种所谓自然和普遍的权利,实际上是"社会的理想性建构"(soziale Idealkonstruktion)……

---

① C. Schmitt, *Der Begriff des Politischen*, op. cit., p. 55; tr. fr., p. 96–97. [中译文根据施米特:《政治的概念》,刘宗坤等译,第 134–135 页,略有改动。——译注]

无论我们是否接受这一施米特式的逻辑，从我们的视角来看，首先必须注意到一系列（至少是三个）举措，借此：

一、施米特宣告或谴责了人性、人类或人道主义概念（超越于国家的普遍人权宣言等）的非政治性。

二、施米特宣告或谴责掩藏在非政治性表面底下的、自私自利的超政治性，它掩饰性地强化了以帝国主义形式——尤其是以经济形式呈现的政治利益。

三、对我们来说最重要的是，施米特宣告并谴责说，在这一主张，这一超战略性、超政治性的伪善中，在这一狡诈的政治性强化过程中，有着某种可怕的（schrecklich）甚至令人恐惧的东西。根据施米特的论述，这一可怕的、令人害怕或惧怕的东西，这一 schrecklich、可怕而引起恐怖的东西——因为它通过恐惧和恐怖而行动——正在于：当这种人道主义主张走向战争的时候，它会将敌人视作"法外之徒"和"非人性之徒"（在[施米特的]文本中这两句话是法语），也就是说，视作野兽：以人、人权和人道主义为名，其他人被当作野兽，而这个人自己也变得非人性、残酷、兽性。他变得愚蠢（bête）、兽性、残酷、可怕，不惜一切地引起恐惧，他开始带有最可怕的狼人特征（不要忘记狼群），因为他宣称自己是人，宣称自己配得上人的尊严。没有什么能比这种帝国主义更为非人性的了，它以人权和人性的名义行动，将人和人性排除在外，并对他人施以非人的对待。像对待野兽一样对待他们。

这里我们看到，施米特的话语以一种含混的方式，甚至可以说是虚伪的方式，在两个层次上运作。**一方面**，施米特毫不犹豫地提出一种必须与其他所有维度分开的政治概念：不仅与经济维度，而且与伦理维度分开：政治的前提是敌人，是战争的可能性，是人性恶(你们记得,施米特认为真正伟大的政治理论家是那些对人类悲观的理论家);在霍布斯的传统中,这一政治理论暗示了人的作恶倾向,人本质上害怕并请求国家保护自己(你们记得:"保护故服从")。但是,**另一方面**,仿佛存在好的恐惧和坏的恐惧,仿佛他承认恐惧或恐怖是政治的常规性和本质性来源,而这一政治无法被还原为伦理,也并不遵从伦理,[因此,**另一方面**,]施米特毫不犹豫地将人道主义举措——它以人的名义宣称自己超越了主权,并将敌人视作人性之外的法外之徒,因而就是野兽一般的非人——视为可怕或恐怖(schrecklich)的东西而加以批判。狼人反对狼人。可怕的不仅是将人视作野兽,而且是一种帝国主义的虚伪,它把普遍人道主义作为自己的借口(因而超越民族国家主权),**实际上**的目的是保护或扩张某个特殊的民族国家的权力。两样可怕的事情:一方面,将人视作非人;另一方面,人性论或人道主义的主张或借口的伪善。施米特关于政治的所有含混话语,其中隐含的道德评价和法理评价(它们最终是非常人性论的东西,比它们所承认的更为人性论,而施米特的伪善也由此而来)、道德评估和道德准则,这一道德和法理的立场,事实上都由一种律令所支配:甚至在战争中,在与敌人的关系的暴力中,欧洲法权也必须得到尊重,首先就是战争法;不能以憎恨来对待绝对的敌人,政治性的敌意不是作为心理情绪的憎恨,战争必须由一国向他国**宣告**,真诚地宣告,战争法必须忠实地得到遵守,必须是双方军队对抗,而不是发动针对平民的恐怖主义游击战,等等。归根结底,当一种伪善的帝国主义以人权为名打击敌人,并像对待野兽般对待敌人,像对待非人、法外之徒、狼人般对待敌人,那么它就不是在发动战争,而是施行(用今天的话说)所谓国家恐怖主义,尽管它自己不会使用这个名称。它的一举一动就像是狼人。我们接下去会看到,施米特是否以及在什么意义上仍然是一个马基雅维利主义者(就像他经常宣称的那样),或者说,他是否在某种意义上背叛了马基雅维利。(不要忘记,这仍然是有关狼群、有关一些其他野兽的问题。)

因此,我建议你们至少读一下《政治的概念》的整个第六章,那里讨论了"去政治化",讨论了"不诚实的虚构"(unehrliche Fiktion)①,即一种没有国家的普遍和平状态,讨论了作为总体的去政治化过程的普遍性和对于国家的舍弃。毫无疑问,我们在这里严肃对待施米特的论辩,但并不完全同意他。我在别的场合、但尤其是在这一研讨班中试图做的是谨慎地解构这一逻辑,解构(施米特涉及的)民族国家主权这一主导性的经典概念,同时避免去政治化的结果,避免将政治中立化(Entpolitisierung);[我试图通过这一解构而提出]另一种政治化,一种再政治化,它不会落入"不诚实的虚构"的相同轨道——尽管"诚实的虚构"会是什么、我们在这里依据的是何种虚构概念,都仍然有待认识。在这里,我们再次发现了施米特那里根本的人道主义道德论和暗中的评价;就像刚才我们看到的那种有时好、有时该被批判的"恐惧"一样,施米特提到一种不诚实、不光彩的虚构(unehrliche Fiktion),但我们却不知道施米特以何种名义可以让它失去信誉、名声扫地,可以带着恐怖或蔑视来批判它;我们不知道,当诡计、虚伪和否认成为战争武器的时候,施米特能够以何种名义谴责一场不宣告战争之名

---

① C. Schmitt, *Der Begriff des Politischen*, *op. cit.*, p. 55; tr. fr., p. 96. ——原编者注

的战争。施米特那里暗含的、他自己却不承认的准则是,一场战争应该宣告战争之名,人们必须总是说出并签署自己的名字,帝国主义应该如其所是地表现自己,战争应该被宣告,国家和主权者应该真诚,而名誉(Ehre,荣耀,由忠诚而来的名声;与之对立的是"不诚实的虚构",不忠诚的虚构的谎言)始终是一种确定的价值。正是在施米特谴责不诚实的虚构和伪善的狡计时,他试图表明:带有人的面孔或人道主义面孔的帝国主义国家仍然在政治领域之内,它们的行为仍然是服务于国家利益的政治行为,而这确证了施米特的论题。不错,很有道理(de bonne guerre)。[毫无疑问,]尽管我认为施米特的这一论辩在某种意义上、在某种有限的意义上具有相关性——我从来没有无条件地同意这一论辩,尤其是出于我刚才给出的理由和我在别处给出的理由,出于我在《友爱的政治》①中给出的理由——我所追求的是**缓慢而差异性地**(*lente et différenciée*)解构这一逻辑,解构(施米特涉及的)民族国家主权这一主导性的经典概念,其结果不能是去政治化,而是另一种政治化,一种再政治化,因此是另一种政治的概念。很明显,要做到这一点难乎其难,而这也是为什么我们要进行研究,我们要对它进行考察并让它推动我们思考。

我所说的"缓慢而差异性的解构"是什么意思?首先,这种解构的节奏不能是研讨班或权威性话语的节奏。它的节奏首先是世上正在发生之事的节奏。如我经常所说,这一解构是正在发生之事,如今它正在世上发生:种种危机和战争,所谓国内和国际恐

---

① *Cf.* J. Derrida, *Politiques de l'amitié, op. cit.*, p. 102, n. 1 *et passim*.——原编者注

怖主义现象，宣告或不宣告的大屠杀，全球市场和国际法的转型——所有这些事件都影响并威胁着经典的主权概念。在这一研讨班上，我们才刚刚开始反思（以尽可能深远的方式反思）**正在发生的事情**。另一方面，如我们已经意识到的那样（而这也是为什么我说"缓慢"但尤其是"差异性"），我们不能以解构为借口来纯粹而单纯地从正面反对主权**本身**（*la* souveraineté）。既不存在主权本身（LA souveraineté）也不存在主权者本身（LE souverain）。不存在野兽本身（LA bête）和主权者本身（LE souverain）。存在的是各种不同的、有时相互冲突的主权形式，而人们总是以某个主权为名攻击另一个；例如，我们之前已经提到，以人的自主性（souveraineté）的名义，或以人格性主体的名义，以其自律性的名义（因为自律性和自由同样是主权，而在不加警告，同时不威胁到任何自由的情况下，人们无法纯粹而单纯地攻击独立、自律甚至民族国家主权的种种母题和集体诉求，一些弱小民族正是在后者的名义下，进行着针对强国的殖民霸权或帝国主义霸权的抗争）。

在某种意义上，即使存在异于主权的事物，也不存在主权的反面。甚至在政治中（问题始终是了解主权概念是否完全是政治性的），甚至在政治中，选择也并不在主权和非主权之间，而是在几种分有、分割、区分、条件之间，它们切开了那个总被认为是不可分割的、无条件的主权。解构的困难、困惑乃至绝境，它的缓慢的、始终都不平衡的发展，都由此而来。解构绝不是摧毁。但认识到主权是可以分割的，认识到它一直进行着区分和分有（即便主权仍然存在），就已经开始解构一个纯粹的、以不可分割性为前提的主权概念。可分割的主权不再是主权，不再配得上主权之名，即纯粹而无条件的主权。

无论我们是否同意施米特的这些主张,我们可以理解为什么它们会吸引左翼[思想家](如今仍然保留着这种吸引力),尽管这些主张出自一个数年后与纳粹主义和反犹主义有着深深牵连的右翼天主教徒。对于至少同样对"人性论"和"人道主义"的狡计与指控抱有警惕的人们而言——这些狡计和指控构成了新兴政治帝国主义或经济帝国主义的修辞性武器,但同时也是单纯而直接的武器,有时是大规模杀伤性武器——施米特的主张仍然保留着吸引力。施米特的论断(也是我在这里唯一想坚持的一点)是,没有对于主权的肯定,就不存在政治,不存在政治的政治性;而这一政治主权的特权形式,甚至唯一形式,就是国家、国家主权,这种以国家形式呈现的政治主权的前提是确定敌人;而对敌人的确定,从定义上说,根本不可能以人性的名义进行。这一主权概念从来无法离开敌人,它需要敌人才能成立,它并不一定关联或限定于某种特殊的国家结构(君主制、寡头制、民主制或共和制)。即便当主权者是人民或国家的时候,这一点也无损于施米特所界定的主权的法律、结构或使命(在不援引人性论或人道主义的前提下设立敌人,对于例外的权利,悬置法律的权利,自外于法律的权利)。

这就是为什么,在我刚才读的段落之前,施米特引用了公安委员会 1793 年的雄辩宣言。施米特引用的这一宣言,此前被弗利森哈恩(Ernst Friesenhahn)①在其《政治誓约》(*Der politische Eid*)

---

① Ernst Friesenhahn(1901—1984),施米特的学生,后因施米特投身纳粹政府而与之分道扬镳。他在施米特指导下撰写的博士论文的主题是"政治誓约"。——译注

<中>引用过。[我提起这一标题,是为了将这个陈述重新刻写在宣誓的逻辑之中,后者使得对主权的肯定成为一种述行行为、一种誓约行为、一种信仰宣告,成为一场向死敌宣告的战争;主权是**实定法**,是一种定立或一种假肢,而不是一种自然给定的东西。这是一种宣誓过的制度(如霍布斯清楚表明的那样,一种宣誓过的信仰,因而从结构上说是虚构的、形象性的、被发明的、规约性的东西),一种法律制度,它从来无法在自然中找到;但恰恰在这里,重新出现了权利、法之力和纯粹强力、纯粹强力的配置、产生权利的力量配置、最强者的理由/理性(最好或并非最好的理由)等相互关联的问题。不过,我强调这里提到的誓约和对于宣誓信仰的忠诚,是为了告诉你们接下来我们要进行的迂回绕道,即绕向马基雅维利的《君主论》和他的狼——我们不要忘了这一点。]分别被弗利森哈恩和施米特引用的这一公安委员会宣言写道:

> 自从法国人民表现出她的意志以来,一切反对它的人都被剥夺了主权,一切被剥夺了主权的人都是敌人……在人民和敌人之间,除了战斗之外,绝无共同之处。①

这正是所谓宣誓的信仰和死敌(ennemi juré)。

狼群。你们记得,在初次勘探这片领域的时候,我们开始聚集(ameuter:字面意思是煽动、发动,motus),开始聚集甚至追赶/驱

---

① C. Schmitt, *La Notion de politique, op. cit.*, p. 87. [中译文根据施米特:《政治的概念》,刘宗坤等译,第 126 页。——译注]

赶狼群而非狗群。不要忘记狼群,所有的狼。会有许多狼穿过这个房间。你们已经知道,所有这一切都是为了让我们作好准备,让我们蹑手蹑脚地/以狼的脚步进入拉封丹的这则寓言:《狼与小羊》。如我们自己的开头那样,其开头部分写道:

最强者的理由/理性总是最好的:
我们马上就会显示这一点。

我们如此开头,同时我们也说,没有一个研讨班应该这样开头,像寓言一般开头;也没有一个研讨班应该建议或命令人们如此开始,以"我们马上就会显示这一点"开始。

显示什么?没错,显示"最强者的理由/理性总是最好的"。一个粗暴的同语反复命题,在实际的意义上同语反复(在这里和在拉封丹那里都是如此,仿佛这个研讨班仍然是一个寓言或虚构);我在此借由法律的力量,利用作为教师的委派地位,我有权以权威口吻发言数小时、数周和数年(由某种规约或某个虚构所委派,它们的诚信度始终有待证明——由你们或由我来证明——而即便得到了证明,这种为法之力提供法之力的共识也始终是可修改、可更新的)。因此,这是一个粗暴的同语反复命题,在实际的意义上同语反复:如果"我们马上就会显示这一点",我们和拉封丹要显示什么?没错,显示最强者的理由/理性总是最好的。由于最强者的理由/理性总是最好的,我就以最强者的理由/理性让自己有权(在这里,凭借具体状况,凭借他律性的设定与自我设定[hétéro- et autoposition],我具有最强者的理由/理性)来推迟显示或证明"最强者的理由/理性总是最好的"的时刻;但事实上,我已经显示了这一点,已经通过推迟、让我自己有权推迟而说明了这一点,我已经证明了事实对于权利的胜利。我的证明仿佛是预先的述行行为,在具有法理性、合理性和哲学性之前,首先具有实用性。通过这一特定的运动,通过实施它,通过前进,通过生产我所谈论、我宣称将要谈论的事件,我显示和证明了力量对于权利的胜利、力量对于权利的规定。而且我丝毫没有让你们等待。因为当我宣称你们得等一会儿的时候,这一点就已经得到证明了。一个粗暴的同语反复,因为我在此借由法律的力量,利用作为教师的委派地位,我有权以权威口吻谈论最强者的理由/理性;我对于权力的使用,体现为用这种特定的方式开场,即让你们等待、推迟、提醒你们不要忘记狼或狼人或法外之徒,让你们等待那个时刻,到时候我会向你们显示我承诺将会显示和证明的内容。最强者的理由/理性恰恰在这里发挥作用,当我主张要对它进行探究,甚或要质疑它,又或是仅仅推迟对它的证明,这时最强者的理由/理性就在发挥作用。证明已经发生了,就在我的承诺本身之中和延异(différance)之中,就在延宕证明的行为中。除非有人比我更强有力并戳穿我的话,但如果让我自相矛盾、让我成为一个说谎者,你仅仅是移置了最强力量的位置,最强者的理由/理性依然始终是最好的。

仿佛我自己是——我们始终不要忘了——一头狼甚或狼人。这或许是一个引用(我们会回到这个问题上来,我们马上就会显示这一点),不只是一个引用,不只是来自卢梭的引用(他好几次将自己比作狼人)。我们说过,千万不要忘了公狼和母狼。我们总是会在途中忘了狼。例如,在上一讲中,甚至当我指出"人对人是狼"严格来说可以在蒙田和霍布斯之前很久被找到,在普劳图斯那里被找到的时候,我忽略或假装忽略了——我略去甚至遗忘了——马基雅维利（又一个施米特笔下的积极人物，一位［真正的］政治理论家）那里的一匹狼，霍布斯肯定读过这位马基雅维利，而他的《君主论》也恰恰明白无误地提到了狼。不过，我假装遗忘了这匹狼，假装镇压或压抑了它，像另一头我马上会提到的狼那样驱赶了它（马基雅维利会告诉我们如何回击、驱赶或狩猎这匹狼），我是有意这么做的，我马上会向你们显示理由。我的意图是让你们注意一些复合形象，关于人—野兽或人—动物的寓言性嫁接与混合——我们对此尚未谈及。当然，利维坦是一个海兽，像《莫比迪克》中的白鲸一样，这个畸形的动物属于海洋元素，它是海里的主宰，但利维坦不是人和野兽的复合。它的假肢—国家性因素，并不源于复合或综合，并不源于人和野兽的复合本质，如我们准备谈论的那些形象那样。利维坦这个畸形的动物并不像奇美拉那样畸形，后者来自利西亚，为提丰（Typhon）和厄客德娜（Echidna）所生，是一个长着狮子、羊、龙的头的喷火怪物，后被柏勒罗丰（Bellerophon）所杀。我们在这里感兴趣的，恰恰是"奇美拉"这个词变成普通名词后，它所命名的一切虚构、幻想、神话或幻觉的产物（一直到笛卡尔那里），这一虚构性要素为野兽和主权者之间的种种类比提供了资源和图式。我在类比的意义上使用"图式"一词，但这首先是为了给出类比的信号，也即给出中介性的要素或混合的信号。正如康德所说，想象的图式是直观与理解力概念的中介，它同时参与到两者中去；同样，我们在此探讨的图式和想象、幻想和寓言、虚幻（chimériques）和综合的形象，也是两个层级之间的调和，同时牵涉生物的两种组织形式，它们仍然被称作"动物"和"人"，或者被称作"野兽"和"主权者"。这一幻想性、综合性、假肢性的复合体对我们来说的确至关重要，不过，我们今天试图寻找或遭遇的怪物，既不是利维坦也不是奇美拉，而是处在另一种复合、嫁接、杂交、生物综合性合成的逻辑那里。

（在这一遭遇的地平线上，我留给你们思考一个双重问题：首先，在大量充斥于政治寓言的动物形象中，为什么我们找到的是这些或那些特定的动物，而不是其他动物？我们可以非常开放而自由地列个清单，从狼到狐狸，从狮子到小羊，从蛇到鹰、蚂蚁或青蛙，但我们不得不承认，并非所有陆地和空中的动物都能在政治的形象化中得到再现，并不是所有动物都适合政治的形象化。为什么？是不是因为世界不同区域有着特定的动物，是不是因为这种政治的寓言性话语得以诞生和发展的历史，与［特殊的］地理和动物行为领域相关：中东、希腊、地中海地区、欧洲？也许是。是不是因为我们通过虚构而**假定**（我强调"假定"一词）动物的固有本性、形式、心理，并提前将它们拟人化（假定狐狸狡诈、狮子沉着有力、狼贪婪残暴，狼也可以变成保护性的、父性的、母性的）？也许是。无论如何，建立类型学和分类学的必要性已经昭然若揭，而这一修辞很可能看起来——就算不具备挪亚方舟的秩序（它当然没有把陆地上所有动物都包括在内）——至少具备动物展览、动物园或马戏团的秩序，我很快就会跟你们详细讨论这个问题。）①这是我留给你们的一对问题中的第一个问题。与之相关的第二个问题如下：在充斥着政治话语、充斥着政治哲学反思的大量明显却惊人的动物形象中，如何一方面思考我们正在探讨并试图在研讨班中予以阐释的这种深刻的必然性，另一方面思考政

---

① 这里的括号应该放在整个长段落的结尾，即［原书页码］第 121 页。——原编者注

治哲学家背后的驱力(可以说是精神的和力比多的驱力)——对于所有那些对掌握权力话语和政治权力话语有着热烈兴趣的人,那些被认为代表了某种类型的男性或女性(目前为止通常是男性)的人,这种不可遏制的驱力要么推动他们、要么将他们吸引到动物形象的幻视或幻觉这里,推动他们或将他们吸引到一个特殊的领域,在那里,遇到幻想性动物、遇到**显像/幽灵**的几率更大(我用"apparitions"一词表示现象,同时也表示幻视性的显现,无论是否是空想性的[chimériques])?如何思考这一创造性的、充满热情的幻觉层面,它引起人们的兴趣,它具有强迫性,它本身的可能性仅仅取决于我们这里分析的内在必然性,而后者事实上增大了我们在权力领域中,因此是在政治主权领域中遭遇幻想性和寓言性显像/幽灵的几率?如何思考这一层面,并将它和另一个层面区分开来,即修辞编码和类型法则层面,后者长期以来意味着,人们使用隐喻和转喻,甚至使用编码了的寓言,总之使用动物寓言来为狐狸赋予狡诈、为狮子赋予力量、为狼(至少是某些狼)赋予贪婪残暴和野蛮。但即便在这里,在编码了的修辞和类型法则的因素这里,事实上也包含着原本属于政治领域、政治权力和政治主权领域之本性或根本结构的东西;正是从这一领域中,以特别丰富且无法遏制的方式,产生了大量幻想的野兽和动物—诗性的幻觉。我把这个双重问题留在这里,这是一个开放的问题,一个悬置在我们研讨班上方的问题。不要忘了它。不要忘了狼群。我强调狼群和狼系谱学,同时也强调遗忘,因为我们在这里不该节约(faire l'économie)的,恰恰是作为压抑的遗忘机制(économie),以及某种政治无意识逻辑,后者体现在所有这些繁殖性生产和所有这些驱赶那里,追逐众多的动物性怪物、幻想的野兽、奇美拉、半人马,目的当然是通过追赶它们而驱赶它们、遗忘它们、压抑它们,但同时,与之相反(而且不仅仅是相反),也是为了捕获它们,驯化它们,将它们人性化和拟人化,驯服它们,养育它们,将它们放入笼中;而要做到这些,只能通过将人动物化,并让众多症候出现在政治话语和政治学话语的表面。所有这些都处于我们上次重访《图腾与禁忌》时确定的轨迹之内。

因此,马基雅维利那里有一匹被我们遗忘的狼。《君主论》①(这本书是献给美蒂奇的洛伦佐[Lorenzo de Medicis]的,他本来可能成为君主,但他对此并不在乎;因此,《君主论》被题献给一位潜在的君主,就像拉封丹的《寓言》会被献给、呈交给路易十四的皇太子。《君主论》出版于 1532 年,即马基雅维利去世五年之后,但其成书时间则几乎早于《利维坦》(1651)一个半世纪。你们要阅读或重读的这本《君主论》②,其第十八章题为"君主应该如何守信"(或根据旧版本的法语译本——这是由一个名叫基劳德(Guiraudet)的人在波拿巴将军的催促或建议下完成的:"君主是否应该忠于他们的誓约"[Si les princes doivent être fidèles à leurs engagements][重复两个标题]),这个问题实在太有现实意义了(不仅是遵守停战协议或和平条约,而且是——基本而言总是如此,因为这是所有契约和誓约的结构——在制度面前、在某个具

---

① 这句话在打印稿中不完整。——原编者注

② Nicholas Machiavel, *Le Prince*, [tr. fr. J.-V. Périès], présentation et commentaires de Patrick Dupouey, préface d'Étienne Balibar, Paris, Nathan, 1982, p. 94–96.

备资格和权威的第三方面前,遵守主权者的誓约。例如,美国或以色列是否遵守联合国决议——不仅是指一切涉及联合国决议的事情,而且是指联合国就所谓国际恐怖主义(我们已经提到,联合国自身认为这个概念颇成问题)作出的誓约,以及由于授权美国动用任何自己认为适当的手段来确保自身的正当防卫,联合国从目前的状况中引出的诸多后果)。

在这个关于君主守信问题的章节中,在这个关于"君主应该如何守信"或"君主是否应该忠于他们的誓约"的章节中,君主对于自己说出的话或誓言的信守问题,似乎与什么是"人的固有性"问题密不可分。这一双重问题——虽然实际上看起来是一个问题——以一种对我们而言很有意思的方式得到了处理。你们会看到狼经过,但还有很多复合动物经过。人的固有性问题事实上被放在关于法之力、关于力量和法律的讨论的核心。在这一章,马基雅维利著作中最具有马基雅维利主义色彩的一章,作者开场承认了一个**事实**(我强调"事实"一词):事实上,*de facto*,人们称赞君主对誓约的信守。我们得同意,这是值得称道的事。在看起来作出了某种让步之后(是的,这是对的,这是值得称道的,这是大家都承认的事实:在原则上,在权利上,一个君主应该守约),马基雅维利又回到了这个事实上面——事实上,他从未离开这个事实。每个人都认为君主守信是值得称赞的事情,这是事实;不过,事实上,很少有君主守信,很少有君主遵守自己的誓约,大多数君主运用诡计;他们几乎都在誓约上运用诡计。因为他们事实上不得不这么做。他说,我们已经看到、我们已经在一个[特定的]位置上看到,最强的君主、那些胜出的君主,击败了那些相反将守信作为准则的君主(这就是为什么我之前说,我马上就会谈论誓言)。

马基雅维利的修辞和他的逻辑一样引人注目。在提出这个**事实**之后(不遵守誓约的人事实上胜出了,背信弃义的人事实上胜出了,狡诈事实上击败了守信),他从中得出结论说——他始终处于记事性(constatif)和现实性的领域内——政治理性必须尊重(tenir compte)并说明(rendre compte)这一事实。政治理性的考量和计算必须以如下事实为基础,即存在两种战斗方式。因此,下一段:"有两种战斗方式:一种根据法律,另一种根据力量。"① 旧的法语译本强调了这一记事性领域,也就是理论知识的领域,它事实性地描述了人们必须知道的事情,描述了人们需要知道的知识:"你应该知道[马基雅维利在此向美蒂奇的洛伦佐以及读者发言]有两种战斗方式,一种根据法律,另一种根据力量(force)。"②

因此,有时候根据权利、正义、守信、遵守法律、契约、誓约、规约、制度,根据信约,<有时>③则根据违背誓约、谎言、背信弃义、不遵守约定、明目张胆地使用武力("最强者的理由/理性……")。

从这里,从这一证实了的事实出发——人们以两种方式**战斗**,根据法律或根据力量(马基雅维利的出发点是**战争**场景而非城邦的和平治理;他没有谈论君主对权力的日常使用,而是谈论了战争情境,后者对他来说更能说明问题,更有典型性,对于君主使命的本质来说更有实际意义,即回应或回击敌人、将另一个城

---

① *Ibid.*, p. 94.

② *Id.*, *Le Prince*, tr. fr. [Toussaint] Guiraudet, Paris, Garnier Frères, s. d., «Chapitre XVIII. Si les princes doivent être fidèles à leurs engagements», p. 132. 打印稿中写的是"avec les forces"。——原编者注

③ 打印稿中写着"另一方面"。——原编者注

邦视作敌对城邦）——马基雅维利得出了奇怪的结论,我们必须对此详加分析。他说,根据法律而战斗(因此即根据对于誓约的信守,作为真诚的君主遵守法律),属于人的固有性。这些是他的用语("是人固有的"),原则上这是一个康德式的论述:不要撒谎,要履行不撒谎或不作伪证的义务,这是人和人的尊严所固有的。当人们撒谎或背叛的时候(人们始终可以这么做),事实上人们不再作为人而说话,不配拥有人的尊严;事实上,[这个时候]人们就不是在说话,不向作为人的他者、作为另一个人的他者发话。人们不是在向其同类(semblable)说话(记住这个"同类"的含义,我们接下去还会详细谈到它)。不过,马基雅维利在此并不是从伦理角度发言,而是从政治角度发言,他通过**战争**来测量政治的可能性和政治的法则;接下来,如我们所期待的,马基雅维利的论述就不那么康德了。他说,第二种战斗方式(根据力量)是野兽的战斗方式。不再是人,而是野兽。野兽的固有性是力量而非法律,是最强者的理由/理性。在这第二阶段之后,马基雅维利提到了论证的第三阶段:事实上,第一种战斗方式(根据法律)是不充分的,而且事实上始终是无力的。因此,人们事实上必须诉诸另一种方式。君主必须以两种武器——法律和力量——进行战斗。他必须**同时像人和野兽那样行事**。"所以,君主**必须**知道如何**恰当地以野兽和人的方式**行事。"①这一由"恰当"修饰的"必须"(根据不同环境,以恰当方式回应紧急处境或独特命令,等等;以恰当方式回应战争学,回应战争或独特的冲突学[machologie],回应战

---

① N. Machiavel, *Le Prince*, [tr. fr. J.-V. Périès], *op. cit.*, p. 94. 强调为德里达所加。——原编者注

斗的独特局面），这一"必须"让人从记事或描述的领域转向规定性领域。如果根据法律的行动（守信等）无力、无效、软弱，太过软弱，那么就**必须像野兽那样行事**。人类君主必须表现得**仿佛他是一头野兽**。马基雅维利没有说君主同时是人和野兽，没有说君主有着双重本性，但他的意思也差不多，他几乎将这双重本性放在了"必须"的权威之下。如果君主不同时是人和野兽，如果其本质并不结合这两个本质属性，那么他也仍然必须表现得**仿佛**事情是如此，而马基雅维利从这一"仿佛"中认出了两种意义（portées），一种教育意义和一种修辞意义。教育意义本身是双重的，两次触及了君主的这一几乎是双重的本性，他必须表现得仿佛他同时是人和野兽。**首先**，根据马基雅维利的说法，教育意义体现为古代作家们在过去和如今教导我们的事情。而这一教诲采取**寓言**的形式（这是马基雅维利的用词）。通过寓言，或更明确地说，通过"动物性"虚构，古代作家们召唤出了动物形象。但这一次，问题不是某个特定的动物，而是一个人马混合，即半人马喀戎（名词 Kentauros；形容词 kantoris 在希腊语中意为"与半人马相符的"，即"粗暴、粗野、兽性"）。Kentauros 是一个由肯塔洛斯和塞萨利亚（Thessalian）的母马所生的杂交生物：请你们自己参照这个庞大的故事。我们可以花几个研讨班在这上面。杜梅齐尔写过一本书，就叫《半人马问题》（1929）。①

仅限这里与我们相关的部分而言，我要指出的是，半人马通

---

① Georges Dumézil, *Le Problème des centaures – Étude de mythologie compare indo-européenne*, Annales du musée Guimet, Paris, Librairie orientaliste Paul Geuthner, 1929.——原编者注

常以一种水平次序而非垂直次序得到再现,以前后而非上下的次序再现它的双重本性(人和动物),即将人的前半部分(人的身躯和脸庞)与马的后半部分连接起来;除了人和动物(马)的含混之外,半人马也呈现出另一种含混。半人马一方面是野生的,是野生的野兽(*thêr*),是野蛮而极为自然的;另一方面,他们也是文明化的英雄、主人、教师、各个领域内的先导者,拥有灵活的双手("Chiron"这个名字来自"*cheir*":手,由此也派生了"手术"一词;半人马不仅具有人的身躯和脸庞,而且具有人的手臂和手),他们是狩猎技艺的先导者,也是打猎、音乐、医术等等的先导者。一方面,他们代表最为非社会性的野蛮,阿波罗多洛斯(Apollodore)说他们"野蛮,没有社会组织,行为无法预测"[1],特别是因为它们无法控制性欲,这使他们沉浸于女色和酒中。性常常被认为是兽性本身,性欲是人体内的野兽,是最狂乱和贪婪的野兽。不过,就像马基雅维利提到的半人马喀戎,半人马也是有德性的教师。喀戎给埃斯克拉庇俄斯(Esculape)教授医术。马基雅维利也提到,阿喀琉斯(Achille)在半人马的世界里接受了君主教育,喀戎教会他徒手降伏野猪和熊,也教给他音乐和医术。荷马说,喀戎是"半人马里最正直的"[2],是伦理的模范。如果你们对这一狼系谱学感兴

---

[1] 德里达在此提到施纳普(Alain Schnapp)一篇关于半人马的文章中的段落,收于 *Dictionnaire des mythologies et des religions des sociétés traditionnelles et du monde antique*, Yves Bonnefoy (dir.), t. I, Paris, Flammarion, 1981, p. 146。——原编者注

[2] A. Schnapp, «Centaures», art. cit. Pour le passage cité, *cf.* Homère, *Iliade*, Chant XI, 832, tr. fr. Paul Mazon, t. II (chants IX à XVI), Paris, Les Belles Lettres, 1998, p. 157.——原编者注

趣，重读一下阿尔戈英雄和金羊毛的故事，你们会在那里发现大量的狼和半人马喀戎。在埃俄罗斯（Éole）的七个儿子里，身为维奥蒂亚（Béotie）国王的阿塔玛斯（Athamas）发疯了，因为这是诸神的决定，诸神让他发疯癫狂，以惩罚他企图谋杀自己的孩子，谋杀他第一次婚姻中生下的孩子。阿塔玛斯遭到放逐，四处流浪，他只能安顿在塞萨利，在那里一群野狼欢迎他的到来。他不是随随便便遇到这些狼，这些狼也不是随随便便就欢迎他。他遇到这些狼的时候，后者正在分食刚刚杀死的几只羊。基于这种嗜狼癖式的（lyco-philanthropique）好客，阿塔玛斯娶了德米斯都（Themistô）之后，建立了一个城邦。他仍然被人们当成狼，因为他曾经试图谋杀自己的孩子。但他经历了狼之城邦的迂回后，回到了人的城邦，在献祭性的分享场景之后，因为这一场景而得以重新社会化。希罗多德的故事说到，狼的城邦（polis）总是快速瓦解，社会纽带迅速拆散，但狼群之间社会纽带的瓦解，在这里正好与对阿塔玛斯的好客行为相符。这是一个比狼群更是狼的年轻人，他坐在狼群中间，结果剥夺了狼群的位置。仿佛（这是一个冒险性的、临场发挥的阐释）好客导致的是好客城邦的社会纽带的终结，仿佛[好客一方]通过自我放弃、自我瓦解而将自己让给成为主权者的客人。这也是从野兽向人的固有性转移的过程。在这个时刻，阿塔玛斯再次成为人，吃下狼群剩下食物的他不再是一匹狼。他的人性回到了他身上，他作为一匹孤狼的生活由于狼群的牺牲而结束了。如果你们看一下埃俄罗斯的另一个后裔、另一个儿子的线索，即塞萨利的伊奥尔克斯（Iolcos）国王克瑞透斯（Crétheus），你们会遇到半人马喀戎。克瑞透斯之子、埃俄罗斯之孙埃宋（Éson）被篡位者珀利阿斯（Pélias）驱逐，他想要保护自己刚出生的儿子。他的儿子是伊阿宋(Jason),这个名字是喀戎给他的,埃宋请求喀戎让伊阿宋逃离珀利阿斯,并教育和养育他。正是在这里,我们遇到了马基雅维利笔下的喀戎。

如果回到马基雅维利的文本,我们发现它提到了古人关于这些杂交生物、半人马的教诲,尤其是古人教导我们的事情,即以喀戎为首,半人马本身就是教师。古人用寓言的方式告诉我们半人马是教师,并且告诉我们半人马的教诲。因此,这是一种双重教育,一种寓言性的教育,它涉及的是由双重存在(人和动物)实行的教育;我们将看到,这种由双重教师进行的关于教育的教育,其内容是:必须是双重性的存在,必须知道如何变成双重性的存在,知道如何自我分割或自我多重化:动物和人、一半人一半动物。我先读一下:

> [……]所以,君主必须知道如何恰当地以野兽和人的方式行事。古代的作者们已经通过寓言的方式教导了我们这个道理,他们写道:阿喀琉斯和许多其他古代英雄被托付给半人马喀戎来养育。
>
> 事实上,通过这一点,通过这个半人半兽的教师,他们想说的是:君主必须仿佛具备两种天性,每一种都需要来自另一种的支持。①

因此,古人通过讲述这一有关教育的故事而告诉我们的是,例如伟大人物之一英雄阿喀琉斯,被一个长着人的脑袋和马的身

---

① N. Machiavel, *Le Prince*, [tr. fr. J.-V. Périès], *op. cit.*, p. 94.

体、半人半兽的生物抚养,而这个杂交动物给他的教导是,作为君主,他在形象上必须既是野兽又是人,一半野兽一半人。在这一双重天性中,野兽需要人的支持,需要人的脸庞、双手和心脏的支持(半人马的前半身),而人需要马的身体、身体的剩下部分和马腿的支持,可以让他行走和直立。但准确来说,这不是马基雅维利接下去的说法。他已经说,君主必须有双重天性,半人半兽。接下来,为了延续并征用这个寓言,他要在这一政治舞台上引入其他动物。他没有过多强调这个半人马君主、半人马的至高(souverain)学生和徒弟的人的部分,没有过多强调这个必须同时是人与野兽的君主的人的部分,而是强调说,他的动物部分**本身**得是杂交、复合,得是两种动物的混合或移接,即狮子和狐狸。不仅是一个野兽,而且是两个野兽合而为一。这个作为野兽的君主,这个同时也是野兽的君主(或半君主),这个君主性的野兽,本身必须是双重性的:既是狮子又是狐狸。因此,一个君主同时是人、狐狸和狮子,他分割或增倍为三个。但对于这里的野兽,马基雅维利更强调狐狸的狡诈(这显然更引起他的兴趣),而不是狮子的力量。他甚至都没有提到狮子的力量,却提到并再次提到狡诈;狡诈,也就是狐狸那种作为欺骗术、说谎术、伪证术、掩饰术的知识和技艺,"不让人知道"的技艺。我读一下:

> 因此,君主在以野兽的方式行事之前,应该同时是狐狸和狮子:因为如果他仅仅是狮子,他就无法防御陷阱;如果他仅仅是狐狸,他就无法抵御狼群;他需要成为狐狸以识破陷阱,需要成为狮子以吓退狼群。那些仅仅

占据狮子立场的人非常笨拙。①

从这段话中,从这一动物人类政治学的舞台中,从这一众动物角色中,我们至少要提出三个要点。

一、这里的敌人,这里的死敌总是狼。需要被猎捕、驱赶、镇压、打击的野兽是狼。关键是"抵御狼群"。但更有趣也更突出的是——我想强调这一点——重要的是**吓退**狼("如果他仅仅是狐狸,他就无法**抵御**狼群;他需要成为狐狸以识破陷阱,需要成为狮子以**吓退狼群**")。如果狮子本身不足以吓退狼群,那么多亏了狐狸的技艺,人们也必须吓退狼群,必须让恐怖分子感到恐怖,如帕斯夸在任期内所说的那样。② 也就是说,在潜在的意义上,让自己变得比狼这一野蛮残暴的象征更可怕、更恐怖、更残忍、更非法,从而让人感到恐惧。

这些话语在当今世界的明显事例不胜枚举,我只想提一下乔姆斯基在《无赖国家》③中写到的内容。之前也已经提到,美国战略指挥部为了回应流氓国家的所谓"国际恐怖主义"威胁(注意,"rogue"也指那些不遵从动物社群惯例的动物、离群的动物),于是就恐吓、吓退敌人,不仅用比生物武器恐怖主义有过之而无不及的核武器相威胁(时刻整装待发),而且尤其是给敌人施加一个敌

---

① *Ibid*., p. 94.
② 这是希拉克(Jacques Chirac)执政时期(1986—1988)内务部长帕斯夸(Charles Pasqua)的著名表述,用于证成以恐怖分子使用的武器打击恐怖主义敌人的做法。——原编者注
③ N. Chomsky, *Rogue States*…, *op. cit.*, p. 6 –7.

对形象(如美国),这个敌对者像野兽一般什么都干得出来,当事涉其关键利益时,他可以偏离常轨、失去冷静,可以非理性地行事,不再像一个理性的人。根据美国战略指挥部的指令,在决定对敌人来说至关重要的事情上,人们不能显得太过"理性"。换言之,一个人必须显得盲目,让别人知道自己在目标选择问题上可能盲目而愚蠢,这样才能让人感到害怕,才能让敌人相信自己行事任意,当涉及关键利益时可能走火入魔。一个人必须假装自己会走火入魔、发疯、非理性,因而会变成动物。美国战略指挥部的一个建议是,将自己描绘成完全理性而冷静的样子是"有害"的;相反,"策略性地让某些因素看起来'失控'(out of control)是'有利'(benificial)的"。

二、在我们刚才读过的段落中,对马基雅维利而言,狡诈还不够,我们同时需要力量,因而需要额外的动物性:"如果他[君主]仅仅是狐狸,他就无法抵御狼群。"这意味着,狮子更强力但也更愚蠢(bête),比狐狸更是一个野兽(bête),而狐狸更智慧、更狡诈但也更软弱,因而比狮子更具人性。这里有一个等级序列:人、狐狸、狮子,从更具人性、更理性和智慧,到更具动物性,甚至更具兽性,甚至是更愚蠢。正是因为狐狸知道如何狡诈、如何撒谎、如何背信弃义,因为它具有设置陷阱的感觉和素养,它才更接近人的真理和诚实。狐狸理解这一真理和诚实,并能将它颠倒。狐狸狡诈而不诚实;它知道如何背叛,而狮子甚至无法理解诚实与不诚实、真实与谎言的对立。狐狸比狮子更具人性。

三、所以,在抵御狼群的这一狮子与狐狸的君主式联合中,狐狸的优越性非常明显。狐狸的力量、**像**狐狸一般狡诈的君主的主权权力,[其特点是]这一力量比力量更甚,这一权力超过了作为物理性力量的力量（由狮子所代表的力量），因而超越了自然（*physis*）的力量。作为狐狸—人的君主，比自然或生物学、甚至比动物学更强力，比人们认为的、这些语词所包含的"自然"更强力，比物理性力量更强力；狐狸不是野兽，或不再仅仅是或绝对是一个野兽。它的"法之力"体现为超越于物理性的力量呈现，也就是说，它的重量、尺寸、能量等等，一切都能构成武器，甚至是一种防御性或攻击性的武装，一支无坚不摧、全副武装、没有弱点的军队。不，作为变成狐狸的人，君主的力量超越了自然的力量或单纯的生命力量，甚至超越了其可见的现象，超越了自然力量的形象所带来的敬畏和恐惧——比如在狮子扑过来之前，单纯看到狮子的样子，就能诉诸人的想象力而形成威吓。狡诈如狐狸的君主，他的力量，他的超越力量的力量，是学识和意识、知识、技艺、狡诈的技艺、不让人知道自己能力的技艺、将自己的弱点变成力量的知识、在自然现象无法提供资源的地方找到资源。这个狐狸，这个狐狸—君主，已经（像尼采笔下的奴隶和病人一样）颠倒了事物的原本秩序，将他的弱点变成了一种增补性力量。但这一优势或这一不对称性并不仅仅源于狐狸的固有资源，也即狮子所缺乏的设陷阱的知识、狡诈、技巧等等。在乘方的意义上，或如嵌套结构一般，狐狸同样意指狡诈的狡诈，这种狡诈体现为知道如何掩饰、假装、撒谎、背信弃义，从而假装成自己所不是的东西，如一个动物，或者狐狸假装自己不是狐狸。狐狸的狡诈，让它能做狮子所不能做的事情，即掩饰自己的狐狸身份，假装自己不是狐狸，也就是撒谎。狐狸是知道如何撒谎的动物。在某些人看来（比如拉康），这属于人所固有的性质，就像残忍一样，这属于他们认定动物做不到的事情：撒谎或抹去足迹。（我在别的地方、在尚未发表的文本中①说明了我对这一点的保留态度,但我们可能还会谈到它。对拉康等人来说,动物的狡诈无法越过某种掩饰的门槛,即撒谎和抹去足迹的能力;根据这一经典逻辑,作为君主的狐狸不再是动物,而已经或始终是人,君主的权力是变成狐狸的人的权力,但他是在作为人、在保留人性的意义上变成狐狸的。)为了同时具备狐狸和狮子的性质,这一假装和掩饰的能力是君主必须掌握的。变形本身就是一种人的狡诈,狐狸—人的这种狡计必须假装它不是狡计。谎言、寓言或拟像的本质,就是将自己呈现为真理或真实,发誓自己是诚实的,而这从来都是不诚实的条件。君主必须是一个狐狸,才能像狐狸一样狡诈,同时假装自己是他所不是的东西、假装自己不是他所是的东西。所以,当他事实上是狐狸的时候,他要假装不是狐狸。只有当他是狐狸、成为狐狸或像一只狐狸,君主才能同时是人和野兽、狮子和狐狸。只有狐狸能以这种方式变形,并开始与狮子相似。狮子无法做到这一点。狐狸必须是足够的狐狸,才能扮演狮子并"掩盖狐狸的本性"。我读几行,你们能看到马基雅维利想着某个事例,他对同时代的一个狐狸—君主作出隐秘的(rusé)赞美:

> 因此,当遵守承诺会带来害处时,审慎的君主就不会也不该遵守,而当初让他作出承诺的理由也不复存在:这是我给的建议。如果所有人都是好人,那这个建议当然就不好;但既然人们都很坏,而且肯定不会履行

---

① Cf., J. Derrida, *L'animal que donc je suis*, *op. cit.*, p. 55−56 et p. 82. Cf. infra, p. 159, n. 1.——原编者注

承诺,你为什么要信守诺言呢?何况,君主用来粉饰自己未能信守诺言的正当理由还少吗?

在这件事上,我们可以举出无数个现代事例,可以提到各种所谓和平条约和合约,它们因订立条约的君主们的背信弃义而成为一纸空文。可以看到,那些最善于像狐狸那样行事的人最为成功。

但要做到这一点,就十分有必要了解如何掩盖这种狐狸本性,必须充分掌握伪装和掩饰的技艺。人们都非常盲目,都是被一时一刻的需求牵着走,所以骗子总能找到上当的人。

[……]

在今天,我们看到一个君主(不提他的名字比较好),他一向祈求和平和诚信,但如果他始终遵守它们,他恐怕就无法保住自己的国家和自己的荣誉。①

狼群去了哪里?我们不要忘了狼群,但我说过,这一次我讨论的狼带有点奇美拉或半人马的性质,即综合性复合的狼群,例如法语中被称作"loups-garous"(狼人)的狼—人类。我们今天开始的时候引用了卢梭的《忏悔录》,那里就出现了狼人。在一本我强烈建议你们读一下的书中,卢梭的狼人似乎恰恰被**遗忘**了;你们在这本书里能找到很多要点,很多关于主权、关于我们感兴趣的问题的反思和指涉。我说的这本书是阿甘本的《牲人》,副标题

---

① N. Machiavel, *Le Prince*, [tr. fr. J.-V. Périès], *op. cit.*, p.94-96.

叫"主权权力与赤裸生命"①。我们还会谈到这本书,不过目前,作为今天的总结,我想强调书中题为"禁令与狼"的六七页内容。你们应该读一下,因为其中详细谈论了狼人(wargus, werewolf, garulphus)。至少有两个关于狼的事例被遗忘了:普劳图斯的狼和其他一些先例,因为阿甘本在这里跟所有人一样,将"人对人是狼"归于霍布斯。还有一例是卢梭的狼或狼群。而考虑到下面这一点,这些对狼和狼群的遗忘(尽管狼有着某种优先地位),就更为有趣甚至好玩了:这位作者经常不可抑制地将优先地位赋予那些据说被人忽视、忽略、疏忽、未被认识或承认的问题——人们因知识不足、阅读不够、清晰性或思考力匮乏而导致的忽视和忽略——优先性、**第一次**、创始性的主导、据说被否认或忽略的创立性事件,因而事实上[说的]是至上权位、大公职、创始的君主的根本署名、据说所有人(当然,这位作者除外)都忽略的优先性,以至于《牲人》的作者每次都是第一个指出谁**会**是**第一人**的人。

我含笑指出这一点,是为了提请你们注意:正是在这里,可以看到主权的定义、使命甚或根本主张。将自己设立为主权者,或意图占有主权者之权力的人,总是会明言或暗示:即使我不是第一个这么做或这么说的人,我也是第一个或唯一一个知道并辨认出谁**会**是**第一人**的人。对此我要加上:如果真的存在主权者的话,那么主权者便是能够让人们相信——哪怕是一小会儿——他是第一个知道谁是第一人的人,而情况往往是,这种说法几乎总是错的,虽然在有些时候没人对此抱有怀疑。因此,第一人(le

---

① Giorgio Agamben, *Homo sacer, I. Le pouvoir souverain et la vie nue*, tr. fr. Marilène Raiola, Paris, Le Seuil, 1997.

premier),如这一名称所示,就是君主:人、狐狸和狮子。至少事情顺利的时候是这样。例如,第29页,在题为"主权的悖论"的章节里,我们读到(暂且不论事情是否真如作者所言):

> 黑格尔**第一个最终**理解[……当然,仍然有待理解作者的这个"最终"是什么意思,因为如果有人表明黑格尔不是第一个理解某个问题的人,作者总是可以假装承认下来,然后说:我同意,其他人在黑格尔之前也理解了这个问题,但不是"最终"的理解。作者界定、规定和阐释了什么是"最终",作者第一个发现黑格尔是第一个"最终"理解的人,所以真正的第一人不是、从来不是实际上的黑格尔或任何人,而是人们所谓"这么说的那个人",最终第一次来到终点的人知道什么是"最终",在最后,在尽头,在阿甘本这里是黑格尔所理解的如下事情:]黑格尔第一个最终理解了语言的前提化结构,这一结构使得语言同时在自身的内部和外部。①

后面是一个非常有意思的段落,你们自己读一下,尤其是关于作为主权者的语言的问题:语言处于"永恒的例外状态下,宣称没有什么自外于语言,宣称自己总是超越了自己",以至于"在这个意义上,言说总是'言说法律',ius dicere"。所有这些在我看来都十分正确且令人信服,不仅是黑格尔(他以自己的方式说了这个意思,但不是第一个也不是唯一一个这么说的),而且不仅在哲

---

① *Ibid.*, p.29.[强调为德里达所加。——原编者注]

学史上、不仅在对于语言的反思上,很难找出一个没这么说过、规定过或暗示过的人。"最终"仍然有待规定,而它只能被最后到来的那个人所规定,那个人将自己呈现为第一个知道谁会是第一个对某事作出最终思考的人。

十页之后,我们发现《牲人》作者第一个认出的又一个"第一人";这次是品达,"第一个关于主权的伟大思想家"。我引用如下:"在赫西俄德那里,nomos[法]仍然是将暴力和法律分开、将野兽世界和人的世界分开的力量,在梭伦那里,Bia[暴力]和 Dikê[正义]不带有含混或反讽[我问你们,如何确定梭伦的文本,或任何人的文本,确乎不带有反讽? 从原则上说,我们从来没办法证明反讽的缺席,狐狸—君主甚至正是在这里找到其战无不胜的资源];相反,在品达这里——从某种意义上说,这是品达留给西方政治思想的扭结点,也使他成为第一个关于主权的伟大思想家[……]。"①

这里的"某种意义上"和刚才黑格尔那里的"最终"发挥着同样的作用。这"某种意义"是由阿甘本规定的意义,也就是第一个在品达这里认出"第一个关于主权的伟大思想家"的人。"伟大"也同样如此:一个人以什么为基础是"伟大""伟人"? 除了使用这些字句的作者自己衡量的尺度,我们以什么标准来确定一位关于主权的思想家是否足够成为伟大的思想家,第一个关于主权的伟大思想家? 接下来的段落,尤其涉及一种"**主权性的** nomos",这一"**原则结合了法律和暴力,并让两者有无法区分之危险**"。② 我想

---

① Ibid., p. 40.
② Ibid., loc. cit. [强调为原文所有。——原编者注]

说的是，每次"*nomos*"一词以希腊语形式出现的时候，不管它有没有像在品达的断片那里一样和 *basileus*［王］这个词放在一起，它都说了这一点；［而在这里，］这一点被归于品达这位"第一个关于主权的伟大思想家"，由这位定下法律说品达"某种意义上"是第一人的作者归于品达；等等。不过品达肯定不是第一个，而且为了成为自称或所谓的第一个，阿甘本事实上需要说希腊语，而所有说希腊语并使用 *nomos* 或 *basileus* 这些词的人，都明说或暗示了这一点，也不会完全忽略这一点。

　　此外，接着在第 130 页，在题为"生命的政治化"的章节里（我请你们细读这一章），出现了另一个第一人，第三个"第一人"："洛维特（Karl Löwith）第一个将极权主义国家政治的根本特征定义为'生命的政治化'。"请你们自己读接下来的一长段，然后阿甘本对洛维特提出了批评，认为后者在某一点上太过紧跟"施米特的脚步"。结果，在证明所有这些问题很早以前就存在、事实上总是已经存在的时候，我们已经搞不清谁第一个定义了什么，除了这一话语的署名者［阿甘本］之外。

　　在第 164 页，又一个"第一人"，单就这本书而言已经是第四个"第一人"。"列维纳斯是第一个［……］"这句话出现在一个令人震惊的段落里。在提到列维纳斯并以《牲人》作者的名义发言之前，这个段落声称第一次揭露了"海德格尔和纳粹主义的关系"在"现代生命政治视野下"的"确切意义"。而这一意义，我继续引用，"［海德格尔的］批判者和辩护者都疏忽了"。[①] 我们在这里也笑了，不仅因为相反的证据太多了，而且尤其是因为"疏忽"

[①] *Ibid.*, p. 163.

(négligence)这个概念带有太多含义,包含多重不同逻辑,当它被用于批评时,必然变得含混而教条,从原则上说它的用法就不甚清晰。在先验的意义上,我们总会粗心大意,多多少少粗心大意,而且总是太过粗心,尤其是在批评粗心这件事上。什么是疏忽?从什么时候开始疏忽?在疏忽或粗心的场合下,人们如何做自己想做的事、说自己想说的话?这些问题根本没有严格规定的答案。反讽问题也是一样。此外,"疏忽"是一个深不见底的词,不该以疏忽或粗心的方式来用它,也不该疏于对它进行无止境的分析(我们开了个头,但这次研讨班注定要疏于对它进行彻底充分的分析)。抛出这一有关"现代生命政治视野下……海德格尔与纳粹主义的关系的确切意义(海德格尔的批判者和辩护者都疏忽了这个问题)"的批判之后,《牲人》作者写道:"在1934年的一个文本中(《关于希特勒主义哲学的若干考察》)——这个文本**今天仍然非常有助于**[我的强调]我们理解国家社会主义——列维纳斯是第一个强调……"①

然后,阿甘本指出:不过,列维纳斯这个文本里"没有出现海德格尔的名字"。阿甘本接着提到了列维纳斯在1991年加上去的一个注释(所以是很久以后,60年以后,在 *Cahiers de l'Herne* 第二版收录的文本里加的内容),它确乎可以被理解为对于海德格尔的明确无误的指涉,虽然海德格尔的名字还是没有出现(所以这是在1991年)。阿甘本在1995年写道:"但是,[我在这里强调]**一个仔细的读者无论如何都该从字里行间读出来**的论题……

---

① *Ibid*., p. 164.

在1991年加的注释里已经明确无误了"①,等等。

因此,在1995年,我们被告知,列维纳斯在1934年第一个说了或做了他甚至在1991年也只是隐约澄清的事情,但一位仔细的读者,一位比1934年的列维纳斯本人更仔细的读者,**应该能够**——比如阿甘本,他第一个注意到并在1995年指出这一点——"无论如何都该从字里行间读出来"。

相反,我倾向于认为,就算有那么一些"第一人",他们也从来不会如此出场。这仿佛是一个颁发学校一等奖、优胜奖、鼓励奖的颁奖仪式,祭司在这个仪式上始终以君主和主权的方式站在前面负责开始和结束,他占领祭司或教师的位置,从来不会疏忽于宣教或教训带来的可疑快乐。面对这样的仪式,我们会想起列维纳斯(不管他是不是第一个)谈论和思考过的"**无一根源**"(*an-archie*),确切而言,是他谈论和思考过的伦理性抗议,且不说嗜好、礼仪甚至政治;抗议的是抢先一步的姿态,在第一人里面也要抢占第一、占领头位(*en archê*)、偏爱第一的位置,或不说"你先请"。我已经不记得列维纳斯在哪里说过,"你先请"是伦理的开端。众所周知,在社会上、在沙龙上,甚至是在餐馆里一起吃饭时,不做第一个动筷的人是基本礼仪。

卢梭在《忏悔录》第六卷里也顺带谈到了这个问题,尽管那里明确提到了狼人,它也遭到了[阿甘本的]遗忘。今天的课以此作结。卢梭在第一卷里已经说过,我重新提一下这个被遗忘的细节,"我像一个真正的狼人一样生活"。而他在这里写道:

---

① *Ibid.*, p. 165.

> 由于我众所周知的腼腆,我未能很快结识贵妇人及其身边人。但最终,走在同样的道路上,待在同样的旅店里,受够了被人当作狼人,我迫使自己跟她们一起用餐。这样就不得不彼此认识了。①

为了不成为不合群的人和法外之徒,为了不被当作狼人,他接近这些妇女并和她们一起用餐。我建议你们更仔细地读一下所有这些文本。在《忏悔录》另外一些部分(我感谢库斯特[Olivia Custer]帮助我记起并找到它们,下一次课开始时我也会提到它们),卢梭同样使用了狼和狼人的形象,以唤起其他战争或其他诉讼——他自己在其中是证人、牺牲者或被告。问题总是有关法律和被置于法律之外的他者。法(nomos)总是从某头狼的位置那里得到规定。

我将称之为**狼之法**(lyconomie)。

没有狼之法,狼系谱学和人狼学(anthropolycologie)都不可能存在。

---

① J.-J. Rousseau, *Les Confessions*, dans *Œuvres complètes*, I, op. cit., p. 248-249.

第四讲

Quatrième séance

2002 年 1 月 23 日

在本次课开始之前,我必须要对友人德桑提(Jean-Toussaint Desanti)的去世表达沉痛的哀思。他在数天前去世,他是我们时代的一位伟大见证者和行动者,一位清晰而敏锐的哲学家,一位忠实的朋友。①

[……]这一残忍本身暗示着人性。它指向同类,甚至在其他种类的存在者那里也是如此。

这是拉康对于"人对人是狼"的阐释,他在《文集》中引用了这句话。② 我接着很快会回到这句话,今天先把这句话作为题词放在这里。(重读)

[**阴性的**]野兽与[**阳性的**]主权者:两者之间、两个性别或两种生物之间、两个种类之间——两种性别(*gender*)或两个类属之间(在后者的一般性下,人们归入各种动物种类,动物和人的种类,或动物和所谓"人类")——我们已经认出并确定了许多可能性和典型的结合,以及反复出现的规则性问题的形式。

我不想花太多时间进行回顾和重述,只提两点:**一方面**,在两

---

① 这一段落整理自讲课录音。——原编者注

② Jacques Lacan, *Écrits*, Paris, Le Seuil, 1966, p. 147.

个类属之间（[阴性的]野兽与[阳性的]主权者），除了所有那些狼和君主，我们看到出现了利维坦、奇美拉、半人马、狮子—人和狐狸—人；**另一方面**，我们看到，人的位置、人的固有性的难题，不断地回到视野中：准确来说，回到两者之间。我们看到——这至少是一个表面上的矛盾——为什么主权者、法律、国家、假肢性国家虽然往往被设立为人所固有的东西（无论是否带有明确的神学基础，无论是否伴随着宗教），但以人的固有性、人权、人的尊严为名义，某种现代性仍然使得主权陷入危机之中。这一关于人的固有性的吊诡问题，也出现在我们谈论和引用过的所有文本之中（大量有关狼化妄想患者的狼系谱学文本，尤其是有关人狼形象的狼系谱学文本）。顺便一说，我说过，在人的固有性问题之外，我还会回到两个吊诡地为人而非野兽所固有的特征那里，即**愚蠢**（我说过，关于这个主题我们要以德勒兹的一个文本为引导；我会说到做到）和**兽性**，兽性的残忍（我说过，关于这个主题我们要以拉康的一个文本为引导；我一会儿也会说到做到）。

在此之前我想强调的是，狼人或"法外之徒"（outlaw）（你们记得，这是卢梭《忏悔录》英译本的译法），作为狼人的狼—人类，不仅被认为不合群，外在于政治法律（尤其在卢梭的文本这里，我们对此已经加以详细论证），而且外在于神学和宗教的法律，被认为是无信仰者，归根结底是无神论者。

因此，狼人或法外之徒"没有信仰和法律"。

这是一个"没有信仰和法律"的人。在卢梭的其他用法中，这一点也出现了（卢梭对狼群的形象十分着迷：这是他的关切所在，即狼与他有关/狼注视着他[ça le regarde]，狼群注视着他，像狼男的事例一样。我从卢梭那里数出六七次狼或狼人的出现次数,就像狼男感到在胡桃树或狼系谱树底下有六七匹狼注视着他。狼群与他有关/注视着他)。

至少还有两次,《忏悔录》将狼或狼人呈现为根本不承认上帝主权、不承认宗教法或教会尤其是基督教教会的形象,因此"没有信仰和法律"。卢梭谈到这一点,就好像是某个检察官在起诉或庭审上提出的指控:"承认吧,你是一个狼或狼人,'没有信仰和法律'。"但有时他是指控者(在这种情形下,他是正确指控他人并要求他人忏悔的"正义人士";简言之,是他要别人忏悔,而不是他自己忏悔),有时他是被指控者,这种时候指控就是不正当的。他被错误地归咎。他不忏悔/不坦白。

在此,很快提一下两个例子。

一、**第一个例子**出自《忏悔录》第九卷,其引人注目之处在于,在一场根本上是宗教性的战争中,在一场几乎要演变为宗教**内战**的宗教战争中,所有战斗人员、这场战争的中心人物都被比作"残暴地试图将对方撕碎的狼群",而不是被比作基督徒或哲学家。换言之,成为基督徒或哲学家,就是不再成为野兽和狼。在这场凶残的狼群之间的战争中,只有卢梭自己不是狼。在我要念的这段话中,除了"基督徒""哲人"和"宗教内战"等词之外,为了过渡到后面的内容,我尤其想强调"残酷"和"善意"(bonne foi)中的"信仰"(foi)一词。还有"疯狂"(folie)一词,因为这里讨论的是发疯或狂乱。

除了这个从根本上跟整个社会秩序有关的针对风

143

俗和夫妻间的忠诚的目标之外,我还怀着一个更隐秘的目标,即是社会协调与社会和平。这个目标,本身也许比上面的还更伟大、更重要,至少在我们当时所处的时代是如此。《百科全书》引起的那场风暴远没有平息,当时还正在最猛烈的阶段。对立的两派以极度的忿怒互相抨击,或者毋宁说是像疯狂的豺狼那样互相撕咬,而不是像基督徒和哲学家那样希望互相启发、互相说服、互相拉回到真理的道路上来。也许双方都还缺少有本领的、孚众望的领袖来把这场斗争发展成内战,否则,天晓得,骨子里都同样有着**最残酷**的偏见的双方,这样一场**宗教内战**会导致什么样的结果啊。我生来就仇恨一切宗派偏见,所以对双方都坦率地说了一些严酷的真理,而他们全听不进去。于是我就想到另一个不得已的、以我单纯的头脑看来似乎是很妙的办法:就是以消灭他们的偏见为手段来缓和他们互相之间的仇恨,并且给每一方面指出,另一方面的优点和品德都值得公众的钦佩和一切凡人的敬仰。这个不够明智的计划是建立在人人皆有**善意**这样一个假定上的,确实我自己陷入我责备圣皮埃尔神父的那种错误了,所以,它产生了它应得的结果:并没有使双方互相接近,而使它们联合起来打击我了。经验终于使我感到了我的**疯狂**;但是在这以前,我是全力以赴的,我敢说,我那股热忱是无愧于驱使我去做的那种动机的,所以我刻画了沃尔马和朱丽两人的性格,当时我内心的狂喜是我希望能把他们两人写得都很可爱,并且使两人都由于互相映衬而显得更加可爱。①

二、**第二个例子**,与之相反,尽管他在这里提出控告、声称自己无辜,尽管他说要谴责狼群,要以他自己所代表的正义之名、以人和非狼之名裁断狼群,但在第十二卷开头,他说明了自己如何不公正地被指控为狼,甚至是狼人,而这仍然是在宗教战争的背景下、在近乎宗教内战的背景下、在一场**针对他**的战争的背景下、在一场宣告针对他这个敌基督和狼人的宗教战争背景下进行的。这发生在《爱弥儿》出版之后。针对他的诅咒、战争和宗教迫害同时也是一种政治治安措施、一种审查,特别是在法国,但潜在也包括整个欧洲和国际社会:打击狼人卢梭。这里重新出现了**残酷**一词。关于这个段落中出现的"狼化妄想"一词,普莱亚版(Pléiade)的注释为求精准而参照了1762年当时的《学术词典》:"狼化妄想:一种精神疾病,病人想象自己变成了狼。"但编者补充道:"但在这里,指的是一个充满憎恨的人、一个**残酷**的人[我的强调]、一个像狼一样愤怒的人的精神状态。"②

> 这两个通缉令就是信号,全欧洲都起来咒骂我了,其愤激之情,真是史无前例。所有杂志,所有报纸,所有小册子,都敲起了最可怕的警钟。特别是法国人,这个

---

① J.-J. Rousseau, *Les Confessions*, dans *Œuvres complètes*, I, *op. cit.*, p. 435–436. [中译文根据卢梭:《忏悔录》(第二部),范希衡译,徐继曾校,北京:商务印书馆,1986,第538–539页,略有改动。——译注]

② *Ibid.*, p. 591 et p. 1566, n. 1.

民族本来是那么温和、有礼貌、豪迈,平时又那么自负,能对不幸者顾大体、全大义,现在竟突然忘掉了他们最宠爱的那些美德,都争着来打击我,以辱骂的频繁和猛烈来显得高人一等。我成了一个反教分子、一个无神论者了,一个狂人、一个疯子了,一头猛兽、一只豺狼了。接办《特勒夫日报》的主编骂我患有狼化妄想,而其语无伦次倒恰好证明他自己患有狼化妄想。总之,简直可以说,在巴黎,一个人随便以什么为题发表一篇文章,如果不插进几句话来骂我,就怕以违警论罪。我对这种全体一致的愤恨百思不得其解,所以我几乎认为所有的人都疯了。①

<往下:>

在这之后,民众在牧师们公开煽动下,蔑视国王的诏书和邦议会的命令,简直无法无天了。在宣教的讲坛上,我被宣布为反基督的人;在乡间,我被当作狼人驱赶。我的阿美尼亚服装,对于无知小民,成了一种便于辨识的标志,我痛心地感到不方便极了,但是在这种情况下换掉这种服装又似乎太示弱了。所以我不能下决心改装,仍旧穿着我的长外套,戴着我的皮圆帽,安安静静地在当地散步,四周都是流氓的叱骂,有时还有小石

---

① *Ibid.*, p.591. [中译文根据卢梭:《忏悔录》(第二部),范希衡译,徐继曾校,第728页。——译注]

头掷来。有好几次我从人家屋前走过,只听里面有人说:"把我的枪拿来,让我给他一枪。"①

因此,残酷、犯罪、外在于(宗教或国内)法律、没有信仰和法律,这些不是狼本身的特征,而是狼人、狼—人类、狼化妄想症患者、疯子或病人的特征。"没有信仰和法律"者的这种残酷是人所固有的,这种兽性是人的特性,并使得人可以比作野兽,而且,兽性看上去为人所固有,也是因为它以法律为前提,甚至当它与法律相对的时候也是如此,而野兽本身在这一经典逻辑中则不具有兽性,虽然它可以很残暴,可以忽略法律。因此,像"愚蠢"那样,兽性、兽性的残酷为人所固有。这恰恰是我们要处理的问题,也是深刻的公理体系,我说过我们会在拉康那里追踪这一公理体系的轨迹和陈述,并将它们问题化。

这个问题的赌注十分巨大。它相当于要认识:精神分析话语,尤其当它声称"回到"弗洛伊德时(我们已经提到弗洛伊德在这个领域里,在这个领域的狼系谱政治学、人狼系谱学意义上的"狼之法"[lyconomie]那里的一些策略),这样一种精神分析话语(某种**特定的**精神分析话语而不是另一种,因为正如不存在野兽本身和主权者本身[LA bête et LE souverain],正如不存在主权本身,也不存在精神分析本身,存在的只是话语的多样性,这一多样性将另一种逻辑即所谓"无意识"逻辑的可能性包括在内,这一多样性是异质的、冲突的、历史的,也就是可完善的,并且面向一个

---

① *Ibid*., p. 627 –628. [中译文根据卢梭:《忏悔录》(第二部),范希衡译,徐继曾校,第 773 –774 页。——译注]

始终悬而未决的未来敞开)[因此,这里的问题是了解某种特定的精神分析话语,]某种特定的、具有引人注目的力量和相对代表性的话语,如何能帮助我们思考这个领域,但同时也无法帮助我们思考甚至禁止我们思考这个领域。我的假设是:拉康的话语同时扮演了这双重角色。

在逐渐扩大和丰富我们对于拉康档案的参照之前,我想首先从《文集》(1966)中一篇值得关注的文章出发,这篇文章即《犯罪学中精神分析的作用》(1950)①,我请你们把这篇文章通读一下。

文章开头,拉康提到了某个非常经典而传统的问题,尽管在他笔下这个问题看上去颇为新颖。什么问题?拉康在开头宣称,人的固有性、人的起源、人性的起源是法律,是与法律(大写的法律)的关系。换言之,将人区分于野兽的是法律,是对法律的体验,是超我,因此是通过犯罪触犯法律的可能性。归根结底,与动物相对的人可以遵守或不遵守法律。只有人具有这种自由。因此,只有人可以成为罪犯。野兽可以杀戮,可以做出在我们看来恶劣或败坏的事情,但它永远无法成为罪犯,永远无法被定罪,人们无法让野兽出现在法律面前(即便这种事情发生过,我们需要记住这一事实,但这里暂且不提)。拉康在这里站在某种常识一边。根据这种常识,对法律一无所知的野兽是不自由的,既无法承担责任也无法承担罪责,无法触犯它不知道的法律,无法成为罪犯。一头野兽永远无法犯罪,永远不会破坏法律。这意味着犯

---

① J. Lacan, «Introduction théorique aux fonctions de la psychanalyse en criminologie», dans Écrits, op. cit., p. 125 – 149.

罪作为对法律的侵犯是人所固有的。人起源于法律和犯罪。引用如下：

> 人们认为，医师弗洛伊德在心理学中接受了来自社会现象的影响之后，应该会给出某些反馈，1912年出版的《图腾与禁忌》中应该通过原初犯罪说明法律的普遍起源。无论这一著作在方法论上受到多少批评，重要的是它认识到人起源于法律和犯罪。而能认识到这一点，是因为临床医师已经表明，法律和犯罪的意义支撑着个人的一切，包括他的形式——不仅是他对于他者的意义，而且是他的自我确立。
>
> 因此就出现了超我概念……①

当然，拉康认识到法律和犯罪是人所固有的，是人的起源，并且同样也认识到超我的诞生（野兽是野兽，不仅是因为它无法言说"我"——如笛卡尔和许多其他人认为的那样，如康德在《实用角度出发的人类学》的开头明确写下的那样）——而且首先是因为，如拉康归根结底在这里主张的那样，野兽不仅缺乏"自我"，而且缺乏"超我"。② 拉康将法律和犯罪并置，并将它们放在一种本质的毗邻关系中，将它们大写（"人起源于［大写的］法律和犯

---

① J. Lacan, «Introduction théorique...», dans *Écrits*, *op. cit.*, p. 130.

② 打印稿如此。这句话或许应该读成："当然，由于拉康认识到法律和犯罪是人所固有的，是人的起源，这也就同样承认了超我的诞生……"——原编者注

罪"),这是因为:犯罪不仅是针对法律、侵犯法律的犯罪,而且法律同时也可以是犯罪的起源,法律可以是犯罪性的,超我可以是犯罪性的。在人的固有性问题上,我们不要忘了这一结构性的可能,而这也是我们要沿着拉康的脉络继续讨论的内容。无论如何,拉康在同一页最后清楚表明,作为法律的守护者,站在法律这边的"超我"同样可能做出不法行为,超我自身可能是罪犯:

> 自我惩罚的意义覆盖了所有这些恶行和举措。有必要将它扩展到一切罪犯那里吗?根据那个表达立法者的冷峻心性的定式,既然没有人可以被认为对法律无知,每个人都能预见法律的影响,因此可以认为犯罪者是在追求法律的惩罚。
>
> 这一反讽的提法迫使我们界定被精神分析辨认为来自超我的犯罪或重罪,它能让我们对这一概念在人类学中的用法展开批判。

我们从这里能得出什么结论?为了解释"人对人是狼",拉康自己从中得出什么结论?眼下,我仅限于讨论"人对人是狼"这个问题,即狼人的问题,人对人表现得像狼的问题;我暂且不讨论拉康和其他人对狼男进行阐释的大量卷宗,对此能说的太多了,但我在别的地方已经或多或少表明过自己的见解。①

---

① *Cf.* J. Derrida, «Fors», préface à Nicolas Abraham et Maria Torok, *Cryptonymie. Le verbier de l'Homme aux loups*, Paris, Aubier-Flammarion, 1976, p. 7–73. ——原编者注

仍然是在《犯罪学中精神分析的作用》中,拉康写道:"'人对人是狼'这个谚语的形式,误导了人们对其意思的理解。"①在出现这句话的文章第五部分,<拉康>反对"犯罪本能"的假设——关于这一点,我们完全同意。他试图证明,确切来说,尽管精神分析包含一种"本能理论"甚或驱力(Triebe)理论,但精神分析拒绝将犯罪行为归于先天本能(也就是遗传性的事先规定)。拉康马上以这一习得和先天的区分表明,动物(我们会看到,这是他的一贯看法)局限于先天的固定性、先天的回路或程序,而人在与法律的关系中(因此是在与犯罪的关系中)没有这种局限。问题始终关于自由与机器。因此,事实上还是关于先天和习得的老问题。在拉康这里,并不是说人身上不存在固定的、动物性的本能;人身上当然有动物性,但犯罪、残酷和凶残并不来自本能,它们超越动物性,它们不仅以"自由"和"责任"为前提,因此不仅以"犯罪性向"为前提(在这里,拉康谨慎地没有提到这些词,但我们之后会看到,与之对应的、与之密切相关的一些概念,尤其是回应和责任/应答可能性的概念,扮演着关键角色),这些论述还以拉康两次提到的某个词所具有的明晰性为前提;这个词不仅被拉康提出了两次,而且在这里,它在字面意义上指向了主要基准:这个词就是"同类"。

在"人对人是狼"中,人和动物的区分点,狼—人类或狼人和动物(也就是狼本身)的区分点,人的残酷或凶残和一切动物暴力的区分点——结果是,我们无法将动物暴力说成残酷(只有人是残酷的,动物可以造成伤害,但无法作恶,所以无法变得残

---

① J. Lacan, «Introduction théorique…», dans Écrits, op. cit., p. 147.

酷)——残酷的人性和非残酷的(也就是无辜的)动物性的区分点在于,残酷的人攻击他的**同类**,而动物则不会这么做。因此,这一"同类"概念带有论证的全部重量,而在我看来,这个论证非常古典而传统;拉康意图以此修正他认为人们对于"人对人是狼"作出的错误阐释(你记得,他说"'人对人是狼'这个谚语的形式,误导了人们对其意思的理解")。这个错误据说在于:相信人对人而言是狼,因此是一个动物,对此拉康表示异议。我现在引用并评论一下这两段话,我强调"同类"和"残酷"这两个词:

> 如果本能事实上指的是人所具有的不容置疑的动物性,我们能看到,为什么这一动物性不太能服帖地体现在一个理性存在者身上。"人对人是狼"这个谚语的形式,误导了人们对其意思的理解。格拉西安(Balthazar Gracian)在其[小说]《批评大师》的一章里创作了一个寓言,他告诉我们,当道德传统表明人对其同类的凶残超越了动物所能做的一切,这一道德传统究竟意味着什么。面对这种凶残给整个自然带来的威胁,就连食肉动物都要退避三分。

> 但这种**残酷**暗示着人性。它以**同类**为目标,即便针对的是另一物种的存在者。在生活经验中,没有什么比分析的经验更深刻地探究了"爱"的悲怆呼告透露给我们的这一等价性:你攻击的是你自己。而"精神"的冷酷推论则是:正是在为了纯粹荣誉的殊死搏斗中,人才被

人承认。①

如何回应这种话语？它看上去挺有道理，也就是说不仅符合常理（甚至在动物造成伤害的情况下，仍然认为动物是无辜的，而人是有罪的、有犯罪性向的，恰恰是因为人能为善，能完善自己、修正自己，能忏悔和懊悔，等等），而且被刻写在一种意义／感觉伦理学之中，这种伦理学试图拯救意义／感觉，拯救人性的意义／感觉和人的责任的意义／感觉。

另一方面，我们很难不认同［拉康］对于那种认为某些个体具有"犯罪本能"的理论所展开的批判，这种理论不仅在理论的意义上充满争议，而且可以引出各种政治、法律、治理、教育战略，甚至包括优生学和生物伦理战略。对于那些据说先天遗传地倾向于犯罪和施暴的个体，对于在基因上被规定的个体，对于这些潜在的累犯，我们应该做什么？不必提到当前的连环杀手、性精神病患者甚至恋童癖者。对于拉康就基因确定论提出的警惕，我们只有表示赞同。这里的关键问题正是精神分析的位置，某种精神分析在社会中、法律中，尤其是在刑法中的位置。

然而，即使我们在一定情势的界限内赞同拉康的论辩，赞同其背后的某种伦理—政治性动机，我认为我们不能也不该止步于此；我们需要重铸的，恰恰是拉康乃至精神分析的全部公理体系。

关于刚才引用的段落，目前我只提三点。但当我们阅读拉康的其他文本时，这三点始终和一个在我看来很成问题的巨大话语

---

① *Ibid.*, p. 147.

网络交织在一起。

一、先天和习得的区分,本能和一切与"文化""法律""制度""自由"等等相关之物的区分,总是脆弱的,今天尤其如此,就像假定有一种动物性,剥离了语言、历史、文化、技术、与死亡的关系**本身**、对于习得知识的传递。面对这个要被解构的前提装置,我始终属于会对它一笑置之的那类人(这样的人的确不多)。并且,今天最具实证性的科学恰恰表明(参看最近出版的一部论人的起源的著作(科彭[Coppens]???①)),一些动物(当然不是贴着"动物"[L'Animal]标签的实体性虚构,而是被归类为动物的那些生物)具有历史和技术,因此在最严格的意义上具有文化;确切而言,也就是能够传递和积累知识和习得的技能。而存在跨代传递的地方,也就存在法律,因此存在犯罪和犯罪性向。

二、认为残忍本质上属于人类,因为它体现为给同类带来苦难,这相当于给"同类"的含义赋予极大的信用。如果说一个人对另一个种族残忍时,其目标仍然是他的同类,那就更是如此。归根结底,拉康说的是,即便一个人对某个特定的动物残忍,他的目标也是人类——这无疑是一个值得严肃对待的丰富假设,但它并不能证明,既然所有针对非同类的残忍事实上、根本上也是针对同类的,是通过动物对人实施残忍,那么这种残忍就立即变得无辜了。一个人如何辨认他的同类?"同类"是否仅仅指具有人类形式的存在,还是任何生物?如果它是生命的人性形式,辨认它

---

① 问号为打印稿原文所有。这里提到的著作是 *Aux origines de l'humanité*, Yves Coppens et Pascal Picq (dir.), Paris, Fayard, 2002。——原编者注

的基准是什么？这一基准不可能内涵一个完整而确定的文化，如欧洲文化、希腊—阿拉伯文化，特别是基督教文化，后者将"邻人"或"兄弟"的价值确立在世界的普遍性之中，确立为一切生物的总体性；我说过，拉康在文章结束时提到了他所谓"永恒的兄弟情"。关于这一点的细节，我们接下去会讨论，但无论如何，这是一个令人感到安心或安定的说法，一个有点太过平稳的说法。在《友爱的政治学》中，我试图"解构"这种兄弟情的基础，在这里从略。①

拉康文章的结尾如下——我们不要忘了，在这里出现了某种"主体"概念：

> [……]如果我们能提出一种更加公正严密的真理，我们不要忘了，它取决于下述特权性的功能：主体诉诸主体，它将我们的义务刻写在永恒的兄弟情之中：这一功能的规则，也是在我们这里被允许的一切行为的规则。②

显然——这是我向你们承诺过的阐明——当拉康谈论这一"永恒的兄弟情"的时候，我们不能仅仅从中听到某种感化性的、和解性的、和平主义的、民主的赞词，尽管后者经常明示或暗

---

① Cf. J. Derrida, *Politiques de l'amitié*, op. cit., p. 253 –299. [中译本参见德里达：《〈友爱的政治学〉及其他》，夏可君编，胡继华等译，长春：吉林人民出版社，2006。——译注]

② J. Lacan, «Introduction théorique...», dans *Écrits*, op. cit., p. 149.

示着兄弟情。尤其是"永恒的兄弟情"——我刚才说过,这个词可能过于令人安心。但就像拉康在同一篇文章中提到的,他没有忘记法律确立过程中伴随着的血腥暴力,也就是弑父。多亏了这一点(多亏了杀人,多亏了父亲,多亏了弑父),负罪而羞耻的儿子们开始订立契约,至少是通过一种默认的契约或信约,达成兄弟间的平等。这一创立性的犯罪行为或这一原初犯罪的踪迹,关于它的记忆被(动物)图腾与禁忌保留下来。这一血腥的踪迹始终不可磨灭地留存在所有平等主义、社群主义、富于同情的兄弟情之中,留存在这一原初契约之中,而这一原初契约使得所有富于同情的共同体都成为**共同的兄弟关系**(confraternité)。

不过,关于"同类"的兄弟情,仍然有一个巨大的危险。这是一种双重危险(顺便一提,它也影响了列维纳斯的论述):**一方面**,这一兄弟情将我们从所有伦理义务那里解放出来,从所有要求我们不犯罪和不残忍的义务(这恰恰是对所有非我同类的生物、或不被辨认为我的同类的生物持有的义务,因为它是他者,因为它异于人类)那里解放出来。按照这种逻辑,一个人永远不会对所谓动物残忍,不会对非人类的生物残忍。一个人已经事先免除了任何针对非人类生物的犯罪。**另一方面**,哪怕如拉康详细阐述的那样:"[这一残酷]针对的是同类,即便针对的是另一物种的存在者",这也不会改变或修改任何事情。在另一物种的存在者那里,我的目标始终是我的同类。因此事实仍然是,我无法对动物残忍,哪怕我让它遭受最严重的暴力,我也从来不对动物**本身**残忍。即使人们可以谴责我对作为人的动物残忍,因为通过动物或通过动物的形象,我的目标是我的邻人或我的同类。哪怕是作为我邻人的陌生人。如果我因为杀了一头野兽或无数头野兽而被认为或自认为残忍——就像每天直接或间接正在发生的那样——那仅仅是因为我在这种情况下被认为有意或无意地"瞄准"并杀害了我的同类、杀了人,通过这些野兽而杀了人的形象,而这一"通过"可以动用一切无意识的逻辑或修辞。在有罪的、犯罪的、残忍的、可被定罪的意义上,我使之遭受痛苦的、我所杀害的,总是人类,总是我的同类,总是和我相同的存在者,归根结底就是我自己。

但我们仅仅针对人类、仅仅针对作为人类的他者负有义务吗?首先,我们如何回应所有那些不能在某些人身上认出其"同类"的人?这个问题一点也不抽象。在生物身上,在野兽或人身上,尤其是人身上,已经被施加了最严重、最残酷、最有人类特征的暴力,他们作为同类的尊严恰恰没有得到承认(这不仅是深刻的种族主义问题、社会阶层问题等等,而且有时也涉及单独的个体本身)。伦理原则,或在更根本的意义上,正义原则——在这个词最困难的意义上(我试图将它与法律对立或区分开来)——也许是这样一种义务:它要求我对最为异类者、完全的他者、确乎是怪物般的他者、无法辨认的他者负责/作出回应。简略地说,这一"无法辨认/误认"(méconnaissable)是伦理和法律的起源,而不是人性的起源。在存在可辨认性和同类的情况下,伦理处于沉睡状态。它沉睡于一种教条中。只要伦理仍然是人性的、人类之间的伦理,它就仍然是教条而自恋的伦理,它尚未开始思考。甚至尚未思考它喋喋不休的人性。

"无法辨认/误认"是苏醒。它是唤醒者,是醒来的经验。

"无法辨认/误认"者,也就是异类。如果我们相信并服从仅仅将我们引向相似者和同类的法律,它仅仅在针对同类的行为那里界定犯罪或残酷的侵犯,那么与之相关,这也就意味着我们仅仅对同类负有义务,哪怕是作为同类和"我的邻人"的陌生人。渐渐地,我们知道,这会强化我们对最相似者和最亲近者的义务。对人类比对动物负有更多义务,对亲近和相似的人负有比对不那么亲近、不那么相似的人更多的义务(依照假定的或幻想的盖然性、相似性或相像性次序:家庭、民族、种族、文化、宗教)。人们会说,这是一个**事实**(但一个事实能够为伦理提供基础和合法性吗?):事实就是我在这个次序里对那些紧密地与我分享生活的人、对我的亲近者、家人、法国人、欧洲人、对那些说着我的语言或共有我的文化的人,等等,感到负有更多义务。但这一事实从来都不能为权利、伦理或政治提供基础。

三、如果我们信赖拉康的公理体系或常理,如果残酷仅仅针对同类,那么人们的**伤害**行为不仅可能不构成**作恶**,不仅对那些不被承认为真正的人、真正的兄弟的人不构成残忍(我留给你们自己举例子,这个问题不仅涉及种族主义),而且对所有异于人类的生物都不构成残忍。由此而来的明显后果是,当人们使不被承认的人、不具有人之正当性的人遭受苦难时(这一点每天都在世界上发生),这不仅不构成残忍(不构成犯罪,无法定罪,不负罪责),而且人们有权在"动物"身上施加最严重的苦难,而不会因此被认为有丝毫的残忍。屠宰工场、以最可怕的方式经营的畜牧产业、斗牛、解剖、实验、调教、驯化等等,以及马戏团、动物展览、动物园(我们之后会谈到这个话题),所有这些都不构成残忍。对此无须强调了。

这里是**两个推论**,同时也是对上述图式的**两种潜在的复**

杂化。

甲、第一种复杂化。有人或许会反驳我的质疑（所以这是我对我自己的反驳，我会尽可能将它考虑在内），说我仅仅是在无止境地扩大"同类"的概念；而且，当谈论异类、非同类的时候，我暗地里将相似者和同类扩展到一切生命形式、一切物种那里。一切作为生物的动物，都是我的同类。我接受这一反对提案，但我想指出两点，从而进一步将这里的论点尖锐化：

一、论点的第一次尖锐化：这种扩展本身已经明显地、重大地、显著地与每个人（尤其是拉康）谈到同类时所想的意思截然不同：对他们来说，毋庸置疑的是，"同类"的意思显然不是"一般意义上的生物"，而是"具有人的脸庞的生物"。这里有一个无法跨越的**质**的边界，没错，一种性质上、本质上的边界。如果用最严重的试验来测试这个边界，我们不难想象（请你们自行想象）有无数种情形，在那里，一个人必须决定哪个生命应该优先——比其他生命优先。根据人性论逻辑（我们正试图对其前提进行彻底思考），拯救一个几周大的人类胚胎，哪怕它出生后注定活不长久（比如只能活一天），且注定患有精神和心理障碍，拯救这样一个丝毫没有未来的生命，应该优先于拯救数百万的生命，或拯救无数非常健康且充满未来的动物生命。谁会说这一选择真的可能或真的容易？无论我们实际上就这个问题给出什么回答，无论我们做出什么决定（而我们可以表明，这些都不是抽象和虚假的例子，诸如此类的决定每天都在发生），确定的事情是，根据拉康所用的这一人性论逻辑，将新生儿杀死、放任新生儿死亡、见死不救，这些会被视作犯罪和残忍，而宰杀亿万野兽则不会。这里的疆界是质的疆界、本质的疆界；数量和时间不再作数。既不存在"反动物性犯罪",也不存在针对非人类生物的种族灭绝。

二、论点的第二次尖锐化:如果这一无条件的伦理义务(假如它存在的话)使我要对一般意义上所有生物的生命负责,那么指出这一点还不够。它同样使我要对无生命的事物负责,也就是对当下的无生命体或非当下的生命负责——他们不存活于当下,不是当下在场的生物,不是同时代的生物,也就是说,他们已经死去或尚未出生,他们是非在场生物或并不在当下的生物。因此,我们必须将死亡刻写在生命概念之中。你们可以想见这会带来什么结果。此外,甚至在原初弑父的历史或虚构那里——弗洛伊德说,[完成弑父的]兄弟—儿子们由于对自己犯下的罪行感到羞耻而选择服从于法律——也未必不可以说,这种羞耻总是已经在其可能性中包含着对于死者的义务或债务。

乙、第二种复杂化。确乎存在"动物权利",有些国家的立法机关禁止针对动物的某些暴力行为或某些形式的虐待和暴力;你们也知道,世界上有些善意的团体还想做得更多,想要颁布类似人权宣言一样的动物权利普遍宣言。不过,简单来说,既有的法律文本仅仅禁止某些形式的残忍或虐待,但它们并不禁止一般意义上的动物宰杀,无论是为了生产食用肉类的宰杀,还是为了实验和解剖的宰杀。反对某些形式的打猎和反对斗牛的抗争正在进行,但目前而言很难走得更远。无论如何,杀死一个动物本身不被认为是残忍。至于一些人呼吁的动物权利宣言,除了从未谴责一切杀戮行为之外,此类宣言往往还非常幼稚地遵循一种既有的权利,通过类比将人权运用到动物身上。这些人权彼此之间紧密联系，它们密不可分地、系统性地取决于一种笛卡尔式或康德式的主体哲学，而正是在这种哲学的名义下，动物被降低到没有理性也没有人格的机器的地位。这是一个严重的不自洽，但在这里详细阐发也意义不大，所以点到为止。我更想仔细考察一下这个主体概念的含义，包括在动物这里，当拉康扭转或颠倒了主体概念之后，它变成什么样了。这个问题关乎将人规定为人格和人格性主体。你们记得，在我们之前引用的文章结尾，拉康提到了"诉诸主体"。我再读一下这句话：

[……]如果我们能提出一种更加公正严密的真理，我们不要忘了，它取决于下述特权性的功能：主体诉诸主体，它将我们的义务刻写在永恒的兄弟情之中。这一功能的规则，也是在我们这里被允许的一切行为的规则。

因此，像列维纳斯试图做的那样，指出主体是臣属性的、主体是主人和客人、主体是人质，因而臣服于他者，臣服于全然他异者和所有的他者，这样就足以构成一种伦理吗？①

---

① 这一讲的余下部分重复了1997年瑟里希旬日会上的演讲"L'animal autobiographique"，这一部分当时尚未发表。后来以"Et si l'animal répondait?"为题发表于 *Cahier de L'Herne*. Derrida, n°83, Marie-Louise Mallet et Ginette Michaud (dir.), Paris, Éditions de L'Herne, 2004, p. 117–129，没有太大改动。它也重印于德里达去世后出版的著作 *L'animal que donc je suis*, op. cit., p. 163–191；由威尔斯(David Wills)译成英文，题为"*And Say the Animal Responded?*"，收录于 *Zoontologies. The Question of the Animal*, Cary Wolfe (éd.), Minneapolis, Minnesota University Press, 2003, p. 121–146。——原编者注

我不这样认为。这不足以打断动物—机器(没有语言也没有回应)的笛卡尔传统。① 甚至在一种"无意识"的逻辑或伦理那里——它仍然保留主体概念,但宣称"主体的颠覆"——这也是不充分的。

在《主体的颠覆》这一拉康式的标题这里,我们从一种伦理否定过渡到另一种伦理否定。在《弗洛伊德无意识中主体的颠覆和欲望的辩证法》(1960)②中,有个段落提到了"动物"或"一个动物"——单数形式,没有更多说明。在人、无意识和我所谓"动物词"(animot)③之间的关系问题上,也许它标志着从弗洛伊

---

① 就像我在别的地方尝试做的那样,我们在这里需要通过重读笛卡尔来展开我所谓"回应的问题",以及界定这一支配着人性和人性论的现代性话语和实践的"笛卡尔主义"霸权的永久性——尤其是关于动物。根据《谈谈方法》(第五部),设计好的机器(比如动物)据说做不到的事情不是发出信号,而是"作出回应"。像动物那样,机器具备"猴子的器官和外形……但无法像我们那样将语词或其他符号结合起来向他者传递思想。因为我们满可以设想一个可以使用语词的机器,甚至可以对应引起器官变化的身体动作而使用语词。例如,如果碰一下机器的某个部分,它就会问'你想说什么',或碰一下另一个部分,它就会叫'弄疼我了',诸如此类。但它无法安排这些语词来回应[我的强调]当下对它说的话的意义,而最迟钝的人也能做到这一点"。[René Descartes, *Discours de la Méthode*, Cinquième Partie, dans *Œuvres et Lettres*, André Bridoux (éd.), Paris, Gallimard, coll. «Bibliothèque de la Pléiade», 1952, p. 164 -165.——原编者注]

② J. Lacan, «Subversion du sujet...», dans *Écrits*, op. cit., p. 807 sq.

③ 关于"animot"一词,给将来的译者一个注释。例如,参见 *L'animal que donc je suis*,第 298 -299 页,那里讨论了我选择"animot"一词的动机和合法性,这个词空前地不可译。[Cf. *L'Animal autobiographique*, op. cit., p. 298 -299.

德那里的前进或后退。这引人注目的一页首先给人的印象和期待是,事情会发生变化,尤其是交流或信息概念的变化,它们被赋予所谓动物、一般而言的动物。人们认为,动物只会一种编码的信息,只会狭义的信号性指涉,受到严格的局限:动物被固定在它的程序之中。拉康开始探讨"现代信息理论"的"陈词滥调"。确实,他在这里谈论的是人类主体而不是动物,但他下面这段话一方面的确提到了作为绝对主人的主权者,另一方面似乎也宣告着甚至让人期待着一种不同的论调:

> 作为能指的纯粹主体的先在位置,"他者"甚至在作为"绝对的主人"(根据黑格尔并反对黑格尔而用这个说法)而存在之前,就在那里获得了主导性的位置。现代信息理论的陈词滥调没有注意到,除非一个编码已经是他者的编码,我们甚至无法谈论这个编码;但信息的问题与此截然不同,由于主体正是由信息构成的,所以甚至主体自己发出的信息也是主体从他者那里接收的。①

亦见 L'animal que donc je suis, op. cit., p. 73–77。——原编者注][德里达就这个词曾给出三点说明:第一,这个单数形态的词"animot"的发音和表示动物复数形式的"animaux"很接近,因此单数形式的"animal"在这里不成立;第二,后缀"mot"(词)提示了关于人和动物之区别的话语;第三,如果形而上学传统剥夺了动物对于语言的权利,那么"animot"提示了一种与之不同的思考方式的可能性。——译注]

① J. Lacan, «Subversion du sujet...», dans Écrits, op. cit., p. 807.

在回到《主体的颠覆》的这一页之前,我们先岔开一下。这个段落设置了(没错,我说的是设置,即它以论题的形式宣称,或在不显示任何证据的情况下预设了)动物的特征:即动物无法**假装自己在假装**,无法**消除自己的踪迹**,因此它无法成为"主体",也就是"能指的主体"。

我要岔开的话题会让我们通过拉康的早期文本回到上述问题,而在我看来,这些文本**既**在理论上改变了它们继承的遗产及其前提和教义,**又**是对它们的一种顽固确认。

这些早期文本曾使我们期待拉康能为传统问题带来决定性的变化。例如,早在1936年的《镜像阶段作为"我"的功能之形成》中,拉康就考察了动物性征成熟过程中的镜像性机能。这在当时实属罕见。的确,拉康对这一主张作出了很大限制。在他看来,经过这一镜像,动物永远被固定在想象界的罗网中,因此被剥夺了通往象征界也就是通往法律本身的可能性(我们刚才谈过这一点),也被剥夺了具备一切被认定为人所固有的性质的可能性。动物永远无法像人一样,成为"语言的猎物"。我们之后在《治疗方针》中读到:"我们必须设置下面这一点,即作为被语言捕获的动物,人的欲望是他者的欲望。"①(这一反复出现的、症候性的"猎物"形象,显示了拉康对"动物"的执迷,而他恰恰想要将人类学与动物学分开:人是动物,但他能说话,他不是捕食猎物的野兽,而是被语言捕获的野兽。)只有人有欲望,因此只有人有无意识,动物从来没有,除非是作为人的无意识的效果——仿佛通过某种传染性的转移或某种沉默的内在化过程(这一点仍然有待说

---

① *Id.*, «La direction de la cure», dans *ibid.*, p. 628.

明),被驯化或驯服的动物将人的无意识翻译到自身内部。如我们看到的那样,拉康仔细将无意识驱力区别于本能和"基因",他将动物归到后者那里。在《无意识的位置》中,拉康认为动物无法拥有自己的无意识,无法拥有可以说是自身固有的无意识(如果这一表述的逻辑不可笑的话)。但这一表述的逻辑也许首先对拉康本人来说就很可笑,因为他写道:

> 在初步教育阶段,我们可以这样来表明言说行为的效果,即问学生是否能想象动物拥有无意识,除非它是语言、人类语言的某种效果。①

这句话里的每个词都值得进行批判性考察。论题很清晰:动物既没有无意识也没有语言,动物没有他者,与他者本身没有联系,除非通过人类秩序的效果,通过传染、征用、家畜化。

考察动物性征成熟过程中的镜像性,这或许是一个引人注目的进步,虽然它将"动物词"捕获在镜子中,虽然它将母鸽或沙漠蝗虫固定在想象界里。拉康提到了由一个"生物学实验"(它不适用于"心理因果性"的说法)所证实的格式塔效果,并称赞这一理论认识到"母鸽生殖腺成熟"的前提是"看到同类",也就是看到另一只鸽子,无论它是什么性别。的确,仅仅依靠镜像反射也可以引起生殖腺成熟。一个视觉形象也足以让沙漠蝗虫从孤僻变成群居。拉康以一种在我看来至关重要的方式,谈到了"孤僻"形式向"群居"形式的过渡——不是向社会形式过渡,当然更不是向政治形式过

---

① J. Lacan, «Position de l'inconscient», dans *Écrits*, *op. cit.*, p. 834.

渡——仿佛**群居**和**社会**的区别就是动物和人的区别。① "群居"甚至"群居性"这个母题和语词,在大约十年后的《论心理因果性》(1946)中有关动物性的讨论中再次鲜明地出现了。② 而且,在后面这个文本最后,拉康宣称我们无法超越笛卡尔。拉康进一步发展了对鸽子的镜像效果的分析,但大方向是一致的:根据哈里森当时的一部近著(1939)③,仅仅**看到**带有同类鸽子形式的生物,简言之,看到一个反射性的样子,甚至没有实际的公鸽出现,母鸽就会排卵。重要的是镜像性的视像、意像或视觉形象,而不是通过气味或叫声实现的识别。哪怕求偶过程在物质上被一块玻璃板打断,哪怕两只鸽子都是母的,排卵也会发生。如果两只鸽子一公一母,那么排卵大致发生在 12 天以后;如果两只都是母的,那么排卵就可能晚到两个月以后发生。一面镜子足以使之发生。④

这一阐释包括很多有意思的地方,其中之一是:根本而言,像笛卡尔那里一样,根据我不断回到的这个牢固的《圣经》—普罗米修斯式传统,这一阐释将动物决定论的固定性(固定在信息或交流的层次中)与动物的某种原初的完善性关联起来。反过来说,

---

① *Id.*, «Le stade du miroir comme formateur de la fonction du Je», dans *ibid.*, p. 93.

② *Id.*, «Propos sur la causalité psychique», dans *ibid.*, 特别是 p. 190 −191。

③ *Cf. Proceedings of the Royal Society*, Series B (Biological Sciences), n°845, 3 février 1939, vol. 126. ——原编者注

④ J. Lacan, «Propos sur la causalité psychique», dans *Écrits, op. cit.*, p. 189 −191. *Cf.* aussi p. 342, 345 −346 et 452.

如果"人类知识比动物的知识更加独立于欲望的力场"①,如果"人类秩序有别于自然"②,那么吊诡地说,这源于人的一种不完善、一种原初性缺陷;归根结底,人接受语言和技术仅仅是为了填补他的这种缺失。这个问题位于拉康《镜像阶段》的核心,即"在人那里,确实存在**特有的过早出生**的数据"。③ 与这一"早产"相关的缺陷,对应于"锥体系统在解剖学意义上不完全的客观概念",胚胎学家将此称作"胎儿化"(foetalisation),而拉康将它与某种"器官内的镜子"④联系起来。内部的自我目的性的镜像性,与小孩的缺陷、早产、不完全性联系在一起。

我们必须以最大的审慎来记录我们刚才略有轻率地提到的有限而无可置疑的进步。我们仍然处于《主体的颠覆》的门槛上。因为困在想象界中的动物不仅无法抵达象征界、无意识、语言(因而无法获得"我"这一自我指示[auto-déictique]的自我论机能),而且在《罗马演讲》(1935)中⑤,对于动物的符号能力的描述,仍然是以最教条、最传统的方式被规定的,仍然牢牢确立在笛卡尔式的固定论中,即认为存在一种编码,它只能让[动物]对刺激作

---

① *Id*., «Le stade du miroir...», dans *ibid*., p. 96.

② *Id*., «Variantes de la cure-type», dans *ibid*., p. 354:"因为应该对以下事实进行思考:言语不仅通过符号性前提建构了主体的存在,而且通过将人类秩序区别于自然的婚姻法律,言语从诞生以前就规定了主体的地位以及主体的生物性存在的降生。"

③ *Id*., «Le stade du miroir...», dans *ibid*., p. 96. 强调为原文所有。

④ *Ibid*., p. 97.

⑤ *Id*., «Fonction et champ de la parole et du langage en psychanalyse», dans *ibid*., p. 237 *sq*.

出**反应**而无法对问题作出**回应**。我说"符号系统"而不说语言,因为拉康同样拒绝承认动物拥有语言,仅仅允许动物拥有他所谓的"编码",即"编码的固定性"或"信号系统"。这是给所谓"固定回应"或"固定行为"①换一种说法而已,后者属于动物认知学的表述,在那里,人们尽管看起来反对最老套的形而上学看法,却往往重复着这些看法。

拉康似乎出于一种良心上的不安,在以现代的形式提出关于

---

① *Cf*. Joëlle Proust, *Comment l'esprit vient aux bêtes. Essai sur la représentation*, Paris, Gallimard, 1997, p. 150. 这位作者想尽办法让"回应"这个词(在动物这里,这个词的意思不过是一种规定好了的**反应**)不带有任何责任的含义或"意向性"回应的含义——令人发笑的是,"意向性"这个词在这里的用法带有盲目的自信,且不说在现象学意义上不过关。关于食蚜蝇(它是这样一种昆虫:"根据其程序,在寻找异性的时候,会通过自动运用一种具备某种算法的跟踪轨迹来拦截跟踪对象"),作者在进行讨论时引用了米利甘(Ruth Millikan)并评论道:"这类回应有意思的地方在于,它是由某种刺激的确切特征(在这里是尺寸和速度)**一成不变地**引发的。这个昆虫无法回应其他特征,而如果目标呈现出与预期功能不相容的特征,它也不能将目标赶走。当它'感知到'自己并不是在追踪一个异性时,它也无法放弃飞行路线。这个昆虫似乎无法衡量自己的感知是否正确。因此,认为它具有**确切意义上的意向性**能力,似乎是**过分慷慨**了。它回应符号,但这些符号不是一个独立客体的特征;它们是邻近刺激的特征。如米利甘所说,它遵守的是一种'邻近法则'。不过,这种事先规定好的回应以雌性食蚜蝇的受孕为目标,也就是说,它的目标是一个存在于世界上的对象……"(*ibid*., p. 228 - 229)我强调的这些词尤其需要我们警惕地阅读。我们要求的批判性或解构性阅读,试图做的不是主张动物或某种昆虫具备这里认为它们不具备的能力(即便有时候这是可能的),而是思考:同一种分析能否适用于人类,例如其性行为和生育行为的"回路"等等。

蜜蜂的老论点时,表达了更为明确和坚定的态度。在这一关于蜜蜂的新话语的权威底下,但也是在如此陈旧的话语的权威底下,我感到了一种模糊的不安。拉康声称,他依靠被自己平静地称作"动物领域"的东西,来批评与"人类语言"相对的、通行的符号语言观念。蜜蜂看上去是在"回应"某个"信息",但它们并不是在**回应**,它们是在**反应**:它们仅仅是在服从某个固定的程序,而人类主体则回应他者,回应他者的问题。这是一个严格意义上的笛卡尔式话语。我们将看到,作为动物领域和人类领域的对立,拉康之后明确将**反应**与**回应**对立起来,就像他将自然和习俗对立起来:

> 我们将要说明语言符号的观念的不足,我们要用动物界的一个最明显地表明了这个不足的例子来说明。这个例子如果不是最近被发现出来,看来也必须为这个目的而创造出来。
>
> 人人知道,侦察食源后回来的蜜蜂以两种舞蹈来向它的同伴说明一个近或远的食源的存在。第二种舞蹈特别有意思,因为蜜蜂所作的称为摇摆舞的8字形圆弧的平面以及它在一定时间里所绕圈数的频率精准地表示了相对太阳角度的(依靠蜜蜂对偏振光的敏感性,它们在任何时候都可以判定这一角度)一定的方向以及可远达几公里的食源所在的距离。其他的蜜蜂以立即飞往指明的地点来回应这个信息。
>
> 卡尔·冯·弗里希通过十多年的耐心观察才破译了这种信息的模式,这里涉及的确实是一种编码或一种

> 信号体系。只是因其遗传的性质而不能被看成是约定的。
>
> 但它是不是一种语言？我们可以说，因为它的符号与其指向的现实之间的**固定**[我的强调]关联，它与语言是不同的。因为在语言中，符号的意义来自符号之间的关系，通过语义素的词汇分割，也通过词素在使用中的位置甚或变位。这与这儿的编码中的**固定性**[也是我的强调]是完全不同的。由此可以看出人类语言的多样性的全部价值。
>
> 另外，如果说上面描述的那种模式的信息决定了同伴的行动，后者从不再次发出这个信息，这意味这种信息始终**固定于**[还是我的强调]它传递动作的功能，没有任何主体将信息作为交际的象征而从动作中分解出来。①

即便我们暂时认同这一逻辑（我对此没有异议，虽然我会以非常不同的方式对此进行重述，超越人类/动物的单纯对立），也很难像拉康明确所做的这样，将符号的差异性仅仅保留给人类语言而不是动物编码。他为符号赋予的特征——符号"在语言中"（意思是人类秩序）的"意义来自符号之间的关系"等等，而不仅仅来自这些"符号与其指向的现实之间的固定关联"——能够而且应该被赋予任何编码，无论是动物的还是人类的。

---

① J. Lacan, « Fonction et champ de la parole… », dans *Écrits, op. cit.*, p. 297–298. [中译文根据拉康：《拉康选集》，褚孝泉译，上海：上海三联书店，2001，第 310 页，略有改动。——译注]

关于动物—机器缺乏回应的问题，关于**反应**和**回应**的顽固区分，绝非偶然的是，在这个关于蜜蜂、关于其信息系统（无法被引入"言语和语言领域"的信息系统）的论述之后，出现了最具笛卡尔色彩的段落。当他穿过信息的边界而来到言语这里时，重要的问题确乎是作为人类主体的主体建构：

> 因为在这儿语言的功用并非传以信息，而是唤起某物。
>
> 我在言语中寻找的是他者的回应。使我成为主体的，是我的问题。为了使我为他者所承认，我说出已经存在的，着眼于将要存在的。为了找到他者，我用一个名字来叫他，为了对我作出回应，他必须接受或拒绝这个名字。
>
> [……]如果现在我面对他人来询问他，你所能想象的最复杂的控制论装置也无法**将回应做成反应**。作为刺激—回应回路中的第二项，其定义不过是一个隐喻。这一隐喻依靠为动物赋予主体性而成立，但接着就通过将这一主体性还原为物理性的图式而予以略去。这就是我们所说的先将兔子放在帽子中，然后又从中让它出来。**但反应不是回应。**
>
> 如果我按一下电钮，于是灯亮了，在这里只是对**我的**欲望来说有一个回应。①

---

① *Ibid*., p. 299‑300. 拉康强调了"我的欲望"中的"我的"。[中译文根据拉康：《拉康选集》，褚孝泉译，第312‑313页，略有改动。——译注]

同样，这里的问题不是取消所谓**反应**和一般所谓**回应**之间的一切差异。重要的不是混淆我们按下电脑按键时发生的事情和我们向对话者提问时发生的事情，更不是为拉康笔下的"动物"赋予他所谓的"主体性"或"无意识"，使得人们能够（例如）将这个动物放在一个分析性情境中（虽然在**某些**动物的**某些**语境中，类似的场景并不一定不可能——如果我们有时间，我们可以设想一些假设来细化这个类比）。我的保留意见仅仅关乎这个将反应和回应区别开来（在"我们人类"之间已然如此）的边界的纯粹性、严格性和不可分割性；因此，我的保留意见仅仅关乎"责任/应答可能性"概念——因此还有以它为基础的主权概念——的纯粹性、严格性，尤其是不可分割性。所以，我所要表达的总的不安，以至少三种方式得到了加深：

第一，当我们必须考虑到无意识逻辑的时候——这一无意识逻辑会禁止我们对一切责任/应答可能性所预设的自由意识持有直接的确信；

第二，尤其是在拉康这里，特别是当这一无意识逻辑以一种重复逻辑为前提的时候——在我看来，这种重复逻辑总是将注定的可重复性（itérabilité）、也就是将某种反应式的自动性，刻写在所有回应之中，无论这一回应看起来多么具有原初性，多么自由，多么关键，多么不同于"反应"；

第三，尤其是在拉康这里，当言语的物质性和语言的身体得到正确认识的时候。拉康在后一页谈到这个问题："言语事实上是语言的赐予。语言不是非物质的。虽然它是一个微妙的身体，但仍然是个身体。"但与此同时，他将一切"责任/应答可能性"，首先是将精神分析的全部责任,因此就是精神分析的全部伦理,都奠基于**反应**和**回应**这组在我看来很成问题的区分。他甚至将**主体**概念建立在这一区分的基础上,这是我特别想说的一点:

> 此时就出现了我自己的回答的决定性功能。这个功能并不如人们所说的那样仅仅是让主体接受为对他的言谈的赞同或反驳,实际上是一个承认或取消他作为主体的地位的功能。这就是每当分析师通过言语介入时,他所负有的**责任**。①

为什么这里的问题显得如此尖锐?通过质疑反应和回应的边界的纯粹性和不可分割性,尤其是质疑在**一般意义上**的人类和**一般意义上**的动物之间划出这条边界的可能性,我们可能会——就像人们注意到并肯定会向我抱怨的那样——怀疑一切责任、一切伦理、一切决断,等等。对此,我从原则上作出三点简要回应,因为这的确是一个关乎回应的问题:

一、**一方面**,对责任、决断,对一个人自身的伦理性提出怀疑,这在我看来很可能,也许也应该始终都是伦理、决断和责任的不容取消的本质。关于这个主题,所有知识、所有确定性和所有牢固的理论性保证,都恰恰证明了人们试图否认的事情,即回应中

---

① J. Lacan, «Fonction et champ de la parole...», dans *Écrits*, *op. cit.*, p. 300. 拉康的强调。[中译文根据拉康:《拉康选集》,褚孝泉译,第313页,略有改动。——译注]

的"反应"性。没错,我说的就是"否认",而这也是为什么我始终将否认放在所有这些关于动物的论述的核心。

二、**另一方面**,重要的不是消除反应和回应的差异,而是将两者之间非对立性的、无限差异化的、性质上的、强度上的差异,放到整个差异化的经验领域和生活世界领域中进行考察。同时在这一过程中,也不要以整齐划一的方式把这个差异化的、多重的差异,一边分配给人类主体,另一边分配给作为非主体的、一般意义上的动物(在另一种意义上,后者成为臣服于人类主体的非主体)。

三、**最后**,重要的是描绘决断、回应和事件的另一种"逻辑"——我在别处也尝试运用这种逻辑,在我看来,这种逻辑与拉康本人在《主体的颠覆》中有关编码之为"他者的编码"的论述并非无法兼容。问题涉及那个他者:"主体甚至从他那里接受他自己发出的信息。"①这一定理及其全部后果,应该会使**责任/应答可能性**与**反应**之间的单纯区分变得复杂。因此,重要的是将反应和回应的这种延异,因而将伦理责任、法理责任或政治责任的这种历史性,重新刻写在关于生命、关于生物的另一种思考之中,重新刻写在生物与其同一性的关系之中,也就是重新刻写在生物与其假定的自主性(souveraineté)、与其自己(autos)、与其固有的自我运动(autokinèse)和反应性的自动性(automaticité réactionnelle)的关系之中,刻写在它们与死亡、技术或机械的关系之中。

在上述迂回之后,我们回到拉康后来这篇题为《弗洛伊德无

---

① Id., «Subversion du sujet...», dans ibid., p. 807.

意识中主体的颠覆和欲望的辩证法》的文章,确实可以从中发现相同的逻辑和相同的对立——特别是想象界和象征界的对立,动物能做到的镜像性捕获和动物无法达到的能指的象征秩序之间的对立。想象界和象征界的这一节点,呈现了一般意义上与自我之关系的整个问题,自己、自我的位置问题,恐怕也有自主的同一性问题,同时也有理论家和制度的位置问题;在这个制度的历史中,这位理论家表述并署名了他关于上述节点的论述,在此即拉康的论述和署名。(由于种种限制,本次研讨班无法处理这个问题,但我们应该将战后数年里带有意识形态含义的、根本而言具有人类学性质的目标,重新放在确切的视域内进行考察,哪怕当时这个目标宣称超越了所有**实证性**的人类学和所有形而上学——人性论的人类中心主义,并且在完全正当的意义上,宣称首先超越了生物学主义、行为学的物理主义、遗传主义,等等。对海德格尔和拉康等许多人而言,当时的关键问题是建立一种新的**根本人类学**,并在严格的意义上对"什么是人?"的问题给出**回应**、负起**责任**。这一时刻还完全没有过时,它甚至不断以同一些危险的新面貌呈现出来。)

在《主体的颠覆》中,拉康细致的分析也涉及其他概念区分。在我看来,这些区分和我们正在分析的区分同样成问题,也与之密不可分。

看起来,下面这段话不过是附带一提("附带说一下,我们观察到……"),但我认为这段附带的话至关重要。它涉及一般意义上的证言维度。谁为什么东西、为谁作证?谁证明、看到、观察到谁或什么?什么知识,什么确定性,什么真理?拉康说:

附带说一下,我们观察到:这一作为"言语"位置而区别开来的大他者,同样也是"真理"的证人。若没有它建立起来的维度,言语中的欺骗将无法区别于单纯的伪装,但在好斗的或性欲的夸示那里,两者截然不同。①

动物形象随着这一**伪装**和**欺骗**的差异而出现。你们记得,我们谈论了马基雅维利,谈论了君主和狐狸,谈论了狐狸假装自己不是狐狸,甚或假装自己不在模仿狐狸。根本而言,君主可以说,我不是狐狸。君主不是真正的狐狸,而是像狐狸一样行事,他知道如何假装是狐狸,同时假装自己没有在假装,因而假装自己不是他根本上在言论和行动上表现出来的狐狸。拉康会说,只有君主或人才能做到这一点,狐狸做不到。在拉康认为动物做得到的事情,即策略性的伪装(打斗或引诱过程中的追逐、追赶、迫害),和他认为动物做不到也无法证实的事情(即能指秩序和"真理"秩序那里的言辞花招)之间,有一个清楚的区分。我们会看到,言语的欺骗当然就是撒谎(根据常识,根据拉康和许多人的看法,动物无法真的撒谎,尽管我们知道动物懂得如何伪装);但更准确地说,欺骗在下述意义上是撒谎:它在承诺真理的同时,包含了一个增补的可能性,即通过言说真理而误导他者,让他者相信真理以外的事情(你们都知道弗洛伊德讲的那个犹太人笑话,拉康也经常引用这则笑话:"如果你要去 X 地,那为什么你告诉我你要去 X 地,导致我以为你要去 Y 地?")。在拉康看来,动物无法做到的正是这种谎言、这种欺骗、这种二级伪装,而人类秩序中的"能指的

---

① J. Lacan, «Subversion du sujet...», dans *Écrits*, *op. cit.*, p. 807.

主体"则被认为有能力做到,而且被认为**通过这一能力**而成为主体,将自己建构为自律性主体;这是一种自反性的二级能力,一种通过伪装自己在伪装而实现的**有意识**的欺骗能力。这一分析有意思的一个地方在于,拉康这一次在很大程度上——至少在哲学上超过任何人,也超过他以前的著作——把这一伪装的能力给予他所谓的"动物""一个动物",给予他在此所谓动物的"密度/舞蹈性"(dansité),带小写的"a"。① "密度/舞蹈性"指的是在舞蹈、引诱、夸示过程中,在捕猎或诱惑的舞蹈动作中,在交配前的夸示中,或在打斗中用于自我防御的夸示中,也就是在我们这里追踪的一切形式的"我追随"或"我被追随"(je suis suivi)的过程中进行伪装的能力。但无论拉康以此给予动物多少东西,他都把它限定在想象界或前象征界之中(我们在其《镜像阶段》时期、在鸽子和沙漠蝗虫的例子中指出过这一点)。他把"动物"囚禁在想象界的镜像性中;或毋宁说,他认为动物让自己待在这一捕获状态中,并用"想象性的捕获"形容动物。总之,他让动物留在伪装的第一阶段(伪装而不伪装自己在伪装);或同样可以说,他让动物留在踪迹的第一阶段:动物能够留下踪迹、追踪、跟踪,但无法让踪迹偏离轨迹(dépister le dé-pistage),也无法**抹去**它的踪迹。

事实上,一个"但是"将这个段落折叠成两份("但是动物无法伪装自己在伪装")。这是一张收支决算表,将给予动物的事项(伪装和踪迹,留下踪迹)和否认动物能做到的事项(欺骗、撒谎、

---

① 这是拉康的生造词,发音与法语"densité"(密度)相同,同时包含"danse"(舞蹈)一词。——译注

伪装自己的伪装、抹去踪迹）区分开来。但是——这个"但是"的表达也许令人难以察觉地隐去了上述清点的特征之一，即对生命、对"性命攸关"（vital）的指涉。在野兽和主权者之间，首先且根本上引起我们关注的问题，恰恰就是生命的问题。给予动物的一切，都以"性命攸关的情境"名义进行；另一方面，也许可以总结说，动物，无论是狩猎或被狩猎的场合，都被认为无法具有与死亡的本真性关系，无法见证占据真理或真理话语之核心位置的"必朽性"。动物作为生物只是活着，仿佛是一种"不朽"的生物。在海德格尔那里（我们会看到，在逻各斯与"欺骗"和"被欺骗/犯错"的联系问题上，拉康在这里尤其接近海德格尔），动物不会死亡。① 而且，出于同一原因，动物据说对哀悼、埋葬和尸体一无所知——对此，拉康说这是一个"能指"：

> 附带说一下，我们注意到：这一作为"言语"位置而区别开来的大他者，同样也是"真理"的证人。若没有它建立起来的维度，言语中的欺骗将无法区别于单纯的伪装，但在好斗的或性欲的夸示那里，两者截然不同。使用在想象界的捕获之中的伪装，属于构成用于接近和离开的原初舞蹈的一环。在这种嬉戏中，这两种**性命攸关**的情境找到了自己的韵律，以及跟随这种韵律的参与者。我们尝试将此称作它们的"密度/舞蹈性"。而且，动物在被追捕时，显示了这一能力；它可以伪装出一个出发点来

---

① 请允许我在此提到我的 *Apories*（Paris, Galilée, 1996），特别是第70页和第132页前后。

摆脱追踪(*dépister*)①。这一点甚至可以发展为向猎物**显示**自己的高贵品性,即尊敬捕猎行为中的夸示。

[当然,这仅仅是一个拟人或比喻性的显示,"帽子里的兔子",因为之后的"但是"立刻表明:与承诺相联系,也与象征界相联系的高贵和尊敬,恰恰是动物不能做到的;动物无法进行承诺,人们也不对动物进行承诺,除非通过投射或拟人化的移情。人们也不对动物撒谎,尤其不会通过假装将展示给动物的东西藏起来而撒谎。这不是明摆着的事情吗?甚至这一话语的整个组织方式,不也是明摆着的事情吗?无论如何,这是我们要在这里考察的问题。]

---

① 拉康在《失窃的信》(*Écrits, op. cit.*, p. 22)的一个重要注释里,解释了他这里"摆脱追踪"一词的独特用法:不是追捕、察觉、追踪,而是相反,通过消除自己的踪迹而让足迹变得混乱,也就是 *dé-pister*。在这个注释中,他同时提到了弗洛伊德著名的《原始语词的逆反意义》和本维尼斯特对它的"出色修正",还提到了布洛赫(Bloch)和瓦特伯格(Wartburg)的见解,后者将 dépister 一词的第二种用法追溯到 1875 年。拉康说,某些语词的逆反意义问题"全面呈现了严格意义上的能指机制"。事实上,我想把这里的问题再尖锐化一些,尤其是因为我们在此通过一种双重关系来考察能指逻辑的定理:一方面是能指逻辑与动物秩序(想象界的捕获)和人类秩序(抵达象征界和能指)之区别的关系,另一方面则是能指逻辑与对不可决定性所作的别样阐释之间的关系。在拉康看来,*pister*(追踪)和 *dé-pister*(追踪/摆脱追踪)的差异,或毋宁说 *dépister*(追踪或跟踪)和 *dé-pister*(抹去踪迹或主动误导追踪者)的差异,凝聚并确保了人和动物的全部区别。只须动摇这一区别,整个公理体系就会在原则上倒塌。这是我们要澄清的内容。

但是,动物不会伪装自己在伪装。 它不会留下具备下述欺骗性的踪迹:这些踪迹会被当成假的,实际上却是真的,也就是说,实际上是指示正确路径的踪迹。**动物也无法抹去自己的踪迹,因为抹去踪迹已经能让它成为能指的主体了。**①

动物在这里被认为无法成为能指的主体,这是什么意思?首先,我们要顺便提到,这一点确证了(亚当—普罗米修斯的)古老主题,即动物是完全无辜的。由于不具有"能指",由于无法撒谎和欺骗,无法犯罪和残忍,无法伪装自己的伪装,动物在这里以一种传统的方式与一种不带残忍的暴力联系起来:因此,这一无辜属于一种与恶无涉的生物,先于善恶区分。

但成为能指的主体,同时也意味着两个紧密交织在主体之主体性那里的事项。能指的主体臣服于能指。拉康始终强调"能指对主体的支配"②,强调"构成主体的符号秩序"。③ "主体"对它没有任何控制权,也没有主权。人类真正的主权者是能指。以这

---

① J. Lacan, «Subversion du sujet...», dans *Écrits*, *op. cit.*, p. 807. 当然,强调是我加的。我会在别处考察一个具有相同逻辑的文本("性本能……凝缩在一种……想象性关系中"),尤其是关于棘鱼和"与异性的交配舞蹈";这个文本处理了死亡的问题、"**已经死亡**"的问题,而不仅是个体作为物种的"类型"的必朽性:不是诸多的马(les chevaux),而是马本身(le cheval)。Cf. *Les Écrits techniques de Freud*, Paris, Le Seuil, 1975, p. 140−141.

② 例如,参见«Le séminaire sur "La Lettre volée"», dans *Écrits*, *op. cit.*, p. 61.

③ "构成主体的是符号秩序,它向你显示这一个故事,在其中,主体的主要规定来自能指的轨迹。"(*Ibid.*, p. 12)

种被动的有限性、弱点、缺陷为前提，主体进入法律的人类秩序，而动物则没有这一有限性、弱点和缺陷。动物不知道恶、谎言和欺骗。动物所缺乏的，正是人得以臣服于能指的这种缺失，[人作为]主体臣服于主权性的能指。但成为能指的主体，同时也是成为让人臣服的主体，一个**主人性**的主体，成为能指的能动性、决断性的主体，无论如何，可以说它的主宰性足以伪装自己在伪装，因此足以设立自己抹去踪迹的能力。这一主权是人对于野兽的优越性，即便它的基础是缺陷、缺失或过失的优越性，这一缺失指的是物种上的过早出生和阉割情结——在一个我接下来要引用的文本中，拉康将此称作原罪或亚当过错的科学版本（总之是非神话版本）、弗洛伊德版本。

正是在这里，从想象界向象征界的过渡被规定为从动物秩序向人类秩序的过渡。正是在这里，作为从大他者那里而来的能指秩序，这种主体性被认为在有关主体的传统哲学中缺失了，正如它在人和动物的种种关系里缺失了。至少这是拉康的说法，他悄悄地将人类中心主义逻辑重新引进来，并在一般意义上的动物—机器论题上，顽固地强化了笛卡尔式"我思"的固定论。

> 所有这些在哲学家那里的表述都混乱不堪，虽然他们都是专家。但很清楚的是，言语仅仅始于从伪装向能指秩序的过渡，而能指需要另一个位置——大他者的位置，大他者的见证，与所有参与者相异的他者的见证——这样它所支撑的言语才能撒谎，也就是说，才能将自己设立为真理。
>
> 因此，正是从有别于相关现实的某处，"真理"才得

到保障:也就是从言语那里得到保障。正如它从言语那里得到那个将它确立在虚构性结构中的标记。①

这里提到的"虚构性结构",会将我们带回关于《失窃的信》的争论。② 在这里,我们无须重新开启这场争论,只须指出"虚构"一词带有的敏锐自返性。它引出的概念不再仅仅是**形象**或单纯的**伪装**,而是一个自返而深刻的概念,即**伪装了的伪装**。正是通过伪装自己在伪装的能力,人们才抵达言语,抵达真理的秩序,抵达符号秩序,简言之,抵达人类秩序。因而也抵达一般意义上的主权,抵达政治秩序。

(在再一次阐述我采取的阅读原则之前,我想提到至少一个假设。虽然拉康经常重复说,不存在大他者的大他者③,虽然与之相反,列维纳斯从另一个角度认为,正义问题源于这一对第三方的诉求,源于对于他者的他者、对于并非"单纯是其同类"④的他

---

① J. Lacan, «Subversion du sujet...», dans *Écrits*, *op. cit.*, p. 807-808.

② *Cf.* J. Derrida, «Le facteur de la vérité», dans *La Carte postale*, *de Socrate à Freud et au-delà*, Paris, Aubier-Flammarion, 1980.

③ 例如,参见 J. Lacan, «Subversion du sujet...», dans *Écrits*, *op. cit.*, p. 818.

④ Emmanuel Lévinas, «Paix et proximité», dans *Cahiers de la nuit surveillée*, Emmanuel Lévinas», 1984, p. 345. 关于对这个文本的引用和评论,参见 *Adieu – à Emmanuel Lévinas*, Paris, Galilée, 1997. 在这个文本中,列维纳斯问了一个很困难的问题,但最终也没有给出解答:这样一个既"与邻人不同""但又是另一个邻人,作为他者的邻人而非单纯作为他者的同类"的第三方,究竟是什么? 正如列维纳斯本人在同一页上所说,这个问题很显然始终存在于"人与人之间"的层次上,甚至存在于公民的层次上。

者的诉求,我们想知道的是,这两种关于他者和第三方的话语,其遭到否认但却是两者共通的含义,是否同样位于动物、动物性**他者**、**动物作为他者**、**他异**的必朽生物那里,总之,是否同样位于"非同类"和非兄弟(神圣性或动物性的,这里两者密不可分)那里。简言之,是否同样位于"非人类"那里——在那里,根据所有明确构成神话、宗教、偶像崇拜甚至一神论献祭行为(它号称和偶像崇拜无关)的神—兽同形的可能性,上帝和动物形成了同盟。此外,拉康并不惧怕"非人类"一词,他在《主体的颠覆》一文的后记中提到,有一位与会者用"非人类"①来描述他的发言,对此他丝毫不感到苦恼。)

为什么拉康要主张"能指需要另一个位置——大他者的位置,大他者的见证,与所有参与者相异的他者的见证"?这种对于所有参与者的超越,也就是对于镜像性或想象性对峙的超越,假如它试图与意象和同类决裂,难道不应该说,它至少得处于一个极端他异的位置,即我之前所谓不可辨认的位置,以至于人们必须打破自我意象的所有认同,与所有同类生物决裂,因此与所有兄弟情②或人类的亲近性决裂,与所有人性决裂?难道不应该说,这个大他者的位置是非人类的?如果事情的确如此,那么非人

---

① J. Lacan, «Subversion du sujet…», dans *Écrits*, *op. cit.*, p. 827.

② 至于"兄弟情"的含义,我试图解构其传统和权威(参见《友爱的政治学》)。我们也需要研究它在拉康这里的影响,这一影响远远超出我们刚才读到的段落,也超出拉康对《图腾与禁忌》逻辑中的弑父兄弟持有的怀疑。事实上,拉康在很多地方设想有另一种兄弟情,例如在《精神分析的攻击性》的最后:"对于这种虚无的存在,我们的日常任务是通过一种谨慎的兄弟情而重新打开它的意义,对此我们做得还很不够。"(*Écrits*, *op. cit.*, p. 124.)

类,或至少是某种神性—动物性的形象,哪怕它通过人而被提前感知,它也是一种半超验性的指涉对象,是被它自己奠定的象征秩序,人类秩序,法律和正义所排除、排斥、否认、驯化、牺牲的根基。这一必然性在列维纳斯和拉康那里隐秘地发挥着作用——尽管两者有着巨大差异,但经常彼此相近。这就是为什么,要想在动物问题上提出一种统治性话语或超越性话语,同时宣称以上帝的名义、以父或法的名义提出这样一种话语,困难至极。父、法、动物等等,主权者和野兽:归根结底,我们在这里认出的难道不是同一个东西吗?或毋宁说是同一个东西的多个紧密相关的形象?我们也可以加上母亲,事情很可能不会改变。至少就我们要分析的传统而言,尼采和卡夫卡也许比哲学家和理论家对此更为了解。

当然,重复一遍,我的关切首先不是从正面反驳这一话语的逻辑以及拉康从《文集》(1966)时期开始由这一话语展开的论述。至于在其后的文本或研讨班(已出版或未出版的、我们读得到或读不到的)那里,这一逻辑的结构是否得到了明确的再考察,这一问题目前只能悬而不论。特别是考虑到,拉康越来越将想象界和象征界的对立性差异、将这个构成动物话语的公理体系的对立性差异放在一边,甚至加以拒绝。与往常一样,我试图考察这一话语最强的系统性组织方式,即考察它在其变化过程中达到的一个相对确定的时刻所具有的形式。《文集》收录的多样文本分布于三十多年里面,这一在构成上联系紧密的集子,在这方面给予我们一个可靠的支点和踪迹。在《文集》之后出版和可读到的诸多文本中,我们尤其要注意一条有趣而我相信也是持续不断的轨迹,它通往对于比如动物拟态的分析,而且总是从视觉的视角、从意象和"看到自己被看"的视角出发的分析,甚至是从一个无法看到我的沙丁鱼罐头出发。("首先,如果小约翰对我说的'罐头无法看到我'这句话有意义,这是因为在某种意义上,这个罐头毕竟是在注视我。它在光点的层次上注视着我,而所有注视着我的东西都可以在那里找到,这根本不是隐喻。")①

我不反对这一论辩,但想强调指出:这一论辩的某些表述在逻辑上的脆弱,也就是在合理性上的脆弱,应该使我们在一般意义上重新组织这一整个概念体系。

首先,似乎很难在伪装和伪装了的伪装之间认出或规定一条边界,也即一个不可分割的门槛。而且,即便假定这一边界在概念上成立(对此我是不相信的),我们仍然有待了解,在何种知识或何种证言的名义下(知识不是证言),我们能放心地说,**一般意义上的动物**无法伪装自己的伪装。在此,拉康没有提到动物行为学知识(这一知识的显著而加剧的细致化,与"动物词"的细致化成正比),也没有提到任何令人信服的个人经验、观察或确证。否认动物能够伪装自己在伪装,这种主张和纯粹的教条形式别无二致。但这一人性论或人类学的教条主义背后,恐怕有一种隐秘的动机,即一种恐怕非常含混却无可否认的感觉:在伪装和伪装的伪装之间,在伪装的能力和伪装自己的伪装的能力之间,很难作出区别,甚至不可能作出区别。例如,在最基本的性夸示上,我们如何区分伪装和伪装了的伪装? 如果在此无法提供基准,我们要么总结说,任何伪装了的伪装都仍然是单纯的伪装(拉康会说,这

---

① J. Lacan, *Le Séminaire. Livre XI. Les quatre concepts fondamentaux de la psychanalyse*, Paris, Le Seuil, 1973, p. 89. 尤其参见 p. 70 −71。

属于动物或想象界),要么与之相反,同样可以说:无论多么单纯,任何伪装都在其可能性中不可确定地自我重复和自我设置为"伪装了的伪装"(根据拉康,这属于人或象征界)。我接下去会阐明,症状学(当然还有精神分析)能够且必须始终认为,任何伪装都可能是一种伪装了的伪装,而任何伪装了的伪装都可能是一种单纯的伪装。因此,撒谎和伪装之间的区别变得模糊了,言语和真理(在拉康的意义上)的区别也变得模糊了,他声称要区别开来的一切都变得模糊了。因而人与野兽的区别也变得模糊了。伪装的前提是考虑到他者;因此,它同时以伪装了的伪装为前提——在嬉戏的策略中,单纯增补性地伪装他者的动作。这一增补性在最初的伪装那里就存在。并且,拉康不能否认的是,动物也将他者考虑在内。在《关于精神病的所有可能治疗的前提性问题》(1957—1958)一文中,有一论点就从这个方向上展开,我应该耐心将它跟我们的讨论关联起来。它既与拉康关于动物的想象性捕获(要言之,动物被剥夺了他者)的论述形成张力甚至矛盾,又与有关病态、恶、匮乏或缺失的论述(它标志着与人那里的他者本身的关系,但也已经在动物那里出现预兆)相一致:

> 用夏尔科的那句弗洛伊德非常喜欢的话来说,"这并不妨碍它存在"——在这里,是大他者在 A 位置上存在。
>
> 因为如果去掉了这一点,人甚至就无法留在自恋的位置上了。似乎是通过弹性的作用,气息回到精神,而精神回到动物上。在 S 和 a 之间,动物和它的外在世界之间保持了比起我们来显然要更紧密的"外在关系",但

是我们无法说它与大他者的关系是不是不存在，我们只能说这个关系只有在神经官能症的零星片断中才能被我们窥见。①

换言之，野兽仅仅因其疾病而与人相似，并进入与大他者的关系（以一种较弱的方式，凭借它们与环境之间"更紧密"的适应性），神经官能缺陷让野兽接近于人，接近于作为早产动物的缺陷的人、尚未充分规定的人。如果在动物秩序和人类秩序之间，就像在动物心理学和人类心理学之间有一种连续性，它便会遵循这一恶、过错、缺陷的线索。此外，拉康声称，他并不坚持主张两种心理学（动物心理学和人类心理学）之间存在非连续性，**至少就它们作为心理学而言**：

> 希望这句题外话能澄清我们似乎给某些人造成的误解：他们将动物心理学和人类心理学的非连续性学说归到我们身上，这与我们的想法相去甚远。②

这是什么意思？动物和人之间的根本非连续性，一种拉康承认并强化的、绝对而不可分割的非连续性，不再与心理学本身相

---

① J. Lacan, «D'une question préliminaire à tout traitement possible de la psychose», dans *Écrits*, *op. cit.*, p. 551.［中译文根据拉康：《拉康选集》，褚孝泉译，第484页，略有改动。——译注］

② *Id.*, «Situation de la psychanalyse et formation du psychanalyste en 1956», dans *ibid.*, p. 484.

关,不再与"气息"和"精神"相关,而恰恰与另一种秩序的显现(apparition)相关。

另一方面,一种类似的(我没有说相同的)概念上的不可决定性,动摇了拉康这里至关重要的对立,即**留下踪迹**和**抹去踪迹**之间的对立。动物可以留下踪迹、记下踪迹、遗留踪迹,但拉康补充道,它"无法抹去自己的踪迹,因为抹去踪迹已经让它足以成为能指的主体了"。在这里情况也是如此:即使假设我们相信这个区分,拉康也既没有通过证据也没有通过动物行为学知识来论证他的主张,即他所谓"动物"、一般意义上的动物不会抹去自己的踪迹。正如我在别处曾试图说明的那样(而这也是为什么,很久以前我就用"踪迹"概念替代了"能指"概念),踪迹结构的前提是:**留下踪迹**(tracer),相当于既刻下踪迹又**抹除踪迹**;所有类型的动物实践——有时是仪式性的实践,例如埋葬和哀悼——都将踪迹的经验和抹去踪迹的经验结合在一起。而且,伪装,甚至是单纯的伪装,便体现为让一个感觉性的踪迹变得无法辨认或无法感知。我们无法否认的是,单纯地以一个踪迹替代另一个踪迹,在最基本的刻写那里(拉康认为动物也做得到)标记出踪迹之间可辨别的差异,这既包括刻下踪迹,又包括抹去踪迹。正如难以在伪装和伪装了的伪装之间划出边界,难以在伪装了的伪装中间划出一条不可分割的线,也很难区分踪迹的刻写和踪迹的抹除。

但让我们更进一步,提出一个如果我有时间的话会很乐意将其一般化的问题。这个问题不涉及人们是否有权利否认动物拥有某种能力(言语、理性、死亡的经验、哀悼、文化、制度、政治、技术、服饰、撒谎、伪装了的伪装、抹去踪迹、赠予、笑、哭、尊重,等等——这一列表必定无休无止,而我们置身其中的最强有力的哲学传统则将**所有这些**都拒绝给予"动物"),而涉及人们所谓"人类"自身是否有权利在严格的意义上将拒绝给予动物的内容赋予自己,以及"人类"是否对此有过一个**纯粹**、**严格**、**不可分割**的概念**本身**。因此,即便承认"动物"无法抹去踪迹,人们凭什么就该把这个能力给予人类,给予"能指的主体"?尤其是从精神分析的视野看?在意见的现象性空间内,任何人当然都可能**有意识**地抹去踪迹。但谁能判断这一姿势的实效性?任何抹去的踪迹都可能在意识中留下一条抹去的踪迹,它的症状(无论是个体性的,还是社会性的、历史性的、政治性的,等等;甚至是技术性的症状——我们从来无法确定已经从电脑上抹去了某个东西,等等)始终可以确保它的回归,还需要提醒这一点吗?尤其是,还需要提醒一位精神分析师想起这一点吗?任何有关抹去踪迹的能力的提及,都仍然是在言说意识性自我甚至是想象性自我的语言,还需要提醒这一点吗?

所有这些不等于说,踪迹无法被抹去(我在别处已经对此进行过详细解释)。恰恰相反。踪迹的性质就是它始终在自我抹除,始终可以自我抹除。但是,从刻下的最初时刻开始,通过压抑的过程、超越于压抑的过程,踪迹就在**自我抹除**,总是可以**自我抹除**,这并不意味着任何东西——上帝、人或野兽——是它的主人或主权性主体,可以有权力随意抹除它。恰恰相反。在这一方面,人并不比所谓"动物"具有更多的主权性**权力**来抹除他的踪迹。无法**从根本上**抹去他的踪迹,正如无法**从根本上**破坏、否定、处死甚至将自己处死。

但首先,我们不应该由此下结论说,某个踪迹或其他踪迹无法被抹去——而死亡和毁灭也是不可能的。像所有事物一样,踪迹会(被)抹去,但根据踪迹的结构,任何人都没有**权力/能力**抹除它,尤其没有**权力/能力**"判断"它的抹除,更没有一种确认的、构成性的**权力/能力**,在述行的意义上抹除那个自我抹除之物。这个区分看起来微妙而脆弱,但这一脆弱性松动了我们正在追踪的一切牢固对立,首先就是象征界和想象界的对立,它从根本上支撑着这一整个人类中心主义设置,即重新让人类秩序优越于动物秩序,让法律优越于生物,等等。在这里,这一阳具中心主义的微妙形式在某种意义上证明了弗洛伊德谈到的恐慌:这种创伤反应,针对的不是人性的**第一次创伤**,即哥白尼式的创伤(地球围绕太阳转),不是针对**第三次创伤**,即弗洛伊德式的创伤(通过无意识而将意识去中心化),而是针对**第二次创伤**,即达尔文式的创伤。

在暂时离开拉康的文本之前,我想明确一个任务,并给你们提个醒。

基于我们这里包含在笛卡尔式"我思"符号下面的一切,这个任务要求我们仔细分析拉康对笛卡尔的指涉。正如对黑格尔的指涉那样(并且经常与之联系在一起),拉康对于笛卡尔,对于笛卡尔式"我思"的诉诸是不间断的、具有规定性的、复杂的、差异化的。凭借在大量参照中进行的大规模调查,我们的问题意识将勾勒出第一个标记。在谈论有关动物和人类的差异——动物的非伪装的伪装和能够抹除踪迹的人类的伪装了的伪装——的段落之后几页里,我们就可以发现这个标记。在这里,拉康同时给予了赞美和批评。

一方面,"笛卡尔式的'我思'没有看错"根本问题,即存在的意识("我在")并不内在于存在,而是超越于存在,也就是超越了镜像性或想象性的捕获。这相当于承认,动物性的"我思"仍然囿于自我同一性意象,我们可以将此定式化如下:动物所获得的自我(moi)必定缺少"我"(Je),这个"我"本身只能依靠一种缺失而抵达能指:(动物的)自我缺少这种"缺失"。例如,拉康写道:

> 自我就成了统治的机能、威仪的嬉戏、被构成的竞争关系[所有这些特征都没有拒绝给予动物]。在它因其想象性本质而经受的捕获中,它掩盖了它的双重性。这就是说,它的意识——它通过意识确证自己的无可争议的存在(这是一种在费奈隆的沉思中表现出来的幼稚想法)——对它来说绝不是内在的,而事实上是超越性的,因为这个意识是由自我理想的一元性支持着的(笛卡尔的"我思"没有看错这一点)。由此,超验的自我自身就相对化了;它被卷入到了一个产生自我认同的误认中去了。①

但是,**另一方面**,"我思"的自我又从它作为中心主体的位置那里被赶走。它失去了支配力和核心权力,变成一个臣服于能指的主体。

因此,想象性过程从镜像性意象转移到"通过能指进行的主体化道路上的自我构成"。这似乎确证了自我通过能指、言语、真理等而成为主体,也就是说,通过失去直接的透明性,失去作为自

---

① J. Lacan, «Subversion du sujet…», dans *Écrits*, *op. cit.*, p. 809. [中译文根据拉康:《拉康选集》,褚孝泉译,第619页,略有改动。——译注]

我同一性的自我意识的意识,而成为主体。这引向了一个明显的悖论:通过颠覆主体并将它带回自身的缺陷,主体的卓越能力得到了确证。也就是说,动物性位于意识性**自我**一边,而人类主体的人性则位于无意识一边,位于能指的法、言语、伪装了的伪装等等一边:

> 对我们而言,在笛卡尔式"我思"的历史后果中,将意识提高到为主体的本质,这是欺骗性地强调了现实态的"我"的透明性,而忽视了对"我"进行规定的能指的不透明性。意识(Bewusstsein)被用来掩盖自我(Selbst)的混乱的那个滑动,在《精神现象学》中恰恰以黑格尔的严谨显示出了他错误的原因。①

因此,对透明性的强调是"欺骗性的"(trompeuse)。这不仅意味着谬误的"错误"(se tromper),而且意味着通过诡计和谎言、通过作为信念的自我撒谎、通过"假装相信"自我透明性或自我对自我的透明性而进行"自我欺骗"(se tromper)。这是笛卡尔式"我思"的传统阐释的危险所在,也许也是笛卡尔的自我阐释的危险所在,是其思想自传的危险所在,谁知道呢。拉康对于"我思"的扩展,以及对于"我思"本身核心之处的谎言、轨迹、欺骗的透明性的诊断,也由此而来。

拉康提到"黑格尔的严谨"。那么,我们就应该考察一下拉康

---

① *Ibid.*, p. 809-810. [中译文根据拉康:《拉康选集》,褚孝泉译,第620页,略有改动。——译注]

对主奴斗争所作的阐释,这一斗争相当于"同类间平衡关系的瓦解"。"异化性的主奴辩证法"的相同母题出现在《论典型治疗的种种变体》(1955)中:动物的镜像性及其圈套和变型,"长期规定着人类主体的结构",因为人类出生过早。"我们通过这个事实领会了自然和谐的裂隙,黑格尔将此视作丰饶的弊病、愉快的生命过失:在这里,人通过将自己区别于自己的本质而揭示了自己的存在。"①在我们对于拉康针对黑格尔的重新阐释作出的再阐释中,可以将动物问题重新刻写在拉康重新引入想象界的地方,即"镜像性捕获"和"物种性的早产",这是"黑格尔所不知道的危险"。同样,这里的重要问题是生命。拉康说得很清楚,超越动物的想象界而向主体的人类秩序转移,这确乎是一个关乎生命和死亡的问题:

> 引发出奴役的斗争确乎是纯粹的威望的斗争[在拉康看来,这就不再是动物性的],斗争争夺的是生命,这也很好地对应于物种性过早出生的危险。黑格尔没有注意到这一点,而我们以此作为镜像性捕获的动力源。②

如何理解"物种性"一词? 它强有力地规定了"早产"这一持续性、规定性的概念,如果没有这个绝对的事件,整个话语——首先就是想象界和象征界的有效区分——都将失去"动力源"(如拉

---

① Id., «Variantes de la cure-type», dans *ibid.*, p. 345.

② Id., «Subversion du sujet...», dans *ibid.*, p. 810. [中译文根据拉康:《拉康选集》,褚孝泉译,第620页,略有改动。——译注]

康自己所说)。这一"物种性"指的是作为动物物种的"人类物种"所具有的特征,还是作为脱离于种属、总称、遗传的人所具有的特征?[因为]人正是通过某种退化(dé-génération)的缺陷而非变质(dé-générescence)的缺陷而实现这种脱离,这一退化的缺陷产生了象征界的"发生/世代"(génération),产生了世代间的关系,产生了"父之名"的法,产生了"言语""真理""欺骗""伪装了的伪装"、抹去踪迹的能力,等等。

我们将这个问题留在这里,作为一个任务。但从这个问题的传统逻辑这里,即从它谈论的原初性缺陷这里,我想回到最后一个提示,它在原初性缺陷的历史上、在原罪的历史上,对这一缺陷的通览全体进行了整合。原罪在俄狄浦斯的神话中得以继续,然后在弗洛伊德的"阉割情结"那里得到非神话性的延续。在下面这段引文中,我要强调的是缺失和缺陷;我们会再次看到我们旅程的所有阶段,包括《创世记》、蛇、有关"我"和"我是谁/我在追随什么?"(**存在**与**追随**[être et suivre])的问题、来自瓦莱里《蛇》的引用("在'非存在'的纯粹那里,宇宙是一个**缺陷**"①),等等:

这对于主体而言是一种缺失,结果是,主体无法认

---

① Paul Valéry, «Ébauche d'un serpent», *Charmes*, dans *Œuvres*, I, Jean Hytier (éd.), Paris, Gallimard, coll. «Bibliothèque de la Pléiade», 1957, p. 139. 强调为德里达所加。瓦莱里的诗句如下:"在我的陷阱中的最高点/你照看着意识的核心/宇宙不过是一个缺陷/在'非存在'的纯粹那里!"德里达对这个文本的讨论参见 *L'animal que donc je suis*, op. cit., p. 94–98。——原编者注

为自己被自己的"我思"所穷尽,也就是说,关于主体自身是无法思考的。但是,在专名的海洋里因某种**缺陷**而出现的这种存在,究竟来自哪里?

我们并不能向作为"我"的主体来问这个问题。他**缺乏**一切来知道答案,因为如果这个主体"我"已经死了,如我们所说,他是无法知道这一点的。因此,这个主体也不知道我还活着。"我"怎么向我自己证明这一点呢?

我在必要时可以向他者证明他是存在的。当然,我这样做并不是通过那些证明上帝存在的证明,在过去几个世纪里这种证明杀死了上帝。我是通过爱他,这是基督教福音的解决办法。

但是这个解决办法不太可靠,我们甚至不能在这上面建立我们的问题的道路,我们的问题是:我是什么?

我处于这样一个位置,在这个位置上可以听到:"在'非存在'的纯粹那里,宇宙是一个**缺陷**。"

这不是毫无道理的,因为这个位置为了维持自己而让存在本身萎靡下去。这个位置名叫"享乐",而正是这一位置的**缺失**让宇宙变得空洞。

我要为之负责吗?恐怕是的。这一享乐,这一让他者变得不连贯的**缺失**,它是我的吗?经验证明我一般是得不到这个享乐的。而这并不仅仅如那些傻瓜们所相信的那样,仅仅是由于社会的安排失当;这毋宁说是大他者的**过错**,假如它存在的话:但由于大他者并不存在,我所剩下的就只有让"我"自己承担这个**过错**,也就是相信经验引导以弗洛伊德为首的我们所有人所达到的东西:**原罪**。因为即使我们没有弗洛伊德的明白而又痛心的坦白,事实仍然是,那个我们得自于他的神话,一切历史中最新出现的神话,也跟那个关于受诅咒的苹果的神话一样没用。只是有如下细微差别:这个神话更简洁,因此很显然没有那么的使人发傻。但这并不是神话本身的功劳。

但是,尽管弗洛伊德像对待俄狄浦斯情结那样明确表述了阉割情结,后者却不是一个神话。①

---

① J. Lacan, « Subversion du sujet… », dans *Écrits*, *op. cit.*, p. 819 – 820. 强调为德里达所加。——原编者注

[中译文根据拉康:《拉康选集》,褚孝泉译,第 631 – 632 页,略有改动。——译注]

第五讲

Cinquième séance

2002 年 1 月 30 日

啊,和上周一样,我再次以一种无法重复的悲伤,缅怀一位同事和友人——布迪厄(Pierre Bourdieu)。对我来说,当这位相识50年之久的朋友离开自己——这位朋友也是一位你们熟知其著作的作者,为了纪念他,在这个时刻任何追悼演说或悼词都是不可能的,也是我所不愿意的,无论其中的悲痛多么真挚……

此时此刻,站在生者一边,或站在对生命再次肯定的一边,为了寻求恰当的语调和力量,同时也不隐藏我所采取的否认,我想提起一件事。那是在20世纪90年代,就在这间房间里,我和布迪厄还有几位朋友一起成立了CISIA,也就是"阿尔及利亚知识分子国际援助委员会";我们对于阿尔及利亚有着不同的记忆和感情,对于这个国家的可怕命运有着共同的关切。同样是站在生者一边,因为我们今天要讨论福楼拜,我们要带回福楼拜的亡灵,我会仿佛我们邀请到布迪厄参与我们今天的研讨班一般来展开今天的内容。我要从他的《艺术的法则》一书中引用一个段落,这本书相当程度上是一本关于福楼拜的著作,也是一本以福楼拜为前提的著作。我挑选下面这个段落,因为它处理的问题是文学、知识、野兽、怪物以及法律和它们的正当性。你们也会听到社会学之父(涂尔干)如法律般说出的那个口号:

但是这个时代同样属于若弗鲁瓦·圣-伊莱尔、拉马克、达尔文、居维叶,属于物种起源论和进化论。福楼拜同高蹈派诗人一样,试图超越艺术和科学之间的传统对立,不仅从自然和历史科学中汲取渊博的知识,还涉猎构成这些科学的思想方法及显示出来的哲学思想:决定论、相对主义、历史主义。他尤其从中找到了他厌恶社会艺术的说教和崇尚科学眼光的冷静中立的**正当性**:"自然科学的好处是:什么也不想证实。还有,现象是多么纷纭啊,思想是多么开阔啊!应该像对待乳齿象和鳄鱼一样对待人!"或还有:"对待人的灵魂要像对物理学一样不偏不倚。"福楼拜从生物学家,特别是若弗鲁瓦·圣-伊莱尔"这个说明了怪物存在的正当性的伟大人物"那里学到的东西,把他引向涂尔干的口号"应该把社会现象当作事物看待"的境地,他在《情感教育》中相当严格地执行了这个口号。①

所谓事物,是谁或者是什么?

在根本上,是什么?在根本上,是谁?根本上是什么、根本上是谁?

野兽和主权者,根本上是什么?是谁?这一问题的基底处有

---

① Pierre Bourdieu, *Les Règles de l'art*, Paris, Le Seuil, 1998, p. 169–170. 强调为德里达所加。手写的开头部分和《艺术的法则》相关段落的复印件夹在这一版本的讲稿里边。在手写页最后(背面)有这么一句话,表明德里达的论述安排:"事物——它是谁或什么?"复印件上写着稍有出入的同一句话:"联系。事物——它们是谁或什么?"——原编者注

[中译文根据布迪厄:《艺术的法则》,刘晖译,北京:中央编译出版社,2001,第116–117页。——译注]

什么？就野兽和主权者的主题而言，首先，位于"存在"问题基底处的"这是什么"或"这是谁"的问题，它的基底处有什么？

在这组对子的基底处，在这组奇怪的基底处（英语所谓"*odd couple*"）有什么？什么在基底处？谁在基底处？假如"**什么**"和"**谁**"的区分归根结底陷入无区分，沉入其中，事情会怎样呢？简言之，陷入死亡之中，正如作为生物的野兽和主权者的共同情形那样，生物是向死亡敞开的存在者，向一种总是可能从"**谁**"回归到"**什么**"的死亡敞开，死亡将"**谁**"还原为"**什么**"，它揭示"**谁**"之中的那个"**什么**"。难道死亡不是重新变成"什么"吗？所有人都总是会变成这个"什么"。

根本上是谁，或者说，**根本上**是什么？对于"野兽与主权者"的这一历史/故事，我们能否确定，自己是在用一个根本或深刻的研讨班来讨论？还是说，我们在这里应该比以往更加抱有怀疑，对基底、创立者、根本性、深远性的诱惑抱有怀疑？仿佛无论是**什么**、无论是**谁**，相信深度、相信深层的基础，便始终带有一点愚蠢。也许在野兽与主权者这里，我们要经受的考验是无底的眩晕、无底的基底。就像实际上的眩晕一样，这一无底的眩晕、深渊的眩晕、无底的基底（du fond sans fond）的眩晕会让你晕头转向（tourner la tête）。主权者是首脑、领袖、国王、首长、第一人、负责开端与命令的起源（l'*archê*）、君主，但也是那个头脑会晕转的人，会掉脑袋的人，无论是发疯或被砍头。并且，一旦失去脑袋，他也就失去感觉/意义（sens）。在脑袋的基底处有什么？当我们谈论野兽与主权者时，我们头脑的深不可测的基底处有什么？

也许我们今天要没有深度地谈论某种基底，谈论某种无底的基底，也就是野兽与主权者的某种无底的基底。

野兽与主权者,这曾是也仍然是我们的标题。

不是野兽的**兽性**——与主权者。

不是野兽的**愚蠢**——与主权者。

而是野兽**自身**与主权者。而当我们说野兽**自身**,我们想到的是野兽的固有性质。我们想到的是用于命名"野兽"这个名称的固有意义,想到的是野兽的固有性质。而没有一个抽象的名称可以恰切地指涉野兽的这一本质,即野兽之为野兽的存在。**一方面**,这是因为我们在法语里没有"bêteté"(野兽性)这个词,而对于动物我们则有"动物性"一词。**另一方面**,这是因为野兽之为野兽的存在——我不太谨慎地用这个词来思考对于野兽本质的恰切指涉——使得名词"野兽"派生出定语、修饰词、形容词"bête"(愚蠢),而这个形容词在法语里改变了一切,它完全不再指涉野兽的本质,甚至根本上与它异质,因为确切而言,或至少就其性质(propriété)的规定而言,这个词原则上作为定语,只有在人的范围内,才有意义且符合良识(bon sens)。

如果存在野兽的固有性质的话,那么它既不是**愚蠢**也不是**兽性**。既不是愚蠢也不是兽性,因为——如果我们相信良识和哲学家们的论述的话——愚蠢和兽性是人的固有性质,就像"良识"一样,属于世界上最平均地在人们之间分配的东西。① 因此,"愚蠢"是人所固有的,除非下面这种情况(这是我尚未阐述的立论假说):它是固有性本身的固有性,是固有性对自身的攫取/固有化

---

① 参见笛卡尔《谈谈方法》(王太庆译,北京:商务印书馆,2000,第3页):"良识,是人间分配得最均匀的东西。"——译注

(le propre s'appropriant lui-même），是固有性的**自我设立**，是自我攫取和**自我设立**（*autoposé*）的固有性，是对固有性的攫取或幻想——不管固有性出现在哪里；在固有性设立和自我设立的场合，人仅仅是众多见证者之一，即便人根据定义仿佛是一个雄辩且饶舌的见证人，即便在自我宣称和自我设立的愚蠢问题上，人根据定义是最为善辩的见证人。人恐怕是唯一一种这样的生物，它以武装了的方式，甚至以联合（syndiquée）的方式，索求"愚蠢"的权利，而这种联合正是哲学文化，甚至是文化本身。

因此，就"野兽"自身、位于一切"愚蠢"之前的"野兽"自身来说，我们想要避免这个圈套非常困难，因为在我们聚焦的狼系谱学中，我们看到在自己的足迹底下增加了许多狼的足迹和狼人的足迹。在这些轨迹上，我们往往遇到的是人自身、变成野兽的人、人—野兽，而不是野兽自身。

当我说"变成野兽的人"（l'homme fait bête）或带有连字符的"人—野兽"（l'homme-bête），你们无法在法语里——我们根据契约而使用的法语——区分名词"bête"和形容词"bête"。但在法语里，名词"bête"和形容词"bête"有着天壤之别，因为，我重复一遍，没有人会说一头野兽很愚蠢，这种说法不合常理、没有意义，也不会被人理解。目前我们说着法语，我们并没有在**使用**"bête"一词，而是在引用它。根据"使用"和"谈及"之间的著名区分，我们是在通过引号来**谈及**"bête"一词。当我们在引号内谈及或引用某个词，我们就悬置了它的使用。我们的指涉对象是语词本身，而不是这个词指涉的事物。当我们引用"bête"这个词，我们的目标是这个语词，而不一定知道这个词指涉什么或意思是什么，我们的想法在这一点上还不确定。而你们看到，在谈及"bête"一词的时候,即便是为了了解和准确无误地确定我们指的是名词"bête"还是形容词"bête"(这个人很"愚蠢"),仅仅引用这个词是不够的。我们已然需要一句话、一个语法、一个话语的开头,才能确定我谈及的是名词(野兽)还是形容词(这个男的或女的很愚蠢,某个人bête[愚蠢/粗心],某个话语或行动 bête[愚蠢/欠考虑],某个事件 bête[不幸/可惜];根据定语指涉的主语,这个形容词的意义也会发生偏转)。显然,形容词"bête"在"这个人 bête""这个话语 bête""这个行为、这种处理方式 bête"这几句话里的意思不一样,更不用说像"这件事 bête[不幸/可惜]"这样的句子了,这里的意思是"真是 bête[糟糕],会发生这种事"("正在下雨,或车子发生故障,真是 bête,没法出门了",这里"bête"的意思是"ennuyeux"[恼人]:在法语里,"ennuyeux"一词也提出了许多棘手的语义问题)——也就是说,"真是 bête"的意思是:这是一桩不理想的、很遗憾的偶然事件,本身没什么大不了的,但破坏了事情的后果,而这件事不能怪谁,不能怪谁的愚蠢。如果我因为电脑坏了而没能准备好我的讲义,那这事情的确很"bête",但没有任何"野兽"或任何人的"愚蠢"要为此负责。似乎只有人类个体可以被说成"bête",但在法语里,当一桩"bête"的事情发生时,没有人、没有某个"愚蠢"的人、没有任何人的愚蠢要为之负责或承担罪责,没有人是这件正在发生的"bête"之事的原因。定语"bête"似乎仅仅适用于人(而不适用于野兽,不适用于作为野兽的动物),但在很多场合,定语"bête"不适用于任何人,它匿名地指向某件正在发生的事情、某个事例或事件。这一定语,这一定语在一门语言中的用法,似乎已经非常诡异(*unheimlich/uncanny*),它既奇特又熟悉,奇特地熟悉或熟悉地奇特。

"bête"是什么意思？什么是"bête"？谁是"bête"？什么或谁？

因此，在我们热衷于考察人的固有性的过程中，我们差点忘了那个更棘手的问题，即如何规定野兽的固有性，以及另一个非常不同的问题："bête"一词的固有意义。

如果人的固有性是固有地属于人的东西，那么野兽的固有性肯定既不是兽性之中"固有地属于野兽的东西"，也不是愚蠢之中"固有地属于野兽的东西"。我们不能不考虑到，至少在法语里，兽性正是人所固有的性质。

事实上，在上一次课上，对也许尚未得到思考的问题进行思考的必要性，即思考人的固有性问题的必要性，通过拉康的典型轨迹，通过分析精神分析范式的前提——这个范式的许多特点都尤为引人注目，但其话语组织方式和概念性并不独特——[使得我们]提出了关于"兽性"的问题。兽性是人所固有的，即作为残忍的兽性，而不是作为恋兽癖的性倒错。这一兽性如何可能，它与法律之主权的关系是什么，基本上是上周研讨班的主要问题。在这一方面，我们确证了"法"(Loi)之主权的人类中心主义逻辑甚至人性论逻辑使我们必然遭遇的种种不自洽。这里所谓"法"之主权的逻辑，即自由、**责任/应答可能性**、决断、习俗、象征界的逻辑，也就是恰当地**回应**的逻辑，而与它相对的是(非常愚蠢地[bêtement])被认定为程式化的、想象性的、镜像性的、回路化的、编码了的反应那里的所谓动物的固定性。

我们也确证了主权性的**责任/应答可能性**的人性逻辑和"被假定为知道"的逻辑使我们必然遭遇的种种不自洽。这一主权性的责任/应答可能性具有真理、言语、撒谎、犯罪、残忍、兽性、伪装了的伪装、抹去自身踪迹的能力;人们也假定自己知道它的对立面,即动物性的**反应式**的不负责任/无法应答,不具有犯罪、残忍、兽性、撒谎、伪装了的伪装、抹去踪迹的能力,简言之,即无法成为能指的主体,"能指**的**主体"这一表述指的既是主人性的主体,也是臣服于能指的主体。而从根本上说,我们必须将能指,将成为主权者之主权者的能指,理解为语言性的能指,语言或言语,即使某些前语言或非语言的踪迹在表面上、在暂时的意义上,会宣称某种解放或宣称某种古老的特权。

今天,我们仍然试图思考也许尚未得到思考的问题,即人的固有性和野兽的固有性问题,也就是纯粹意义上的固有性、固有性本身,固有性的自我同一性等问题。以对称的方式,我们想要问的不是(像上周那样)"兽性如何可能"而是"愚蠢如何可能"。

这个问题想必已经以多种形式被很多人提起过。但是,在回到我准备引用的文本之前,在经过一次迂回后重新阅读它之前,而且,为了提醒你们这是刻写在法语中的文本,我想提到德勒兹在《差异与重复》中对于这个问题的表述。这一页、这本书比《千高原》早了大约 12 年,因此也早于我两次课以前谈到的那个丰富精彩的章节"1730 年:生成—强度,生成—动物,生成—难以感知",我仍然强烈建议你们全文阅读,这一章节里也出现了很多狼,上次课我从中引用了关于狼男的一段话以及其中对于精神分析的嘲讽。《千高原》详细分析了向动物的变化生成,而不再像 12 年前的《差异与重复》那样谈论"愚蠢",我们待会儿就会讨论这个关于"愚蠢"的段落。仅就我看到的来说,唯一一处提到愚蠢,唯一一处出现"bêtise"一词的地方,正是"被假定为知道"的精神分析**的**某种愚蠢。精神分析的愚蠢,精神分析在谈论受虐狂时透露出的愚蠢，以及更一般地说，精神分析在谈论动物时透露出的愚蠢。在《千高原》第317页（但请你们重读整个章节），德勒兹在一个段落开头写道："关于精神分析，我们想指出一个简单明白的事实：它经常遇到——从一开始就是如此——人之生成—动物的问题。[我们必须马上指出：对于精神分析来说，并且，对于在这个问题上与精神分析发生争议的德勒兹来说，问题始终仅仅关于人、关于人向动物的生成变化、关于人在向动物生成变化的过程中产生的历史和故事。换言之，问题始终是人以人的形式向动物生成变化，而不是动物和野兽本身（如果可以这么说的话）。]"

> 关于精神分析，我们想指出一个简单明白的事实：它经常遇到——从一开始就是如此——人之生成—动物的问题。在儿童身上：他们不断经历着此种生成。在恋物癖以及（尤其是）受虐狂之中：它们不断面临着这个问题。至少，我们可以说，精神分析学家（即便是荣格）并未理解，或不想去理解[这个"即便是荣格"强调并提醒我们，在法语世界里，德勒兹是少数几个经常宣称对荣格感到由衷兴趣的人之一]。

[德勒兹由此暗示，所有这些精神分析学家都否认理解，他们的行为就好像他们没有理解，他们不想理解自己其实完全理解的事情，他们认为更有利的做法是不去承担、承认、宣告自己理解的事情，他们理解自己理解了的事情，但仍然不想理解，他们想假装自己没有理解，这与其说是认知或知识的缺失，不如说是一个症状：一种基于无意识知识的症状性误认。而对于人和孩子向动物

的生成变化,这一能动的症状性误认构成了一种糟糕的应对方式,甚至是一种暴力而残忍的虐待,一种残忍的暴力。]

> 他们摧残了成人和儿童的生成—动物。他们什么也没看见。他们将动物视作驱力的样本或一种对于亲代的再现。他们没有看到一种生成—动物的现实性,没有看到驱力自身就是情动本身、驱力本身,它不再现任何东西。驱力不外乎就是"装配"本身。①

这个"情动"概念,就像"机械性装配"和"平面"的概念一样,是德勒兹的全部分析和战略的中心概念。在几行讨论弗洛伊德笔下小汉斯向马的生成变化和阿尔帕德笔下费伦奇向公鸡的生成变化的文字之后,德勒兹来到了对于受虐狂的阐释。正是在这里,他使用了"愚蠢"一词,用于描述某种精神分析话语。"精神分析不理解反自然的种种融合,不理解一个孩子为了解决问题——当问题的出口都被堵塞时——而建立的种种装配[因此是机器],无知无觉[因此,向动物的生成变化在此是一种为了逃避或为了瓦解陷阱而设的诡计、计谋、战争机器,一个为拆除另一个机器而建的机器]。"

> 精神分析不理解反自然的种种融合,不理解一个孩子为了解决问题——当问题的出口都被堵塞时——而

---

① G. Deleuze et F. Guattari, *Mille Plateaux*, *op. cit.*, p.317.[中译文根据德勒兹、加塔利:《千高原》,姜宇辉译,第365页,略有改动。——译注]

建立的种种装配：一个平面，不是一个幻想。[因此，德勒兹批判了下述观念，即认为幻想自然地再现了一种更深的、并且同样自然的驱力。德勒兹试图以更技术性、更机械性、不那么自然、更具水平性、更扁平的"平面"形象代替这一观念。德勒兹进而使用了"愚蠢"一词，愚蠢体现为相信幻想的深度，而事实上存在的只是平面。]同样，人们会对受虐狂之中的痛苦、受辱和焦虑少说一些愚蠢的话，如果他们能够看到：是生成—动物在引导着受虐狂，而非相反。始终需要动用器械、工具、设备，始终存在着种种人为手段和强制，它们被用来使自然达到极致。因此，有必要消除器官，以某种方式将它们封闭起来，以便它们的那种被释放的元素得以进入新的关系之中，而正是从这些关系之中产生出生成—动物，以及在机器的装配之中的情动的流通。①

换言之，既然不管怎么说，这些向动物生成变化的计谋"引导"着成人和儿童，那么这些强制性的人为手段就触发情动，而不是被有意地计算。如果精神分析学家将他们的知识好好承担下来，他们也不会在受虐狂的问题上表现得那么愚蠢，例如就不会大谈特谈痛苦、屈辱和焦虑。德勒兹没有说精神分析学家很愚蠢，而是说：机械性地，他们的表述都很愚蠢，他们在这个主题上

---

① G. Deleuze et F. Guattari, *Mille Plateaux*, op. cit., p. 317.［中译文根据德勒兹、加塔利：《千高原》，姜宇辉译，第 365－366 页，略有改动。——译注］

尽说蠢话。根据这种界定,愚蠢已经不仅是一种性质(我们之后还会再讨论)、一种状态或一个人的本质,而且是一个人的言行举止的效果:存在种种愚蠢的事件和活动,但不存在"愚蠢"这一根本的本质。正因为他们知道和理解自己"想要不去理解"的事情,精神分析学家在说蠢话的时候也不那么愚蠢。他们很清楚自己想要不去理解的是什么,虽然理由有待分析。

尽管"愚蠢"一词在《千高原》中只出现了一次,但这一举措和契机,这一对于愚蠢的批判在整本书中非常关键,而且在策略的意义上至关重要,以至于愚蠢不仅被刻写在《反俄狄浦斯》(1972)的欲望机器的逻辑中,而且《千高原》开头讨论"块茎"概念和"去地域化"概念的时候也宣告了"愚蠢"的必然性。通过黄蜂和兰花的例子("黄蜂和兰花凭借两者的异质性而形成一个块茎"①,黄蜂本身变成兰花的再生产机制的一部分)、狒狒和病毒的例子、狒狒和猫的 DNA 的例子、鳄鱼的例子等等,块茎和去地域化的概念得到了检验。在题为"1914 年:一匹还是许多匹狼?"的第二章,德勒兹在提到卡夫卡的小说《豺狼和阿拉伯人》之后,以反讽的话语嘲笑了弗洛伊德对狼男的处理。我只能读一下这一章的开头几句话和结尾,也就是对弗洛伊德的指控。我请你们自己阅读整个章节。根本而言,德勒兹批判弗洛伊德不相信自己说的话,弗洛伊德的话语也构成了一个机器,他伪善地假装相信它,但想尽一切办法(在此,这一批判是伦理性的,也是政治性的)让患者相信精神分析告诉他的事情,想要让患者服从。让患者用另一个名字署名,一个不同于他自己名字的名字,他的名字变成

---

① *Ibid.*, p. 17.

了另一个人的名字,变成了父亲的名字,变成姓氏/父系之名(patronyme),但他的名字并不是这个;这个新的名字,这个他为自己取的新名字,恰恰是从他那里偷走的名字,因此我们面对的是精神分析的偷窃,是精神分析对某人专名的替换(在德勒兹这里,这一名字的剥夺以狼男的名义提起了对精神分析的指控,这一指控和反起诉的风格和逻辑,非常类似阿尔托[Artaud]针对其固有性、专名、新的专名、固有的身体——假定是没有器官的身体——被盗取所提出的指控)。这表明,精神分析的这些"愚蠢",不仅仅是知识的匮乏、无知或不理解,而且是伦理性的暴力,是机器,是战争机器、奴役机器、让人变得愚钝的机器,是让患者变得比他们的真实情况更为愚蠢、更粗野、更愚钝的手段。"1914年:一匹还是许多匹狼?"那一章开头的嘲讽语调,便由此而来。如那里标注的日期所示,这个开头是一个叙事的开始,是许多事件的编年史的开始,即弗洛伊德当时对狼男的分析:

> 那天,狼男从治疗椅上下来,倍感疲倦。他知道弗洛伊德赋有这样一种才能,能够轻轻触及真相但又将其弃置于一旁,随后再用联想来填补空隙。他明白,弗洛伊德根本不了解狼,而且也不了解肛门。弗洛伊德只知道那是一只狗,是一条狗的尾巴[恐怕这里暗示的是精神分析学家弗洛伊德和拉康那里著名的狗,其名字很快会忝列进我们的系谱序列]。这不够,这不够。狼男明白,弗洛伊德不久就将声称他已被治愈,但这绝不是真的,而且他还将持久地、不断地接受露丝、拉康、勒克莱尔的治疗。他最终明白了,他处于一个为自己争取真正

的名字的过程之中——狼男,这个名字比他现有的名字更为恰当,因为它在对于一个类属的多元体("群狼")的瞬间把握之中达到了最高程度的特异性;然而,他的这个新的专名将会被扭曲,被误拼,被重写成一个姓氏/父系之名。①

(关于这一搞乱拼写的暴力,在这里顺带提一件具有法国或巴黎逸闻性质的事情,这也是在追随拉康——德勒兹刚才提到,拉康继承并加剧了弗洛伊德的愚蠢资本,也就是将精神分析的驯化过程和父系化过程暴力施加在狼男和与之相关的事情上面。在《千高原》出版几年前(如果我记得没错的话是在1975年),我当时刚为亚伯拉罕和托罗克关于狼男的著作写了一个很长的序言②,而拉康竟然在一次攻击性的研讨班上——这次研讨班从未出版,恐怕也不会出版——宣称,他认为我正在接受《狼男的语汇标本》的作者的精神分析,并且说在分析过程中,拉康这位"假定自己知道"的人,这位认为自己知道得比自己"假定知道"的还要多的人,他说我和这两位分析师朋友是"一对"。关于我们时代和我们城市的精神分析的幻想、投射、挖苦的这段插话到此为止。)下面是"一匹还是许多匹狼?"一章的结尾,这一章的开头我已经念过了:(朗读并评论)

---

① *Ibid.*, p. 38–39.[中译文根据德勒兹、加塔利:《千高原》,姜宇辉译,第35页,略有改动。——译注]

② J. Derrida, «Fors», préface à N. Abraham et M. Torok, *Cryptonymie. Le verbier de l'Homme aux loups*, op. cit.

狼男，一个真正的专名，一个私密的名字，它与生成、不定式、一个去人格化的和多重化的个体所具有的强度相关。然而，精神分析对多样性又理解多少呢？沙漠的时辰，当单峰驼生成为在天空中冷笑的上千只单峰驼。夜晚的时辰，当上千个孔洞在大地的表面形成。阉割，阉割，精神分析的稻草人叫喊着，但它在群狼存在的地方所见到的只是一个孔、一位父亲、一条狗，在未驯化的多元体存在的地方却只见到一个驯顺的个体。我们并非仅仅指责精神分析只选择了那些俄狄浦斯的陈述。因为，这些陈述在某种意义上也构成了一个机器性配置的一部分，对于此种配置来说，它可以充当校正指数——正如在某种对误差的估算之中那样。我们批评精神分析利用俄狄浦斯的陈述来让患者相信：他将拥有那些私人的、个体的陈述，他最终将以其自己的名义来进行言说。然而，所有的一切从一开始就已经被设下陷阱：狼男绝不会进行言说。他将徒劳地谈到群狼，像狼一般喊叫，但弗洛伊德甚至连听也不听，只是注视着他的狗，说"这是爸爸"。当病征持续之时，弗洛伊德称之为神经官能症；当病征爆发之时，他称之为精神病。狼男将领受精神分析的纪念奖章，为了他为此项事业做出的贡献，他甚至还将领取伤残老兵的抚恤金。他本来能够以自己的名义进行言说，但前提是人们将（在其身上产生出具体的陈述的）机器性配置揭示出来。然而，在精神分析之中，这并不是问题：当人们让主体相信他将说出最为个体性的陈述之时,他同时也就被剥夺了所有表述的基础。让人们保持沉默,禁止他们言说,尤其是,当他们言说之时,要当他们什么也没说:闻名的精神分析的中立性。狼男不断喊叫:六或七匹狼! 弗洛伊德回答道:什么? 小羊羔? 这真有趣,除去那些小羊羔,还剩下一匹狼,因而它就是你的爸爸……这就是为何狼男会倍感疲倦:他仍然躺在那里,带有着咽喉之中的所有的狼、鼻子上的所有小孔、无器官身体上的所有力比多的值。战争会到来,狼群生成为布尔什维克,而狼男将仍然被所有那些他不得不说的东西所窒息。人们将只会向我们宣称:他将重新变得行为检点、彬彬有礼、温和顺从,"老实和谨慎",总之,他痊愈了。但他却反唇相讥说,精神分析缺乏一种真正的动物学的眼光:"对于一个年轻人来说,没有什么会比对自然的爱和对自然科学(尤其是对动物学)的理解更有价值的了。"①

以上就是《千高原》中出现"愚蠢"一词(复数形式)的唯一场合。大约 12 年前,在 1968 年的《差异与重复》中,德勒兹以下述命题开始了一段长度超过一页的文字:"愚蠢不是动物性。种种

---

① G. Deleuze et F. Guattari, *Mille Plateaux*, op. cit., p. 51 −52. 两位作者在注释中指出,最后一句话出自 Roland Jaccard 在 *L'Homme aux loups*（Paris, Éd. Universitaires, 1973, p. 113）中引用的一封信。——原编者注

[中译文根据德勒兹、加塔利:《千高原》,姜宇辉译,第 51 −52 页。——译注]

特有的形式保障了动物不会变得'愚蠢'。"①(放在引号中的"愚蠢"再次清楚表明,关键是某种语言[即法语]中的某个非常特殊的用法:动物不**被称为**"**愚蠢**",动物无法被称为**愚蠢**,没有资格或不会被描述为**人们所谓的**"**愚蠢**"。)同样是这个篇幅超过一页的段落,它以一个问题结尾。这个问题是"愚蠢何以可能";或更准确地说——我们最好读一下这个结尾部分,虽然之后我们还会回到这里:

> 哲学应当以自身特有的方法,并带着必要的谦逊重拾这个[关于"愚蠢"的]问题,它要认识到愚蠢从来不是他人的愚蠢,它是一个真确的先验问题的对象:愚蠢(而非错误)是如何可能的?②

关于德勒兹的问题的形式本身及其第一层含义,提**两个要点**。

第一个要点。德勒兹的问题的巨大兴趣,以及首先是其反讽、其大笑或微笑(你们记得,我们数周前读过关于动物的精神分析,德勒兹认为这些会让动物本身迸发出笑声,而通常人们认为——我会说"愚蠢地"认为——动物不会笑),这一反讽而严肃的问题的巨大兴趣("愚蠢(而非谬误)何以可能?"),首先取决于

---

① G. Deleuze, *Différence et répétition*, op. cit., p. 196.
② 中译文根据德勒兹:《**差异与重复**》,安靖、张子岳译,上海:华东师范大学出版社,2019,第 262 页。——译注

括号"(而非谬误)"所标示的裂隙。对于"可能性的先验性问题"的伟大传统而言,对于批判哲学中的重大问题而言——尤其是康德式的问题形式,德勒兹将"愚蠢"问题重新纳入其中——这都是一个裂隙。这个问题是:"这何以可能?在什么条件下是可能的?作为事实已然可能的事情,它的可能性条件是什么?科学在什么条件下是可能的?先验综合判断在什么条件下是可能的?"等等。不过,[德勒兹所做的]令人惊讶的、或许从未有人做过的事情是,追随这一康德式的批判先验问题传统,并将它整个颠倒以使之符合"愚蠢"。德勒兹颇为正当地将这一问题传统从其认识论配置那里移开,从其通常的轸域那里移开,也就是从知识的轸域,从对错判断的轸域,我甚至要说从客观性的轸域那里移开(因为不仅在康德那里,甚至在胡塞尔那里,可能性条件的先验问题得以规定的基础,始终是将存在规定为一个对象;问题总是:"一般意义上的对象何以可能?"对象的客观性何以可能?)。当德勒兹在括号里写道"愚蠢(而非谬误)",当他将谬误从关于愚蠢的问题中排除出去,他就通过这个括号将先验问题从这一认识论机制那里、从这一知识论那里移开了。愚蠢不是与存在者的一种判断关系,也不是一种认知模式,不是一个谬误,也不是一个错觉或幻觉,不是一般意义上的认知错误。一个人可以身处真理之中并无所不知,同时却在"愚蠢"问题上非常愚蠢。在极限处,在绝对知识那里也可能存在愚蠢,尤其是(所有谈论"愚蠢"的人都会想到并给出这个例子)如[福楼拜笔下的]布瓦尔与佩库歇那样,想象"绝对知"的那种愚蠢形式,即关于所有存在者总体的百科全书式知识。因此,无论"愚蠢"的意思是什么——我们还未结束对这一不确定性的考察——它都与知识无关,与规定性判断的符应性或不符应性无关,与真理或谬误无关。然而,我们会看到(德勒兹没有这么说,但如果他将愚蠢区别于谬误,进而区别于判断,这是因为它们之间非常接近,令人困惑,虽然并非完全等同),我们在法语里使用"bêtise"一词,表明的并不是谬误或糟糕的判断,而是一种判断错误或判断力不足的倾向(aptitude),一种判断的无能。不是与判断没有关系(我们会说一块石头不会判断),而是一种钝化的、麻木了的(hébétée)机能("麻木"也就是"钝化"——我们会回到关于"麻木"的问题上来),一种因过错或秘密的倒错而失去方向或方向错误的机能,一种遭到抑制、同时偏离正轨的判断力。据说愚蠢的人缺乏判断,根据判断力批判(对于愚蠢的指控始终是判断力批判),愚蠢之人那里的判断力被削弱了,但这是在特定意义上的削弱(对于"法"[jus]的参照,对于法律和司法的参照,对于正当和正义意义上的"正确"的参照,暗含在所有针对愚蠢的指控中),即"愚蠢"作为一种被认为是永久存在的性格特征,作为一种特质(区别于我们也会讨论的"白痴"),影响了判断的某种性质。(在这里,如笛卡尔所说,判断包含观察和理解,包含理智和意志的介入、意志性决断的介入,因此根据笛卡尔式的术语,愚蠢位于理解的有限性和意志的无限性的交叉口:急于下判断、意志超过了理解,这是人所固有的性质,也导致愚蠢。匆忙的意志与理解不相称,导致人们说蠢话。因此,愚蠢带有一种深刻的、确乎令人晕眩的含义,晕眩般地令人不安;在这个空间内,愚蠢总是触及笛卡尔意义上的某种无限自由,总是受到后者的影响和推动。)德勒兹没有这么说,但我们之后会看到,他所说的愚蠢的"基底",以及将愚蠢与某种无底深渊般的"基底"关联起来的东西,也许和我上面所说的内容并非没有关系。总之,正是在错误判断的这一含义那里，判断不仅是通向真伪的规定性判断，而且是法官的判断，是人们从中期待正确和正义的判断。① 似乎我们无法思考愚蠢。无论如何，这个词的使用，这个词的语用（而我们目前关心的只是这个问题），"愚蠢"意思的实际使用，无不模模糊糊地指涉"法"（jus），深广的语义深渊穿透了这个词，穿透了这一词汇和语义族群（法、正义、正确、法官，等等）。

"愚蠢"范畴的另一个用法——也就是另一个意义和另一个含义——这次不仅触及事件，而且触及行动，触及行事的方式，触及缺陷（malfaçon），触及某种不当的行事方式，即人们犯下的蠢事。愚蠢在此不是一种特质、一种倾向、一种存在方式或亚里士多德所谓的"习性"（hexis）、"习惯"（habitus）、钝化了的习惯，而是人们偶然犯下的事情。我干了件蠢事，不意味着我很愚蠢，恰恰相反：当我一般并不愚蠢的时候，我在不经意间犯下蠢事，自己都没想到。愚蠢不单是一个错误，虽然它始终从侧面、从边缘、同时以无法抹去的方式，执拗地指涉着对于意义的理解，甚至指涉着对于对象的知识，也就是顽固地指涉着某种对意义的开放，指涉着一种知性，不仅是知识或科学的知性；正因如此，混淆"愚蠢"与它所不是的"谬误"或"错觉"的可能性才始终存在且令人担忧；正因如此，德勒兹才用括号标明"愚蠢（而非谬误）何以可能"。

在法语用法中（这一点怎么强调也不过分——我过会儿会回到这个问题上——法语习语的语用往往抵抗翻译，我们会看到这种对于翻译的抵抗开启也关闭了一个深渊、一个深不见底的基底），形容词"bête"和名词"bêtise"恐怕仍然指向一种意义的真理，

---

① 这句话在打印稿中不完整。——原编者注

并以它为依据,虽然这一意义的真理、这一显现或显露、意义的显在化,从来无法被化约为关于对象的客观知识。愚蠢始终是一种不去理解的方式——不是不去解释或不作自我解释,而是不去理解;就算不属于意义的解释学理解的层次,愚蠢也至少属于类似"comprenure"(拎得清)的层次,愚蠢是"拎不清",这个近乎隐语的俗语或许更接近法语中的"愚蠢"观念,更接近形容词"愚蠢"。我一会儿还会就此进行详细讨论。

第二个准备性的要点(我说"准备性"是因为之后我们还会回到这些问题上来):当德勒兹说"愚蠢从来不是他人的愚蠢",并要求哲学谨慎(我重读一遍:"哲学应当以自身特有的方法,并带着必要的谦逊重拾这个[关于'愚蠢'的]问题,它要认识到愚蠢从来不是他人的愚蠢,它是一个真确的先验问题的对象:愚蠢(而非错误)是如何可能的?"),当他说哲学从来不是他人的愚蠢,德勒兹表明,愚蠢位于哲学的核心,它请求哲学谨慎;尤其是,愚蠢、愚蠢的可能性,从来不是他人的愚蠢,因为它始终是我的、我们的愚蠢,因此始终在"我这一边",始终邻近于我、为我所固有,或是我的同类。

(顺便一说,一般而言"愚蠢"一词属于指责性语言,它是指责的范畴,将他者进行归类的一种方式(在希腊语里 katêgoria 一词本身的意思就是指责或责备),而我要在德勒兹之外加上一点(德勒兹的文本在此没有提到范畴):愚蠢,愚蠢之为愚蠢,是一个很有趣的范畴,因为,通常作为指责、贬低、责备、归咎、责难,它针对的不仅是知性或知识上的错误,而且是伦理性的或几乎是法律上的错误;事实上,我们会不断看到,这个范畴的意义从来都不明确;

这是一个没有范畴的范畴。我顺便提的这一点，与德勒兹的文本或他的意图没有直接联系，即他所谓"'愚蠢'这个真正的先验问题"。如果有"愚蠢"这个范畴，那么这个范畴的意义无法被确定，我一会儿会回到这个问题上来并尝试加以澄清。总之不是意义"本身"，也就是说，[这个范畴不是这样一种东西：]其概念的理念性能够被翻译为——也就是被区别于（不管区别多么细微）每次对它的实际使用和习语性使用。根据每次包含其中的，或对该词产生约束的语用的独特性（无论有意还是无意），"愚蠢"这个词的意义都会发生变化，有甚于其他任何一个词。因此，愚蠢不是一个普通的范畴，或者说，它是一个超范畴的范畴。归根结底，我之后会解释为什么在我看来，因其与法语的不可化约的联系，我们永远无法为"愚蠢"概念确立一种单独的意义。如果"愚蠢"的确是一个范畴，它同时也是一种指责、一个属性、一个定语、一个谓述、一个谓述规定，而如果这个范畴不属于普通的范畴序列或体制，如果它确乎是一个例外性的、超范畴的范畴，那么它就对应于中世纪对"先验"的第一个严格定义，早在康德之前：也就是"超越一切类别的东西"（*qui transcendit omne genus*），超越一切范畴的范畴，因而不属于范畴序列或列表。"愚蠢"在这里占据着超范畴的范畴的位置，它是先验性的，或者说是准先验性的。我们需要从这里引出所有后果。

既然用到了"范畴性"一词，而海德格尔在《存在与时间》里也用这个词来指称那些与"此在"之外的存在者的本体论结构有关的概念，也就是"现成存在"（*Vorhandensein*）和"上手存在"（*Zuhandensein*）（海德格尔将<有关>"此在"的分析和概念称作"生存上的"而非"范畴性的"），那么我们不必费太大工夫就可以追问：

对于"愚蠢"的分析——"愚蠢"作为人或"此在"的一个谓述,指向的却是某种非人的东西(野兽),至少在法语里是如此——对于这一不稳定而模糊的意指的分析,对于这一既是人性的又是非人性的结构的分析,究竟属于"范畴性的"还是"生存上的"? 显然,海德格尔从没想过对"愚蠢"进行本体论分析,这一点也没什么奇怪,但我们很快就会发现,海德格尔所用的一个词([关于它]定言的,即指责性的用法,实际上是自我指责性的用法),经常被正确或错误地译为"愚蠢",这个词即"*Dummheit*"。这段很长的补充暂时到此为止。)

回到 *katêgoreuô*:这个词在希腊语中的意思当然是诋毁、指责、责备、法律程序中的指控、驳斥,但它也有逻辑学或认识论的意思,即"告知、揭示、通过变得可接近、可见、可知而加以规定",也就是赋予性质,谈论某人或某物,"S 是 P"就是一种归类;*katêgoria* 既是被赋予的性质、属性、谓述,也是指责(指责与申辩相对,后者反过来指的是赞美或辩护、证成)。在赋予性质与指责之间,在"S 是 P"这种中立的一般性与指责、诽谤、贬低(S 是 P,**这很不好**)之间,如何实现过渡和亲缘关系,这个深刻而重要的难题我先留在这里,但我们至少能够由此设想:所有定义、所有规定都包含着提起的诉讼,它们已然属于预审法官的语言,甚至是检察官的语言、审查的语言或公诉的语言("存在的问题"不仅是"存在是什么(*ti esti*)",而且是"存在者的存在是什么情形""存在者的存在是什么"以及"本体论差异"。问题性本身、问题的提出本身,开始了这场诉讼)。

因此,当德勒兹说"愚蠢"从来不是他人的愚蠢,他表明"愚蠢"位于哲学的中心,要求哲学变得审慎;他尤其认为,"愚蠢"或

"愚蠢"的可能性从来不是他人的事情,因为它总是我的或我们的,因此总是处于"我这一边",与我邻近,为我所固有,或与我类似。它与我相似,我能将这个处于"我这一边"的东西进行同化,它与我的类似和相似至少意味着两件事:

甲、一方面,认为愚蠢像兽性那样,始终是属人的,始终是我的同类才有的,这种看法非常古典。认为愚蠢是人类的事情,而不是野兽的事情。而且必须要补充一点:通过这个"同类"的母题,通过始终为我所固有或为人类所固有的"愚蠢"的母题,我们遇到的问题与上周讨论过的、在拉康那里出现的问题类似(我没有说相同)。不过,德勒兹的举措仍然非常特殊,而为了考察他为何认为人类所固有的"愚蠢"从来不是他人的愚蠢,我们可以仔细看一下他如何将"愚蠢"与三个在此特别引起我们注意的母题联系在一起:

1. 被称为"僭主制"的**主权**形象(回想一下我们最初提到的、《王制》中关于僭主和狼的论述);

2. **残忍**(残忍的兽性,我们上周谈过这个话题,而我多年前就开始在研讨班上讨论这个话题);

3. 对于将"愚蠢"赋予人类、对于理解"愚蠢"与哲学的关联来说不可或缺的一点:"愚蠢"作为**思考**的问题,作为与人类这种思考性的存在者有关的问题(一般认为,动物或野兽并不是这样一种思考性的存在者)。愚蠢是一种思考,愚蠢是思想性的,是一种被思考的自由、思想性的自由。正是通过这一思考与个体化的关联,德勒兹揭示了愚蠢的原动力,它的前提始终是德勒兹根据谢林的传统（他在注释里引用了谢林①，即《对人类自由的本质的哲学研究》的作者）而称之为"**基底**"(fond)的东西。我认为，如果不对谢林关于人类自由与恶的全部论述进行重构，尤其是关于谢林所谓"基底""原初的基底"(Urgrund)——它同时也是"无底"(Ungrund)——我们就无法理解德勒兹有关"愚蠢"的论述，[因为]它的前提是：思考是处在与"个体化"相关联之中的人的自由，思考是从某个基底那里浮现出来并得到规定的个体化(Vereinzelung)现象。这就是为什么我今天一上来问你们：

在根本上，是什么？在根本上，是谁？根本上是什么、根本上是谁？野兽和主权者，根本上是什么？是谁？这一问题的基底处有什么？就野兽和主权者的主题而言，首先，位于"存在"问题基底处的"这是什么"或"这是谁"的问题，它的基底处有什么？

接下来，我要很快地从谢林那里引用几句话，德勒兹没有引用它们，但他的论述明显来自这几句话。例如，德勒兹说愚蠢"因思考与个体化的关联而变得可能"，并且写道：

个体化本身[……]离不开某种基底，它让这一基底出现并始终带着这一基底。很难对这一基底进行描述，也很难描述它同时引起的恐惧和诱惑。对于一个迟钝的意志的昏迷期而言，动摇基底是最危险的事情，但也

---

① G. Deleuze, *Différence et répétition*, op. cit., p. 198, n. 1.

是最具吸引力的事情。①

留意这几个词:"昏迷",我们之后会把它跟"愚蠢"联系起来;"迟钝的意志",我们之后会把它跟"麻木"联系起来,但无论如何,"迟钝的"意志还意味着自由:只有自由的存在者(这一点很有谢林色彩),因此只有作为自由意志的人、作为自由的人,才能与无底的基底发生关联;所以——用法语的译法来说(同时,有关翻译的关键问题还等着我们)——只有人才能在愚蠢(bêtise)的意义上愚蠢(bête)。德勒兹继续写道:

> 因为这一基底和个体一同浮出地表,却没有形式或形象。[……]基底是未规定的东西,正如地面对于鞋子一般,基底的未规定性表现为它不断支撑着规定性。②

正是在这一点上,德勒兹区分出人所固有的性质、人所固有的愚蠢。动物不可能是愚蠢的。德勒兹之前写道:"愚蠢不是动物性。种种具体形式保障了动物不会变得'愚蠢'。"③换句话说,动物不可能是愚蠢的,是因为动物不是自由的,动物没有意志。为动物赋予形式的个体化过程,并不来自与基底(Grund)的关系,也就是自由本身。在这里,在下一页,就在我刚才提到的那句话之后("基底是未规定的东西,正如地面对于鞋子一般,基底的未

---

① *Ibid.*, p. 197.
② *Ibid.*, loc. cit.
③ *Ibid.*, p. 196.

规定性表现为它不断支撑着规定性"),德勒兹写道:"动物的明确形式在某种意义上让它们事先抵御了这一基底。"这就是为什么动物无法变得愚蠢。不可否认的是,这个表述颇为含混,相当程度上是一个经验性的表述,而"在某种意义上"这个表达带来了暧昧("动物的明确形式**在某种意义上**让它们事先抵御了这一基底");至于形式的明确性("动物的**明确**形式在某种意义上让它们事先抵御了这一基底"),关于这个程度问题的标准也始终难以确定。从哪一个时刻起,一个形式**在某种意义上是明确的**,并且根本上,当德勒兹在此以非常笼统而不确定的方式指称"动物"的时候,他所设想的究竟是什么形式("**动物**的**明确**形式**在某种意义上让它们事先抵御了这一基底**")?人类难道不也有**明确**的形式让他们**在某种意义上事先抵御愚蠢**吗?我接着要引用谢林关于基底的段落,其中的原则在我看来可以为德勒兹这里的论述提供支撑。这一段落出自《对人类自由的本质的哲学研究》。谢林在此解释并试图证成他关于"存在(Wesen)之为根基(Grund)"与"存在之为实存、生存"的区别。在对这个问题的论辩上(我在此无法重述他的论辩,请你们自己读一下),谢林提出,必然有一种存在(Wesen),它先于所有基底与所有存在者,因此在一般意义上也先于所有二元性。

> 如果不称它为原初的基底(Urgrund)或非基底(Ungrund),还能怎么称呼它呢?由于它先于所有对立,在它这里,这些对立就无法区分,也无法以任何方式在场。所以,它无法被描述为[对立的]同一,而只能被描述为

两原则之间绝对的**无差异**。①

没错,根据谢林和德勒兹的逻辑,人通过与这一基底建立关系(一种自由的关系,这是人的自由)而获得形式,"动物"则被认为不具备上述关系:德勒兹说,"在某种意义上,动物的明确形式让它们事先抵御了这一基底"。重读谢林,重读海德格尔关于谢林的讨论②,而在谢林那里,尤其要重读他关于"愚蠢"(*Blödsinn*)③这一人类之疾的论述。我强调这一点是因为,在我接下去要提到的一本出色的著作中,在它提出的重要的翻译问题中,作为"*Blödsinn*"的愚蠢,占据着核心位置。这本著作即罗奈尔(Avital Ronell)的《愚钝》。愚钝(stupidité)是愚蠢(bêtise)吗?我们会回到这一点上。

回到德勒兹,愚蠢是自由的经验、作为人类自由的自由的经验,而只有这一经验,只有这种作为与无基底的基底之关系的自由,才能解释为什么愚蠢与"动物"无关,为什么愚蠢能够与我之前提到的三个母题联系在一起:即主权、残忍(也就是恶——以及疾病,如谢林所说)和思想。

---

① Friedrich Wilhelm Joseph Schelling, « Recherches philosophiques sur l'essence de la liberté humaine et les sujets qui s'y rattachent » [1809], dans *Œuvres métaphysiques* (1805—1821), tr. fr. Jean-François Courtine et Emmanuel Martineau, Paris, Gallimard, 1980, p. 188. 强调为谢林所加。——原编者注

② *Cf.* Martin Heidegger, *Schelling. Le traité de 1809 sur l'essence de la liberté humaine*, tr. fr. J.-F. Courtine, Paris, Gallimard, 1977.

③ *Cf.* F. W. J. Schelling, « Conférences de Stuttgart » [1810], dans *Œuvres métaphysiques* (1805—1821), *op. cit.*, p. 245.

一、首先是以僭主形象出现的主权。德勒兹写道：

[……]暴君不只长着牛的脑袋，而且还长着梨子的脑袋、甘蓝的脑袋或土豆的脑袋。没有人能超越或跳脱出那个他从中渔利的东西：暴君使愚蠢体制化，但他本人却是其暴虐体制的第一个奴仆与第一个驯服者，向奴隶们发号施令的家伙往往就是个奴隶。① ［一个严格意义上的柏拉图式母题。］②

二、<其次，>在恶、残忍及其与愚蠢的本质关联的问题上，德勒兹特别雄辩而坚决。这与他将愚蠢视作自由（人类自由）现象的姿态相一致。值得注意的是，愚蠢和谬误的区分始终是这一阐释和这一问题意识的根本条件。德勒兹写道：

[……]错误概念如何说明这种将世界进程二重化了的愚蠢和残酷、怪诞和恐怖的统一体呢？卑劣、残暴、无耻、愚蠢不是单纯的肉体强力或性格与社会的事实，而是思想本身的结构。③

---

① G. Deleuze, *Différence et répétition*, op. cit., p. 196. ［中译文根据德勒兹：《差异与重复》，安靖、张子岳译，第 261－262 页。——译注］

② 德里达在打印稿中补充道："只有具备主权的存在者，也就是自由的存在者，能够变成奴隶（愚蠢±奴隶），能够具备愚蠢意义上的愚蠢。"——原编者注

③ G. Deleuze, *Différence et répétition*, op. cit., p. 196. ［中译文根据德勒兹：《差异与重复》，安靖、张子岳译，第 262 页。——译注］

在回到这一有关思想、哲学和先验性的问题之前,我想用几段引文来强调一下德勒兹为愚蠢与残忍的联系,因而也是为愚蠢与恶、愚蠢与自由、愚蠢与责任的联系所赋予的根本重要性,所有这些都是人的特性而非动物的特性,上周我们读拉康的时候就讨论过它们:(朗读并评论)

> 所有的规定都变得残酷而恶毒,所有的规定都只能被一种静观它们、发明它们的思想所把握,它们与自身的生命形式分离了、分开了——它们正在那阴暗的基底上漂浮着。在这被动的基底上,一切都变成了暴力;在这消化的基底上,一切都变为攻击。愚蠢与恶毒在这里狂舞。这或许就是笼罩在最美丽面庞上的忧郁的起源:对一种专属于人类面孔的丑陋的预感,对一种愚蠢的上升、一种恶之中的扭曲、一种疯狂中的反省的预感。因为从自然哲学的观点看来,个体被映射在这一自由的基底上,疯狂正是在此出现。因此,愚蠢随后被映射在愚蠢之中,残酷随后被映射在残酷之中,而且它已经无法忍受自己。"一种毫无价值的能力因而在他们的心灵中成长起来——亦即看到愚蠢并且无法忍受愚蠢的能力……"[《布瓦尔与佩库歇》] 但是,当这种毫无价值的能力将哲学激活为精神哲学时,也就是说,当它将所有的能力都引向那使一种对个体、基底、思想的剧烈的调和成为可能的超越性运用时,它就变成了最为尊贵的能力。

并且,德勒兹在注释中补充道:

> 关于恶(愚蠢与残暴)、恶那(与个体化有着本质关系的)作为变为独立者的基底存在的源泉,以及随后发生的整个历史,谢林对此有过精彩绝伦的描写,参见《对人类自由的本质的哲学研究》。①

三、最后一点。在德勒兹那里,在"愚蠢"与"思想"的结构关联中(他称之为"思想本身的结构"),尤为有意思的是他批判的一点,即无法就这一有关愚蠢的思想进行思考。在这里,他所谴责、无条件地谴责的思考缺陷,要言之,被他非难的,是同一种过错的双重形象:一方面是坏文学、伪文学,另一方面是哲学。据说,两者都忽略了"愚蠢"的本质,忽略了作为思想问题的"愚蠢"的本质,而德勒兹将会解释为什么会这样。如果伪文学和哲学忽略了作为思想问题的"愚蠢",那么"最好"的文学("最好"是德勒兹的用词),即便它没有在主题层面系统性地处理思想的"愚蠢"、处理作为思想结构的"愚蠢","愚蠢""关于愚蠢的问题"也仍然萦绕其中。正是"萦绕"(hantise)这一幽灵般的语词,承载着伪文学和哲学与"最好的文学"之间的差异所具有的歧义性重负。如何辨认萦绕?它有什么迹象?正面的迹象、负面的迹象?否认的迹象?症状的在场?症状的缺席?明确或不明确的论题化?多大

---

① *Ibid.*, p.198 et n.1. [中译文根据德勒兹:《差异与重复》,安靖、张子岳译,第 263-264 页。]

程度上是明确的,多大程度上是不明确的? 等等。(朗读并评论)

卑劣、残暴、无耻、愚蠢不是单纯的肉体强力或性格与社会的事实,而是思想本身的结构。先验景观里应当有暴君、奴隶与傻瓜的位置——位置和这些位置的占据者并不类似,先验也从来不是从那些因为它才成为可能的经验形态那里移印而来的。正是对 Cogitatio[思维]之公设的信任始终妨碍我们将愚蠢变为一个先验问题:愚蠢不再只是一种被打发到心理学或趣闻轶事——甚至更为恶劣的论战与辱骂——以及"蠢话"(sottisiers)这种殊为可憎的伪文学样式那里的经验规定。但这是谁的过错? 这种过错难道不是哲学首先犯下的? 因为哲学听任自己被错误概念说服,哪怕错误概念本身只是从一些事实那里借取而来,而且是些微不足道的、恣意选择的事实。最糟糕的文学造就了蠢话录;而最优秀的文学则被愚蠢这一问题纠缠着(hantise)——它将宇宙的、百科全书的、认识论的所有这些维度都给予了愚蠢的问题,从而将其一直引领到哲学的大门口(福楼拜、波德莱尔、布洛瓦)。哲学应当以自身特有的方法,并带着必要的谦逊重拾这个问题,它要认识到愚蠢从来不是他人的愚蠢,它是一个真确的先验问题的对象:愚蠢(而非错误)是如何可能的?①

---

① *Ibid*., p. 196 -197. [中译文根据德勒兹:《差异与重复》,安靖、张子岳译,第 262 页。]

乙、另一方面，主张"愚蠢"从来不是他人的愚蠢，不仅意味着它始终保留给我作为人类的同类。它还意味着"我自己""我"，不管是不是哲学家或理论家，始终该将我所谈论的"愚蠢"或我教条式地、愚蠢地从他人身上认出的"愚蠢"，加之于我自身。在此，作为德勒兹上述论点的例证，我们要看看福楼拜是怎么说的——德勒兹经常提到福楼拜（在这个主题上，福楼拜是绕不过去的）。但这一考察也许会逐渐将我们引向德勒兹以外的地方。

关于那可能总是我的而非别人的愚蠢，它作为指责的范畴，可能总是在揭露我的过错、过失、恶或疾病，揭露我为之苦恼的缺陷；也许有必要首先考虑一种对于愚蠢的模仿，它就如愚蠢的传染一般；对此我们要问：它是从哪里来的？就在我们注视着"愚蠢"，持续关注、研究、反思着"愚蠢"，认识着"愚蠢"的时候，究竟是什么产生了"愚蠢"？仿佛谈论"愚蠢"本身（LA bêtise）、声称了解它的本质和意义、假定存在愚蠢本身，这已经是愚蠢的标志了。于是，谈论传染即是认识到（这一点很关键），愚蠢从来不仅仅是某人自己的事，愚蠢或种种愚蠢（如果存在各种愚蠢的话）从一开始就是"共在"的现象，或者也可以说是共同体、间主体性、共同存在（Mitsein）、社会性（socius）的现象。必须有数个人。必须要说话——或者，如果像我一样，你们对人类言语在这个领域和其他领域中的权威抱有怀疑，那么不妨说：必须留下踪迹。没错，一个人从来不会单独地愚蠢，虽然这并没有为谁找借口或宽恕。福楼拜没有这么说，但在我看来，他道出的症状促使我们如此思考。他写道（这个段落出自关于《布瓦尔与佩库歇》的一个注解，我在以前一篇讨论福楼拜的文章《福楼拜的一个观念》中也引用过，我在那里以自己的方式讨论了愚蠢与哲学的关系问题;这篇文章收在《精神》[*Psyché*]一书中),[福楼拜写道]:"布瓦尔与佩库歇将我完全占据,我几乎已经成了他们!他们的愚蠢就是我的愚蠢,这令我筋疲力尽。"①

"我已经成了他们""他们的愚蠢就是我的愚蠢",这不仅暗示某种传染,某种因接触、交际、接近而造成的感染。这不仅意味着愚蠢不是自然的或特异性的,它可以被感染(既可以通过社会交际传染,也可以通过符号性的接近而传染,也可以通过与他人的愚蠢达成某种共契而传染),而且首先意味着不存在"愚蠢"本身,有的只是"向愚蠢的生成变化"/变得愚蠢(devenir-bête),它不同于、有异于德勒兹所讨论的"向动物生成变化"。

但更进一步,无论在好的还是坏的意义上,福楼拜抱怨和自我谴责的这种"向愚蠢的生成变化",不是一种简单的状态;作为向着"他们"(布瓦尔与佩库歇)的生成变化,这一"向愚蠢的生成变化"是一种转化,使他不仅看上去像这两个蠢人,即两者之间的共契引起的愚蠢,双方一个比一个蠢;不,不仅如此。福楼拜开始认同这两个人,而后者的愚蠢,如果可以这么说的话,他们向愚蠢的变化生成,体现为使"愚蠢"成为他们的知识对象、反思对象、归档对象、收集对象,等等。他们的愚蠢体现为他们的智性,体现为

---

① Gustave Flaubert, Lettre « À Edma Roger des Genettes, le [15 avril ? 1875] », dans *Correspondance*, IV, janvier 1869 – décembre 1875, Jean Bruneau (éd.), Paris, Gallimard, coll. «Bibliothèque de la Pléiade», 1998, p. 920; cité par J. Derrida dans «Une idée de Flaubert: "La lettre de Platon"», *Psyché. Inventions de l'autre*, t. I, Paris, Galilée, 1998, p. 313.——原编者注

他们对智性的欲望，以及他们想要理解"愚蠢"的冲动。愚蠢的正是这一智性本身，而它越是发展，福楼拜越是发展他自己对于布瓦尔和佩库歇的智性（它体现为理解"愚蠢"）的理解，他反而越是变得愚蠢。

事实上，福楼拜写道（我在《精神》中对这些段落有过讨论①）：

> 两人突出的优越性很伤人。人们炮制出种种中伤：既然他们支持不道德的议题，他们自己肯定也不道德。
>
> 于是，从两人的想法（esprit）中发展出一种可怜的②能力，即看到愚蠢再也无法容忍它。

"看到愚蠢再也无法容忍它。"甚至在针对愚蠢的抗议中，甚至在他们的不容忍中，甚至在他们想要不再容忍它的欲望中——因此这是最具有传染性的——他们的愚蠢就体现为对于愚蠢的注视，体现为将眼睛牢牢盯着愚蠢，对愚蠢入迷，追踪并想要捕捉愚蠢，不再将视线从那里移开，认识它、理解它、清点它、给它贴上标签。不懈地这么做。愚蠢成为他们的大事。

千万不要忘记，上述这些都是用法语说的，而所有"真正的"

---

① J. Derrida, «Une idée de Flaubert...», *Psyché*, t. I, *op. cit.*, p. 312 *sq*. [引用段落出自 Flaubert, *Bouvard et Pécuchet*, dans *Œuvres*, II, Albert Thibaudet et René Dumesnil（éds）, Paris, Gallimard, coll. «Bibliothèque de la Pléiade», 1952, p. 915.——原编者注]

② 德里达打印稿上写的是"无情的"。——原编者注

问题都在这一刻等着我们。百科全书、绝对知、科学和哲学都是"向愚蠢的生成变化",都是至高的(souverainement)愚蠢、致死的愚蠢的要素。福楼拜说"这令我筋疲力尽",他自己制造和安排的愚蠢令他恐惧,他自己分泌的愚蠢令他恐惧,而他制造这一愚蠢是为了注视它,作为愚蠢的敌人而注视愚蠢,他有足够的智性和愚蠢来分泌愚蠢,为的是注视它,也注视他自己,并且不再容忍它。通过为这两个蠢人赋予生命,福楼拜制造了愚蠢,而这两个人深入其骨髓,侵扰他,迫使他容忍他不愿再容忍的不可容忍之事。

将论述往这个方向推进,我倾向于认为,"愚蠢"甚至超越了《布瓦尔和佩库歇》,超越了福楼拜名义下以此为名的这部著作;"愚蠢"在这里既是人的性格,又是人的行为的性质,如我们会说"做一件蠢事":既是这部著作之作者的愚蠢,也是这部著作的愚蠢。而在我所引用(《精神》第315页)的两封信中,福楼拜自己也表明了这一点。你们在其中会看到,福楼拜在讨论愚蠢时,有一次也提到了动物。这一次,"向愚蠢生成变化"也是"向动物生成变化",但你们会看到,它同时也是"向矿物生成变化",变得坚硬、不受攻击、没有感情、无法破坏,如石头或花岗岩纪念碑一般,这是"向物体生成变化",向着"什么"生成变化(devenir-quoi)。

两封信如下:

一、"愚蠢是无法撼动的东西;任何攻击它的事物,自己也会粉身碎骨。它有着花岗岩的性质,坚硬而顽强。"福楼拜接着给出的关键例子,恰恰不是这部作品的名字,而是其作者的名字;于是,作品的署名者在自己的纪念碑中、在自己的纪念碑化过程中,在"什么"和"谁"之间,在这个"谁"保持为**谁**的同时暧昧地向"什么"进行生成变化的过程中,在人、动物和大地之间,在有生命

的东西和无生命的东西之间,[作品的署名者]被"愚蠢化"(bêtifié)了:

> 愚蠢是无法撼动的东西;任何攻击它的事物,自己也会粉身碎骨。它有着花岗岩的性质,坚硬而顽强。在亚历山德里亚,从桑德兰来的某位汤普森以六尺大的字在庞贝柱上写下他的名字[……]。看到这柱子就没法不看到汤普森的名字,因此也无法不想到这个人。这个白痴将自己与纪念碑融合为一体,并与纪念碑一起变得永恒。①

<二、>福楼拜在另一处写道:"伟大的著作都是愚蠢的。它们如自然的产物一般平静,如大型动物和高山一般。"②专名的思辨/投机(spéculation):虽然专名本质上是轻信的,它却相信可以通过在愚蠢上下赌注,通过提高筹码,通过让自己变得比实际所是更为愚蠢,从而增加自己的资本。

不过,福楼拜也从另一方面理解"向愚蠢生成变化"的这一可

---

① G. Flaubert, Lettre «À son oncle Parain, le 6 octobre 1850», dans *Correspondance*, *I*, *1830—1851*, J. Bruneau (éd.), Paris, Gallimard, coll. «Bibliothèque de la Pléiade», 1973, p. 689; cité dans «Une idée de Flaubert...», *Psyché*, t. I, *op. cit.*, p. 315, n. 1.——原编者注

② G. Flaubert, Lettre «À Louise Colet, le 27 juin 1852», dans *Correspondance*, *II*, *1851—1858*, J. Bruneau (éd.), Paris, Gallimard, coll. «Bibliothèque de la Pléiade», 1980, p. 119; cité dans «Une idée de Flaubert...», *Psyché*, t. I, *op. cit.*, p. 315, n. 1.——原编者注

怕法则,无论它是否伴随着"向动物生成变化"或"向物体生成变化"。这一"向愚蠢生成变化",是变得坚不可摧,而且就算不是不朽,至少是得以存续。福楼拜从另一方面对它作出理解,显示了"愚蠢"一词的另一层意义和另一种潜在性:专名向物体的生成变化,"谁"向"什么"的生成变化。我在刚才提到的文章中也对此进行了分析(《精神》第309页),建议你们读一下。简言之(今天我要说的内容和那篇文章的分析不同,在我们这里的语境下,我想沿着今天我感兴趣的方向推进),关键问题在于**界定**,即通过投入**定义**本身的疯狂之中而界定"愚蠢"。归根结底,在根本的意义上,我认为定义——停留在"S是P"、停留于定冠词"LE"或"LA"的定义——始终是愚蠢的,始终是对于愚蠢的定义。"愚蠢"既是被定义的东西,也是起到定义作用的东西。这恐怕也是福楼拜的意思,因为他说:通过固定、通过断然(catégoriquement)签署一个定义而进行总结、固定、完成、界定、下结论,这是愚蠢的标志。范畴是愚蠢的,你们知道这会将我们引向哪里。范畴是"愚蠢"的署名。

在谈到关于孔德《实证哲学论》的各种毛病并痛批其愚蠢之后(他说:"一本社会主义书籍","愚蠢至极"),福楼拜写道:"其中蕴含着高雅喜剧的矿藏,怪诞事物的加利福尼亚[各个方面]。也许还有一些别的。这很可能。"往下:"**愚蠢**(*ineptie*)**表现为想要下结论**。[……]这是不理解黄昏,只想要中午和午夜[……]。是的,愚蠢表现为想要下结论。"①

---

① *Id.*, Lettre «À Louis Bouilhet, le 4 septembre 1850», dans *Correspondance*, I, 1830—1851, *op. cit.*, p. 679 – 680; cité dans «Une idée de Flaubert…», *Psyché*, t. I, *op. cit.*, p. 309. 强调为福楼拜所加。——原编者注

因此，愚蠢地总结一下今天的内容，关于这一定义的愚蠢，定冠词的愚蠢——这种语法要求表现"本质"，表现某个事物的固有性，愚蠢"本身"的固有性，以及人的固有性、野兽的固有性或主权者的固有性；为事物设定本质、意义或真理的论题或范畴的愚蠢，在这里"愚蠢"表现为想要说出愚蠢"本身"，愚蠢之为愚蠢的固有本质，[为总结一下今天的内容，]我们要再次从一个琐碎但无法消除的明显事实出发。我们已经在一个无法抹去的事实跟前驻足停留，即"bêtise"是一个法语词。"bête"也是。现在我们需要重新出发。另一个事实是，我们迄今为止引用的这些作者（无论是否是法国人），都没有考虑或试图思考这一非常基本的可能性条件。而这一基本条件——我会说是非常无聊（bête）的条件——也是环境本身的条件。

时间已经很晚了，我今天就不多说了。下次课上我会试图论证所有这些语词："bête" "bêtise"，作为状态或结构的"bêtise"，作为某人性格的"bêtise"，或某人**做出**的"bêtise"（这是另一回事），或某人**说出**的"bêtise"（这又是另一回事），以及（这一点我还没有提及）作为无聊之事、几乎什么都不是的"bêtise"（小小的琐事，如人们会说：我给你的东西什么都不是，不过是个小玩意，不过是个什么也不是的无聊玩意儿[ce n'est qu'une bêtise de rien du tout]，不值一提的东西，德语里的"*Kleinigkeit*"或"*Geringfügigkeit*" "*Belanglosigkeit*" "*Nichtigkeit*"），所有这些衍射的意义根本上都不可翻译，无论是用"*Dummheit*"或"*Torheit*"来翻译，还是用"*Unsinn*"或"*Blödigkeit*"来翻译，或是用"*stupidity*" "*foolishness*" "*blunder*" "*silliness*"或"*triviality*"来翻译，等等。这是出于许多理由，我们以后会分析。这些本身相互异质的理由，不仅涉及不同语言**之间**的意指关系

（所指或能指）：它们不仅涉及下述事实，即只有在法语里"bête"和"bêtise"的所有这些意义和价值的不可化约的衍射，才保留了与动物性"bête"之间的一种至少是暗示性的指涉关系，而就我所知，同样的指涉关系在别的语言里都没有。首先，这些理由取决于法语的诸多习语性使用本身所包含的一种语言和习语上的关系甚或非关系。我们无法主张能从这些用法和说法中，从这些"以言行事"中，辨认出一个权威性的、单一性的意义，一个区别于种种实际语用情境的稳定意义。这种主张可以说实在是愚蠢。而这种根本性或基底性意义的缺席，将把我们引到两条道路上。我在这里尝试概括性地定义一下，我们下周再回到这个问题上。

一方面，这一翻译的不可能性，这一法语习语的内在性本身的边界（如果存在这么一个内在性的话，并且，如果它形成了一个系统的话），向着根本性意义的缺席敞开，向着基底性的、不可改变的习语性意义的缺席敞开。因此，在一种非常不同的意义上，[这一边界]向着我们刚开始时谈论的（"谁"与"什么"之间的）"无基底"（le sans-fond）敞开。

另一方面，这一翻译的深渊迫使我们修正所谓动物次元和人类次元之间、所谓**反应**和所谓**负责任的回应**之间、所谓动物语言和所谓人类语言之间所有假定的翻译或无翻译；用我喜欢的表述来说，即被认为缺乏愚蠢的野兽的踪迹和人类话语的愚蠢（人类话语被认为具有这一特权，即仍然被称作"愚蠢"的特权，它被认为拥有"愚蠢"的权利）之间的翻译或无翻译。

我们不能由此总结说，"愚蠢"是法语特有的，虽然"bêtise"一词仅仅为法语所有（但这究竟是为什么呢？）。我们要从瓦莱里的《泰斯特先生》中的一句名言那里再出发，这是一部我们时代非常具有法国色彩的著作。在法国,在世界文学中,这部著作的第一句话都非常有名:"愚蠢不是我的强项"(La bêtise n'est pas mon fort)。①

翻译成英语后,你们马上能看到问题所在:"*I am not very strong on stupidity.*"

---

① Paul Valéry, « La Soirée avec Monsieur Teste », *Monsieur Teste*, dans *Œuvres*, II, Jean Hytier (éd.), Paris, Gallimard, coll. « Bibliothèque de la Pléiade », 1960, p. 15. ——原编者注

第六讲

Sixième séance

2002 年 2 月 6 日

[阴性的]野兽和[阳性的]主权者。

首先是野兽。

野兽,"bête"一词,既是名词也是定语。那么,想象一下,就像在寓言里那样,**仿佛**我的行为是在打赌,或**仿佛**我通过假装、通过打赌而在这里发起挑战。

也许这一打赌和这一挑战都有些愚蠢? 也许如此,谁知道呢?

根据这一寓言或这一"仿佛"的假装,我倒想看看是否有人能宣称——即以誓言声称、以自己的人格作担保,也就是庄重地保证:他或她知道(凭所谓"知识"而知道,凭一种自我意识的"知识"而知道),当他或她用法语说出"bête",抛出形容词"bête"甚或"bêta"(另一种微妙变化)①甚或名词"bêtise","bêtise"所表示的愚蠢(l'être-bête),或者(我们上一周没有讨论这一点)副词"bêtement"(愚蠢地/荒唐地)的时候,[他或她知道]自己[究竟]想要说什么或做什么。稍微尝试一下,在用这些语词的时候,尝试明确并区别你们究竟想要说什么。

形容词、名词和副词。你们还满可以加上动词"bêtifier"(装傻/使变得愚蠢)或"abêtir"(使变得愚钝/使顺从),或古法语

---

① 在法语口语中,"bêta"一词被用于形容愚蠢的人,如习语"gros bêta"(笨蛋)。——译注

"bêterie"(愚蠢),因为在这一对于习语的考察中,在对于法语"bêtise"一词的用法的考察中,我们得加上历史维度:这个词在16世纪才诞生,因而与一种文化史和社会史密不可分,与所谓法国文化的种种斗争和社会力量的历史密不可分,各种论争和修辞在这个词上留下印记,并利用这个词磨砺了它们的武器;至关重要的是,仅就文学迹象而言,例如在福楼拜和瓦莱里的文本中那样(《泰斯特先生》中的"愚蠢不是我的强项"),人们对于"bêtise"的不断谴责,始终也是一种社会性的甚至是政治性的控诉,比起它作为思想性和个人性的控诉来,恐怕有过之而无不及。这一控诉包含着一种类型学,同时对准社会政治行为类型和个体的理解或不理解的形式。当《布瓦尔和佩库歇》和《泰斯特先生》谴责并摆脱那吸引着他们的愚蠢时,两者都属于某个**类似于**(我这里在模糊和暗示性的意义上用这个词)社会阶层或部分社会阶层的东西。用来谴责或对抗愚蠢的语词和修辞,无法抹去自身带有的社会含义。这也是为什么,我上次指出:一个人从来不会单凭自己一个人而愚蠢;对此我们需要加上:一个人从来不会单凭自己一个人而嘲笑愚蠢。在法国,至少在某种程度上,并非每个人都驾驭得了这个被称作"谴责愚蠢"的武器。

所以,我倒想看看是否有人能宣称、明确宣称(通过交予誓信的抵押而保证)他或她**知道**(我由此命名**知识,科学,负责任的意识/良知,可交流的、对象化的、规定性的**知识),他或她知道自己**想要说什么**(我由此命名一个被意指的意指作用[signification],一个可辨认的因而可被理念化的所指,一种言说的意愿,一种 *meaning*[意思]、*Sinn*[意义]或 *Bedeutung*[重要意义],它们都是某个语词、某种意义**本身**的稳定相关项),[也即]他或她在言说的时候,知道自己想要说什么和做什么,而这里"行为的意愿"未必能还原为"言说的意愿"。

通过上述澄清——你们看到,这些阐明很快会把我们带入深渊,不过出于非常愚蠢而无法成立的理由,出于节省和紧迫性的理由,由于时间所限,我不得不有所割舍——[通过上述澄清,]我表明、我想要说、轮到我来意指、轮到我来试图表示:一个人总是可以在多多少少恰当的意义上**使用**(没错,我说的是使用、利用甚或开发、活用、投入运作)"bêtise"的语汇,并多多少少产生预期的效果,**同时不知道自己想要说什么/意味着什么**;无法在理论、哲学和语义上以负责任的方式对它负责。我们仍然有待了解"说"和"做"的意义、"试图产生效果""恰当""预期效果"以及"多多少少"的意义(大致恰当、大致如预期),因为我们不知道它们**对于什么**来说是恰当的,对于何种意指作用**本身**来说是恰当的,而在一个给定的实际情境下,我们也无法通过某种确定的实用策略,将言语行为或言语操作的意义**本身**对象化。我这里说到策略,是因为定语"bête"的分配、"bêtise"的分配,始终是一个计略——我们已经多次强调这一事实——也就是一种战争行为、一种攻击、一种意在施加伤害的暴力。它总是一种伤害性的、攻击性的、侮辱性的羞辱,总是**侮辱性的/不义的**(injurieuse),也就是在法律领域带有不公正(injuste)之虞的羞辱。

我强调带有司法含义的"侮辱"一词,并将它和发誓的行为,甚至和"*injurus*"的行为(意思是作"假誓")联系起来,这是因为,每当我说出"bête"和"bêtise",当我以这些语词为武器对被害者进行侮辱的时候,如果我发誓我知道自己想要说什么/意味着什么,那么我就是在作假誓(parjure)。何况,每当指责别人愚蠢的时候,谁还不曾模糊地感到一丝不义,感到某种不公正的伤害?谁还不曾感到,凭借这种攻击行为,我们忽略或否认的是:不管那个显得愚蠢或我们想说他或她愚蠢的人有多愚蠢,他或她归根结底都不那么愚蠢,不是彻头彻尾地愚蠢,而且归根结底,我们从来无法对自己想说的有十足确信,我们宣称他者愚蠢的时候其实毫无把握?(在我的阿尔及利亚童年生活中——我清楚记得这件事,是因为这个词清楚表明,限定词"bête"可能从来不是一个严格而客观的判断,从来无法明确自身的明晰性和明确特征,无法成为非对即错的判断,而总是具有透视主义性质,总是透视法、焦点化、视点的某个效果,多多少少模糊而朦胧;一个人从这个角度看是愚蠢的,但从另一个角度看则不是,或不那么愚蠢,一个人总是多多少少愚蠢的:在我的阿尔及利亚童年生活中,我们经常带着恰如其分的口吻笑着说:"谁谁谁不傻、傻、傻,但还是有点傻。")

如果将"bêtise"归于某人并不是一种理论性的姿态,也不是一种中立性的姿态,而是一种战争行为,如果这是一种侮辱,一种攻击性的、有时是有组织的、社会政治性的防御(这意味着被指责和控告为"愚蠢"的那个人,始终既在社会政治的意义上具有明确位置,又被认为是"愚蠢而邪恶",无论他是否知道或是否愿意如此;并且,不管怎么说,没有什么比这样说一个人更具侮辱性、更不中立的了:"你知道吧,他不是坏而是蠢";"他不是坏人,没有恶意,但怎么办呢,他是个蠢货。"——这种说法往往带有恶意且伤人,总之绝不是中立的,它指责他者具有某种恶、缺陷或恶意),那么在这里,我们必须明确这一战争(无论是否得到宣告)中对我而言非常重要的一点。方便起见,我们可以提到康德在**战争**和**冲突**

之间作出的区别①：区别于战争（*Krieg*），冲突（*Streit*）诉诸一种理性的、制度性的裁决，而针对"愚蠢"的指责则是一种战争性质的回应，一种战争行为，它若要达到冲突的理性状态，只能假定有一个第三方或一个机制可以测度和规定"bêtise"一词的意义，也可以确定指控是否具有正当性、正义性、合法性。我的问题、我"仿佛"做出的打赌、我虚构出的挑战便由此而来：谁能发誓自己知道自己在谈论的是谁或什么，知道"bêtise"一词被使用、发挥作用、成为武器的时候，这个词想要说或做什么？如果说，当一个人说出的话意义始终很不明确、可塑、多变、相对，等等，他也总是在行事，那么他说的是什么话、行的是什么事？

我意识到，这一困难可以影响其他语词，并最终波及某个语汇的所有用法、所有所谓习语性运用，波及某种语言全体，波及一般意义上的各种语言。但关键在于，我们能从这个语汇中、从这个使得对于某物（野兽或野兽之存在/愚蠢[l'être-bête]）的指涉成立的语汇中，得出什么结论；而关于这个语汇，最常见的意见（*doxa*）——不仅是最为宏大的哲学传统——体现为：拒绝承认所谓动物、所谓非人类的野兽拥有语言本身，拒绝承认它们拥有言语、语言、意义本身、回应、应答的责任。仿佛当人们用法语说某人"bête"，就是在指责对方——因为就像我们上一次说过且刚刚重复过的，这始终是一种范畴性的/定言的指责（accusation

---

① 康德在《系科之争》中指出，只要是基于理性判断和真理考虑的争议，上级学科和下级学科之间的冲突就可以带来启蒙和人的自由，因而与战争有别。参见康德：《论教育学》，赵鹏、何兆武译，上海：上海人民出版社，2005。——译注

catégorique），一种 katêgoria（指控、属性），一种范畴和一种罪状，哪怕指控者可以假装怜悯，哪怕某种同情姿态（"这可怜的家伙真蠢，别在意，她是蠢货"），哪怕这种或多或少装出来的怜悯、这种有时显得体贴的怜悯（"你真傻"；"得了吧，别傻了，我的朋友"），事实上可以加重指责——根本而言，[当人们用法语说某人"bête"，就是在指责对方]实际上就像野兽那样，缺乏被认为是人所固有的东西，首先是语言，同时还有理性、作为语言和理性的逻各斯、死亡的意义、技术、历史、习俗、文化、笑、泪，等等，甚至还包括劳作：海德格尔（在动物问题上，我们关于他还有很多要说）不仅认为动物不会死亡、没有语言，而且认为动物不会劳作；在《劳务号召》中，他写道："Das Tier und alles bloss Dahinlebende kann nicht arbeiten."①

因此，在这个语境下，巧妙、有效而恰当地运用"bêtise"的语汇，同时又无法在理论、哲学和语义上对它负责，这就不仅是好战性地运用这个语汇，而且是愚蠢地、某种意义上极其愚蠢地运用它。从这一法则和状况中，我们要得出如下结论。试着思考一下，试着严肃地自问一下：归根结底，当我说某人或对某人说，他或她很愚蠢，说了蠢话或做了蠢事，或举止愚蠢，我想说什么，我在做什么，我宣称自己是在做什么？（这一言说总是以命题或宣

---

① Martin Heidegger, *Der Ruf zum Arbeitsdienst*, dans *Gesamtausgabe*, vol. XVI, Francfort-sur-le-Main, Klostermann, 2000, p. 239；« Appel au service du travail », dans *Écrits politiques 1933—1966*, tr. fr. François Fédier, Paris, Gallimard, 1995, p. 143. 德里达在课堂上对海德格尔的这句话翻译如下："动物和一切仅仅活着的东西无法劳作。"——原编者注

言的形式呈现,尽管这一宣言无法成为可资证明的记事性陈述,它却**号称**自己是一个判断、一个司法评判、一个裁决、一个 *veridictum*(审判),它被认为言说真理并决定真理;但如我们所说,它始终是一种无法化约的否定性评判和一种战争宣言,即便它有时似乎因某种怜悯情绪而有所缓解。)

不错,我说的是**判断**,而这种所谓判断应该归入真伪判断的理论之中,即亚里士多德所谓"命题论"(*apophantique*)。试着严肃地、真诚地、深刻地、严密地、负责地思考并告诉我们,[这种时候]你想说什么,你想到和看到的是什么,你想说什么或做什么,简言之,你想要什么?试着严肃地,我是说真诚和负责地,回应我的请求、我的赌注、我的挑战,并由此试着为你的这种言说和判断**负责**,为你在这种时候通过言说和判断所做的事情负责。

据我推测,这样的话你会陷入一种否定,不是命题论(apophantique),而是**否定论**(*apophatique*),即陷入某种否定神学的晕眩之中;在那里,关键问题在于以不确定的方式,通过徒劳地增加否定、增加否定性宣称或否定性命题来接近目标:例如,当我说出"bêtise"意义上的"bête",当我说出"bêtise"——某人的愚蠢、我所犯下的蠢事、我所说的蠢话或给予的愚蠢(当我给你个"小玩意儿"[presque rien])——我所说的不是这个,也不是这个,也不是那个,我并没有在言说一连串相近、相关、毗邻的事情,例如"荒唐事"(sottise)。已经有无数文献将"sottise"与"bêtise"区别开来:当我说某人或某事"bête",尽管意思很接近,我想说的也不是"*sot*"或"*sotte*"(同样,在这里,可以感到社会政治性的含义,而并非所有法国人都会用"sot"或"sottise")。当我说"bête",我说的不是"**荒唐**"(*sot*),也不是"**无知**"(*ignorant*),尽管两者很接近:一个人可以博学而愚蠢。甚至当我们引入法语和其他语言(例如阿拉伯语)中的驴/笨蛋(âne)和愚昧(ânerie)这些明显的动物参照时,我们说的事情确实非常接近,但"笨蛋"和"愚蠢"也不是一回事;笨蛋无知、愚钝或无辜,不知道他应该知道的东西,但愚蠢不是知识领域内的缺陷;这就是为什么德勒兹正确地将它与错误分开来:一个人始终可能一无所知,正如人们认为笨蛋一无所知,而且一个人可能犯下世上所有的错误,同时却并不"愚蠢",甚至不必说出"蠢"话或犯下"蠢"事。愚蠢和愚钝(stupide)也不是同一回事,尽管由于缺乏严格性,或者说,在一种驽钝而呆滞的语言中(我们之后会回到这一点),人们可能将这两个词视作同义词,或将它们并列在一起,就像卢梭在《爱弥儿》中所做的那样("你会看到,他比乡巴佬的儿子还愚钝[stupide]和愚蠢[bête]")①,这一并置或毗邻清楚表明,两者并不是完全的同义词,而英语用"*stupidity*"来翻译"bêtise"也不尽充分,尤其是因为"*stupidity*"也许无法充分翻译法语"*stupidité*"的用法。同样,如我上次所说,尽管"bête"的定语用法似乎仍然与判断和理解力的匮乏有关,尽管这一判断和理解涉及一种[特殊的]意义,一种并非知识对象的意义(而这意味着甚至词典定义也不充分,例如《利特词典》将"bêtise"界定为"知性和判断的缺陷"),定语"bête"的这种用法也不能被广义的"理解"概念所穷尽。它可以指一种伦理性的存在方式,一种社会倾向,甚至潜在地指一种政治倾向(当我说"谁谁很愚蠢",至少潜在而言,我已经开始将对方指称为一个阶级敌人或政治敌人)。"bêtise"总是指责的对象和目标,一种含混的、针对他人或自我的

---

① J.-J. Rousseau, *Émile*..., Livre second, *op. cit.*, p. 149.——原编者注

指责的对象和目标:我太蠢了,或你太蠢了,就好比说"我太好了,你也太好了""我们都太蠢了""我们都被骗了""我们都被剥削了""我们好得过分了"(事实上,在潜在的意义上,我们在这里无疑发现了一种思想性的评判,虽然它首先用于描述心灵的软弱、过度的慷慨或仁慈、过度的同胞之爱)。此外还有"tout bête"(意思是"非常简单""很好理解或很容易做"),等等。同样的问题也出现在定语"con"(傻X)那里,这个万难翻译的词跟"bête"很相近,甚至跟"[老]好[人]"意义上的"bête"也相近(我太"蠢"了,我太"傻X"了),但你们会发现两者并不完全是可以相互替代的同义词。无论从言说主体来说,还是从被指责的目标或对象来说,都是如此。关于"bête"和"con"之间、"bête"和"idiot"之间、"bête"和"stupide"之间、"bête"和"imbécile"之间、"bête"和"crétin"之间,甚或"bête"和"débile"之间、"bête"和"naïf"或"niais"之间的种种细微而不可化约的差异,关于这些始终可以被中性化、始终都很有趣的差异,我们可以写很多。它们从来都不是一回事。但只有在具体的、情境中的、语境化的用法中,在每种情境和每个个体的惯用语中,在每个个体集团、每个社会场景的惯用语中,其中的差异才能被觉察和呈现。这不是说,人们可以用这个词表达任何意思,不是说我们只好听命于一种绝对的相对主义,并让这个词的有意义的用法任由多样的语境和多样的独特用法来决定。但是,对于意义在对象和理论意义上的理念性(idéalité)进行理念化,对于胡塞尔所谓"自由"的理念性进行理念化(我们一会儿会回到胡塞尔这里),无法为这一语汇的用法赋予规则。你们可以设想由此产生的种种翻译问题:不仅是从一门语言到另一门语言的翻译,而且是——我一会儿会回到这一点上,因为这个论述在我看来至关重要——同一门语言内部、同一种文化编码内部的翻译。

从一门语言到另一门语言的翻译：我上次很快提到过，至少就那些对我来说并非陌生的语言而言，即英语和德语，*stupidity*, *foolishness*, *stupid*, *foolish*, *silly*, *idiotic* 无法充分翻译"bêtise"的"愚蠢"，就好像 *dumm*, *Dummheit*, *blöd*, *blödsinnig*（荷尔德林提到的 *Blödigkeit*），*abern*, *Albernheit* 等等也无法充分翻译它；同样，*Kleinigkeit* 或 *triviality* 也无法充分翻译"la petite bêtise de rien"（琐碎无聊之事）或"la bagatelle de presque rien"（不足道的小事），而这不仅是因为对于动物或野兽的潜在指涉没有了。我相信在某些语言那里，希腊语或意大利语，甚至西班牙语中，同样可以发现有一些用来言说、谴责或指控类似"bêtise"的语词或表述，它们指涉了动物。所以不可译性的关键点不在这里。

那么在此，**不可译性的关键点/不存在不可译性**（*point d'intraduisibilité*）是什么，它为什么重要？在我之前提到的《愚钝》一书中，罗奈尔数次指出，愚钝（我们得艰难地将她的英语重新翻译[为法语]）是一个"准概念"（第40页），也就是一个非常不稳定、非常多变、非常具有可塑性、流动性和多重用法的概念，以至于它的意义并不固定。在考察了所有与"bêtise"具有相近或相关指涉的古希腊词之后，罗奈尔写道："不过，考虑到这一准概念的各种历史流变和语言流变，古希腊对于[我们]所谓愚钝的理解，首先带有至今对我们而言依然重要的一些政治含义。"[1]总之，我自己想强调的是"准概念"中的"准"字，因为它和我们在此涉及

---

[1] A. Ronell, *Stupidity*, *op. cit.*, p. 40–41.

的重要内容——虚构的逻辑、伪装的可能性甚或伪装起来的伪装的可能性,即对于踪迹的抹除和"仿佛"的寓言性要素——并非没有关联。为什么"bête"的问题一贯需要寓言性的回答和"仿佛"的概念、准概念?尽管写了一本以此为标题的著作(《愚钝》),罗奈尔自己在28页之后的一个括号中,有意识地以略带反讽的语调自问,到底能否把"愚钝"视作一个概念:"愚钝是否可以被看作一个概念,仍然有待考察。"①

在引述了一系列语义上与"愚钝"相关的希腊语之后(*apaideusia*[没有教养的];*aphronesis*[缺乏判断的];*anaisthêtos*[没有感觉的];*agroikos*[粗鄙的,没有教养的乡下人、农夫],等等),她展开了针对这一不可译性的分析,不过焦点不是某个语词,而是 *Dummheit* 一词(你们也可以说是 bêtise)在海德格尔那里的一个独特用法。海德格尔用这个词来形容什么……形容自己的错误吗?不是的,他形容的是别的事情、比他的错误更大的事情,当时他不仅加入了纳粹党(他到最后都是党员),而且在 1933—1934 年间积极参与了纳粹主义。因此是一种政治性的愚蠢。但这是作为行为、操作、一时间、偶然失足的愚蠢,而不是一种永久的结构性特征。海德格尔说的不是"我很愚蠢""我太蠢了"或"我始终很蠢",甚至不是"我在政治上很愚蠢,在政治或政治参与上始终很蠢"。不,他说的是:"那天我犯了件蠢事,一次偶然的失足",言下之意是"我对此后悔,但人并不总是要完全对愚蠢负责",而我们所讨论的正是这种难以指定的责任。

{让我们阅读一下罗奈尔《愚钝》中的一段长文,我即兴翻译

---

① *Ibid*., p. 68.

一下。即兴翻译。(朗读、翻译并评论：)

对古希腊人而言，愚钝[也就是 stupidity]被认为不属于政治领域，因为它表明的是政治性的缺失；愚钝外在于政治性。用政治人类学的语言来说，在希腊与愚钝相近或先在的语词，存在于前政治性的事物之中，存在于对政治的忘却之中。愚钝的人[The stupid one，愚蠢的人]无法在共同体中生活。根本上自足的[autarkês]、前政治性的愚钝之人，其特征是缺乏关系或联系(ataktos)。对普鲁塔克来说，"白痴"一词[英语"idiot"]表示[或描述]的是一种社会和政治上的劣等性；这不是公民身份的证明——"白痴"是某个并非公民(politês)的人。重新翻译到希腊语，Dummheit 意味着政治性的中断，而恰恰是在这个地方，海德格尔给出了关于他与第三帝国政治之联系的最小程度的发言[极为简短的发言，minimalist utterances]。

在这一点上，我们要谨慎地将接下来的主题引入进来，即**不可译性**问题。与"愚钝"相近的一些希腊语，它们内部已然存在一种裂隙——一种语言的不稳定性。只有靠相当程度的修辞暴力才能克服它。另一方面，"愚钝"的相近语在法语、德语、西班牙语和英语之间的运动，揭示了比语义变化更多的东西。[英语]"Stupidity"抵抗向 Dummheit 的翻译或转移，正如它也很难包含 bêtise 的诸多前提[换言之，stupidity 的抵抗使得它既不是 Dummheit 也不是法语里的"bêtise"]，很难包含其诸多动物学预设或含义,即在为数不多但值得注意的关于"bêtise"的讨论中涉及的动物或动物性。[罗奈尔在这里加了个注释:"法语中指涉愚蠢的语词自然是 bête,将'dumbness'(哑、沉默;愚蠢)[另一个与 Dummheit、bêtise 相近的英语单词……]与动物的动物性联系在一起。你不必是严格的素食主义者或动物权利活动家,也能知道这对动物[野兽]来说多么不公平。只有人可以是或被规定为愚蠢。"她接着在正文中写道:]不过,在另一层面,可以认为在英语用法内部出现了意义和意图[of meaning and intention]的分裂,迫使我们要重新认识海德格尔唯一一次提到的、他自己的 Dummheit。在这里,不可译性问题变得更加棘手,但同样关键。我们能否根据通常的用法,将海德格尔所承认的 Dummheit 译为"stupidity"?另一个不太常见但同样可行的译法,是否会改变意义视域[horizon of meaning]?比如说,海德格尔提到了自己在1934年的"dumbness"[她保留了德语词]而非"stupidity"。日期仍然相同,但道德含义却发生了改变,带上了另一种价值。语言内部的弹性[如果可以这么说的话],重复了"愚钝"和"bête"在不同语言之间的扭结。承认愚钝[avowing stupidity]和宣称自己沉默[claiming dumbness]["那很蠢(dumb)";"我在1934年真的很蠢(dumb)"]之间的差别,是一个重要差别。对于"dumbness"的讨论,没有为争辩留下余地,而"stupidity"则与一种恶意[malice]的结果相关;事实上,它诉诸判断。换言之,"dumbness"或许属于生存的不可弥补的事实性,至于愚钝,则存在着一种愚钝的伦理,或简单来说,愚钝要求一种伦理[calls for an ethics]。[等等。]

[……][提到亨利·米肖(Henri Michaux)和《愚蠢的幸福》(Bonheur bête):]

在《愚蠢的幸福》中,亨利·米肖写道:"他没有边界,[……]他令我绝望地确信"[他非常愚蠢……]。在此,那个实在愚钝的人,其无比的确信让叙事者的声音变得绝望。[因此,这是面对一种愚蠢的、无限的、无边的愚钝时的绝望。]在这个话语中,至少有两个环节值得注意。首先是边界的问题:愚钝没有边界,它提供了关于无限性的一种珍贵"经验"[offering one of the rare "experiences" of inifinity:也就是说,愚钝提供了关于无限性的珍贵经验,人们在这里面对的是无限性的深渊]。布莱希特曾写道,知性是有限的,而愚钝是无限的。}①

罗奈尔清楚看到的、对我们这里的讨论来说非常重要的是,如果 stupidity(我在此保留这个英语单词)既不是一个概念也不是一个非概念,而是如她所言,是一个"准概念"(而"准"这一概念、"仿佛"这一概念,承载着模棱两可的全部负担),这是因为它缺乏这样一个身份(statut),即一劳永逸地明确下来的稳定性和正当性;这一"无身份"当然源于一种不可决定性、不确定性,但不是随

---

① Ibid., p. 40 – 43. [Tr. fr., p. 71 – 74,德里达提到的注释出现在 p. 320, n. 9(tr. fr., p. 238, n. 9)。这里的大括号表示回到打印稿。——原编者注]

便的什么不可决定性或不确定性。这里有些绕脑子。关键在于，这是一种介乎确定性和不确定性之间的悬而未决或不确定性。因此，用更直观、更明确的方式将它和我们关切的主权问题结合起来，我想说的是，任何决断（主权是一种绝对决断的权力）既是疯狂的（基尔克果[Kierkegaard]说过，每个决断都是疯狂），也是愚蠢的或愚钝的，任何决断都包含着"bêtise"的风险，或向它倾斜。而且，有点类似于她经常提到的德勒兹，罗奈尔注意到，在"bêtise"的问题上还没有足够的哲学讨论；因此，她强调这一确定性和不确定性之间的摇摆。

{我要再次引用并翻译第68－69页的一大段话，这么做是因为这本书可能目前在法国还不太能找到。

（朗读、翻译并评论，不将 stupidity 译为 bêtise）

> [愚蠢]从来不是哲学家之间的重要主题——没有一部哲学著作题为 Vom Wesen der Dummheit[论愚蠢的本质，或 The Essence of Stupidity]——我们可以说"stupidity"或某种"愚钝"确立于哲学计划的内部。[如果我要评论而不是翻译的话，那么这话的意思是，如果哲学家未曾论述愚钝、愚钝的本质，这大概是因为愚钝就位于哲学本身内部。]哲学家拒绝认识这一点，安住在问题之中，生活在谜团旁边；尽管他们的语气往往带有优越感，在他们的记述工作中，他们却得承认，自己对可认知之物的边界感到困扰，如果他们是真正的哲学家，他们就得从一种惊愕的样态开始思考[他们从惊愕开始，这是哲学的起源]。但是，哲学探究的这个面相往往被遗忘所

遮蔽和排斥,仿佛哲学与根本性的愚钝之间的关联不可明言。[换言之,哲学家们从未探讨过愚钝,也许是因为哲学计划本身内部就包含着愚钝,而哲学记述给人的印象是,一种与根本性愚钝的关联始终不可明言,仿佛无法言说("unsayable")一般,被隐匿起来。]但是,如果没有这一贱斥的、相当程度上被压抑的可能性条件,就不存在哲学。我们甚至可以再进一步指出:哲学越是被成功压抑[哲学越是有效地被压抑],它距离核心的愚钝就越近。[也可以说,哲学越出色,它对愚钝、对愚钝这一主题的压抑就越大。]归根结底,谁不曾认识到某些哲学主张的愚钝?可以认为,根本上没有什么比黑格尔的"绝对知"更愚钝的了。[等等。][……]然而,根本性的愚钝还没有真正上升到问题层面,因为哲学家们很少关注愚钝问题(因此它不是一个问题,而是相当成问题),或者像黑格尔的弟子埃尔德曼(J. E. Erdmann)那样,当哲学家开始涉及这个问题时,他们的努力得到的往往是嘲笑[当一个哲学家试图谈论愚蠢,他会遭到愚弄]。因此,在某种程度上,在我们的话语交流中,愚钝没有正当地位。[等等。][她引用了福楼拜、穆齐尔、波德莱尔、尼采等人,并主张说:]在这里,至少在两位作者这里[也就是穆齐尔和福楼拜],我们就愚钝的规定性达成了某种最低程度的共识[括号:波德莱尔和尼采在艺术、制作[等]语境下对现代主义的位置提出了其他问题]。[接下来这句话很重要:]此外,如果愚钝首先似乎**是**不确定的或**有关**不确定性[indeterminacy]的东西,那么要令人信服地谈论"确定性"[换言之,关键问题是规定愚钝],肯定非常困难。尽管如此,让我们继续这些沉思。[换言之,我们要在哲学始终避而不谈的地方,试图对愚钝作出规定;而我们清楚地知道,愚钝或愚蠢(如果可以这样翻译的话)涉及的就是不确定性。稍微往后,第69页:]

[……]我们不断地摇摆于确定性的两边,同时标记着愚钝这一圈环的不确定性和纯粹确定性。[*We persistently oscillate between two sides of determination, at once marking both the indetermination and sheer determination of the stupidity cycle.*]①}

我们还远远没有结束这个关于翻译的问题。但你们已经清晰看到,即便我们在一定程度上甚至是相当程度上理解了罗奈尔的文本,理解了这个根本上写于几门语言的转换之间的文本(德语,特定的德语——海德格尔、穆齐尔、埃尔德曼的德语:*Dummheit*;法语,特定的法语——福楼拜、瓦莱里、德勒兹的法语:*bêtise*),尤其是英语——后者主导并提供了一般等价物的元语言和能指:*stupidity*——事实仍然是,这个一般等价物仅仅是一个一般**准**等价物;这个**准**等价物始终不充分,而如果要在我们的习语中理解它,只有重新翻译它(例如,法语中将它译为"*bêtise*"而非"*stupidité*"),只有不断重新翻译它,与此同时明确地知道或感到——或至少是模糊地、不清晰地,甚至是愚蠢地,以一种愚蠢的(*idiote*)方式知道

---

① *Ibid.*, p. 68-69. [根据讲课录音补充的内容到此为止。——原编者注]

或感到——恰恰是在我们讨论习语的时候（也就是说，讨论希腊语中意义和用法的独特磁场，后者将特殊或独特习语的 *idios* 与 *idiotēs*、与 *idiotēs* 的愚蠢关联起来，他们可以是土著民，单纯是市民，也可以是无知的人、没有经验的人、赤裸的人、野蛮的人、天真的人），[与此同时明确地知道或感到——或至少是模糊地、不清晰地，甚至是愚蠢地，以一种愚蠢的方式知道或感到，]当我们以"bêtise"重译"*stupidity*"的时候，或者反过来也一样，当我们在 *Dummheit*、*bêtise* 和 *stupidity* 之间进行翻译的时候，有一种未被翻译也不可翻译的残余、剩余。而这一剩余无法被仅仅还原为只有法语或别的什么语言（尽管很少见）才包含的指涉，即对于野兽的指涉。我们可以先验地说，始终绝对不可译的东西，在"一词对应一词"的逐字翻译中、在单词的配置（économie）中始终不可译的东西，正是习语网络的整体，后者调整着所有这些价值、含义、准同义词甚或同形异义词（例如，蠢人的"bêtise"和蠢事与蠢话的"bêtise"之间，和人们给予或接受的"不值一提"之物意义上的"bêtise"之间的同形异义，等等）。

因此，我再次提出之前提到的问题：不可译性的关键点是什么，它在这里为什么重要？为什么要用这个本身不可译的句法，"不可译性的关键点/不存在不可译性"？没错，这是为了尽可能明确地表示，这里不存在任何纯粹性，不存在任何可决定的边界：既没有纯粹而单纯的可译性，也没有纯粹而单纯的不可译性。存在不可译性的关键点，同时不存在不可译性。就法语"point"一词的使用而言，其意义和句法的连接无法翻译，但也只是相对地无法翻译。回应总是省略性的（économique），也就是不纯粹的。由于"point"的句法在"点"和"否定"（"ne...pas"）这两个意思之间游移,就无法用一个词来翻译;但如果我用一个段落来解释这个词,它就很容易翻译,不过这就不是纯粹而单纯的翻译了。

为进一步思索这个问题,我们首先需要表明或铭记的事实是,一般等价物的缺席,也就是说,缺乏一个单一的、其意义能够被完全理念化的概念,因而也就是缺乏超越于"bêtise"语词所具有的所有实际或实用用法的概念,包括形容词"bête"、副词"bêtement"、名词"bêtise";这个纯粹一般等价物的缺席,便是缺乏一个能够毫无剩余地进行翻译的功能词,〈这个功能词〉不但在不同语言之间不存在(这一点非常明显),而且首先是哪里都不存在,它在任何一门语言内部、在语言或习语的被认为是纯粹的家庭内部也不存在,它并不纯粹而严格地存在于那里,无法被对象化为一种纯粹的理论性知识,一种客观的科学或意识;它仅仅以近似的、相对稳定的、可稳定的、或多或少可决定的方式存在于那里。

在这里,你们能注意到从我们的问题意识来看,这一不可译性的关键点为什么重要;以及为什么我在这次课开始的时候似乎打赌说,一个人不可能誓称他在说出"bête"的时候知道自己想要说什么和做什么,并且知道如何做、如何让他人知晓。这是因为我将自己所打赌的这一非知——即当人们用法语说出"bête"的时候"不知道自己在说什么或意思是什么"或"让别人说什么"或"做什么"——因为我将这一非知,或这一知识、科学或意识的不纯粹性、非严格性、根本上的不完整性,作为我们研讨班的公理、第一推动力、精神或启示,甚或是存在理由:这是关于"bête"(名词或形容词,名词的形容词化)的非知,关于这个词意味着什么、让人说什么或通过言说而做什么的非知。

在《野兽与主权者》这个研讨班题目的选择上，我首先的想法是让它不断地将我们带回到这个决断的最初地点，它涉及有关生命的宏大问题（我们得经常提到的一点是，根本而言，正是纯粹的生命本身有着无法消除的愚蠢。生命既是无限地愚蠢，又狡诈而智慧；既是愚蠢/野兽，又完全不是愚蠢/野兽：正是生命本身的"生"［vivant］，打破了愚蠢及其假设的反面之间的对立，打破了两者之间可决定的边界，在所谓人和所谓动物那里都是如此，一般意义上的生物都既愚蠢又不愚蠢，既白痴又狡诈，既天真又聪慧，等等。在这个主题上，尼采无疑是最雄辩的见证者之一），［所以，在《野兽与主权者》这个研讨班题目的选择上，我首先的想法是，让它不断地将我们带回到这一决断的最初地点，它涉及有关生命的宏大问题，］涉及所谓动物生命固有的东西与所谓人的生命固有的东西之间的关系，也即对于语言、符号或言说的经验，对于表现、理解、阐释的经验，等等。我们得记住，这始终是最终标准。

即使是在一门语言内部，在同一个被认为是自洽的（"*consistant*"）习语体系内部，我也不能就"bêtise"的语汇（bêtise, bête, bêtement, 等等）规定出、独立出一个单一的意义，无法将它对象化为——也就是作为相同之物而理念化为——一个单一的意义。这么说是因为，每次我对于这个语汇的使用都是述行性的，而不是记事性的，我对它的使用始终都是既无法规定又因此是多元决定的，取决于各种无法计算的状况、协议、语境变量，而这一语汇的每次出现，都对应于一种评价（因为 bête, bêtise, bêtement 总是在价值论上与一种本身也总是相对的评价相关，它们总是一种否定的、负面的评价，一种侮辱、指责，一种反讽性的攻击，等等），那么就不存在什么一般等价物来让我可以严格地说：我通过述行性地生产这一评价,这一价值判断、指责、katêgoria(控诉)、侮辱、辱骂,我想说的就是这个客观的、理想的意义。

当然,你们会说,在这件事上我并非全然无力、毫无办法。我可以尝试理解并解释,也就是翻译、刻画、检验各种一般等价物,即或多或少令人满意、认同且具有说服力的近似词(归根结底,我们在这里所做的正是这件事,而刚才我们以大致的方式翻译我引述的罗奈尔的文章段落时,做的也正是这件事)。但你们可以看到,这一成功是相对的、总是可完善的,而就罗奈尔的著作而言,我们已经需要相当多的语境条件,首先就是某些相对和共享的认识,对于三门或四门语言的认识(希腊语、英语、德语、法语)、对于共同指涉的认识、对于法语中与"*stupidity*"意思不同但相近的语词的认识,等等。

我想用这个"不可译性的关键点/不存在不可译性"来说明什么?没错,简单来说是下面这一点:如果对于"bêtise"的指责、评价(评价性的指责,也就是规定性或控诉性的、规范性的、规范化的、社会政治性的指责,总是特定视角的指责),如果这一作为战争行为的侮辱始终无法翻译,因为它总是与一个独特的情境和一种语境化的策略关联在一起,因而被这样的情境和策略所包含、限制、约束,这是因为它不具有一种超越性的法则,即胡塞尔所谓**自由**的理念性(idéalité *libre*)。简言之,在胡塞尔那里,一般意义上的理念性指的是:在多样的主体行为那里作为相同之物而被确立和重复的对象或意指:例如,数字"2"或一部文学作品或一个词的意义,甚或任何别的东西,在无数不同的主体行为那里,始终都是同一个东西,始终都保持相同;它每次都是同一个数字"2",或同一部作品(从理念上说,[始终都是]某首特定的诗歌),在各种行为或各种人那里，意向的都是这同一个东西；人们在数以百万计的场合下，在不同的时间和空间的经验过程中，都可以意向这同一个东西。但是，在所有这些理念性对象中，在所有这些独立于对它们进行意向的经验行为和主体行为的理念性中，胡塞尔区分了**绑定的**（enchaînées）理念性（联结的，gebundene）——它们的理念性仅仅在于某种本身为理念性的身体，后者属于一种特殊经验（无法绝对地普遍化）——和那些绝对自由、绝对独立于环境的理念性。例如**数字**，我提到的数字"2"，这个超越于任何语言的客观数字就是一个绝对的理念性对象，它是普遍地可理解的，因此它自由而不受束缚、不受捆绑，但"二""two""zwei"只有在各自的语言中才是同一个东西，无论是谁，只要他在自己的语言中重复它们，它们意向的就始终是"相同"的对象；但它们始终束缚于某种语言，它们不是普遍的而是绑定的理念性，在理念性的层面上，或在它们理念化或普遍化的过程中，它们相对而言是受到限制的。没错，作为法语单词的意义，"bête""bêtise"等词的意义具有一种理念性的意义，但它受制于法语，因而也受制于法国历史、文化和社会；从而在更严重的意义上，始终受制于特定的用法和语境，后者限制了它们的可译性或普遍化——不仅是从一门语言到另一门语言，而且是在同一门语言内部。

我选择现象学语汇和胡塞尔的概念来描述这一情况，是因为在这里可以发现"自由"的母题，因此可以发现，它们与负责任的、自由的、自主的（souveraine）人格性相互关联，而后者经常被用于向我们说明（例如，就像拉康和德勒兹在我们之前所做的那样，但情况从来都是如此）：残忍的兽性和愚蠢都是人所固有的，无法被归属于所谓动物的野兽。归根结底，拉康和德勒兹有关兽性和

(先验的)愚蠢向我们说的是,它们是保留给人类的东西,它们是人类固有的,野兽无法得到它们,人们无法将与法律无关的野兽视作"兽性"或"愚蠢"的("bêtise"意义上的"bête"),野兽不可能残忍也不可能负责,即不可能是自由而自主的(甚至在政治性地界定一个民族国家或民族的主权者的本质、使命或主张之前,"souveraineté"首先是对法人的界定,即自由而负责的人格,能够言说或暗示"自我,我"[moi, je]①,能够将自身确立为"自我,我")。

因此,如果"bêtise"或"愚蠢"等语汇的**意义本身**、兽性或愚蠢的**意义本身**无法被绝对地翻译,像是一个没有歧义的自由理念性那样,像是一个纯粹而独立的语义对象那样,不仅无涉于特定的语言,而且无涉于实用的、述行性的、论辩的、策略性和暴力性的语境,那么严格而言,似乎就无法将它们保留给自律而自由的人类。这就是为什么我上次说,这一翻译的深渊迫使我们重新思考所有被认为发生在所谓动物次元和所谓人类次元之间的翻译和无翻译,发生在所谓**反应**和所谓**负责的回应**之间的翻译和无翻译,发生在所谓动物语言和所谓人类语言之间的翻译和无翻译,我倾向于说是发生在据说不具有愚蠢性质的野兽踪迹与据说享有仍然被称作"愚蠢"之特权、享有"愚蠢"之权利的人类语言之间的翻译和无翻译。这一意义的理念性是"绑定的",受到这一意义规定的语言既涉及反应(内在于种种高度复杂的、多元决定的程式化约束之中的反应——而且对动物和人类而言都是如此),

---

① 在这一讲和后面几讲中,这个表达以多种方式得到书写。在此,我们严格遵从德里达的打印稿原文。——原编者注

也涉及回应。假如意义始终与一个确定的情境相关,例如关乎战争或论争的语用学、关乎生命性的介入和投入(无论是何种性质的投入:力比多的、狩猎性的、引诱性的),与一种力量关系相关,那么反应和回应之间的区别(从笛卡尔到拉康,所有人都将它视作人之固有性的标准,视作人之理性、自由、自主、人与法律之关系的标准)——这一区别就失去了它的严格性和可决定性。

所以,即使"bêtise"一词仅仅属于法语(但事实上这又是为什么呢?),也不要下结论说"bêtise"是法国人所固有的。我之前提到,应该从我们时代的一部带有明显法国色彩的作品那里,即从瓦莱里的《泰斯特先生》中的一句名言那里重新出发。这一著作开头的一句话在法国家喻户晓,而且像我们上次提到的那样,在世界文学中也非常著名:"愚蠢不是我的强项。"[1]你们记得,这句话翻译成英语是:"I am not very strong on stupidity"。

我说这话不是为了贬低那些话语,它们尽其所能试图阐明人性,阐明兽性和愚蠢是人所固有的性格。我说这话也不是为了搅浑水,仿佛非人类动物和人类动物之间没有区别。相反,[我强调的是,]有一些概念和逻辑,人们用它们来把人们认为可以界定为"兽性"和"愚蠢"的东西[也就是将一种权利或特权],保留给真正的(proprement)人类动物性,后者被认为是自由的、负责的,不是反应性的或被动的,被认为能够分辨善恶,能够为恶而作恶,等等——我强调这些概念和逻辑不妥当,是为了细化这些差异性概念。

---

[1] P. Valéry, « La Soirée avec Monsieur Teste », *Monsieur Teste*, dans *Œuvres*, II, *op. cit.*, p. 15. ——原编者注

在结束今天的讨论之前,我想要澄清一下,我在什么意义上对德勒兹和拉康有所保留;在他们那里,传统话语以一种全新的形式呈现出来。

我之前提到,当德勒兹沿着谢林的脉络说"愚蠢不是动物性"或"在某种意义上,动物的明确形式让它们事先抵御了这一基底",他的意思是:当人的形式、人的"个体化"规定使得他抵御了无基底的基底(作为 Ungrund[无底]的 Urgrund[原初的基底]),人作为不受规定的自由,却始终与这一无基底的基底保持关系,而人所固有的"愚蠢"也被认为来自这一关系。

但是,这种说法何以可能,又为何以这种形式出现?

让我们重新考察一下这个陈述:"**在某种意义上**,动物的**明确形式**让它们事先抵御了这一基底。"①首先,如果动物如此这般有所预防的话,那么它们就必定与这一基底、与这一基底的威胁有某种关系。此外,有谁不会感到,在许多动物那里存在着一种与无基底的基底的关系,一种与人类相比更具魅力、更受魅惑、更不安、更焦虑的关系,至少与人类的情况一样,如同深渊一般;有谁不会感到,甚至在动物的事先抵御那里,始终存在着一种迫切的、顽固的、威胁性的毗邻性,即毗邻于那个根基,那个据说动物——但人类也一样——事先抵御了的基底? 另外,就当德勒兹在"愚蠢"问题上断然将人区别于动物性,毫无疑义地、决然地、确定地说"愚蠢不是动物性"②,为什么他采用了一些难以被纳入断然对立的表述,如"在某种意义上""事先抵御"(这一观念总是意味着

---

① 强调为德里达所加。——原编者注

② G. Deleuze, *Différence et répétition*, op. cit., p.196.

某种程度、或多或少,就如一些动物与人类始终无法觉察的某次地震的关系那样,"或多或少"事先抵御着某个总是与之保持关系的东西),尤其是"明确形式"这样的表述?那么,什么是暗含的(implicite)形式呢?这个有关暗含、有关暗含和明确之区别的问题,不仅导向了"多多少少"的不同层次和没有缝隙的微分,而且导向了无意识的问题(我们之后会回到这个问题上来),而德勒兹在这一语境下很快将这个问题放在一边,甚至不加考虑。在这里,他恐怕像拉康一样假定,动物没有无意识。在德勒兹对"愚蠢"的分析中,甚至人的无意识、压抑和抵抗也没有被考虑在内。在这一点上,不管德勒兹(或德勒兹与加塔利)对于精神分析的反讽式、嘲笑式警惕是多么有意思,有时甚至很有益,如我之前所说,我也很难与他们一起笑很久。因为反过来说,为什么不承认人类——既然人类同样具有明确的个体化形式——在某种意义上也事先抵御了无根基的根基,并且,至少在这个意义上应该像动物那样对纯粹的"愚蠢"一无所知?再说一遍,我不想将事情均一化并抹除差异,但我认为这里提出的概念并没有提供确切的标准,来表明"愚蠢不是动物性"以及只有人类才是"愚蠢"的。例如,在下面的句子中,我看不出为什么"挖掘"(minage)——即由根底而来的挖掘的劳作——和"劳作"(travail)、"受折磨"(être travaillé par)等颇为含混的形象,[我看不出为什么它们]不能用于动物。除非人们像笛卡尔和康德那样,不仅假设动物无法将自己确立为"我"(Je)和"自己"(Moi),而且假设人类学、假设人的固有性本质是由"我自己"的可能性规定的,甚至是由能否言说"自己,我"来规定的。我之后会马上处理这个问题。德勒兹的论述如下。(朗读并评论)

从某种意义上说,动物却凭借着自身的明确形式提防着这一基底。对于**我**和**自我**来说,情况便不是这样了。**我**和**自我**被那些对它们施加着影响的个体化场域侵蚀着,它们对于基底的上升毫无抵抗能力,这种上升将一面变了形的或是造成了变形的镜子递给了它们,在这面镜子中,所有那些现在被思考的形式尽皆消散了。愚蠢既不是基底也不是个体,而是一种关系,个体化在这种关系中使基底上升而又不能给予基底以形式(它穿过我上升,深入到了思想之可能性中的至深处,并构成了所有认知的非被认知者[non-reconnu])。①

这是认识到"愚蠢"与"自己"或"我"有关;这不是对于某种不具有"我自己"形象的精神生活形式(无论是否称之为基底)的命名。无须特意举出弗洛伊德的元心理学的某个特定构造,我们也可以做到避免将精神经验或现象学经验整体还原为自我论形式,也可以做到避免将"自我"的生命整体、将自我论结构整体还原为意识性的自我。在精神的经验或现象学的经验中,在生物的自我关系中,一方面存在着某个"非自我",甚至存在着弗洛伊德所谓的无意识自我。如果不想提到弗洛伊德的权威和论述方式,那么承认下面这一点就够了:生物是可分割的,生物是由多样的、有时处于紧张甚至矛盾关系中的多重仲裁机制、力量、强度所构

---

① *Ibid*., p.197–198. [中译文根据德勒兹:《差异与重复》,安靖、张子岳译,第263页。——译注]

成的。在谈论强度和力量的微分时，我有意使用了德勒兹更容易接受的尼采式语言风格。但你们可以清楚看到，一切都围绕关于"我"和"自我"的自我逻辑（égo-logique）展开。

因此，就我们有关野兽和主权者的问题而言，如果主权者总是"自我之我"的仲裁机制、一个言说"自我之我"甚或"我们"的主体的仲裁机制，如果主权者总是第一人称，被认为要作出自由而自主的决断，要确立法律，要回应，要为自己负责，要主宰剩余的精神生活（意识性的和无意识的），那么野兽是谁？或野兽是什么？"自我"，还是"它/本我"？① "愚蠢"属于谁、属于什么？

从另一个观点那里，从另一个问号那里，我们又回到了同类与他者的问题，不是吗？愚蠢地（bêtement）说，"自我，我"是愚蠢的吗？这个"自我，我"愚蠢吗？愚蠢说的总是某个"我"、某个言说"我"的人吗？在我内部，哪个更愚蠢：是言说"我"的那个人，还是某个别的什么，在根底处，在无我之我的无根底的根底之处，"自我"所无力支配、统治、压迫或压抑的东西？常识的回答总是双重性的回答，我们必须知道如何倾听其中的双重性，这一回答也许是：我总是比他人更愚蠢，这话的意思是，愚蠢的人、总是比他人更愚蠢的人是我，是某个"自我"，即有意识地言说"我"的人（甚至像泰斯特先生那样，一开口就是"愚蠢不是**我的强项**"，我们可以从这个命题中听到从根底的深渊般的深处回荡和涌出的一种模糊而执着的声音，一种愚蠢得不可救药和匪夷所思的自负。一个人得多么愚蠢甚或"傻X"，才说得出"愚蠢不是我的强项"这

---

① 在法语中，"Le Moi et le ça"是对弗洛伊德笔下"自我与本我"的标准译法。——译注

种话!)。

　　这个"自我,我"比他人更愚蠢,比内在于自我之我之中的他者更愚蠢;但意识性的、负责的"自我之我"同样也声称主宰着我内部的野兽和愚蠢。自我始终既比"它"(ça)更愚蠢,又不如"它"愚蠢,无论"它"意味着什么。因此,"谁"始终既比"什么"愚蠢,又不如"什么"愚蠢。多多少少比"什么"更**强/擅长**(*fort*),而根本差别只在于,强力可能在"愚蠢"那边,有时"愚蠢"可能是强力本身,可能是力量之强力所在,而这一点显然将事态复杂化了。

　　如果你们重新探讨这些表达,并最大限度倾听这些简练的陈述("自我始终既比'它'更愚蠢,又不如'它'愚蠢",无论"它"意味着什么;或者,"我(或这个'我')始终既比'它'愚蠢,又不如'它'愚蠢"),你们就可以通过寥寥数语把握我想让你们领会的要点。这个时候,你们就能将传统话语的确信——我尤其不会称之为"还是有点愚蠢"——包括拉康和德勒兹的话语在内,尽管他们非常具有原创性,而特别是在德勒兹那里,他非常独特地向另一种关于动物性和"愚蠢"的阐释经验开放,[你们就能将传统话语的确信,]将拉康和德勒兹共有的确信,加以重新考察和质疑,因为拉康和德勒兹最终都将一切归属于一种负责任的人类"自我"的主权/自主性,后者可以自由地回应,而不仅仅是反应,可以与根基的无规定性维系一种自由的关系。**回应**和**反应**的区别、负责任的回应和不负责任的反应的区别,也就是说,主权和非主权之间的区别、自由和非自由的区别,没错,这些作为人类和野兽的差异,至少未能认识到所谓"无意识"的可能性,而这出现在持有精神分析之名、宣称要回到弗洛伊德那里去的话语中,着实令人惊讶。但在这一点上,我们不需要["无意识"]这个词,也不需要任何理论建构(元心理学或别的什么：自我、本我、超我、理想自我、自我理想，或 RSI，即真实界、象征界、想象界)。只须提到最低限度的必要条件——即一个生物(无论它是什么)具有的种种力量的可分割性、多样性和差异性——便足以让人承认，没有一个有限的生物(非人类生物或人类生物)不是由各种力量的微分所结构起来的，而这些力量之间的张力甚或矛盾，注定会确立各种差异性的仲裁机制，或将自己确立在差异性的仲裁机制之中。在这些差异性的仲裁机制中，一些会抵抗另一些、镇压或压抑另一些，试图施加并张扬我们所谓(不要忘了拉封丹)"最强者的理由/理性"。在每个有限的生物那里，在由力量或强度的差异造成的对抗那里，"愚蠢"必然总是位于两侧，即同时位于"谁"的一侧和"什么"的一侧，同时位于能够将自身确立为主权者的一侧和被主权者谴责或攻击为他者的"愚蠢"的一侧。

即使在至高的意义上(souverainement)机智地说出"愚蠢不是我的强项"这种蠢话——在法国文学中，直到今天，直到今晚，这句话仍然代表了批判性知性的至高呈现，知性确立自身并自豪地主张其权利；这句话仍然是"我思"的确凿明晰性的至高呈现，仍然是一种张扬的超意识性理智主义的至高呈现，而我、我自己在其中听到的，则或许、或许是另一种愚蠢，自我的愚蠢，自我本身的愚蠢，意识性自我的愚蠢，将自己如其所是地确立起来的自我的愚蠢，**我的**愚蠢本身。这一愚蠢始终张扬，将自身确立为知性，它正是一种警醒的自信和自我意识，这种警醒，就它将自己如其所是地确立起来而言，就它进行确立和自我确立、自我定位而言，它并不愚蠢，它不那么愚蠢。定位、定立(thèse)、自我定立、成功的自我定位，反映了愚蠢并自我反映为愚蠢。愚蠢总是会胜利,在我们谈论的战争中,它总是得胜的一方。在愚蠢中存在着某种《生命的胜利》①。对于这种胜利,某种生命也试图加以战胜它。这是为什么"愚蠢"千万不能发现自己"愚蠢",这将会是自杀性的。瓦莱里在《泰斯特先生的航海日志》中写道——我们可以将这句话同时视作与"愚蠢"的绝望斗争和"愚蠢"本身的署名,视作它得胜的印记:"我并不愚蠢,因为每次我发现自己愚蠢,我都会否认自己——我杀死自己。"②

还有比这更愚蠢的吗?还有比这更好的"愚蠢"之所在吗?更显著的"愚蠢"位于哪里,位于意识性自我之中,还是位于无意识自我的基底;位于意识之中,还是位于非意识的基底?要言之,但凡谁胆敢在缺乏足够反思的情况下表明最初那句陈述、那句开场白("愚蠢不是我的强项")有多愚蠢——这已经有点像他希望在自身内部杀死的那个牵线木偶了——[那么,]他这种傲慢的愚蠢,未必就是瓦莱里自己的愚蠢,但恐怕是他在文学上的分身的愚蠢,尽管我们可以假定,对于这一分身,对于他的人物、他的造物、他的牵线木偶,即泰斯特先生,瓦莱里感到某种赞赏性的、模糊的吸引力;我们可以假定,瓦莱里被泰斯特先生这个为知性摄住的虚构形象深深吸引,甚至到了与之等同的地步,正如福楼拜

---

① 《生命的胜利》(*The Triumph of Life*)是雪莱(Percy Bysshe Shelley, 1792—1822)生前最后一部未完诗稿,其中雪莱将生命视作对于不朽之精神的遮蔽和败坏。——译注

② P. Valéry, «Extraits du Log-Book de Monsieur Teste», dans *Œuvres*, II, *op. cit.*, p. 45. [此后引用的瓦莱里文本皆出自《泰斯特先生》。——原编者注]

被布瓦尔和佩库歇这两个受愚蠢困扰的形象所吸引,仿佛被引向沟壑和无底洞一般,几乎要让自己陷入与之等同的地步。吸引、拜物化、意识性或无意识的投射:哪个更愚蠢或不那么愚蠢,更狡诈或不那么狡诈,是意识还是无意识?每一方都说,双方都向对方说,一方比另一方更愚蠢。灾难与胜利。一方比另一方更强。所以一方比另一方更弱。

这一不可决定的抉择,"奇特而熟悉"的诡异(uncanny, unheimlich)抉择,也适用于生与死、生者与死者、有机与无机、生物与机械、生物与其机械化、牵线木偶、必朽与不朽:一方总是比另一方更愚蠢。"愚蠢"的真相恐怕就是这种相互的加码,这种否认性的夸张,它总是将"愚蠢"、将"愚蠢"的增补,加到对面的自我宣称之上。

下一次,我们很可能要从牵线木偶那里重新开始。不仅是泰斯特先生的牵线木偶;在我们将要读到的许多主张中,泰斯特先生据称已经"杀死了牵线木偶",恐怕这是为了在自身内部否认或杀死那不可决定的、内在的奇特感——既是内面性的,又是根本上他异性的、令人眩晕的、诡异的(unheimlich)——为了抵抗、压抑或主宰某种诡异性(Unheimlichkeit)("当他说话的时候,他从不会抬起手臂或手指:他已经**杀死了牵线木偶**[我强调这几个字:如何杀死一个牵线木偶?]。他没有微笑,没有说'你好'或'晚上好';他似乎没有听到'你好吗?'")。①

不仅是瓦莱里的牵线木偶,还有在"诡异性"方面更引人思考

---

① P. Valéry, «La Soirée avec Monsieur Teste», dans Œuvres, II, op. cit., p. 17.

的、策兰的牵线木偶。众所周知,他的《子午线》开头如下:"你们会想起,艺术如牵线木偶一般……它的性质是无后"(Die Kunst, das ist, Sie erinnern sich, ein marionettenhaftes [...] kinderloses Wesen)。根据瑟伊出版社刚出版的,由让·劳奈(Jean Launay)进行出色编辑、解说和翻译的版本,这句话为:"你们会想起,艺术是一种牵线木偶,一种五音步抑扬格,而且艺术无法产生后代——这一特征为神话所证实,为皮格马利翁及其造物的故事所证实。"①

再往后(不过我们会回到所有这些段落),策兰转而思考始终 unehimlich(诡异)之物,这是一种令人眩晕的、深渊般的思考。我这里简单朗读一下相关段落,下次课也许会回到这个地方:(朗读并评论)

> 棱茨,也就是毕希纳,对"理想主义"及其"木偶"投以"啊,艺术"之类的轻蔑言辞。他将它们与自然和生物对立起来,而在之后令人难忘的段落里,他谈到了"最卑微的生命"、谈到了"战栗"、谈到了"暗示"、谈到了"细微到几乎无法察觉的面部表情"。他通过一次最近的经验来描绘这一艺术观:
>
> "昨天,当我沿着山谷边上行走的时候,我看到两个女孩坐在一块石头上:一个在扎头发,另一个在帮忙;她们的金发垂下来,一张真挚而苍白的脸庞,如此年轻,还

---

① Paul Celan, Le Méridien, dans Le Méridien & Autres Proses, 双语版本,由让·劳奈译自德语并加了注解,Paris, Le Seuil, 2002, p. 59。

有那黑色的衣衫,而另一个如此专注地帮忙。古日耳曼画派最出色、最生动的图画也无法表现出这一景象。有时人们宁可变成美杜莎的头,以将这样的两个人变成雕像,好叫人们来看一看。"*

女士们、先生们,请注意:"人们宁可变成美杜莎的头",才能借助艺术来如其所是地领会自然!

不过,这里说的是"人们宁可",而不是:**我**宁可。

在这里,我们越过了人性(*Das ist ein Hinaustreten aus dem Menschlichen*),跨入了与人性相对峙的诡异领域(*ein Sichhinausbegeben in einen dem Menschlichen zugewandten und unheimlichen Bereich*)——猴子、自动机器,以及……啊!还有艺术,似乎也栖居于此。

这不是历史上的棱茨在说话,而是毕希纳的棱茨在说话;我们听到了毕希纳的声音:在他看来,艺术即便在这里也带有某种诡异色彩(*die Kunst bewahrt für ihn auch hier etwas Unheimliches*)。①

---

① *Ibid*., p. 66 –67. [星号标示的段落引自毕希纳的《棱茨》,参见 *Œuvres complètes*, Bernard Lortholary(éd.),Paris, Le Seuil, 1988, p. 179。——原编者注]

第七讲

Septième séance

2002 年 2 月 13 日

[阴性的]野兽和[阳性的]主权者。

牵线木偶和牵线木偶。存在着不同的牵线木偶,这是假设,也是赌注。毋宁说,关于牵线木偶,存在着两种经验和两种应对方式,也可以说是两种技艺。但或许也是牵线木偶的两个寓言。两个相互交织的有关牵线木偶的寓言,两个牵线木偶。

牵线木偶有没有灵魂,就像人们曾经质疑女性和野兽那样?它们是否仅仅是机械性的替身和假肢?它们是否如人们所说,由木头制成?无感知、无生命,自然地无生命,无法自主地、自然而然地(sponte sua)拥有生机的根源本身,拥有灵魂本身?或者相反,它们可否声称拥有赋予生命或被生命赋予的恩赐?牵线木偶是**谁抑或什么**?如果牵线木偶**本身**介乎两者之间,介乎两个牵线木偶之间,介乎"谁"和"什么"之间,既有感知又无感知,既非有感知也非无感知,感知—无感知(比如像黑格尔和马克思谈到时间时所说的:sinnlich unsinnlich[感性的非感性]①?),无感知的感知,活死人,幽灵,诡异(uncanny, unheimlich),那么事情会怎样?

无论如何,我们在这次研讨班开始的时候就知道,若要处理

---

① 参见马克思《资本论》第一章:"例如,用木头做桌子,木头的形状就改变了。可是桌子还是木头,还是一个普通的可以感觉的物。但是桌子一旦作为商品出现,就变成一个可感觉而又超感觉的物了。"(https://www.marxists.org/chinese/marx/capital/01.htm)——译注

"野兽与主权者"的问题,就不能不处理"技术"这个大问题:生物技术、政治生物技术或动物政治技术。我们从霍布斯《利维坦》那里提及的"**假肢—国家性**",将我们带回这一轨道,在这里,我们无法再避免假肢性**增补**(*supplément* prothétique)的形象,它会对生物进行取代、模仿、接替、增强。这似乎是所有牵线木偶所做的事。也是牵线木偶的所有技艺所做的事——因为不要忘了,这里的问题是技艺,是作为艺术的 technê[技艺]或介于艺术和技术之间的 technê,介于生命和政治之间的 technê。而且你们记得,策兰在《子午线》开头将艺术本身比作没有后代的牵线木偶("*Die Kunst, das ist, Sie erinnern sich, ein marionettenhaftes* [...] *kinderloses Wesen*"①)。

因此,如刚才所说,似乎存在着两种**牵线木偶的技艺**,两个相互交织的有关牵线木偶的寓言,两个牵线木偶。或许,"艺术"是对这样一种决定的命名,即决定牵线木偶将变成什么样子。

[**阴性的**]野兽和[**阳性的**]主权者。
我们还没有解决种种性别差异。还没有解决她们。② 而确乎是在所有地方,在所有进行哲学思考的人那里,关键问题就是解决它们。解决她们。
即使存在两种性别的牵线木偶,其名字也从一开始就自然而然地与少女和处女的形象或塑像结合在一起,因为牵线木偶的名字最初来自再现圣母玛利亚的细密画,即"mariole"的昵称"mario-

---

① P. Celan, *Le Méridien*, dans *Le Méridien & Autres Proses*, op. cit., p. 59.
② 表示"差异"的法语名词"difference"为阴性。——译注

lette"。

叙事者说,泰斯特先生已经"**杀死了牵线木偶**"①;泰斯特先生是一位"先生";换言之,是一个男人,如其称呼所示。此外,我们能想象这个角色是一名女性吗?一个女人能否承担这一话语?她张口就说"愚蠢不是我的强项",就像叙事者那样——这另一个男人既非瓦莱里也非泰斯特先生,但他似乎在泰斯特先生那里遇到了某个吸引人的分身。因为——别让我说蠢话——说出"愚蠢不是我的强项"的,既不是泰斯特先生(这一点你们很清楚),也不是瓦莱里,而是另一个人,即叙事者。但这个叙事者有点像腹语师,他作为瓦莱里的一个可能的分身,直接等同于泰斯特先生,他将会代替泰斯特先生说话,将会让这个牵线木偶说话。寓言、虚构或戏剧中的人物形象始终是这种牵线木偶,而在这里,泰斯特先生就是这样一个如此出色、具有至高智性的牵线木偶,以至于叙事者告诉我们,泰斯特先生"已经**杀死了牵线木偶**"。就像一个鲜活到足以在自身内部杀死另一个牵线木偶的牵线木偶,而自身内部的那个牵线木偶也要鲜活到需要被杀死。但如果叙事者将泰斯特先生——这个杀死另一个牵线木偶的牵线木偶——视为一个虚构形象,也就是视为牵线木偶,那么这个叙事者自己已然是某种牵线木偶了,这么说既是因为他自身作为一个戏剧性的虚构形象被瓦莱里操纵、施加腹语,也是因为当泰斯特先生声称自己已经杀死了内部的牵线木偶时,叙事者毫不迟疑地认同于泰斯特先生这另一个牵线木偶。这里存在的只有牵线木偶的各种分

---

① P. Valéry, «La Soirée avec Monsieur Teste», dans *Œuvres*, II, *op. cit.*, p. 17.［强调为原文所有。——原编者注］

身,很难知道谁控制着它们,谁让它们说话或放任它们说话,谁给予它们话语,谁是主导者、作者、造物者或主权者,谁是操纵者和牵线者。同样,很难知道什么是牵线木偶,它是否属于机械和无生命的事物(再次提到我们的笛卡尔—拉康式的区分:反应而不回应),抑或属于有生命的、动物性的事物(一种纯粹反应式的生物,被假定为不具有语言和负责任之思想的生物),抑或它已然属于人类,因此能够自我解放,能够自律地作出回应,如果可以这么说的话;并且,能够在假肢的意义上、在假肢—国家性的意义上,握有一种主权权力。回想一下克莱斯特(Kleist)《论木偶戏》中的两个瞬间:不仅是最后时刻,即"优雅"在看似已经不可能时再次变得可能的时刻,当意识穿过无限之后,以其最纯粹的形式出现在没有意识的人体中的时刻——在此,无意识与一种无限的意识相一致,即神的意识或人体模型的意识;[不仅是最后时刻,]而且是在此之前,提到"假肢的优雅"的时刻,提到残疾人用艺术家尤其是英国艺术家为他们制造的机械肢和假肢跳舞的时刻。这些人的舞蹈,带着"一种优雅和轻盈,足以震惊每一个有能力思考的人"①。

叙事者直接以他的分身或牵线木偶即泰斯特先生的声音说话,他借给对方自己的声音,或从他那里借来自己的声音,这是叙事者自己说的;总之,就是那个说出"我"的人,那个在《与泰斯特先生共度的夜晚》开头以一种滑稽的确信、带着沉着的力量宣称"愚蠢不是我的强项"的人。叙事者告诉我们,他在谈论自己的分

---

① Heinrich von Kleist, *Sur le théâtre de marionnettes*, tr. fr. Jacques Outin, Paris, Mille et Une Nuits, 1993, p. 13.

身：他放任这个酷似自己的人说话，或让他说话。从第二页开始，他事实上就讲述了自己如何"结识泰斯特先生"，自己如何在结识他以前就"被他特殊的言行举止所吸引"，他说他已经研究了他的眼睛、他的着装，等等。他意识到自己在模仿他，并且承认说："我心里重复着他流露出来的审慎姿态"，"当我们开始交往的时候，这方面的知识我已经了然于胸了"。① 当他遇到泰斯特先生的时候，他已经对他无所不知，他了解他如同了解自己，仿佛是自己制造了他。如同一个木偶师和他的牵线木偶。因此，他谈论自己的分身，或他的分身在他内部说话，通过腹语说话，或他通过腹语让这个分身说话，就像一个木偶师或一个牵线木偶，一个不可决定的选择，而一点都不令人惊讶的是，这里的氛围有点类似爱伦·坡的一则奇幻故事（有很多证据表明，瓦莱里将爱伦·坡抬得比一切都高，我建议你们自己读一下）。特别是在对于《我发现了》的夸张赞美最后——这一赞词里写着"**宇宙**因此不过是一个神话性的表达"——瓦莱里写道（这是这一文本的最后几个字）："**太初有寓言**。寓言将始终在那里。"②不是太初有为、太初有言、太初有话或太初有道（Logos），而是太初有寓言，对此我们当然得想起（但我们还要就寓言说很多）：这个"寓言"，如其名字所示③，首先

---

① P. Valéry, «La Soirée avec Monsieur Teste», dans Œuvres, II, op. cit., p. 16–17.

② Id., «Au sujet d'Eurêka», dans Œuvres, I, op. cit., p. 866–867.［强调为原文所有。——原编者注］

③ "fable"（寓言）一词源于表示"说话"的拉丁语"fari"的名词形式"fabula"。——译注

是"话语"。

因此,叙事者及其分身泰斯特先生,这个人或这两个男人在说话,这两个替身彼此在对方的位置上说话。一个为另一个说话。一个让另一个或放任另一个说:"愚蠢不是我的强项。"之后我会回到我的问题("能否想象一个女人来承担这个话语?"),我会让泰斯特夫人说话,我会将话语交还给艾米丽·泰斯特夫人,就像瓦莱里或叙事者倾听她那样,或毋宁说,就像他们让她写信那样(如果泰斯特先生和泰斯特先生的叙事者说话,如果他们发出声音,那么艾米丽·泰斯特夫人就是在书写,只是在书写,她并不在场,她写了封信,即"艾米丽·泰斯特夫人的信")。

所以,泰斯特先生不仅是一个男人、一位"先生"(sieur)、一位"殿下"(sire)、一位"绅士",他还是一个丈夫。而他的分身,《与泰斯特先生共度的夜晚》的叙事者,也是一个男人,他仅仅在夜晚与泰斯特先生相见,有一次甚至是在妓院里,如文本所说:"在某种妓……里"。①

继续推进之前,我稍微强调一下在我看来非常明显的几个一般理由,说明我为什么关注泰斯特先生及其分身形象,他不仅公然宣称超越了愚蠢,而且——你们记得——为了不被愚蠢所杀死和否定,宣称比愚蠢跑得更快,并在一场独特的斗争中杀死了自身内部的愚蠢[《泰斯特先生的航海日志》:"我并不愚蠢,因为每次我发现自己愚蠢,我都会否认自己——我杀死自己。"②为了不被愚蠢杀死,他先杀死愚蠢,正如他已经杀死了自身内部的牵线

---

① Id., «La Soirée avec Monsieur Teste», dans Œuvres, II, op. cit., p. 17.
② Id., «Extraits du Log-Book de Monsieur Teste», dans ibid., p. 45.

木偶。一场独特的斗争,一场介于两个生物之间的殊死决斗。在同一本《航海日志》中,早先我们读到一个关于"sottise"[蠢话,蠢事]的论述,后者不是"bêtise"但庶几近之,而且也栖居于很多人那里,他们未必是福音书中那些幸福的"头脑单纯"或"精神贫瘠"的人(此外我还建议你们读一读《航海日志》里题为"精神富有者"的一节):"类似德·迈斯特(de Maistre)关于正直之人的意识的说法!我不知道傻瓜的意识是什么,但聪明人的意识里充满了愚事(sottises)。"①]

刚才说到,如果他急于杀死自身内部的愚蠢,那么这总是通过将自身确立为"自我,我"来做到的:自我,即明晰的意识,即不臣服于任何物理性反射或社会性反射、不臣服于任何编码性反应的冷峻知性,自我,我,杀死了牵线木偶,也即杀死了我内部的动物—机器,这个动物复制着、愚蠢地重复着编码程序,它满足于反应——"你好""晚上好""你好吗?"等众多愚蠢的老套和重复的自动机制,众多顽固的程序和反应,泰斯特先生不想再服从它们,因为他想要确证自己的自由,确证其"自我之我所思"的自发而自主的自由,这种自由也涉及他纯粹的自我论意识、他的超越于这些愚蠢形式之上的"我思"("他已经**杀死了牵线木偶**。他没有微笑,没有说'你好'或'晚上好';他似乎没有听到'你好吗?'"②)。

上次我们问道,如果不假定牵线木偶拥有某种生命,因此拥有某种精神/灵魂(psyché)、某种动物性、某种鲜活的欲望,以及某

---

① P. Valéry, «Extraits du Log-Book de Monsieur Teste», dans *Œuvres*, *II*, *op. cit.*, p. 37.

② *Id.*, «La Soirée avec Monsieur Teste», dans *ibid.*, p. 17.

种顽固、固执而执着地想要自我持存的活动,我们如何能够杀死牵线木偶? 一个人们想要杀死的牵线木偶,还是牵线木偶吗? 一个人们必须将其判处死亡、剥夺其生命才能摆脱的牵线木偶,还是牵线木偶吗? 还是一个单纯的牵线木偶吗? 什么是一个单纯的牵线木偶? 尽管它没有生命,却还是得杀死它,那么它必定已然是别的东西了。于是,问题就不再是"我想要处死的那个内在于我的牵线木偶是什么?"而是"为了使我可以根本上是我自己,单独地、自主地、固有地(proprement)是我所是,我想要消灭的那个内在于我的他者(死的还是活的,有生命还是无生命的?)是什么?"所以,假如不假定牵线木偶拥有某种生命,因此拥有某种精神/灵魂(psyché)、某种动物性、某种鲜活的欲望,以及某种顽固、固执而执着地想要[自我]持存的活动,我们如何能够杀死牵线木偶? 并且,具有固执、顽固的执着,具有想要自我持存的欲力(conatus)这一区别性特征的,只有"愚蠢"而已吗? 尽管有着我们上次提到的所有失望和试炼,尽管我认为自己知道"愚蠢"没有一种可规定的本质,但如果我要在不借助纯粹概念的情况下,继续寻求"愚蠢"的本质,那么我会在本质的一侧寻求。没错,在本质本身的一侧,即本质作为对于存在的顽固的固执(entêtement têtu);在头脑(tête)这里,它想要(se met en tête de)继续存在,想要继续维持现在的样子,想要与自身同一,不思考任何别的东西,想要意愿本质的持存,想要执着地渴望那唯一一个可以没有概念而存在的事物的本质,也即个体性的生存(这便是为什么,不管怎么说,德勒兹正确地将所有这些与个体化联系起来),但这是因为这种个体性的生存进行**确立**(pose),它以一种顽固的执着,将自己确立和再确立于没有概念的固执之中。愚蠢是顽固的。它的头脑中只有固执。归根结底,就像我上次试图说明的那样,在"概念"一词可设想和可接受的意义上,我们当然没有关于"愚蠢"的概念,但这并不能阻止我们获得一些例子,确切地获得一些有关顽固的愚蠢的例子。"愚蠢"似乎是这个奇特而诡异的东西,它属于一个脱离确定性概念也脱离反思性概念的例子,一个没有东西的东西,一个顽固却没有原因的东西,一个无物的"变成事物"(un devenir-chose sans rien),它非常顽固,它上头,它从头而来、以头顶撞你,它撞击你的头部,总是以一种顽固的、首要的(capitale)、斩首的(dé-capitale)甚或无头的(acéphale)方式。这是为什么被哲学忽略了的"愚蠢"问题,应该位于先头,应该放在首位,就像 archê(源头)和元主权(archi-souveraineté)的问题那样。位于先头,作为标题或第一章,作为所有哲学论著第一章的开头句。即使泰斯特先生错误地相信愚蠢非他所擅长,但事实上他的行为表明他正确地认识到,人们必须从愚蠢开始,必须把愚蠢搞个明白。并不是说人们事先知道位于先头的应该是什么,或"头"到底是什么。相反,正是基于有关愚蠢的种种没有概念的例子,人们也许才能开始思考什么是头,以及同样地,什么是脸庞、眼睛、嘴唇、舌头、牙齿,等等。我们能说一个没有头的生物犯蠢吗?也许愚蠢并不是人所固有的东西,也不是一般意义上的生物所固有的东西,而是在一切我称作"与头相关者"(capitaux)的生物那里才有可能。也就是说,只限于那些除了大脑和中枢神经系统之外,具有头部、脸庞、眼睛和嘴的生物。这并不意味着一切生物和一切野兽,但确实涵盖了不少。其中包括许多野兽和许多头部,远远超过人类。许多头部,因此潜在也就有许多泰斯特(Testes),因为我们在 Teste 这个词里看到了 tête(头)和 test(考验),头部、考验和顽固,以及拥有睾丸(testicules)的所有人类和野兽,还有(司法或权利上的)立遗嘱(tester)、证词、遗嘱或 testis：第三方(terstis)和证人(关于这一词源,我们在几年前有关证言的研讨班上已经谈过很多了①;"头"这个词是法语中意思最丰富的词之一,而且我相信——这一点还有待细究——《利特词典》里关于这个词的词条是最长的)。瓦莱里本人在《为泰斯特先生的肖像作》中谈到了证言的价值,即简单的一句没有注解的话："泰斯特先生是证人。"② 在同一页上,一连串短小的警句可以说将"自我"重新放到了它的位置上,并包含了诸多前提,这些前提组织形成一个由多样的裁决机制构成的网络,其中主权性的/自主性的"自我"不过是一个部分,一个由"自我就是整体"的幻觉所构成的部分。这一三段式警句以一个英语单词开头：

有意识的(conscious)——考验、证人。

假设有一个"永恒"的观察者,其职责是对系统进行重复和重新提示(remontrer)[我怀疑是不是誊写"remonter"(给……上发条)的时候弄错了：给宇宙的机器、机械性和重复性的系统、普遍的时钟或精神总体性的时钟上发条],其中"自我"不过是一个转瞬即逝的部分,却以为自己是整体。

---

① Cf. J. Derrida, séminaire « Le témoignage », 1992—1994, Paris, EHESS, 未刊稿。——原编者注

② P. Valéry, «Pour un portrait de Monsieur Teste», dans Œuvres, II, op. cit., p. 64.

"自我"如果不相信自己是整体,它就无法着手做任何事情。①

再往下,"愚蠢"的定义就接着我上面读的部分出现了。"愚蠢"指的是"自我"这个个别事物将自身视作整体的一种方式。"'愚蠢'[瓦莱里写道;他将这个词放在引号里],一切事物的'愚蠢'都让自己被感觉到[愚蠢没有边界,于是得加上引号:如果每个事物都将自己视作一切,如果每个个别事物都将自己视作整体,那么每个事物都是愚蠢的]。愚蠢,也即相对于一般性的特殊性。'比……小'成为精神的可怕标志。"②换言之,与"愚蠢"相对的精神(如果它存在的话),体现为成为、知道并接受自己"小于"一切、"小于"整体,而这显然非常可怕。精神的富足,意味着了解自己比一切都渺小,因此或许也比一切都贫乏。

所以,泰斯特先生的整个声明——在他自身内部处死牵线木偶、自动装置、重复冲动、机器或机械性——标志着自由的自主性/主权对于社会体及其自身身体的自我确认(auto-affirmation),而这两个身体恰恰被认为是顽固的"愚蠢"的威胁性所在。但这场与牵线木偶的对决的悖论性后果是,它可能把胜者本人变成一个想要扮演天使——因此也是扮演野兽——的机器。泰斯特先生的举止仿佛他并不生活在社会里,并不拥有身体,或者,既然这一"仿佛"只是一个难以维系的虚构、一个寓言,那么可以说,他的举止就像一个拥有两个身体的人(这一点上与绝对君主类似),拥

---

① Ibid., loc. cit.
② Ibid., loc. cit.

有国王的两个身体，一个身体是纯粹非物质性的、天使般的、无性的身体，它可以自由地超越另一个身体，即必朽的牵线木偶或活着的动物的身体，后者始终留在地上，拙劣地进食和交配，如我们要看到的那样，不管是在远离家的地方、在妓院里，或是在他自己家中。

因而在《泰斯特先生》那里有某种准笛卡尔式的政治学。不过，如果我们有时间（哎，我觉得我们没时间了），可以将《泰斯特先生》中隐含的政治学与瓦莱里的政治学联系起来，将它与瓦莱里许多其他明确的政治文本或毋宁说是政治科学文本联系起来，这会非常有趣也非常复杂。我这里只提几个要点。不要忘了，瓦莱里很瞧不起政治和政客政治，认为它们恰恰属于牵线木偶和偶像。不过他还是在1934年的文章《独裁的理念》中，在这篇序言中（它是为一本关于萨拉查（Salazar）[①]的著作所写的序言），为萨拉查献上了一份审慎而又轻率的赞词。文章同样以纯粹性的名义，至少是概念的纯粹性名义开头——我在诸多文本中提到这一个，是因为其中出现了兽性一词：

> 我对实际政治几乎一无所知，我推测那里有我所逃避的一切。没有什么能如此不纯粹，也就是说，我讨厌混淆在一起的那些事物都在那里混合起来，如兽性和形而上学["兽性"一词在这里恐怕涵盖了"bête"的所有领域，从动物性到愚蠢，等等；也就是一切通常被认为与形

[①] Antonio de Oliveira Salazar（1889—1970），葡萄牙总统，在位期间实行威权主义统治。——译注

而上学对立的事物。而瓦莱里则假定,在兽性和形而上学之间有着某种连续性或契约关系,有着某种不可分割的关系:两者可以合一而混淆;正是凭借混淆的精神,人们才忽略了这一混淆,并试图在这两者不可决定地相互统一或彼此共谋的地方,将两者区别开来:bêtise 就是形而上学]、强力与权利、信仰与利害、实际的和舞台上的、本能和观念……①

并且,在许多非常有趣的文本中(我在这里没办法对它们进行分析;一些分析可见于我的《另一海角》②),瓦莱里强调了社会的虚构性结构("任何社会状态都需要虚构"③);他还强调了欧洲,认为它"显然想要被一个美国委员会来统治"④(1927 年!)。他进而宣称:"强力的弱点是只相信强力。"⑤正是在这里,我们需要仔细分析"愚蠢不是我的强项"(La bêtise n'est pas mon fort)这句话中"fort"(强力)的意思和"mon fort"(我的擅长/我的强力)

---

① P. Valéry, «L'Idée de dictature», dans Œuvres, II, op. cit., p. 970. 除了 *Mauvaises Pensées et autres*,所有对于瓦莱里的引用均出自 *Regards sur le monde actuel et autres essais*。——原编者注

② Cf. J. Derrida, *L'Autre Cap*, suivi de *La Démocratie ajournée*, Paris, Minuit, 1991, p. 9, 17–18, 21–22, 25–27, 31–32, 37–38, 42–43, 50–51, 58, 61–73, 82–89, 90–101.——原编者注

③ P. Valéry, «Des partis», dans Œuvres, II, op. cit., p. 947.

④ Id., «Notes sur la Grandeur et la Décadence de l'Europe», dans ibid., p. 930.

⑤ Id., *Mauvaises Pensées et autres*, dans ibid., p. 900.

的意思。这句话的意思不仅是"我对愚蠢没有兴趣,没有亲近感或共谋关系,我与它没有特权性的或特别的关联",[而且是]"愚蠢不是我的弱点/癖好"。在"我在愚蠢这件事上没有弱点/没有癖好"的意义上,"愚蠢不是我的强项"和"愚蠢不是我的弱点/癖好"之间存在可规定的差异吗?如果这两个表述是等价的,这就促使我们思考上次说到的不可译之关键点(因为这一等价性前所未有地不可译),以及强与弱之间吊诡的等价关系。

在瓦莱里那里,有很多对于偶像崇拜和广告的所谓当下反思:"政治和精神自由相互排斥,因为[强调:]**政治是偶像**①"——因此是牵线木偶。而仅就与我们主题密切相关的内容而言(野兽和主权者,愚蠢和蠢事),这里要提到一个着重的区别,即政治性(*le* politique)与人们**搞**的政治(*la* politique)之间的区别,后者是**实际政治、政客政治**。这一区别以宣判的形式出现,也可以在瓦莱里笔下的泰斯特先生那里见到:"一切**实际政治**[强调]必然是**肤浅的**"②,还有:"要**搞政治**,就不能不对一些问题发表看法,而没有哪个心智正常的人敢说自己明白这些问题。一个人要蠢(sot)得没边或无知得没边[他没有说'bête',但这里意思也很接近,甚至相同],才能对政治提出的大多数问题发表见解"③。

下一页出现了狼和羊,以及"最强者的理由/理性"的生态学

---

① Id., «Fluctuations sur la Liberté», dans *ibid*., p. 961.[德里达在此强调,这些词的强调为原文所有。——原编者注]

② Id., «Des partis», dans *ibid*., p. 948.[德里达在此强调,这些词的强调为原文所有。——原编者注]

③ P. Valéry, «Des partis», dans *Œuvres*, II, *op. cit*., p. 948.

悖论，就像政治斗争的悖论——这是作为物种间战争的政治斗争："狼依赖羊，羊依赖草。/相对地，草被狼保护。食肉动物保护草（草间接地喂养了它）。"另一处，政治的残酷有所缓解，但提到了对规则的服从："年长的狼之间的斗争更加残酷也更为聪明，但也有些手下留情。"还有："权利是强力的间歇。"①

因此，有必要把泰斯特先生的立场和虚构与瓦莱里的政治学或元政治学联系起来。回到泰斯特先生，回到这个虚构形象、这个牵线木偶，我们还是得说，泰斯特先生就像他的叙事者那样，不仅是这样一个人类(homo)，他宣告了自身内部的牵线木偶的死亡，宣告了自身内部的顽固愚蠢的死亡，而且是一个身为男人(*sieur*[男性]，*vir*[男人])的人，一位绅士(monsieur 与 *sieur* 同源，是 seigneur[老爷]的缩略语)，一位先生(sire)，甚或一位自主的中产阶级，一位绅士，一个时刻显露其男性气概或凭借男性气概以要求恢复秩序(de rappeler à l'ordre)的人。

什么秩序？

没错，性别秩序。

叙事者和他，如我们所述，有时会在妓院里碰头。

一旦他说出第一句话"愚蠢不是我的强项"，泰斯特先生的叙事者或代言人便历数了他所**做过**的所有事情，仿佛他在写自己的回忆录时也抵达了生命的尽头。实际上，他总是以第一人称回想起的，都是行为、事实和举止。他用的是第一人称主动态的及物动词。并不是事情发生在他身上，而是他做事情、他让事情发生，他是一个"我"、一个"自我，我"，他总是在行动，总是干这干那。

---

① *Ibid.*, p. 949–950.

265 而在所有"我做过"的事情中，在所有"自我之我"做过的事情中，有一件事是"我碰过女人"（j'ai touché à des femmes），这句话的语法也很难翻译。他甚至说的不是"我触摸过女人"，而是"我碰过女人"。① 仔细听一下叙事者口中的所有这些含义。从一开始，从开场白起，当叙事者开口说话——因为你们将会看到，所有这些首先是嘴巴的问题——他就说道：

> 愚蠢不是我的强项。我见过许多人；我去过一些国家；众多事业都有我一份，但我不喜欢它们；我差不多每天都吃饭；我碰过女人。②

这一节充满了症候性的署名。[这些署名遍布于]这位倦怠的"先生"那失望而高傲的轻蔑之中——这位绅士从所有事情那里抽身而退，并用过去式说："[啊！]我见过**许多人**[匿名的、性别上无区分的大众]；我去过**一些**国家；众多事业都**有我一份**，但我**不喜欢它们**[注意这里表示参与度递减的数据曲线：**许多人**，**一些国家，众多事业有我一份**]③"，他对这一切都没有爱（"众多事业都有我一份，但我不喜欢它们"），你们可以清楚地感觉到爱的缺乏（sans-amour），爱和欲望的缺失感染并着色了一连串的行为举

---

① 法语"toucher"可以作为及物动词和不及物动词。作及物动词时，表示直接和具体的动作；作不及物动词时，往往带有抽象的含义。这里"touché à"表示与某人发生性关系。——译注

② Id., «La Soirée avec Monsieur Teste», dans ibid., p. 15.

③ 强调为德里达所加。——原编者注

止,因为它们始终是行动而非情绪;而参与度逐步降低的数据序列则愈发突出:在"许多""一些"和"有我一份"之后,出现了"差不多每天"中的"差不多"("我差不多每天都吃饭")。叙事者对于自己作为其造物的分身或**第二自我**(alter ego)的这个暗示,在下一页也有回应,即据说泰斯特先生虽然已经结婚,却似乎从来不在家吃饭:"他在薇薇安街上的一家小餐馆吃饭。在那里,他像腹泻一样吃饭,带着同样的劲道。有时候他会去别的地方,细嚼慢咽地犒赏自己一顿。"①

最后,回到开场白的地方,在来到一系列下坠的终点之前,最后,也就是在"我差不多每天都吃饭"之后;[一个分号后、句号前:]"我碰过女人。"不是"我触摸过女人",而是"我碰过女人",就好像一个人撇一下嘴(faisant la moue),勉强地碰一下、尝一下食物。他"差不多每天都吃饭",但不是每天都吃饭;他"碰过女人"。勉强碰过,但不是及物地触碰女人,而是**碰过**(à)女人。就像远远地、心不在焉地、机械性地、没有欲望地、擦肩而过地、在经过时一时兴起而稍稍碰了路过的女子,轻抚或触摸她,勉强与这些碰过的女子调情一番。

我们在这里感到的不是爱,而是撇嘴(moue)。在碰这些显然像他参与的"众多事业"那样为他所不爱的女子时("众多事业都有我一份,但我不喜欢它们"),他并没有触摸她们,而是碰她们、搞(entreprend)她们,因为这也是一项事业(entreprise)、一桩生意,他搞她们而不爱她们;他无法经营爱,或只能勉强地、些微

---

① P. Valéry, «La Soirée avec Monsieur Teste», dans Œuvres, II, op. cit., p. 17.

地这么做,他不爱,他不经营爱,他撇嘴。

"撇嘴"是一个非常有趣但也无法翻译的词。撇嘴总是某人做出来的事(某人"fait la moue");而且,正是"faire l'amour"(做爱)和"faire la moue"之间惊人的相近性(虽然没什么大不了的意思),永远抵制着翻译。在法语里,"moue"总是一个人用嘴巴做出来的,用嘴唇做出来的,无论是否在说话;撇嘴是一种编码了的鬼脸,指的是事情在我们心中激起的无足轻重之感、兴味索然之感、乏味感甚至厌恶感。我们可以说,泰斯特先生的分身撇嘴了,我们看到他的嘴巴撇了一下,我们看到一种厌恶的鬼脸伴随着他所说的一切。这可以发展为排斥感、憎恶感,往往可以在极端情形下沉默而有力地表达一种无力的拒绝。蒙田曾说,在北美印第安人那里,"俘虏对着那些要杀他的人吐痰,并向他们撇嘴"。①因此,泰斯特先生说了"我差不多每天都吃饭"后,承认"我碰过女人"。

这个以极端方式(souverainement)**碰过**女人的男人是泰斯特先生的分身或代言人,而后者不仅是一个男人,还是一个丈夫。而叙事者不仅是泰斯特先生的分身,他还将自己表现为两重、三重、多重[身份]。仔细读一下接下来的两页,直到叙述者与泰斯特先生相遇为止,特别是关于叙事者的自我多重化,关于这一自我计算、减去自己、对自身的多样性进行计算和总结的"算术"(他自己的说法)。例如,紧接着我们刚才读过的段落,在说到残留之

---

① M. de Montaigne, *Essais*, op. cit., Livre I, ch. XXXI, p. 251:"[人们刻画俘虏死时的样子、被杀害时的举止,]从这些画中可以看到,俘虏对着那些要杀他的人吐痰,并向他们撇嘴。"——原编者注

后("可以残留的东西残留了下来"),叙事者谈到了他在这一算术中发现的收益、积蓄、节省。你们会看到,这一关于自我的账目不仅使他有了一种关于自我的经济、使他有了一种智慧(这种智慧让他如实地接受自己并与自己一同衰老),而且不引人注意地打开了一个几乎无限的领域,在这里,筹码的夸张式增加给予他一种高于主权的权利和权力,高于优越阶层的权利和权力,要言之,可以说是比主权者、比优越阶层更高。这是一种不再自我约束的优越感,它既无限地狡诈,又无限地愚蠢。总之,这便是我对于下面几行的阐释:(朗读并评论)

> 我没有留住最好的,也没有留住最坏的:可以残留的东西残留了下来。
>
> 这个算术让我免于对衰老感到震惊。我也可以细数我精神的胜利时刻,并想象它们达成统一与融合,形成一种**幸福**生活……但我相信,我对自己的判断始终没错。我很少忽视自己;我憎恶自己,我热爱自己;——然后,我们一起衰老。
>
> [……]
>
> 如果我像大多数人那样作决定,我不仅会认为自己比他们更优越,而且还会把这一点显示出来。我更重视自己。被他们称为优越的人,是自我欺骗的人。人们对这种人感到震惊,前提是必须看到他们——而为了让自己被人看到,他们必须展现自己。而他们向我展现的,

则是他们着魔于有关自己名字的愚蠢妄想。①

接着读下去,你们就会发现,叙事者或这个分身所能容忍的唯一结伴关系、唯一的社会(不久就会随着与泰斯特先生的关系而开始),似乎是那些自身内部包含多样性、自身双重化、三重化、多重化的绝对孤独者的社会。在这里,对我们来说最有意思的是,归根结底,这一无法计算的算术,这一无底地加码的经济,其结果是将这些超人(在尼采将超人置于优越者之上的意义上)转化为物体,让这些"谁"变成"什么"。算术,即便是夸张而无法计算的算术,数字本身,足以将"谁"转化为"什么"。瓦莱里所谓"人与人之间绝妙的数学性亲近关系"②便由此而来(我鼓励你们重读一下这本身也很精彩的一节,关于"事物""一"和"自我")。

"什么"(quoi),我们可以称之为"事物""*res*"(物)或事物的微不足道(rien),它既非某人也非主体或自我,也非意识,也非人类,也非"此在",它并不思考,并不言说,并不行动,它始终静默(coite),如果要玩弄一下这里同音异义的文字游戏,那么可以说,"什么"(quoi)始终"静默"(c.o.i),即沉默而静止,平静而静默的力量,"*coit*"③[应为"coi"]的意思不是*coït*(性交),而是源于*quietus*,意为"静止、平静、冷静"。没错,我们正在谈论的这个算术,虽然是夸张而无法计算的算术,数字本身,足以将"谁"转化为"什

---

① P. Valéry, «La Soirée avec Monsieur Teste», dans *Œuvres*, II, *op. cit.*, p. 15-16. 强调为原文所有。——原编者注

② *Id.*, «Extraits du Log-Book de Monsieur Teste», dans *ibid.*, p. 41.

③ 原文如此。——原编者注

么"。计数、计算,就是生产出"谁"向"什么"的生成或再生成,即人向物的生成变化。(朗读并评论)

  这些孤独的人不可见地身处在清澈的生活中,他们比任何人都明白得早。在我看来,默默无闻的他们要两倍、三倍、多倍于任何名人——他们不屑于公开自己的好运和独自的成果。我感到,他们拒绝将自己视作"物"之外的其他东西。
  这些念头在 93 年①10 月浮现在我的脑海中,当时我有闲暇让思考仅仅作为思考而存在。
  当我认识了泰斯特先生的时候,我开始不再思考这件事。(现在我想的是一个男人在他每天走动的狭小空间内留下的踪迹。)②

  这种内在的多样性/多重都市(multipli-cité)③,对于自我、对于所有这些分身和影子的记账,对于这些第三方见证人和见证人的见证人的记账——我们已经计算了一会儿(瓦莱里、叙事者、泰斯特先生,这么多"自我"(mois)④和行动者,他们本身多重化并卷入到主权的加码过程中,位于优越者之上并试图让所有他者都臣服于自己,让他们成为自己的腹语或让他们沉默),这一发生在

---

① 指 1893 年。——译注
② P. Valéry, «La Soirée avec Monsieur Teste», dans *Œuvres*, *II*, *op. cit.*, p. 16.
③ 原文如此。——原编者注
④ 原文如此。——原编者注

各个为争夺主权而苦恼的裁决机制之间的战场,已经像是一个内部社会、一场战争,或一份契约、一种交替:战争与和平的交替,选择与选举的交替,竞争的交替,敌对关系的交替,甚至嫉妒的交替,行动和反动的交替,分有责任或有限责任的交替,如我们所谓分有的主权或有限责任公司。瓦莱里意识到了这一领域的政治性或准政治性。例如,他在《泰斯特先生》的附录《泰斯特先生的航海日志抄》中(如果我此前注意到"cap"一词的这个有趣的用法,我肯定会在《另一海角》中引用它,我在那本书里已经考察了瓦莱里笔下的数个"cap",瓦莱里的确固执或顽固地在这个词上下了很大功夫。① 这个表示头、所有头颅的词,一直存在于瓦莱里的头脑中)写道:

> 始终站在"思想"角(cap)上、张大眼睛望向事物或视线尽头的男人……

["始终站在'思想'角上……的男人"是一个惊人的形象,这当然是因为这个男人所站的海角是一个头,但也是因为这个海角的名字是"思想"(Pensée),一个大写的专名:不是思考着的海角或思想的海角,也不是被想到的海角(修饰语或普通名词),而是"'思想'角",带有大写字母的"思想"。瓦莱里继续写道:]

> 不可能接受关于自身的"真理"。当一个人感到它

---

① *Cf.* J. Derrida, *L'Autre Cap*, *op. cit.*, p. 25 – 27, 50 – 51, 80 – 89, 90 – 93.——原编者注

正在形成的时候(这是个印象),他就同时形成了**另一个不同寻常的自我**……他对此感到自豪——对此感到嫉妒……

[因此,一个人可以像嫉妒他人那样嫉妒自己,而从定义上说,这从来都是最难战胜的嫉妒。这也是真理的时刻,是真理像客人、像访客那样造访我们的时刻:瓦莱里说,我们"接受"它,而说完这个并用了一个省略号之后("不可能接受关于自身的'真理'。当一个人感到它正在形成的时候(这不过是个印象),他同时就形成了**另一个不同寻常的自我**……他对此感到自豪——对此感到嫉妒……"),瓦莱里紧接着在括号里补充道:]

(这是内部政治的顶点。)①

这里当然有政治,因为这里有我戏称为"多样性/多重都市"的东西,一个作为多样性/多重都市的都市,充满了种种裁决机制或复数的世界和自我、复数的主体——他们像可计数的公民那样,分享和争夺真理,他们分享和争夺的正是真理,他们就一个真理展开论辩,但这是一个公认的真理,始终是一个公认的真理;不过,这种政治,这种看上去内在的政治,这一内部的多样性/多重都市,这一自我的多样性/多重都市,在此达到了它的顶点("顶点"是瓦莱里的用词:"内部政治的顶点"),不仅因为它是完满

---

① P. Valéry, «Extraits du Log-Book de Monsieur Teste», dans *Œuvres*, *II*, *op. cit.*, p. 39.

的、完成了的、实现了的、饱和的,而且是因为:由于事关自我内部的他者,事关人们始终嫉妒着的自我内部的他者,这一内部政治就在那种超越于它、扣除它/将它置于计算之外(la dé-compte)的过剩那里,也就是在他者和外部那里,达到它的顶点。嫉妒始终是那个同时完成我、增补我、超过我的顶点,这恰恰是因为它接受、欢迎、不再驱逐那个内在于我的他者,内在于我的另一个自我。一个人从来就只嫉妒自己、嫉妒这个相同者,而这不会改变任何事情,而且这不仅解释了各种情欲惨剧,还解释了世界上的一切爱和一切战争。它们都发生在相同者之间,发生在作为相同者的他者之间。而一旦有"cap"(海角/头)——一旦有人"始终站在'思想'角上"——这就会发生。

"始终站在'思想'角上……男人。"这一形象,这一阳具勃起的记号/姿态(tour),这一双重勃起的记号/姿态(站立并站在角上),这一与头相关的/资本的(Capital)双重勃起的记号/姿态,在此被称作"思想"的、资本化/先头化的勃起的记号/姿态,这一双重记号/姿态让人想到世贸大楼的双塔,她们或它们嫉妒自己,这一双重隆起,这一站立姿态的再隆起/再生(re-surrection),不仅让我们想到人类,而且让我们想到男人,想到我们出发的地点;我今天会以此结束(我之前觉得可以结束对瓦莱里的讨论,并从他的牵线木偶过渡到策兰的牵线木偶甚或克莱斯特的牵线木偶,让它们彼此交流,但只好留到下一次课了)——也就是:泰斯特先生及其分身、他的第三方、他的见证人(瓦莱里、叙事者,等等)都是男人,都是男性,都是丈夫。正在说话并有权说话的是男人。而当他们同意让一个女人即艾米丽·泰斯特夫人说话的时候,这是为了让她书写,其中包括三到四个母题。对此,我暂时只能先引用几段话(我们下一次课会回到这里,但我建议你们全部读一下,因为你们从中获得的东西会比我在剩下一点时间里提到的多得多)。

一、第一个母题:艾米丽·泰斯特夫人说到了泰斯特先生的冷酷,但这种冷酷过于冷酷,以至于变成了自身的反面:(朗读)

> 他单调行为的机器爆炸了;他的脸上放出光来;他说的事情我经常只能听懂半分,但从未从我的记忆中消失。不过,我不会向你隐瞒任何事情,或几乎任何事情:**他有时候非常冷酷**。我觉得没有人可以像他那样冷酷。他一句话就可以碎了你的心,这时候我感到自己是一个做坏了的器皿,被陶艺人丢弃在垃圾堆里。先生,他冷酷得就像一个天使。他没有意识到他的力量:他说的话出人意料,这些话过于真实,让人灰心丧气,让人自觉到自己的愚蠢,直面自己的处境:人们完全陷在目前的状态中,非常自然地以愚蠢为生。
>
> [……]
>
> 但不要认为他总是难于相处或难以忍受。先生,你要知道,他可以完全是另一个样子!……当然,他有时候很冷酷;不过在别的时候,他身上带有一种仿佛来自天上的、优雅而惊人的甜美。他的微笑是一种神秘而不可抗拒的赠予,他罕见的温柔则是一朵冬日玫瑰。然而,无法预知他的平和或暴力。要预期他的严厉或善意都是徒劳;他那极大的分心和他人无法洞悉的思想次元,让所有平常人们用来理解同类性格的算计无济于事。我的体贴也好,我的殷勤也好,我的轻率也好,我小

小的不足也好,我从来不知道泰斯特先生会对这些作何反应。①

二、第二个母题:这种冷酷让泰斯特夫人缺乏爱,将她变成野兽:(朗读)

我知道这不好;尽管很自责,但我依然如此。我不止一次忏悔说,我想过比起看到上帝出现在荣光里,自己更选择相信上帝,而我也为此受到过谴责。听我忏悔的神父告诉我,这是愚蠢(bêtise)而不是罪过。

[……]

我无法说自己被人爱着。要知道,"爱"这个日常含义如此不确定的语词,这个在许多不同意象间摇摆不定的语词,用在我丈夫对我的情感关系上毫无价值。他的脑袋是一个密封的宝库,我不知道他是否有心。我甚至不知道他是否认为我很特别,是否爱我,是否在研究我。还是说,他以我为手段进行他的研究?我不强调这一点,你也能明白。简言之,我感到自己在他手中,在他的思想中,像是一个时而是世上最熟悉、时而是世上最陌生的物体,随着对自己凝视的多变目光而变化。

如果我胆敢告诉你我经常持有的印象,就像我告诉自己那样,就像我经常向莫桑神父吐露的那样,那么我

---

① P. Valéry, «Lettre de Madame Émilie Teste», dans Œuvres, II, op. cit., p. 27-28. [强调为原文所有。——原编者注]

要比喻性地说,我感到自己仿佛生活和行走在一个笼子里,一个更高的精神将我困在那里——**仅仅凭借其存在**。他的精神拘束了我的精神,就像成年人的精神拘束一个孩子或一条狗的精神。

[⋯⋯]

我是一只挣扎着苟活在一个不可改变的视线范围内的苍蝇;有时被看到,有时不被看到,但从来不曾逃脱这一视线。我每时每刻都知道自己生存于一种始终比我的警惕性更广大、更普遍的关切之中,这种关切始终比我那些忽然出现的、最为敏捷的思绪更为敏捷。对他来说,我灵魂中那些最重大的活动都是不值一提的事。但我有我的无限性⋯⋯我能感到这种无限性。

[⋯⋯]回到我的命运上;我觉得我的命运只是它所必然是的样子;我告诉自己,我**渴望**自己的命运,我每时每刻都重新选择自己的命运;我从内心听到泰斯特先生用明确而深沉的声音称呼我⋯⋯但你是否知道他以什么名字称呼我!

世上没有一个女人像我这样被命名。你知道情侣们之间用多么可笑的名字互相称呼:无论用什么名字称呼狗或鹦鹉,那都是肉体亲密关系的自然结果。内心的语言颇为幼稚。肉体的语言都很初级。此外,泰斯特先生认为,爱体现为**可以一起愚蠢**——无保留地允许犯傻和兽性。所以他以自己的方式称呼我。他几乎总是根据他对我的需求来称呼我。他对我的命名本身,让我通过一个词就能明白我该期待什么,或者我得做什么。如果他没有什么特别想要的,他就称我为"存在"或"东西"。有时候他称我为"绿洲"(Oasis),我还挺高兴。

但他从来不会对我说我很愚蠢——这一点深深触动了我。①

三、第三个母题:半人马,泰斯特先生作为半人马:(朗读)

"他的心是一个荒岛[这是神父在说话]……他的精神的所有幅度和能量都围绕和保护着他;他的深刻使他孤立,使他远离真理。他自认为他只身一人在岛上……亲爱的夫人,耐心点。也许有一天他会在沙滩上发现足迹……当他从这恩赐的纯粹遗迹中知道他的岛上神秘地住着人,这会是多么幸福而神圣的恐惧,多么有益的惊吓!"

于是我告诉神父,我的丈夫经常让我想到的是一个**没有上帝的神秘论者**(mystique)……

"真是洞见!"神父说,"女性经常能从她们的简单印象中、从她们不确定的语言中说出洞见!……"

但他马上对自己说道:

"没有上帝的神秘论者!……耀眼的无意义!……说得容易!……虚假的光亮……一个没有上帝的神秘论者,夫人,但一个没有方向也没有意义、最终不通向任

---

① P. Valéry, «Lettre de Madame Émilie Teste», dans *Œuvres*, II, *op. cit.*, p. 28, 31-33. [强调为原文所有。——原编者注]

何地方的运动是不可想象的!……没有上帝的神秘论者!……为什么不说是一个半鹰半马兽,一个半人马!"

"神父,为什么不是一个斯芬克斯呢?"①

四、第四个母题:死亡和植物学:(朗读)

我们最后去了[……]那个古老的花园。一到晚上,所有思考问题的人、忧心忡忡的人、自言自语的人都会去那里[……]。他们是学者、情侣、老人、幻灭的人和教士;所有可能的**缺席者**,各种各样的人。可以说,他们在这个与死者相称的地方[……]寻求着彼此的距离。这是一个植物学的废墟。[……]泰斯特先生让自己分心于这些鲜活的巨大水滴之间,漫步于那些带有绿色标记的"花坛"之间,那里多多少少栽培着植物界的各式样品。他对这种有些滑稽的秩序很有兴趣,兴致勃勃地拼读着稀奇古怪的名字:

Antirrhinum Siculum(金鱼草)

Solanum Warscewiezii(茄科植物)!!!

以及这个 *Sisymbriifolium*(风花菜属),多么古怪的方言!……还有那些个 *Vulgare*、*Asper*、*Palustris*、*Sinuata*、*Flexuosum* 和 *Prœaltum*!!!

"这是一个修饰词的花园,"他有一天说,"一个辞典和墓地的花园……"

---

① *Ibid*., p.34. [强调为原文所有。——原编者注]

过了不久,他自言自语道:"博学地死去……在分类中去世(Transiit classificando)。"①

这些自我二重化、三重化的牵线木偶,其不可计算的多样性/多重都市具有某种奇怪而令人不安的特征,我想用德语将这种"在自己家中与他者共在"翻译为"unheimlich"(我以这个词来接续弗洛伊德和海德格尔那里与 Unheimlichkeit 和 deinon[诡异]相关的所有问题——我们过去在这里对此有过讨论)。不过,我们感到,在瓦莱里这里,一切都收束到一种思想上的警惕性活动之中,为的是控制这一 Unheimlichkeit,自主地(souverainement)中和它的影响,而这一中和过程或许带有一种政治意义。也许在别的牵线木偶那里,在克莱斯特那里,特别是在策兰那里,事情又不一样了。对此,我们下周会进行讨论。

不过,这些被我们召唤到庭的牵线木偶的多样性/多重都市,其中的对比也许并不那么简单或清晰。②

---

① *Ibid.*, p. 35 -36. [强调为原文所有。——原编者注]
② 这次课的最后半小时用来讨论。——原编者注

第八讲

Huitème séance

2002 年 2 月 20 日

阳具——也即 *phallos*，这是不是人所固有的？

如果所谓阳具是主权者所固有的，它还会是人所固有的吗？在什么意义上是固有的？什么意义上是属于人的，什么意义上是人所固有的？如果阳具是愚蠢本身的话，事情又会怎样？

我们让这些问题在后台稍作准备，它们会重新回到舞台上、站在镁光灯下，到时候会让我们大吃一惊。

这也是牵线木偶的技艺——或者说木偶戏的技艺。

仿佛牵线木偶不满足于像野兽那样作反应（在我们古典的思想家们看来，野兽据说只能作反应而不能回应），仿佛牵线木偶不满足于作反应甚至回应，它还能在后台向我们提问。仿佛它仍然在问我们：

[**阴性的**]野兽和[**阳性的**]主权者，所以是什么呢？所以是谁呢？

在两者之间，在野兽和主权者之间，存在着牵线木偶的技艺，存在着牵线木偶的两种技艺——我们让它们候在那里——还有狼群，许多的狼！不是"狗天气"（temps de chien），而是许许多多的狼（tant de loups）！①

---

① 法语中"temps de chien"表示天气恶劣，而"tant"和"temps"两个词发音相似。——译注

全世界的狼——剩下的部分你们自行增补……

全世界的狼,这声呼唤几个月来回荡在这个研讨班的空间中。已经有许多狼作出回应,它们来自许多不同的地点、地区、国家、文化、神话,来自不同的寓言。在这一狼系谱学或政治生态狼学(politic-éco-lycologie)中,每头狼都能听到这声呼唤,既是作为野兽也是作为主权者,作为野兽和主权者,无论它是法外之徒,还是像狼人那样超越法律,抑或是在制造法律的意义上处于法律之外,像主权者拥有赦免权、拥有对于其臣民的生死权那样。

狼因而也是主权者,是领主、大人、绅士、"先生"(Mon Sieur)或"陛下"(Sa Majesté)。

狼陛下,狼大人。"大人""陛下"……

你们记得,*Sie erinnern sich*(你们记得),这是小羊对狼的称呼,是拉封丹《狼与小羊》中小羊说话时对狼的称呼:

> 大人,小羊说,陛下
> 不要生气;
> 请看看清楚
> 我在小溪里饮水,
> 离陛下可有二十步以上的距离。[①]

我们正是从这则寓言开始的(如瓦莱里所说,"太初有寓言"),为的是在开始研讨班之前提出强力和权利的问题;我说的

[①] J. de La Fontaine, «Le loup et l'agneau», Livre premier, fable X, *Fables, op. cit.*, p. 51.

不是强力和正义,而是强力和权利——康德用"良识"本身提醒我们,权利在其概念中已经包含了适用和实施的手段,因此也包含了强制性力量:不带有强力的权利,不配被称为权利;而正是因此,那个关于主权的恼人问题就出现了(主权者始终代表着最为强力的权力,最高的权力,最大的权力,一切权力,最强的强力,最卓越的资本或资本积累,以国家形象呈现的最极端的强力垄断或暴力[Gewalt]①垄断,权力的绝对最高级)——这个关于强力的恼人问题:由于强力对于权利的实施而言不可或缺,由于它包含在权利的概念之中,强力就给予权利或奠定权利,并提前为强力赋予理由,正如这则寓言第一行所说(我们这个研讨班以此开始):

> 最强者的理性/理由总是最好的:
> 我们马上就会显示这一点。

"总是"("总是最好的")表明普遍性、反复性或规律性:**总是**如此,在任何地方和任何时候,每一天,在所有地方和所有时候都是如此;**总是**[这个词]已经宣告了法,宣告了白昼(jour),宣告了法律普遍性的惊人显现,宣告了法律每日的白昼,或是一种自然而可确认的、**描述性**的法(事实上,法总是如此,法总是清楚明白的,即使它并不总是正义),或与之相反,另一种**规定性**的法的光芒:必须如此这般,如此这般是好的、正义的,人们必须如此行事,以便让事情始终如此。

---

① 德里达围绕主权问题展开的对于这个词的详细讨论,参见本次研讨班的第二卷。——译注

全部问题都凝缩在法律概念的歧义性之中（描述性的法或规定性的法），这种歧义性藏身于"总是"之中；这种歧义性已经标示出"raison"（理性/理由）一词的高度习语性用法（即"最强者的理性/理由总是最好的"）。"raison"一词同时表明或指涉两样东西：**一方面**，它指的是强者所给予、声称、采取的理由，不管有没有理，不管这个理由是否是理性的（我可以提出理由、提出我的理由，哪怕我没理）；**另一方面**，它可以命名他所具有的理性/理由，命名那好的和正义的理性/理由，他用它们来实施强力，实施其更大和更高的权力，实施其主权权力、其一切权力、其最高的权力，实施其主权，并为之赋予价值。由此而来的是"raison"一词的习语性用法的第三层含义或第三种意义：主权者（或寓言里的狼）的行为举止，仿佛他有理由判断自己给予的理由/理性是正义和正当的，因为他是最强的；也就是说，在强力的关系中——强力在这里生成权利，在这里给予理性/理由——最强者、主权者是法语所谓"a raison des autres"（摧毁他人）之人，他摧毁那些不那么强的人，并践踏他人的自主性（souveraineté）甚至理性。

还有必要从我们的现代性中举出众多例子来说明这一点吗？——如阿伦特（Hannah Arendt）所强调的那样，正是那些最强有力的主权国家，通过制定国际法并使之偏向自己的利益，要求且事实上施加了对于最弱小国家的主权限制，如我们在研讨班开始时说过的那样，这些国家甚至经常会侵犯或无视它们自己帮助确立的国家法，因此侵犯国际法机构，与此同时却谴责弱小国家不遵守国际法，谴责它们是无赖国家或英语所谓"*Rogue States*"，也就是法外之国，就像那些被称为"*rogue*"（凶猛的离群兽）的动物，即不遵守自身动物社群之法则的动物。这些总是赋予并自我赋予理由(但并不一定有理)、以此自我证成的强大国家,压制着弱小国家;它们就像凶猛残暴或充满怒气的野兽一般放纵恣肆。而这恰恰是拉封丹在寓言里对主权者的狼进行的刻画。狼被刻画为"充满怒气的动物",时刻准备进行惩罚性的甚至是预防性或报复性的出击。狼非难小羊,并准备针对有可能夺取其水井或食物来源的家伙发动预防性攻击。让我们听听它是怎么说的:

> 谁让你这么大胆,弄脏我的饮料?
> 这个充满怒气的动物说道:
> 你会为你的鲁莽受到惩罚。

惩罚与刑法。复仇的母题出现在最后并结束了这则寓言,仿佛归根结底由最强者所实施的刑法、仿佛它所施加的惩罚("你会受到惩罚")始终是一种报复或复仇,一种传统意义上以牙还牙的法律,而不是正义。"我要为自己报仇",狼在最后说道。

结合我们所说的时事,需要注意的是:在拉封丹的寓言中,复仇盲目地针对所有那些被认为跟假定的罪犯相关的人,无论是社会性的关联还是血缘上的关联,抑或是兄弟情谊上的关联;无论这一假定的罪犯是小孩,还是一只在出生前就被控有罪的小羊。小羊被控出生前就弄脏了狼的水、它的源泉或食源。当小羊争辩说"我还没出生",狼毫不迟疑地立刻回应了那句著名的话,这句话包含了集体性控诉、跨世代控诉、家族控诉、国家控诉、民族主义控诉、兄弟情谊的控诉那里的全部倒错:"如果不是你,那么就是你的兄弟"。所以,你一出生就是有罪的,你的出生就是罪行,你生而为你就是一桩罪行。小羊根源上有罪、有责任、应被惩罚,它是 ursprüngliche Schuldigsein（根源上有罪的存在），如果你们愿意的话，可以根据《圣经》和福音书（基督的羊羔）来重新阐释这个形象，也可以根据希腊背景来重新阐释这个形象（回想一下我在研讨班开始时引用过的柏拉图《斐德若》中的一个段落：这次是一个爱欲的场景，在这个场景中，爱着情伴的有情人怀有的欲望，被比作狼对于小羊的爱，那种想要将它吞食的爱）。

在这一点上，我只能请你们自行阅读一个应该花无数时间来引用和研读的文本。这个文本题为《（对于）狼的爱》（L'amour DU loup）：它是西克苏（Hélène Cixous）发表在戏剧杂志《隐喻》上的一篇十页的文章。① 通过对于许多文本的解读——从普希金到莎士比亚，从茨维塔耶娃（Tsvetaïeva）到巴赫曼（Bachmann）和阿凡纳西耶夫（Afanassiev），中间包括《小红帽》和［埃斯库罗斯的］《复仇女神》等等——西克苏调动了在"l'amour du loup"的属格"du"那里、在"（对于）狼的爱"这一含混的表述那里的各种悖论、颠倒和夸张，它们为她文章的标题赋予了各种潜能：目的格属格或主语属格，小羊对于狼的爱或狼对于小羊的爱，小羊爱上那爱上小羊的狼；根据西克苏的论述，在众多的情况中，有时候狼的爱会和"基督教的爱"一起（这是她的用语），和"狼的牺牲"一起，通往"禁欲"（renoncement）。② 西克苏非常明确地指出——而这也正是其文本和论述的力量所在——（对于）狼的爱在什么意义上与对于恐惧的爱密不可分。一切力量的力量、欲望的力量、爱的力

---

① Hélène Cixous, «L'amour du loup», La Métaphore, n°2 (Lille), printemps 1994.［重刊于 L'Amour du loup et autres remords, Paris, Galilée, 2003.——原编者注］

② H. Cixous, L'Amour du loup et autres remords, op. cit., p. 32.——原编者注

量、恐惧的力量都汇聚于此。她写道:"我们爱狼。我们热爱(对于)狼的爱。我们热爱(对于)狼的恐惧……"①(对于)狼的恐惧也可以根据双重的属格来理解:对于那对于恐惧狼的小羊抱有恐惧的狼的恐惧(la peur du loup qui a peur de l'agneau qui a peur du loup)。我们恐惧那恐惧着我们的狼,而这是(对于)狼的全部的爱。"幸福是一头真实的狼不吃我们的时候。"②所以,读一下《(对于)狼的爱》。

稍微换一下论述方向,我要说的是,狼号称(se fait fort de)③热爱小羊,号称热爱其敌人的弱小,它号称如此热爱对方,以至于要将对方纳入自身内部,要吞噬/耗尽它的爱,要通过吞噬它的爱(即一口将它吃掉)来耗尽爱。狼号称热爱那对它回报以爱的小羊。(对于)他者的爱是他们的力量/长项(fort),你们都知道这会通往哪里……没有什么比爱更强大,除了死亡。

在拉封丹的寓言中,小羊声称自己无罪,说自己不可能弄脏狼大人的水,因为自己的位置比他低很多;这时候,狼大人回答说——这里你们可以再次见到主权的母题与残酷的母题、"残忍的野兽"的母题相结合:

——你弄脏了,这头残忍的野兽回答说,
而且我知道你去年说我坏话。
——怎么可能呢,我还没出生呢。

---

① *Ibid.*, p. 23. ——原编者注
② *Ibid.*, p. 33. ——原编者注
③ 这一短语的字面意思是"通过……而壮大自己"。——译注

小羊回答说，我还在吃奶呢。①
——如果不是你，那么就是你的兄弟。
——我没有兄弟。——那就是你家的谁：
因为你们都不放过我，
你、你的牧人、你的牧羊犬。
我都听说了。我要为自己报仇。
说罢，狼把小羊叼到
森林深处，吃掉了它，
毫不客气。

"毫不客气"（Sans autre forme de procès[字面意思为"无须其他诉讼程序"]）：就像符合主权者利益的惩罚判决一般行使强力，这个主权者不设立法庭，甚至不设立例外法庭或军事法庭，他以自我防卫的名义，以自我保护的名义，以所谓"正当防卫"的名义，消灭毫无防备的敌人，后者甚至没有通常法庭上的辩护律师提供的辩护，等等。

在1668年这则献给王太子殿下的寓言中，就像拉封丹的其他寓言一样，就像整部《寓言集》一样，在《狼与小羊》中[尚弗（Chamfort）说过："所有人都知道这则寓言，有些人甚至只知道这则寓言"②]，狼被称作"大人"和"殿下"。狼是国王的形象，是国

---

① 德里达的抄录中漏了这一行。——原编者注

② Chamfort, 引自«Notes et variantes», J. de La Fontaine, *Œuvres complètes*, I, *Fables, contes et nouvelles*, Jean-Pierre Collinet (éd.), Paris, Gallimard, coll. «Bibliothèque de la Pléiade», 1991, p. 1067.——原编者注

王和王太子的伟大和高贵,而献辞明确提到了这一伟大和高贵。如果考虑到献辞的惯例和文类法则,那么我们在阅读《狼与小羊》尤其是其中小羊的话语时,就不会不注意到某种语词的类比或磁场。小羊这个谦卑的公民对主权者狼大人说道:

——大人,小羊说,陛下
不要生气;
请看看清楚
我在小溪里饮水,
离陛下可有二十步以上的距离。

[我们不会不注意到,]在韵文献辞之前,还有散文献辞或结语(envoi)。这一结语也提到了当时六岁半的王太子的父亲、父王陛下的名字。这位父王陛下、国王,正是被称为"大帝"的路易十四,路易大帝;献给王太子的这同一份献辞,强调了这些伟大和高贵的形象,它们体现了威严、*majestas*(尊贵)的特性。拉封丹谦卑地谈到"陛下[也就是您的父亲]为了给您教导而加以留意的那个人"。"加以留意"是主君自上而下进行的动作。接着是对君主的赞美,称赞"我们那不可战胜的君主在您出生时就给予您的天赋",接着是路易大帝关于欧洲的宏大计划、他的战争——这些战争总是由诸多侵略者发起,却总是以他的胜利而告终;路易大帝还被拿来和奥古斯都与亚历山大作比较(亚历山大大帝,"亚历山大"也有伟人之意)。可以说,一切都汇聚到这个伟大的形象上,汇聚到卓越的挺立姿态、卓越的阳具性勃起,主权性的/至高的高贵那卓绝的卓越和卓绝的阳具,同时也是王太子继承自父亲

的"高贵灵魂"("只要提到您每时每刻显露的那些高尚的关切,机敏活泼,热情,您的那些才气、勇气与高贵灵魂的标志[这小孩才六岁半],便足资证明"①)。

伟大、高贵、挺立(即阳具的卓越)等隐喻,出现在靠近署名的地方,几乎是献辞的结语部分;这是一棵大树、一个主宰并覆盖整个领域的树木世系所具有的不可阻挡的成长力和挺立:

[……]看到这样一棵幼苗有一天会荫护众多的民族和国家,这是令全世界欢欣的景象。②

伟大与高贵,挺立/勃起,威严。

在《狼与小羊》中,在"离陛下可有二十步以上的距离"一语中,小羊谦卑地占据着一个精确的弱势位置,这就像"大人"和"陛下"的大写字母那样,清晰地表明:威严的标志是伟大与高贵。"大人"距离"绅士"、距离我们上次谈论的泰斯特先生并不远。

甚至在《狼与小羊》之前,仍然与"最强者的理性/理由总是最好的"这一主题有关,或从根本上说,仍然与强力产生权利、强力赋予权利、"强者的权利"这一主题有关,在题为《牝犊、牝山羊、母羊与狮子的社会》的寓言里,狮子不仅赋予自己对于作为共同猎物的鹿进行分配的权利(他以此**制定**了法律,他就是法律,他是法律之上的法律,法律总是分配的法律,nomos, nemein③),而且,他赋

---

① J. de La Fontaine, «À Monseigneur le Dauphin», *Fables, op. cit.*, p. 3-4.
② *Ibid.*, p. 4.
③ 希腊语"nomos"(法)一词源于动词"nemein"(分配)。——译注

予自己保留一切、垄断一切的权利,因为他有"大人"(Sire)的资质。作为大人,他宣告最强者的权利,他通过将自己的话语付诸行动来宣告他的行动,自行批准他那自我宣告的述行话语。

> 于是他就把鹿分成四份;
> 以大人的身份首先拿走一份:
> 他说:这份该是我的;至于理由,

我再次强调,这里他诉诸理由,诉诸一种不是理由的理由。作为给出的理由,作为声称的理由,这个理由仅仅是最强者之名与最强者之力的**事实**。

> 则是因为我被称作狮子:
> 对此没什么可说的。

名称的任意性,没有意义或合理性:我是我所是,我的名字是狮子,这就是我作为大人的资质,而打我出生起就没人能改变这一点,甚至连我自己也不行:没什么可说的。

> 第二份按权利也该归我:

鹿的第二份,他刚拿走第一份……

> 你们知道,这个权利就是最强者的权利。
> 作为最勇敢者,我要求第三份。

> 如果你们之中有谁对第四份出手,
> 我现在就咬断她的喉咙。①

就这样,渐渐地,一、二、三、四,以主权性地制定四等分法律为借口,他以最强者的权利为名攫取了所有四份,而且他自我主张、说出、生产并执行了这一最强者的权利。**首先**,第一份,以他作为大人的资质,以他名字("狮子")的名义;**其次**,第二份,根据权利(无疑是共同权利,因为他们四个人分享猎物,他也像其他人一样:因此,他既是国王也是臣民;国王拥有相同的权利,他的权利并不比其臣民少,尽管他比他们有着更多权利,而且事实上拥有所有权利,他将这一对于所有权利的权利确立为"最强者的权利");**再次**,第三份,他所证明的勇气或勇敢赋予他下述权利,即他可以夺取和实施他宣称有勇气夺取和通过言说来实施的东西:这是绝对的述行话语的勇气;**最后**,第四份,他对其他人实施威胁、激起恐惧(回想一下霍布斯:人们出于恐惧而臣服于主权者,这里恐惧的对象不是狼而是狮子):

> 如果你们之中有谁(quelqu'*une*)对第四份出手,
> 我现在就咬断她的喉咙。

这里的"有谁"提醒我们,狮子占有并统治着,也就是通过侵犯其权利而奴役着三个野兽,而在法语里这三个野兽的名称为阴

---

① J. de La Fontaine, «La génisse, la chèvre et la brebis en société avec le lion», Livre premier, fable VI, *Fables, op. cit.*, p. 41.

性名词,三者都与小羊有着某种关系、某种家族相似性:牝犊(la génisse)、牝山羊(la chèvre)、母羊(la brebis)。[**阴性的**]野兽与[**阳性的**]主权者:[**阴性的**]牝犊、[**阴性的**]牝山羊、[**阴性的**]母羊和[**阳性的**]的狮子组成的社会。[**阴性的**]野兽与[**阳性的**]主权者组成的社会,复数的野兽与单数的主权者,只有后者能够自我命名、自己指涉自己(ipse),自己指涉自己的称号、名字、力量。自己指涉自己的自我同一性(ipséité)。

野兽与主权者陛下、伟大的主权者、高贵的主权者。何为威严?你们知道,这一拉丁文(majestas,源于 magnus、major)意思是伟大、高贵、尊严(归根结底,康德的 Würde[尊严]是人的威严,是附加在作为目的本身的人格之上的尊严)。在拉丁语里,在古罗马,majestas 也是主权,国家主权或罗马人民的主权。被誉为主权的第一个伟大理论家的博丹,在其著作(《共和国六书》)中题为"论主权"的第八章开篇,指出"主权是一个国家绝对和永恒的权力,拉丁人称之为 majestatem,希腊人称之为 akran exousian 和 kurian arch' 和 kurion politeuma,意大利人称之为 segnoria,[……]希伯来人称之为 Tismar schabet,等等"①。因此,"威严"是主权者之主权的别名。而"Majestas"作为强度或量度的最高级,作为伟大、magnus(宏大)、重大、major(更大)的"大"(majorité),确乎命名了一种比伟大更伟

---

① J. Bodin, *Les Six Livres de la République*, ch. VIII, «De la souveraineté», op. cit., p.111. [德里达引用自口袋本,这个版本有一些不准确的地方。像第二讲中那样,我们在此改正了誊错的希腊语。关于这一点,参见前文第二讲,第79页注释。——原编者注]

大的男性勃起/挺立姿态。国王、君主、皇帝被抬高或被竖立到（我用"竖立"[érigé]一词的原因，在之后我们重新讨论牵线木偶的时候会予以说明）这样一个庄严的、抬高和增大了的、夸张的高度，它比伟大人物的高度更高，它无可比拟地比高度本身更高，甚至在崇高的意义上比高度本身更高，这已经是至高者的高度：威严的主权者是至高的，比各种伟大的东西更伟大。他就是伟大[本身]，就像路易大帝那样。这一得到挺立、竖立、增大、无限抬高的伟大，这一比所有其他优越性更优越的高度，不仅仅是一个比喻、一个修辞形象、一种对于主权者的感性再现。首先，它不单单是感性的，因为庄严的至高者超越于一切可比较、可感知的高度（所以它也是崇高的，或不管怎么说，它要求一种超—隐喻和超—物理的/形而上学的存在，它要求超越自然和感性）。因此，它不是一个形象，而是主权权力的根本特征、主权的根本属性，是主权的绝对挺立，没有弱点或没有萎靡，它是主权那唯一的、坚硬的、牢固的、孤独的、绝对的、独特的挺立。具体而言，从政治有效性的角度来看，这一点不仅通过国家的全能而表现出来——国家对于生死、赦免权、生育、出生的权力，在作为生育权力和人口权力的性权力上的全能——而且通过国家的高度而表现出来，即国家拥有从这一高度查看一切、查看整体的权力，国家潜在地拥有字面意义上看管一切的权利。我刚才引用了拉封丹对于路易大帝和王太子的赞美。这是对一种庄严高度的赞美，它就像参天大树一样，不仅笼罩了其臣民的整个疆域，而且事实上笼罩了整个世界（"看到这样一棵幼苗有一天会荫护众多的民族和国家，这是令全世界欢欣的景象"）。在今天，主权权力、国家主权的国际权力，也与它察看的能力、监视的能力成正比；与它出于市场的经济策略和军事策略的目的,从一个地外高度、从卫星上对地球的整个表面以厘米为单位进行观测、采集、归档的能力成正比。这一朝向高处的挺立姿态,始终是主权者之主权的标志,是国家领袖或简单来说是我们此前讨论过的"首长"和"独裁者"的标志,是 Duce(首领)、Führer(元首)的标志,或简单来说是政治领导人的标志,是其"领导力"的标志。当然,我们马上就会看到,这一朝向高处的挺立姿态,这一朝向首脑甚或头部(capital)之高度的挺立姿态,如何以及为何会产生牵线木偶,为何会变成牵线木偶。表现在我们时代的政治戏剧空间内,即所谓电视媒体的公共空间内,可以看到:所有政治领导人、国家首脑或政党首脑,所有这些被认为在政治领域非常关键或具有决定性意义的角色,他们得到人们认可的方式,都得通过一个遴选过程——即被遴选升格为《木偶秀》(在法国对应的就是《傻瓜秀》[Bébête Show]①)里的牵线木偶。众多的动物木偶,人类—动物的手指木偶,众多反映我们时代的寓言,这里最重要的特点是,这些显贵们渴望被选上,渴望升格为牵线木偶。对于升格的选举(Élection à l'érection)。他们的野心,他们的野心的明确标志,便是他们带着急切的渴望、希望、期待、要求——有时如神经质一般、急得跺脚一般——想要出现在《傻瓜秀》里,仿佛被选上牵线木偶是一次真正的、最终的选举,

---

① 《傻瓜秀》是一个从美国《木偶秀》中得到灵感的讽刺类节目,1983 年至 1995 年间在 TF1 台播放。1988 年在 Canal Plus 台首播的讽刺类节目 Les Guignols de l'info,一度与 Bébête Show 形成竞争,直到后者停播。——原编者注

[这个节目的特色是用一些动物木偶来表现当代政客,对他们进行讽刺。——译注]

仿佛变成愚蠢的野兽是最高的正当化。他们似乎认为："只要你不作为愚蠢的野兽在《傻瓜秀》亮相,你就没机会成为主权者,没机会成为首相或国家首脑。"这是奥维德的《变形记》如今在 Canal Plus 频道里的样子。

在我们即将讨论的策兰的《子午线》里,"威严"（*Majestät*）一词至少出现过一次。① 在这个德语文本中,"*Majestät*"一词至少出现过一次,而我们之后会看到,经过劳奈对这一令人惊叹的文本所进行的出色编辑和翻译,这个词在译文中被第二次提到或重复。

在《子午线》中,"威严"一词毗邻着"君主制"一词及其语汇,后者是这一演讲的重点,即法国大革命期间被斩首的君主制;不过我们会看到,这一毗邻是为了对比、为了标志出策兰所讨论的威严与君主制的威严之间的差异。但澄清这一点还为时尚早,我们得等一会儿。我们得缓步谨慎地接近这个文本,因为这里的问题前所未有地复杂、微妙、无常,而且无法决定。

让我们回到牵线木偶。我们说过,不止一个牵线木偶。我们接下来要接近策兰的牵线木偶（"*Die Kunst, das ist, Sie erinnern*

---

① 研讨班的这一部分内容（参见第 290-294 页以及第 300-313 页）和第十讲的一部分内容（参见第 349-366 页）都涉及德里达从政治和诗歌主权角度对策兰《子午线》一文作出的解读。由这些内容组成的一个略加删改（尤其是德里达对于策兰引文的一些评论）的文本,已经由 Outi Pasanen 以 "Majesties"为题译成英文,收于 Jacques Derrida, *Sovereignties in Question. The Poetics of Paul Celan*, Thomas Dutoit et Outi Pasanen（éds）, New York, Fordham University Press, 2005, p. 108-134。——原编者注

sich, ein marionettenhaftes [...] kinderloses Wesen"[你们会想起,艺术如牵线木偶一般……它的性质是无后]),而正是在这里,如我上次所说,《子午线》的牵线木偶通过一种陌生的(das Fremde)、诡异的(das Unheimliche)经验向我们走来,让我们阅读和思考;而对于这种经验,所有的牵线木偶,包括泰斯特先生那里牵线木偶的牵线木偶,**似乎在大多数情况下**(我想说得谨慎一些),似乎在大多数情况下都试图减少或镇压、压抑、消除其暧昧性。

牵线木偶和牵线木偶。存在着种种牵线木偶,这是我上次的假设和赌注。毋宁说,关于牵线木偶,存在着两种经验,也可以说是两种技艺。但或许也有两种关于牵线木偶的寓言。两个牵线木偶,其寓言相互交织在一起;两个牵线木偶。

我如此强调寓言和寓言性的事物,恐怕且显然是因为,如拉封丹的寓言那样,这些寓言将市民社会或国家中扮演一定角色的野兽——通常是臣民或主权者的法定角色——搬上了政治舞台和人类学舞台。但除此之外,我强调寓言还有一个原因。这个原因是:正如这些寓言本身所示,政治力量和政治权力的根本,正是在权力制定法律的情况下,正是在权力赋予自己权利的情况下,正是在权力征用正当性暴力并将其自身的任意性暴力正当化的情况下,没错,权力的这一爆发和这一连续性通过寓言而施行,寓言在这里是一种既具有虚构性又具有述行性的话语,它体现为如下主张:"不错,我有理是因为,对,我有理是因为,对,我叫狮子,你要听我的话,我在对你说话,恐惧吧,我是最勇猛的,如果你反对我,我就咬死你。"在寓言中,在一个本身是寓言性的叙事内部,权力本身被展现为寓言、虚构和虚构性话语的一个效果,拟像的一个效果。就像蒙田和帕斯卡尔所说,法律、法之力具有虚构的本质,等等。

在牵线木偶的两个寓言之间,一个也许是诗歌,另一个则不是;一个也许让人思考,另一个则不是。我始终在说"也许"。也许是两个,这从来不是一定的。

两者之间也许几乎没有差别,至多是一次呼吸的时间差别或气息转换的差别,一次呼吸的差别,一次很难察觉的气息转换(策兰会说是"*Atemwende*"[气息转换]。*Atemwende* 不仅是他一部诗集的标题,而且是他在《子午线》中用来定义诗歌的词:"*Dichtung: das kann eine Atemwende bedeuten*"[诗歌:它可以指一次气息转换]①)。但我们对此从来不确定。诗歌(如果存在这么个东西的话)和思想(如果存在这么个东西的话),取决于这一未必可能的呼吸。但至少在某些生物那里,呼吸始终是生命的最先迹象,但也是生命、活着的生命的最后迹象。活着的生命的最先和最后的迹象。恐怕没有呼吸就没有话语,也没有雄辩的沉默,但在话语之前、在话语之初,会有呼吸。

两者(两个牵线木偶或牵线木偶的两个技艺)之间的这一区别,不仅从来无法在任何鲜活的当下得到确定,而且我们也许**必定**永远对此无法确定。这一"必定"或"不能"或"必须不",也许让所有鲜活的当下在场、自我在场都失去信用和价值。我使用并强调"鲜活的当下"(*lebendige Gegenwart*:鲜活的此刻)这一表述——你们知道,胡塞尔为这一表述赋予了现象学地位和某种哲学上的贵族称号——如果我使用并强调这一表达,这当然是为了

---

① P. Celan, *Le Méridien*, dans *Le Méridien & Autres Proses*, *op. cit.*, p. 73.

策略性地参考胡塞尔现象学中关于时间的先验现象学,这一参照是根本的、必要的;同时,我这么做也出于另外一些理由,在接下来我们阅读策兰和他关于当下或此刻、确切而言是关于当下之"威严"的论述时,你们就明白为什么了。但首先,我这么做是为了再次考察这种对于生命的命名方式,或更准确地说是对于鲜活的存在者的命名方式:不是"生命"本身(LA vie),不是大写的"生命"(LA VIE)的"存在""本质"或"实质",而是鲜活的存在者,当下鲜活的存在者;不是留存于生命中的"实质生命"(la substance Vie),而是"鲜活的"这一性质,它被用来规定当下、此刻,这一此刻被认为本质上是鲜活的,在当下在场的意义上是鲜活的,鲜活的此刻(die lebendig Gegnwart)。听过我前几年研讨班的人就知道,我们过去试图在宽恕、赦免、死刑和主权的题目下一起思考的内容,我们始终执着地关注的问题,我不会说它始终表现为生命的鲜活、生物的谜团——它既位于 zôê[生物性的生命]一侧,也位于 bios、life、Leben[社会性或政治性的生命]一侧,用胡塞尔的话说是 Lebendigkeit,鲜活性,**此刻在生命中维系着生命的东西**——毋宁说,我们始终执着地关注着的问题要往回退一步,而恰恰在那里,"生命中鲜活的东西是什么?"这个问题,在下述可疑的正当性面前遭到了悬置,即让生命的问题从属于存在的问题,让生命从属于存在。

思考牵线木偶之间的差异,思考牵线木偶**本身**,就是试图思考生命的鲜活性,以及一个也许不存在的鲜活的"存在者",一个**没有存在的生物**(vivant sans l'être)。就像我以前写过的"没有存在的上帝"①,马里昂(Marion)曾用这个表述来命名他写的一本书,

---

① 参见上文第二讲,第 82 页注释。——原编者注

使之带上了标题的庄严形式和力量。① 关于一种"没有存在的生物"——或那仅仅作为存在者的拟像而"存在"的东西,或仅仅是一个假肢性的东西,或仅仅是存在者之替代或事物本身之替代,一个物神(fétiche)。牵线木偶是所有这一切:生命死亡(同时是这两者:详细说明),一个拟像,一个假肢(回想一下克莱斯特提到的英国艺术家的技艺,他能制造一个让人可以用它来优雅起舞的假腿),[一个拟像,一个假肢,]一个物神。人类可以也应该制作牵线木偶,甚至制作一个牵线木偶的舞台。我们要急切地说,那些我们所谓的"动物"没法做到这些吗?不是的。当然,大部分动物,以及大部分人类,都不制作手指木偶或克莱斯特的木偶舞台。但某些非人类动物是否有能力制作并热爱拟像、面具和意味深长的替代性假肢?这样的话,回答就会是"是",而无论是基于我们的日常经验还是基于动物行为学或灵长类学知识,这一点都很容易论证。

沿着这一将来的道路(a-venue),我上次提议在《泰斯特先生》的牵线木偶之后,对《子午线》中策兰的牵线木偶尝试进行胆怯或惶恐的、部分的、高度选择性的解读。之前两次课上,我已经两次引用了这个"演讲"的开头,你们知道这个演讲是 1960 年 10 月在达姆施塔特进行的,当时策兰获得了毕希纳(Georg-Büchner)奖,这一语境很大程度上解释和证成了为什么演讲中对于《丹东之死》和《沃伊采克》等毕希纳著作的涉及会占有中心地位和组织性地位。在前两次课上,我已经两次引用了这个"演讲"的开头

---

① Jean-Luc Marion, *Dieu sans l'Être*, Paris, Fayard, 1982.——原编者注

("你们会想起,艺术如牵线木偶一般……它的性质是无后")。①但在进一步遭遇这一演讲中有关遭遇的论述之前(Begegnung,遭遇的秘密,im Geheimnis der Begegnung),并且,在进一步遭遇文中所谓的"威严"之前——而这不是随便什么威严,而是当下的威严,是我们刚才围绕"die lebendige Gegenwart"(鲜活的此刻)谈到的"Gegenwart"的威严,以及人或人性的当下的威严["在此,敬意要给予当下的威严,给予见证人类之在场的荒谬之威严"(Gehuldigt wird hier der für die Gegenwart des Menschlichen zeugenden Majestät des Absurden)②]——[在进一步遭遇这一演讲中有关遭遇的论述之前,并且,在进一步遭遇文中所谓的"威严"之前,]我希望告诉你们,我为什么不断地跟你们谈论至高的/主权性的威严的词汇和语义之中的伟大挺立,而且从上次课以来,不断强调说存在着两个牵线木偶、两种牵线木偶的技艺和意义,并由此强调存在于牵线木偶的身体本身之中、存在于其核心处的差异。而这一介于两个牵线木偶之间的、位于牵线木偶之中的差异,同样属于我们在研讨班开始时谈到的性别差异。

我在上次课已经提到,在我们对于牵线木偶的典型再现中,执拗地出现在台前的,往往是又小又年轻的女性形象,小女孩的形象,惹人怜的年轻女孩形象,甚至是处女的形象、圣母玛利亚的形象(mariole, mariolette)。一般而言,她们都伴随着优雅、天真和自发性。

但你们恐怕已经注意到,事情没那么简单。事实上,它们前所未有地不简单。一如既往地,性别差异在这里非常关键。(另

---

① P. Celan, *Le Méridien*, dans *Le Méridien & Autres Proses*, *op. cit.*, p. 59.
② *Ibid*, p. 64.

一方面，我想说，那些经常在报刊上对像我这样习惯于发出警告、习惯于说"事情没那么简单"的人进行冷嘲热讽的人，那些面对这类彻底的警告轻易流露出嘲讽的人，我认为——这是我自己的假说——他们首先想要隐藏、遗忘或否认某些关乎性别差异的事情。这始终是一场与性别差异有关的、激烈而隐秘的争论。）所以，我刚才说到作为天真而优雅的小女孩或处女的牵线木偶，说到事情没那么简单。事情不简单，恰恰是因为问题关乎生物（vivant）的暧昧性；在这里，生物仿佛将自发性（"从自身出发/自明"的东西和从起源那里流出的东西，自发地［sponte sua］自我推动的东西——这是一般意义上对于生物的定义：生物是自发的、自我推动的、自我运动的）凝聚在单一的价值之中，生物将这种自我运动的自发性凝聚在单一的模糊价值之中，这种自发性给予自身法则，给予自身自律性；与此同时，在它那里，非常接近于自我运动的自律性的东西，同样也意指它的对立面，即自动性（l'automaticité），换言之即自动装置的动作与反应机制——而这里恰恰没有自发性，也没有自律的自由。生物是自我运动的、自律的、绝对地自发的，它在至高的意义上是自我运动的，［但］同时也如自动反射一般被完美地程式化。我强调这一悖论，是为了将牵线木偶那卓绝的阳具形象重新搬上舞台，这一阳具的勃起/挺立开始占据、萦绕处女的形象，并与之重叠。处女被牵线木偶的动作、运动和根本上是阳具性的法则所占据。这意味着什么？

问题不仅在于，由于牵线木偶是直立的、绷紧的、像木头一样坚硬、由木头制成，所以它挺立着（如艾米丽·泰斯特夫人强调的那样，就像她丈夫泰斯特先生一样坚硬，换言之即生硬、强硬；或者如《子午线》中引用的毕希纳的话："只是技艺和机械，只是纸板和弹簧!"①)。我们不仅应该说,牵线木偶挺立着,是因为它是直立的、绷紧的、像木头一样坚硬,并且像一个道具、一个玩意儿(machin)或一个上开关的机械一样立在舞台上,只会机械性地、始终有些僵硬地根据机械性的动作作出反应。同样,像一名演员、一名演员或一个面具、一个拟像、一个既行动又被动的替身演员那样,就连最细小的反应都被推动、被排线(如人们对动物行为所说的那样),等等。这些当然都是正确的,而且人们可以在这一笔直挺立的方向上走很远,可以将木偶师手中牵线木偶机器的半机械自动装置比作阳具勃起的生理反射——我们几乎要说是反射性反应和半自动机械性——比作那同时表现为坚硬、垂直、挺立、僵硬和坚固的东西。而通过这一轻易的比较,我们确乎可以总结说:牵线木偶是一种阳具的隐喻或形象、一种阳具的比喻。它让人想到阳具,即使它有时候仍然是一个女孩;培育牵线木偶或木偶舞台的趣味、魅力、模式和类型,都向阳具崇拜靠拢。的确,我们可以顺着这一方向追踪事态到很远。

然而,事实上,我们要提到的正是与之相反的事情。那么是什么? 甚至在将牵线木偶视为一个阳具形象、一个对阳具的单纯形象式再现之前,我们必须记住与之相反的事情,即阳具本身原来是一个木偶。你们知道,在希腊和罗马,首先是在某些仪式上,*phallos*(它不是阴茎)这一拟像、这一形象,再现的是一个勃起的阴茎、坚硬、僵硬、坚固,就像一个巨大的人造木偶,它由绷紧的弹簧制成,在仪式和游行队伍里展示。就像它所是的那个东西本身一样,*phallos* 本身是一种牵线木偶。这一阳具拟像文化或拜物教仪

---

① *Ibid*, p. 61.

式推崇狄奥尼索斯秘仪中的丰饶或生育能力,我在这里无法进一步讨论其历史,只是因为我们没有时间,否则的话,甚至从这个研讨班的观点出发,这种讨论也会很有意思。我只提几个让这种阳具变成"牵线木偶"(在这个词出现之前)的特征:一方面,这里涉及一个拟像,一个虚构形象;这里的问题不是阴茎器官,而是永远勃起的阴茎的一种假肢般的再现,这根阴茎坚硬、僵硬、坚固但分离于身体本身,就像一个假肢、一个假肢性的自动化机器。另一方面,这个分离的表象是机械性的,它由人造弹簧制成,这些弹簧以反应的方式对施加其上的命令作出回应:这是一个坚固的自动装置,但就像勃起本身那样——至少可以说是经由他者欲望和机械性反射的谜一般的共谋——它是或似乎是自动的,独立于意志甚至欲望;于是,这根作为机械性木偶的阳具是 bête(野兽/愚蠢的),既是无生命的(由非生命体和非有机物制成)野兽,也是与人/男人分离开来的野兽,分离于人们想要将阳具重新与之连接在一起的 l'anêr(男人)和 l'anthrôpos(人类)。我的第一个问题由此而来:如果阳具是自动的而非自律的,如果它的僵硬和坚硬带有机器般的或机械性的因素,如果它本身已经是假肢般的东西,而这一点将它抽离人类的责任/应答可能性,那么,它是否是人所固有的东西,还是说,作为已经跟人分割开来的事物,它是个"某物",一个事物,一个非人类、非人性的"**什么**",因而也就不能说它更具男性特质而非女性特质?既非动物性也非人性?

那么,如果 *phallos*,如果挺立的阳具是一台机器,但同时也是主权的属性,我们就可以认为,主权的这一属性,它的威严属性、高贵或竖立的高度属性、它的至高性,不是人的属性,不属于人所固有的东西,事实上也不是任何一方所固有的东西,既不是动物所固有的,也不是上帝所固有的。

我强调牵线木偶和主权者的这一阳具拟像,也强调阳具本身那机械化的、机器般的也就是牵线木偶式的结构,因为对于《子午线》——我正蹑手蹑脚地/以狼的脚步接近它,缓慢而谨慎地接近它——我们的整个解读,作为众多可能的解读之一(就我所知,还没有人尝试从这一方式解读策兰的这个伟大而威严的文本),作为另一种可能的解读,将会推举、强调、挑选我所谓的阳具剧作法,甚至是阳具性主权的剧作法。暂时仅限于词汇层面来说,我们知道,我们当然会再次遇到牵线木偶,不止一次地遇到,还有许许多多头颅,特别是君主的头,以及革命的斩首;我们会再次遇到我之前谈到的威严,尤其是一个美杜莎的头,我无须提到它与石化的挺立姿态和去势威胁之间的驱魔性联系(弗洛伊德曾在《美杜莎的头》中有所提及①),但我还是会说一下。

也许在这里,在勃起/挺立姿态的喜剧层面或可笑层面上,"愚蠢"的经验回来了。在勃起/挺立姿态的喜剧层面上,在它让人笑死的层面上。我们想到希腊的阳具,就不能不把它和普里阿普斯(Priape)②甚至和阴茎异常勃起症联系在一起。首先要指出的是,尽管弗洛伊德经常谈论阳具性、阳具性的阶段、阳具性的母亲等等,却很少提到——事实上几乎从未以普通名词形式谈论阳

---

① S. Freud, «La tête de Méduse», tr. fr. J. Laplanche, dans Œuvres complètes. Psychanalyse, vol. XVI (1921—1923), J. Laplanche (dir.), Paris, PUF, 1996, p. 161-164. ——原编者注

② 在希腊神话里,普里阿普斯是狄奥尼索斯和阿弗洛狄特所生之子,为丰饶和生殖之神,以其巨大而始终勃起的阴茎闻名。——译注

具本身。他使用形容词"阳具性的",却几乎从未用过名词"阳具"。很少的事例之一甚至是唯一的例外,恰恰是在《处女禁忌》中对于普里阿普斯的阳具的历史参照。① 为显示人们害怕降临在使女孩失去贞操之人身上的威胁,弗洛伊德提到,在印度,年轻的妻子首先要将她们的处女膜献祭在一个木制的阴茎像上面(又一种牵线木偶),而这一习俗也见于罗马人那里。然后,他提到了圣·奥古斯丁的说法,即新婚之妇至少得坐在弗洛伊德所谓"普里阿普斯的巨大石头阳具"上。你们知道,普里阿普斯通常被认为是狄奥尼索斯和阿弗洛狄特或某个精灵的儿子,他的首要特征即赋有一个过分的甚至令他感到困扰的阳具器官。我们必须说阳具而非阴茎,因为这根阴茎之所以过分,恰恰是因为它不受主体控制,永远处于不可抑制的勃起状态,也就是人们通常所谓的"阳具勃起之表现"(ithyphallique),而人们也始终应该这样称呼它:阳具勃起像(*ithuphallos*)是竖直的、坚固的、挺立的阳具的坚硬性(*ithus* 的意思是垂直,另一个意思则是公正)。"阳具勃起像"表现的是勃起中的阳具,就像在狄奥尼索斯祭或酒神祭中再现的那样。一个巨大的、宏伟的、高大的、坚硬的、僵硬而坚固的阳具。它可怕(*terribilis*,科鲁迈拉[Columelle]在《论农业》第十卷第三十三节中写道②),可怕、骇

---

① S. Freud, «Le tabou de la virginité (Contributions à la psychologie de la vie amoureuse III)», tr. fr. J. Altounian, A. Bourguignon, p. Cotet et A. Rauzy, dans *Œuvres complètes. Psychanalyse*, vol. XV (1916—1920), J. Laplanche (dir.), Paris, PUF, 1996, p. 92.——原编者注

② 引自 Maurice Olender 的文章 «Priape, le dernier des dieux», dans *Dictionnaire des mythologies*..., t. II, *op. cit.*, p. 312.——原编者注

人、令人恐惧,同时也是喜剧性的。关于那些经常涂成红色的、发出污言秽语的阳具勃起之神的雕像,其可笑之处、其喜剧或玩笑的层面还有很多可说。据说,这个一直处于勃起状态的半神为骡子所生,或像骡子一样。拉克坦提乌斯(Lactance)写过一次普里阿普斯和骡子的比赛,看谁的阴茎更大。骡子赢了,打败了普里阿普斯,但普里阿普斯杀死了骡子作为报复。① 在此,我们能看到这样一个假说:一种恒常而不可动摇的勃起/挺立状态那里假定的优越性,始终可能变成"愚蠢"的标记。我要非常严肃地称之为阳具勃起的愚蠢,这种根本性的、并非偶然的愚蠢,乃是阳具本身的特征(也就是主权本身的特征,阳具勃起是其属性)。它就像这样一个牵线木偶,它那反射弹簧和不受控制的自动性永不停歇。阳具勃起像是一个牵线木偶,在它那既夸张又空无的欲望那里,当然既没有思想也没有真正意义上的驱力,但正是这种空虚推动着它、挤压着它、强迫着它,正是这种空虚保证、促进并让人想到一种绝对愚蠢而顽固的驱力,它不放弃任何东西,而且绝对地与一切思想相异。

我不确定亚里士多德是否揣测过这一点,不过亚里士多德对勃起现象感到好奇,担心如果勃起状态不幸(我试图将这一不幸称为"愚蠢")变得永久的话,会发生什么。这不仅非常荒唐且令人发笑,就像我刚才谈到的仪式和笑话那样,而且,亚里士多德说,这会构成一种反自然的不适。② 也许对野兽和半人半神来说

---

① 德里达打印稿中补充道:"仿佛他在阳具勃起的骡子身上发现了某种比他自己更愚蠢的东西,无法忍受般地比他自己更愚蠢。"——原编者注

② Aristote, *Les Parties des animaux*, 689 a 25 –27, tr. fr. Pierre Louis, Paris, Les Belles Lettres, 1956. ——原编者注

这是可以忍受的,但这种不可动摇的、无动于衷的勃起状态,在人类身上只会产生无法射精的无力,因而会让人失去生育能力,只会带来痛苦而不会带来享乐。被称为"阴茎异常勃起症"的病态会导致死亡。阴茎异常勃起症是无限的阳具勃起状态,与勃起的有限性也就是勃起状态的消退无缘的阳具勃起状态。勃起状态的消退本身,使得勃起的时间成为可能——它当然威胁到勃起状态,但也给了勃起机会。阴茎异常勃起,即永恒而无界限的勃起,甚至不再是勃起——而是一种致死的病态。

但是,勃起状态的消退是去势吗?与其直面这一巨大的问题,不如说是时候回到《子午线》上了;事实上,从这次课一开始,这个文本就始终处在我们视线的一隅。这个文本对于牵线木偶的讨论,对于美杜莎的头的讨论,对于一般意义上的头的讨论,以及对于威严的讨论,让我们可以进行相当合理的过渡。不过我也想强调陌生(Fremde)、他者(Andere)和熟悉或令人不安的陌生感(Unheimliche)。我得在下述两者之间作选择:要么对策兰的"演讲"进行连续的解读,沿着这一文本的明显秩序和线性时间、沿着它的顺序进行阐释;要么进行一种不那么历时的、更具系统性的解读,而为了论证目的,这种解读的关切就是呈现一个母题、语词、主题、形象的布局,通常它们并不按照这一次序出现在文本中。当然,我采取的是第二种方式,一方面是因为我们没时间一起来线性地从头到尾阅读整个文本(但我建议你们自己读一下),另一方面是因为我打算向你们指出的那种积极阐释性的、具有选择性和方向性的解读要求我这么做。你们很清楚,我并不会将这一阐释性解读视作唯一的甚或是最好的解读,但在我看来,它也不是不可能的解读;而且从这一研讨班的角度而言,这种解读对我来说非常重要。

在开始考察(当然是非常快速地考察)那些我要将它们连接在一起的母题之前(尽管策兰自己没有明确地这么做),也就是考察技艺、牵线木偶或自动装置、美杜莎的头、一般意义上的头、威严、陌生和诡异[等母题之前],需要提出两个准备性意见。

第一个准备性意见。在这个文本中,日期是个关键问题,这个文本也可以说是一种日期的诗学。在我差不多15年前所写的关于这个文本的小书《示播列》中,我将这个问题作为优先的反思对象和分析或阐释对象,特别是关于规则性地反复出现的"1月20日",这个日期在文本中至少出现了三次(毕希纳的棱茨:"棱茨'1月20日去往山里'"①,接着是"也许我们可以说,每一首诗歌都在内部刻写着它的'1月20日'"②,然后是"我自己从某个'1月20日',从我的'1月20日'开始写作"③)。在《示播列》中,我强调性地解释了这些日期,解释了纪念日和历法的问题,也解释了"1月20日"的这个例子。但多亏了劳奈的版本(我说过,这是非常贵重而具有典范意义的一个版本),我才发现这一"1月20日"的另一层含义。通过参考策兰的手稿,劳奈在一个注释里告诉我们:"1月20日也是1942年所谓万湖会议在柏林召开的日子,希特勒及其帮凶在会上拟定了'最终解决'计划。"④参见《子午线》第68页⑤[以下是从策兰

---

① P. Celan, *Le Méridien*, dans *Le Méridien & Autres Proses*, op. cit., p. 71.

② Ibid., p. 73.

③ Ibid., p. 81.

④ Jean Launay dans ibid., p. 107, n. 50.

⑤ 德里达在此提到的是劳拉所引用的《子午线》德语考订版,参见 ibid., p. 107, n. 50. ——原编者注

手稿中翻译的段落]:"直到今天,我们仍然在书写 1 月 20 日——那个 1 月 20 日[强调'那个':'diesen 20. Jänner'],从那以来,这个日子已经加上了太多有关冰冻之日的书写(zu dem sich [seitdem] soviel Eisiges hinzugeschrieben hat)。"因此,"1 月 20 日"是一个死亡纪念日,是反人类罪纪念日,是一个主权性的、任意的大屠杀决断的纪念日。"1 月 20 日",君主路易十六斩首纪念日前夜,问题也涉及卢西尔(Lucile)和棱茨不断重复的"国王万岁!",对此我们之后还会讨论。

第二个准备性意见。对于《泰斯特先生》和《子午线》这两个如此不同、在许多特征上如此相异的文本(恰恰包括它们的日期),我们的解读却看起来惊人地相近,[但是,]这两个看似彼此之间时代错乱的文本的这种相近性或亲缘性[其实]是合理的,这不是两者简单叠加在一起的结果,而是因为两者都以各自的方式探讨了牵线木偶以及所有附着在上面的东西。可以说,瓦莱里并没有在《子午线》中简单地缺席。策兰在某一时刻讨论艺术的根源性追问的主题时问道:我们难道不该"彻底思考马拉美带来的结果"(Mallarmé konsequent zu Ende denken)吗?同样在这里,劳奈的一个长注释将我们带到策兰的手稿,他在那里提到了瓦莱里《文艺杂谈》中的一个段落。瓦莱里在那里引用了马拉美回复可怜的德加(Degas)时说的话,后者向马拉美抱怨说自己"充满想法"却无法完成自己的小诗。如瓦莱里所述,马拉美的回复是:"可是德加,诗歌不是靠想法创作出来的,而是靠语词创作出来的。"瓦莱里对此总结说:"这是了不起的教训。"①

---

① P. Valéry, *Variété*, dans *Œuvres*, I, *op. cit.*, p. 784.

围绕或通过我所说的布局（技艺、牵线木偶、美杜莎的头或自动装置、一般意义上的头颅和威严、陌生和诡异），我们现在试着来解码一个诗性的署名，我不把它称作诗学或诗术，甚至不称它为诗作，而倾向于称它为诗性的署名，一首独特诗歌的独特署名，始终独特的署名，它试图通过艺术获得解放，试图从艺术那里自我解放，其目的是表现——不是表现本质、在场，也不是表现诗歌如何**存在**，而是表现诗歌何去何从。

为了独特地遭遇一首独特的诗歌，我们应该沿着什么路线前进？你们知道，遭遇的概念，我们之前提到的"遭遇的秘密"(*Geheimnis der Begegnung*)正是诗歌的秘密，是诗歌的在场、在场化或展现(présentation)的秘密。在"……的秘密"这一表述的双重意义上，遭遇的秘密是诗歌的秘密：**一方面**，在诗歌得以成为诗歌的意义上，在诗歌的制作、创作、形式化可能性的意义上，甚至是在诗歌的技艺和知识的意义上，我倾向于说是在诗歌的署名的意义上（也即秘密作为诗歌的起源，作为其可能性条件，如我们说"这人有秘诀"，言下之意即他有某种技艺；不过从根本上说，掌握这一行为之秘密的，或毋宁说掌握这一事件之秘密的，并不是技艺，而是遭遇）；而在秘密的双重意义上，**另一方面**，作为在当下本身之中、在诗歌的展现中、在策兰如此强调的当下此刻中、在遭遇的经验中始终保密的秘密，根本上就像一种并不出场的当下，一个并不将自己现象化的现象。什么都不自我显现，这一"无"，这一"荒谬"，通过不显现任何东西而自我显现。我们会谈到这种作为非显现的显现。

不过，在读过这首诗很多遍之后，我的体会是，无法按照任何逻辑性展示或叙事性展示的形式来重构它所形成的轨迹。我今天要向你们提示的一些初步的素描或台阶,不过是一个邀请,让你们用自己的眼睛和双手深入其中,确切地说,去遭遇诗歌。这根线(我会保留"线"[ligne]一词,不过一会儿就得说"带子"[lien],因为线是一种联系,*verbindende*),这根线作为带子而联系着他者,联系着相遇中的"你",我试图勾勒或重构的这根作为带子的线,也是正在被寻找的东西,是策兰承认自己在这一旅途中一直寻求的东西,他在最后将这一道路——要言之,我将从这里出发,也就是从最后、从终点出发——[策兰将这一道路]描述为一条"不可能的道路"或"不可能性的道路"。另一方面,"不可能的道路"和"不可能**性**的道路"确切而言不是一回事。我们可以设想,不可能**性**的道路,就它是一条道路而言,就它作为道路的通路而言,始终是可能的,而这也反过来使得不可能的道路得以可能;恐怕正是考虑到这根将两者结合在一起的错综复杂的纽带(尽管两者非常不同),策兰才有意用"不可能的道路"**和**"不可能**性**的道路"这种说法,让两者重叠和交错在一起:

> 女士们、先生们,对于我在你们面前[*in Ihrer Gegenwart*:这看上去像是一句套话,像是领奖那天对观众说的标准礼貌用语,但这句 *in Ihrer Gegenwart* 带有值得注意的严肃性,因为整个文本都将围绕"当下"(*Gegenwart*)和在场的谜题展开;接下去,在引用完这句话之后,我会**通过三次回返来举出三个例子**——当然还有别的可能性] [对于我在你们面前]沿着这一不可能的道路,这一不可能性的道路前行,我找到了些许安慰(*in Ihrer Gegenwart diesen unmöglichen Weg, diesen Weg des Unmöglichen gegangen zu*

sein)。①

正是这条关于不可能性的不可能的道路,作为带子,形成了策兰**相信**自己已经找到甚至**碰到**的线条(策兰最后的话是"*habe ich ihn soeben wieder zu berühren geglaubt*"),而它之后就会被称作"子午线"。这条线是一条通往遭遇(*Begegnung*)、通往你的遭遇、通往与你的遭遇、通往"你"的命名的带子,策兰将不止一次以它来命名诗歌和诗歌的当下。不过,在继续上述引用之前,我想通过几次回返,我说过是**三次回返**,来告诉你们这句"在你们面前"(*in Ihrer Gegenwart*)在什么意义上不是一种习惯性的让步表达(在这个非凡的文本中,不存在任何此类表述)。这句"在你们面前"已然蕴含着诗歌的问题,它因诗歌的问题而变得严肃,涉及诗歌与艺术之间艰难而骚乱的争执,问题既与艺术有关,也与诗歌有关("*Frage nach der Kunst und nach der Dichtung*"[问题关于艺术和诗歌],策兰此前写道;他补充说:"因此,为了探究毕希纳那里的问题所在,我不得不以自身的方式——但所谓'自身',并不是说我能够决定它——来遭遇这个问题"②)。这个问题成了诗歌的问题,策兰将它规定为当下和在场,规定为此刻和在场。

第一个回返,回到"威严"一词在诗歌之本质那里或毋宁说是在诗歌之事件、诗歌之机遇那里的确切含义。在出现了几次"艺术"之后——我们还会回到这里(艺术作为牵线木偶、艺术作为猴子,等等),我们看到了《丹东之死》中的卢西尔,这个确切来说

---

① P. Celan, *Le Méridien*, dans *Le Méridien & Autres Proses*, *op. cit.*, p. 84.
② *Ibid.*, p. 67.

"对艺术盲目"(die Kunstblinde)的人,令人吃惊地喊出:"国王万岁!"无须我多言,你们可以看到,通过这个关于法国大革命和将国王送上处刑台的场景,并且,通过唤起牵线木偶和猴子,我们事实上空前接近于我们的大问题:"野兽与主权者"。

卢西尔喊道:"国王万岁!"策兰用一个感叹号强调这一呼喊多么惊人,就在血淋淋的处刑台旁边,就在他回忆起丹东、卡米尔(Camille)等人的那些"巧妙的话语"(kunstreiche Worte)之后,她,卢西尔,这个对艺术盲目的人,喊道"国王万岁!"策兰称之为一种"反话语"(Gegenwort):

在所有这些话语宣布于高台(这里是处刑台[es ist das Blutgerüst])之后,这是何等的话语啊(welch ein Wort)!

这是反话语(Es ist das Gegenwort),一种将"线"切断的话语,它不再屈服于"历史的热闹看客和游行马队",它是一种自由的行动。这是踏出的一个脚步(es ist ein Akt der Freiheit. Es ist ein Schritt)。①

为支持这一主张,即主张这声来自一个对艺术盲目之人的"国王万岁"是"一个脚步"和"自由的行动",是一种没有示威的示威(manifestation)、一种反示威,策兰必须抽掉这声呼喊、这一"反话语"那里的政治编码,也即抽掉其反革命意义,进而抽掉反示威可能会从这个政治编码那里获得的东西。相反,策兰相信,可以将这声呼喊认作自由的行动、一种诗性的行动,或者,假如不

---

① Ibid., p. 63.

是诗性的行动,假如不是诗性的行为,更不是某个"对艺术盲目"者的诗艺,那么可以说,策兰相信可以从中辨认出"诗歌"本身(*die Dichtung*)。正是为了在这一"自由的行动"中发现诗歌,在这一"脚步"(在《子午线》中,对脚步、行进、来和去的指涉始终很关键)中发现诗歌,[正是为了在这一"自由的行动中"发现诗歌,在这一"脚步"中发现诗歌,]策兰认为,"国王万岁!"中包含的这一忠诚、这一立场选择、这一信仰宣誓、这一致敬(*gehuldigt*),并不是在政治上表达对君主制、对国王路易十六陛下的支持,而是为了当下的威严,为了 Gegenwart。这个"反话语"(*Gegenwort*)表达了对于当下(*Gegenwart*)的威严的支持。在我接下去要朗读的译文中,我想强调**四个词**;原因非常明显,我几乎无须多说,这些是属于"证言""威严""当下"和"人性"的语词:

当然,[……]它首先听起来像是对"旧体制"表达忠诚。

但在这里[……]问题不是赞美君主制,也不是赞美应该保留下来的旧世界。

在这里,忠诚被给予那见证着人性之在场的当下之威严、荒谬之威严(*Gehuldigt wird hier der für die Gegenwart des Menschlichen zeugenden Majestät des Absurden*)。

女士们、先生们,这一荒谬没有明确的名字,但我相信它是……诗歌(*aber ich glaube, es ist... die Dichtung*)。①

---

① P. Celan, *Le Méridien*, dans *Le Méridien & Autres Proses*, op. cit., p. 63-64.

（这句非常接近"荒谬之威严"的"我相信"——"荒谬"一词在文本中不止一次重新出现，这或许显示着它对于意义、理念、主题的超越，甚至是对于修辞性转义、对于人们认为诗学应该包含的逻辑和修辞的超越——[这句非常接近"荒谬之威严"的"我相信"]似乎表明："我相信的正是荒谬，因其荒谬我才相信：*credo quia absurdum*。"对于诗歌的信仰正如对于上帝的信仰，在此则是对于当下之威严的信仰。）通过诉诸"威严"一词（这一点在我看来至关重要，至少就我们的研讨班而言至关重要），策兰的姿态表现为将一种威严置于另一种威严之上，因此便涉及主权问题上的加码。这一加码试图改变威严或主权的意义，让它的意义发生变异，同时保留旧有的语词或恢复其最恰当的含义。一方面是主权者、国王的至高威严，另一方面是更加威严的或在不同的意义上具有威严的、更加主权性的或在不同的意义上具有主权性的"诗歌的威严"或"荒谬的威严"，因为它见证了人性的在场。这一夸张的加码铭刻在我所谓威严的动力学或主权的动力学之中。之所以是威严或主权的**动力学**，是因为我们应对的是一个不可避免的下坠运动；之所以是一种**动力学**（我有意选了这个词），是因为这里的问题关乎主权者、权力、潜能（*dunamis*）、君主和王朝的潜能之展布。也就是说，有着比国王的威严"更具威严的东西"，正如你们记得泰斯特先生被刻画为比卓越者更卓越，或尼采笔下位于卓越者之上的超人。就像在巴塔耶（Georges Bataille）那里一样，他设想和意谓的"主权"，超越了传统的主权，即支配、领主权力、绝对权力，等等。（我们后面会回到这个问题上来。我强调这里的"更加",还有这里的空无。①)

但为什么要保留["威严"]这个语词?

在策兰这里,最重要的问题是,诗歌的这种超威严(hypermajesté),超越于国王、主权者或君主的威严之上或之外的超威严,荒谬的这种至高威严,作为诗歌(Dichtung)的威严,是由四种同样重要的价值规定的;而在这四种价值中,我认为应当始终强调的一种,或不如说是从中辨认出占有优越地位的那一种,即当下(Gegenwart)的价值。这四种重要的价值或意义是:**证言**的价值,毫无疑问;**威严**的价值,因为它见证(zeugenden Majestät);**人性**的价值,因为它是见证的对象;但我认为,尤其不断被确证和重复的价值或意义,便是**当下**("在这里,忠诚被给予那见证着人性之在场的当下之威严、荒谬之威严"[Gehuldigt wird hier der für die Gegenwart des Menschlichen zeugenden Majestät des Absurden])。在此,威严是庄严的,而且是诗歌,因为它见证着人性的当下、此刻、"在场",如劳奈所译的那样。正如见证总是通过对他者说话、通过表明在场而做出在场的行为/出席(faire act de présence),没错,这里问题的关键,这里的署名者,是这样一种在场:它证明人性的在场,或毋宁说证明人性的当下。

---

① 德里达在打印稿中补充道:"我强调根本性的夸张。更加如何如何(+en +de...)。"本次研讨班在美国开设时,德里达在参考书信息中几次提到巴塔耶:"'Hegel, la mort et le sacrifice', in *Deucalion*, 5; *L'Expérience intérieure* ('Post-scriptum au supplice'); 'Genet', dans *La Littérature et le mal*; 'Méthode de meditation', etc. 如果有兴趣,也可参见我的《书写与差异》中关于巴塔耶的文章。"——原编者注

假如除了那些可以轻易想到的理由之外，策兰本人没有明显地而且我认为是无法否认地以一种执拗的方式不断回到这一当下、这一当下的在场，那么我也不会如此强调这一点。由于今天没多少时间了，我非常简略地提一下刚才提到的另外两个例子或回返。

第二个回返。差不多十页以后，经历了一个我们在此无法重构的轨迹（不过我们下次会考察其中几个关键步骤），策兰在"彻底的个体化"的标记下谈及他所谓"现实化的语言"（aktualisierte Sprache）。因此，他将当下加之于此刻，用"Präsenz"（在场）强化"Gegenwart"（当下）：

> 那么，诗歌就会更加明确地成为独一者的语言，具备形象的语言——而在它最内在的本质中，它是当下和在场（Dann wäre das Gedicht – deutlicher noch als bisher – gestaltgewordene Sprache eines Einzelnen, – und seinem innersten Wesen nach Gegenwart und Präsenz）。①

第三个回返。策兰在下一页明确阐述了这一"当下—在场"结构的核心，我下一次课就打算从这一阐述出发，它可能会将所有问题复杂化。他阐述说，诗歌的这种当下—在场，**我的**当下—在场，点状的**我**这里的点状的当下—在场，我的在此—此刻，必须**任由**他者的当下—在场、**任由**他者的时间**说话**。它必须**留下**时间，必须**给予**他者时间。

---

① P. Celan, *Le Méridien*, dans *Le Méridien & Autres Proses*, op. cit., p.76.

对他者,它必须留下或给予**它**的时间。**它固有的时间**。

对他者,它必须留下或给予**它**的时间。对他者,它必须留下或给予**它**固有的时间。严格来说,这不是策兰的表达方式,但我将这一模糊甚或诡异的语法印刻在他身上;在这个语法中,我们已经不知道主有形容词的归属,不知道它属于自己还是他者(对他者,留下或给予**它**的时间),我向策兰给予或留下这个语法的暧昧,以此翻译我所认为的策兰话语中的真理:对他者,**留下或给予它**固有的时间。

当然,这为当下——在场引入了一种分裂或他异性,使一切都发生了变化。这使得属于支配性权威的一切乃至属于当下之威严的一切,都要被重新理解;当下之威严成为他者的威严,或一种与他者之间发生的、朝向他者或从他者而来的、不对称的分有(partage dissymétrique)的威严。我现在读一下相关段落,碰到必要的时候会用两种语言朗读。

诗歌成为(在何种条件下!)这样一个人的诗歌——总是如此——他感知,他转向[Zugewandten:我强调这一转向,这一"转向"的回转]显现出来的事物[dem Erscheinenden Zugewandten],他质询这个显现出来的事物,并与之对话[dieses Erscheinende Befragenden und Ansprechenden:这个 Ansprechen——自我转向他者以与之说话,与他者对话,甚至呵斥他者——恐怕是这一段落中、是《子午线》中对一切作出担保的**态势/表达**(tournure)和**回转**(tour);我提出这一"回转",不是为了说明一个形象、一个表达,甚或策兰非常警觉的修辞形象之一,而是为了示意

Atemwende，气息的回转或转换，它在字面意义上往往是吸气/灵感（inspiration）本身，是《子午线》的精神］；这成为一种对话——往往是一种绝望的对话（*es wird Gespräch – oft ist es verzweifeltes Gespräch*）。①

因此，诗歌是对两者的言说（*Gespräch*，一起言说），对一人以上言说，这一话语的当下将一人以上保持在话语之中（dont le maintenant maintient plus d'un en elle），这一言说中**集聚**了一人以上（②我用"集聚"［rassemble］一词是因为，你们会看到，保留在这个当下之中的是一种集聚运动、一种共在、一种集聚的机遇，*Versammlung*［集聚］——这也是非常带有海德格尔色彩的一个主题；一种运动、一种活力、一个步骤，它将一人以上集聚在内，一方向另一方发话，即便它会失败，即便传达不会送到或不会抵达目的地，即便他者的绝望或与他者相关的绝望始终潜伏在那里，甚至必定作为其可能性本身，作为诗歌的可能性［本身］，始终潜伏在那里。策兰继续写道：

> 只有在这一对话空间里，被搭话的一方（*das Angesprochene*）才被确立起来，并集聚在（*versammelt es sich*）向它发话并为它命名的"我"周围。但是，在这一当下（*Aber in diese Gegenwart*）这里，在这个被搭话的一方（*das Angesprochene*）这里，在这个通过命名过程而成为某个"你"

---

① *Ibid*., p. 77.

② 这一括号在原文中没有对应的闭合。——译注

(*zum Du Gewordene*)的一方这里,同样带来了它的他异性(*bringt* [...] *auch sein Anderssein mit*)。而且,通过诗歌的此地和此刻(*Noch im Hier und Jetzt des Gedichts*)——就其自身而言,诗歌只有这一独特的、点状的当下(*diese eine, einmalige, punktuelle Gegenwart*)——通过这种直接性和毗邻性,诗歌也让他者最属己的部分说话:它的时间(*noch in dieser Unmittelbarkeit und Nähe läßt es das ihm, dem Anderen, Eigenste mitsprechen: dessen Zeit*)。①

诗歌同时任由其说话的东西(*mitsprechen*:劳奈的翻译是"**也让它说话**",值得强调的是 *mitsprechen* 中的 *mit*,这一话语在原初的意义上、在先验的意义上是**与**他者或**向**他者发言,甚至在自言自语之前与他者或向他者发言,而这个 *mit* 未必打破了孤独,我们可以说它也是孤独的条件,正如它有时是绝望的条件),诗歌任由它来与自己说话的东西,任由它来分有话语的东西,诗歌任由它来共同说话(col-loquer)、共同召集(con-voquer)的东西(翻译 *mit-sprechen* 的众多方式:它言说着不止一种对话),它任由其说话甚至任由其与自身一同署名的东西(联署[co-signer]、寄存[consigner]、副署[contresigner]),正是他者的时间,是作为他者最固有之物的**它的**时间:他者的时间那里最为固有的因而最不可译的他异性。

对这些表述的每个词,都有必要进行无穷无尽的阐述。你们

---

① P. Celan, *Le Méridien*, dans *Le Méridien & Autres Proses*, op. cit., p. 77-78.

可以看到，问题不仅仅是一种对话性的集聚。在这里，问题甚至不是一种诗学，更不是一种对话的政治学，即人们通过对话，在交流专家和指导员的帮助下，努力学会让他者说话。问题不是一种民主辩论，即人们根据时钟的管控而在辩论过程中留给对方说话时间，尽管《子午线》在讨论历法的时候，也谈到了时钟问题。问题不是话语的时间，而是留给他者也就是给予他者[时间]，同时这不是什么慷慨行为，而是通过彻底抹除自己来**给予**他者它的时间（给予在此就是留给，因为人们给予他者的，只能是他者固有的、无法消除地固有的东西）；问题不仅是要留给他者话语，而且要任由时间说话，任由它的时间说话，任由它的时间那里、他者的时间那里最为固有的东西说话。必须任其说话的东西是时间，是他者的时间，而不是给他者留出时间说话。问题是任由时间说话，任由他者的时间通过他者最为属己的固有性说话，也就是通过他者最大的他异性说话——它作为他者的时间，发生在，我任由它发生在"我的"诗歌的当下时间之中。我**任由**它发生/来临（arriver）、我任由那（从他者那里）来临的事物发生/来临，这个"任由"（laisser）并不表示无力，它不是一个**单纯的**被动态，尽管某种被动态是这里需要的；相反，它是事件得以降临、事情得以发生的条件。是的，如果我不是**任由**它发生，而是**促使**它发生，那么事情就不会发生。显然，**我促使**它发生的事情不会发生，我们要从这一看似吊诡的必然性中得出几个结论（但是显然，策兰的德语"*laßen*"的意思既是"任由"也是"促使"……["诗歌的这种直接性和毗邻性，也让他者最属己的部分说话：它的时间"（*noch in dieser Unmittelbarkeit und Nähe läßt es das ihm, dem Anderen, Eigenste mitsprechen: dessen Zeit*)]）。

可以说——但我必须到此打住了——《子午线》从这里再出发,作了一次折回。在说到诗歌寻找这一位置(Ort)之后,策兰开始讨论位置的问题(Ort,修辞的位置,Bildern und Tropen)、场所(to-poi)与乌托邦/无场所(u-topia)的问题,同时提醒我们说,他所谈论的是一首不存在的诗歌,一首不可能存在的绝对之诗。("das gibt es gewiß nicht, das kann es nicht geben!"[这种东西的确不存在,这种东西不可能存在!]①)

我说过,在三次回返和三个例子之后,我会读完之前开始引用的结尾部分。接下来我就读一下,下次课我会再次回到《子午线》上来(请你们今天课后重读一遍)。因此,我会回到"他者"和"陌生性"(l'Étranger)的母题,回到"诡异"和"头颅"的母题,希望它们的必然性会更清晰一些(《子午线》在头颅和斩首之间来回移动,经常谈到坠入 Grund[根底]和 Abgrund[深渊]);然后,在许多头颅中,我们会回到美杜莎的头(涉及它与勃起和阉割的关系);最后我们会回到猴子,回到作为技艺问题的牵线木偶("你们会想起,艺术如牵线木偶一般……它的性质是无后"[Die Kunst, das ist, Sie erinnern sich, ein marionettenhafts [...] kinderloses Wesen])。(朗读并评论)

> 我也在寻找我自身固有的起源之所在(den Ort meiner eigenen Herkunft),因为我再一次回到我的出

---

① *Ibid.*, p. 78.

发点。

我用颤抖不安因而恐怕很不准确的手指寻找它们,我在地图上寻找着——我得承认,这是小孩用的地图本。

不可能找到这些位置中的任何一个,它们不存在,但我知道,尤其是此刻,我知道它们在哪里,而且……我找到了一样东西!(und...ich finde etwas!)

女士们、先生们,对于我在你们面前(in Ihrer Gegenwart)沿着这一不可能的道路,这一不可能性的道路前行,我找到了些许安慰(diesen unmöglichen Weg, diesen Weg des Unmöglichen gegangen zu sein)。

我找到了那根线,它像诗歌那样,引向遭遇(Ich finde das Verbindende und wie das Gedicht zur Begegnung Führende)。

我找到了一样东西——像语言(wie die Sprache)那样,它是非物质性的,却又属于大地,它是环形的,穿过两极后又回到自身,而且甚至沿途——这一点很有意思——在热带和转喻上画十字(sogar die Tropen Durchkreuzendes①):我找到了……一条子午线(ich finde...einen Meridian)。

与你们和毕希纳和黑森州一起,我相信我刚才再次

---

① 德里达在朗读的时候评论说:"画十字(Durchkreuzen),这是海德格尔在'存在'一词上画的十字记号。这里是给转喻、修辞形象画上十字,但也是给地球的热带画上十字。"——原编者注

触碰到了这条子午线(*habe ich ihn soeben wieder zu berühren geglaubt*)。①

---

① P. Celan, *Le Méridien*, dans *Le Méridien & Autres Proses*, *op. cit.*, p. 83 −84.

第九讲[①]

Neuvième séance

2002 年 2 月 27 日

①　我们想要提醒读者注意的是，这次课的内容没有文字稿。第九讲完全是口头性质的，根据课堂录音进行整理。其中部分内容是与研讨班参与者的讨论，这里没有收录（参见上文第 15 页说明）。因此，这一讲的呈现方式完全属于编者的责任，而我们决定尽可能贴近和还原德里达在这里作为课堂讨论的导言部分所作的即兴阐述。其中对劳伦斯诗歌的阅读有时非常在意细节，有时则较为粗略或被注解打断，但这一阅读与声音的**调子**密不可分，也与**朗读**这一文本的生动方式密不可分。读者可以在这次课的结尾找到这首诗的完整双语版本。——原编者注

那么，是时候进行一次真正的讨论了。问题、质疑、交换意见。我答应过你们，要花一堂课的时间进行讨论。然后，下周我们重新回到课程内容上……

在开始让大家发言之前，我想说两件事。第一，我收到一个书面问题，很长也很有意思，我一会儿给你们念一下，然后试着作出回答。接着，在开始讨论的时候，在开始讨论之前，作为题词，为了让你们有时间准备好最初的问题，我想给你们读一个之前就想读的文本；我并不把它跟任何具体的论点关联起来，但你们会看到，它与我们直接或间接讨论过的所有问题都相关。这是D. H. 劳伦斯的一个文本，一首题为《蛇》的诗。[①] 自然，在这个研讨班中，正如你们预感和预测的那样，特别是因为时间限制，我们无法充分展开所谓人和动物之间关系的历史，无法充分展开这些关系的社会化过程——狩猎的问题、驯化的问题、驯养的问题（与驯化又有不同）、家畜化的问题（驯化、驯养和家畜化，这些是非常不同的事情；下周开始，当我们涉及动物园、动物公园或展览的问题时，会间接对此有所讨论）——但是，尽管我们不可能充分展开人与野兽、人与动物的关系问题，我们已经大致看到一种以

[①] 在德里达的《无赖》一书中，在题为"最强者的理性（存在无赖国家吗?）"的那一部分的"前文"中，德里达提到了这个文本，并对它进行了简短的论述。参见 *Voyous, op. cit.*, p. 23.——原编者注

动物寓言的形式呈现的类型学，在我们的有限范围内，在与政治和动物性、政治主权和动物性相关的有限范围内，这一动物类型学扮演了一种非常重要的角色：不仅有狼，狼是第一个登场的，还有猴子（我们还会谈到），还有蜜蜂、蜂王、海豚（我们下周会谈到）——然后还有蛇。蛇的登场，不仅是因为原罪，不仅是因为所有归之于蛇的德性和罪恶……

问题是蛇是否有头——因为我们一再遇到关于头颅的问题——是否有头，也就是说，蛇是否有脸和面庞，我想起了列维纳斯向一个提问者反问的问题。那个提问者问道："你就人的伦理维度所说的，是否适用于动物？"——你们知道，对列维纳斯来说，他者的伦理维度在于他所谓的面庞，一个"面庞"，面庞不单被看到并进行观看，面庞还进行言说、听见话语，因此，我们的伦理责任面对的是一个面庞；面庞从他者那接受伦理责任，而正是从面庞那里，我接受了"不可杀人"的律令，这对列维纳斯而言是首要的命令（"不可杀人"是首要的命令，而不是像《圣经》次序里那样排在第六，而且这一对于我的命令来自面庞：在显示其他东西之前，他者的面庞向我意指的首先是："不可杀人"）。因此，对于那天向他提出的问题"动物有面庞吗？"——也就是说，动物是否属于列维纳斯分析和提出的这个伦理空间，列维纳斯尴尬地回答说："我不知道……"然后，为尖锐化自己的尴尬表述，他反问道："你会说蛇有一张面庞吗？"[1]这个例子的出现并非偶然。人们会

---

[1] 德里达在1997年的瑟里希旬日会"自传性动物"上提到过这次对话。参见 *L'animal que donc je suis*, op. cit., p. 148–149。在这次研讨班上讲述的版本稍有不同。——原编者注

想:好吧,蛇有眼睛,有舌头,某种程度上有个头,那它有面庞吗?蛇的面庞是什么样的?正是在这一严肃的诗性问题的标记下,尤其是考虑到列维纳斯的伦理学,我想要给你们读一下 D. H. 劳伦斯的这个文本:《蛇》。我读的译文来自发表于《新法兰西评论》上的双语版本,出自由加斯帕(Lorand Gaspar)和卡莱尔(Sarah Clair)选译的文本①:

《蛇》

一条蛇来到我的水槽
在炎热、炎热的一天,我因热而穿着睡衣,
去那里喝水。

在巨大阴暗的角豆树那深邃而气味怪异的树荫底下
我带着水罐走下台阶
而我必须等待,必须站着等待,因为他在那里,先于我来到水槽。

这里"他"指的是蛇,"因为**他**在那里",这已经是一个人称代名词②,"他在那里"(在英语中,动物有时候用"它",有时候用

---

① D. H. Lawrence, *Poèmes*, éd. bilingue, tr. fr. et présentation Lorand Gaspar et Sarah Clair, Paris, Gallimard, 1996, p. 108 - 115.

② 德里达说的是"prénom"(名字)而不是"pronom"(代词)。——原编者注

"他",有时候用"她":猫就是"她"),"因为**他**在那里,先于我来到水槽"①:

> 他从阴暗处土墙的缝隙中下来
> 拖曳着他黄褐色的柔软腹部的松弛,绕过石槽的边缘
> 将喉咙放在石槽的底部,
> 水从龙头滴下,清澈的水滴,
> 他就用笔直的嘴啜饮,
> 从他笔直的牙床,柔和地流进他那松软而长的身体,
> 静静地。②

> 某位先于我来到我的水槽,
> 而我,像后来者一般等着。

"某位"(我们从研讨班一开始就一直在问这个问题:谁抑或什么?动物是谁抑或什么?牵线木偶是谁抑或什么?在这里,蛇是"某位"[someone]。而"someone"相当于[法语里的]"quelqu'un",但没有"quelqu'un"那样强调"qui"(谁);不过也不能用"someone"来说一块石头),"某位先于我来到我的水槽,/而我,像后来者一般等着"。所以他在等第一位过去。他说道……在这里,回到列维纳斯——我不想把整首诗放在列维纳斯的标志底下,但读的时候

---

① 德里达的强调。——原编者注
② 德里达低声重复了一次:"静静地"。——原编者注

我想起了列维纳斯经常说的,即道德、伦理始于一种"你先请"。"你先请。"对他人表示尊重的第一个标志就是"你先请"。这意思不仅是像坐电梯的时候说"你先走",等等,而是说"我在你之后",即某种意义上说,我只有从他者那里,才能到达我自己、到达我关于自我的某种责任。他者先于我在那里,我从先于我的他者那里接受命令。这就是面对他者时的情境,他不仅走在我前面,必定走在我前面,而且先于我在那里。所以我说:"你先请",这是我向作为他者的他者说的第一句话。

"某位",这条蛇,"来到我的水槽,/而我,像后来者一般等着。"这个译本把这句话译作"Et moi, arrivé en second, j'attendais";这样翻译没错,但"后来者"(*second comer*)……不是"第二个到的"。先来者是蛇,而我们自然就得说,道德、伦理、与他者的关系,不仅在他者之后到来,在他者之后用餐,而且**不管这个他者是谁**,甚至还不知道他是谁,不知道他的威严、他的价值、他的社会立场是什么;换言之,〔道德、伦理、与他者的关系在〕这个先来者〔之后到来〕。我必须尊重先来者,不管他是谁。他说"后来者",我是"后来者",我是后面来的那位,而不是碰巧第二个到的,我是后来者,我后面才来。而我**像**,"我,像……"——这个"像"(*like*),"像后来者"里的"像"〔在法语译文里〕也没译出来;我"像"一位"后来者",与"先来者"相对的后来者,我像第二个到的,等待着,"*waiting*""等着"。

> 他喝水的时候抬起头,像牛那样,

牛(*cattle*)不单单是一个动物群体,而且是一群作为消费用的野兽、饲养的野兽而被汇集在一起,被加以照看、管理和占有的野兽。刚才我提到驯服、驯养和家畜化,但还有饲养;牛是一群被饲养来供人类利用和消费的野兽。"他喝水的时候抬起头,像牛那样",这是复数,"*as cattle do*",用了一个集合性动词,不是单数性动词"*cattle does*",["*cattle*"]是一个群体,"一"里面包含着多。

> 模模糊糊地看着我,像喝水的牛那样(*as drinking cattle do*),
> 唇间闪烁着他那分叉的舌头(*And flickered his two-forked tongue from his lips*),沉思片刻,

[这里译为]"rêva"(沉思)的原文是"*mused*",即冥想(rêvassa),而不是 dream 和 Traum 意义上的做梦;冥想、沉思片刻……

> 俯下头又喝了一些,
> 来自大地燃烧的肠中的土褐色、土黄色
> 在西西里的七月这天,在艾特娜火山冒烟的这天。

> 我受的教育对我发出声音(*The voice of my education said to me*)
> (*He must be killed*)他必须被杀死,
> 因为在西西里

我们在西西里,艾特娜火山……冒着烟。"冒烟"(fumer)是

一个不得了的词。在法语和英语里都是这样。作为及物动词[表示"抽"],可以接"烟斗""雪茄""香烟",而[作为不及物动词]也可以说"抽烟"。艾特娜火山在冒烟……

"我受的教育对我发出声音/(He must be killed)他必须被杀死",

> [因为在西西里,]黑蛇、黑蛇是无害的,金蛇是有毒的。

我提请你们注意——因为你们听我读的时候手上没有这首诗,很难厘清头绪——他之前在描述这条蛇的时候说它"土褐色、土黄色",所以这是一条金蛇,不是黑蛇,"因为在西西里,黑蛇、黑蛇是无害的,金蛇是有毒的"。所以他面对的是一条毒蛇。但这是一条先他而来的蛇。道德问题:我是否必须尊重并任由先来者为所欲为,哪怕我发现他很危险?好客。某人来了,他先于我在那里,他提出要求……我是否要迎他进来,听之任之,不杀死他,哪怕我预感或预知或害怕他可能会反过来杀了我?劳伦斯描述的场景一下子就成了拼死搏斗的场景。"我受的教育对我发出声音/他必须被杀死",因为如果你不杀他,他会杀了你。"因为在西西里,黑蛇、黑蛇……"我强调这个"黑"字,"黑蛇、黑蛇是无害的,金蛇是有毒的"……

> 我内在的种种声音说,

所以,复数的声音对他说话……不止一个声音?他刚开始说的是"我受的教育对我发出声音"……他已然将自己展现为一个内部带有许多声音的人,不是吗?他受的教育的声音(单数的声音)对他说:"你必须杀了他","The voice of my education",接着现在出现了复数的声音,"And voices in me",在我内部的其他声音对我说:

如果你是(男)人(If you were a man),
(You would take a stick and break him now, and finish him off)你现在就拿起棍子打断他,解决他。

"如果你是(男)人……"首先这是一个假设;"如果你是(男)人……"显然是在"人类"的意义上,但也是在"勇气""男性气概"的意义上,即在决斗中必须消灭他的受害者。"我内在的声音说,如果你是(男)人/你现在就拿起棍子打断他,解决他。"

但是[在这之前有一处空行]我必须承认我多么喜爱他(But must I confess how I liked him)
我多么乐于看到他像一位客人般安静地到来

这就是为什么我刚才提到好客的法则。他是先来者,而不管他是否想或是否会杀了我,我都对他有所亏欠,我不该杀了他,我应该尊重他。所以,这是一位客人:古典的场景、《圣经》的古典场景、中东地区的古典场景。这一幕发生在水源附近,好客的场景发生在水源附近,在绿洲中或在井边,好客的问题与水相关,与水源的利用相关。

[我多么乐于看到他像一位客人般安静地到来,]在我的水槽饮水

然后平静地、和平地、不说感谢地离去

回到这大地的燃烧之肠中?

我未敢杀他,这是胆怯吗(Was it cowardice, that I dard not kill him)?

我渴望与他交谈,这是反常吗(Was it perversity)?

言说的欲望……关于这条蛇,他说了很多,尽管他听到了内在的声音,听到了对他说话的多重声音,他的第一个欲望,这个爱蛇之人的第一个欲望,是和他交谈。"我渴望与他交谈,这是反常吗?"

感到如此荣幸,这是谦卑吗?

对客人感到荣幸:在此,主人(hôte)因为客人(hôte)、到来之人、先来者而感到荣幸。他感到荣幸,这是首要的经验、首要的情绪。他在那里,他和我一起在那里,在我前面,走在我前面,我为此感激他。他为我而存在,而我对此感到荣幸。

(Was it humility, [that] to feel so honoured?)感到如此荣幸,这是谦卑吗?

(I felt so honoured)我感到如此荣幸。

但那些声音说(And yet those voices):

如果你不害怕,你会杀了他!［If you were not afraid, you would kill him!］

如果你是人,一个男人,一个男子汉,你就不会害怕,你就会杀了他。

的确,我害怕了,我非常害怕,
但即便如此,我更感到荣幸
荣幸于他会来寻求我的款待(That he should seek my hospitality)
从那隐秘大地的暗门出来。

323　　他喝够了水
出神地［这次是表示梦的"dreamily"］抬起头,像一个喝醉了的人(as one who has drunken),
闪烁着他的舌头,像空中分叉的夜,如此黑暗;
仿佛舔着他的嘴唇,
像一个神那样环视四周,

所以,这里有人类,有这首诗的署名者,有那个言说"我"并且听到声音对他说"如果你是(男)人……"的人,有人的人性,有野兽,蛇……但这个野兽像一个神。

[像一个神那样环视四周,]对着空中视而不见,
缓慢地转过他的头,
缓慢地、非常缓慢地,仿佛做了三次梦,

再次出现了梦,"as if thrice adream",thrice adream,三次做梦,用 adream 这一个词,thrice adream,表示做三次梦。

开始盘起他那缓慢的长身子
再次爬上**我**①那破裂的墙面斜坡(of my wall-face… And climb again the broken bank of my wall-face)。

当他把头伸进那个可怕的洞里,[这里出现了头……这条蛇有一个头](And as he put his head into that dreadful hole)
当他慢慢向上,敏捷地弯曲着他的肩膀,进一步深入,
针对他躲进那个可怕的黑洞,
针对他故意进入黑暗,缓慢地在后面拖着身子
一种恐惧,一种抗议,在他转过身去时,向我袭来。

因此,你们看到了这个场景:蛇正在躲起来,回到他的黑暗中,而恐惧涌上来,向他袭来。"一种恐惧……在他转过身去时,向我袭来。"

---

① 德里达在课上两次强调了这个主有形容词。——原编者注

324　　　我环视四周，我放下我的水罐，
　　　　我拿起一根笨重的木头
　　　　向水槽掷去，哐啷一响。

　　　　我觉得没有打到他，

　　这让人觉得，他把水罐①像导弹一样、像攻击性武器一样，对准蛇的头部投掷出去。"我觉得没有打到他"，

　　　　但突然间，他身子留在外面的部分狼狈而急促地蜷
　　　缩起来，
　　　　闪电般扭动，并消失在
　　　　黑洞里，墙面裂开的土缝
　　　　静寂的正午，我入迷地盯着那里。

　　　　我马上就后悔了。
　　　　我想，这是多么无聊、多么粗俗、多么卑鄙的行为！
　　　　我鄙视自己，鄙视我那些该死的人类教育的声音。

　　他鄙视自己，因为他最终还是做出了侵略性动作，投掷了他的水罐，虽然不知道是否碰到了蛇，但无论如何，他未能抵抗自身内部的声音指使下的人性冲动或强迫，包括教育的声音，这些声

---

① 德里达说的是"水罐"而不是"木头"。——原编者注

音命令他:"杀死他。"他照做了,并立即被恐惧和羞耻所淹没。还有后悔。"我马上就后悔了。/我想,这是多么无聊、多么粗俗、多么卑鄙的行为!/我鄙视自己,鄙视我那些该死的人类教育的声音。"他诅咒他的教育。他的教育是该死的。这些在他内部的声音是该死的,要言之,这些声音指使他杀死或设法杀死客人、先在者,而后者可以说尚未发动攻击。他出于恐惧杀死了他者,杀死了客人。

(And I thought of the albatross)我想到了信天翁,
我希望他会回来,我的蛇。

"我的"蛇:从此刻起,这条蛇变成了**他的蛇**,恰恰是因为谋杀的场景,至少是潜在的或未成功的谋杀。他无法抵抗杀戮的冲动,他采取了杀戮的行动并立即感到懊悔,的确如此,但同时涌来的还有另一个欲望,即希望蛇回来。他的蛇,"我的蛇":在负有罪责的谋杀行为之后,他对蛇的爱得以宣告、得以昭示。"我想到了信天翁,/我希望他会回来,我的蛇"(And I wished he would come back, my snake)。

因为他似乎

这里出现了主权,这是为什么我要向你们读这个文本的原因。

因为他似乎又像是一位国王了,

> 像是一位流亡中的国王，地下世界的无冕之王，
> 现在应该重新戴上王冠。

> *For he seemed to me again like a king,*
> *Like a king in exile, uncrowned in the underworld,*
> *Now due to be crowned again.*

这条蛇，这个野兽，如果不说是经历了暗杀，那么至少是经历了以他为目标的谋杀行动之后，经历了人类的仇恨行为之后，成为了主权者。野兽成为主权者，成为国王。"无冕之王"，但等待着王冠，正要被加冕。"因为他似乎又像是一位国王了，／像是一位逃亡中的国王，地下世界的无冕之王，／现在应该重新戴上王冠。"

> 所以，我错过了一位生命之主。(*And so, I missed my chance with one of the lords／Of life.*)
> 我有需要忏悔的事情(*And I have something to expiate*)；
> 一种吝啬(*A pettiness*)。

所以，道德、伦理、"不可杀人"的命令——对于无论谁，对于先来者，对于首先到来的生命，无论他是神、蛇、野兽或是人——这是我们需要讨论的问题，也是上次递给我看这一文本的那个人①提出的问题："道德让我们仅仅或首先尊重人、尊重人的人性，

---

① 根据课堂录音，我们无法确认这个人的姓名。——原编者注

还是尊重生命、尊重一般意义上的生物,包括动物?"在这里,很显然,这位诗人,这个署名者,也可以说是劳伦斯,这故事发生在其身上的那个人,当他面对着蛇这个先来者,这个可能、也许具有威胁性的先来者(没有明说蛇具有威胁,但也许蛇总可能是威胁性的,总可能会夺走生命),在一个好客的场景中,他在某种意义上对伦理有了醒悟,对"不可杀人"有了醒悟。因此,他的伦理在这一面对先来者的好客场景中得以宣告或醒悟,不管这个先来者是谁,而这种伦理得以形式化、得以确证[……]。① 他开始意识到……,他的确想到义务会如何要求他对待一般意义上的生物,如何对待以蛇的形象出现的生物,如何对待蛇的头,如何对待这条作为非人类生物的蛇,这条在某种意义上变成主权者,变成作为他者、作为客人的主权者的蛇;正是客人发出命令,正是作为客人的他者发出命令。因此,这里我们面对的诸多问题之一,是一个双重问题:第一,伦理或道德规定,仅仅要求我们对自己的同类负责——你们记得之前重读拉康时讨论的"同类"问题——也就是对人类负责,还是说,它要求我们对无论是谁负责,对所有生物负责,所以也要求我们对动物负责? 第二,第二个问题包含在第一个问题之中,即一旦我们认识到主权者归根结底是先来者,先于我到来之人,是先于我的先在的他者,那么仅仅通过把主权从"我"这里转移到"他者"那里——我臣服于他者,而他者成了主权者——我们是不是在重构一种主权的逻辑,重构一种主权的场景? 换句话说,对于主权的解构,是否仅限于解构属于我的主权,为的却是把它转交给他者,还是说,在此争议的焦点应该是一般

---

① 此处录音短暂中断。——原编者注

意义上的主权观念？因此，一个是关于同类的问题，一个是关于主权是否是他者之主权的问题。的确，显然就像伦理本身一样，对于伦理本身的形式化是事后性的，也即发生在对伦理的侵犯之后，发生在谋杀之后，发生在他试图杀死那条蛇之后；问题是要了解，道德法则的起源是否与谋杀或懊悔有关。你们知道，当弗洛伊德——这里进行事例转换当然是很容易的——当弗洛伊德通过弑父来解释道德性超我的起源时，他阐述说（而这也是他论述中的矛盾之一），随着儿子们谋杀父亲之后相互间达成平等，正是在儿子们或兄弟们弑父后感到懊悔的时候，道德诞生了。① 换言之，道德法则诞生于懊悔。但矛盾在于，为了感到懊悔，道德法则就得已然存在。因此，他感到要对某事"忏悔"，"我有需要忏悔的事情"（And I have something to expiate），意味着他提前就知道道德法则已然存在，如若没有道德法则，就既不会有懊悔也不会有忏悔。你们注意到，这就是为什么我要指出——不管这看上去多么困难——道德法则的这一显现（épiphanie）、道德法则的这一幽灵般的显现（apparition）中的两个时刻：第一个时刻，道德法则存在于那里，已经在那里，但却是潜在的、潜能性的，它始终已经在那里，然后在谋杀之后被实现为道德法则，呈现为道德法则。在谋杀之前，它已经在那里了，否则就没有懊悔：他会毫无懊悔地杀了那条蛇。但正是在忏悔或懊悔的时刻，在良心感到罪责的时刻，道德

---

① Cf. S. Freud, *Totem et Tabou*, tr. fr. Janine Altounian, André Bourguignon, Pierre Cotet, Alain Rauzy, avec la collab. de Florence Baillet, dans *Œuvres complètes. Psychanalyse*, vol. XI (1911—1913), J. Laplanche (dir.), Paris, PUF, 1991, p. 360 -362, 365.——原编者注

法则才如其所是地显现。所以,如果我们愿意更久地停留在这首诗这里的话,就要花更多时间讨论其他动物……比如信天翁……为什么是信天翁?蛇是爬行动物,位置很低,它是一种属于地面、大地(谦卑,humus[大地])的动物,这是为什么他不断强调大地。母题是大地。所以,一边是低位,是蛇这种最低的动物;一边是信天翁,位于高空的动物。正如你们已经注意到的那样,尤其是上周,我们的问题(我们下周还会回到这里)是高和低的对立。原则上,主权者(我还会回到这一点上)是高度、伟大、挺立的存在者,被称为"陛下"(son Altesse)。信天翁。

> 我想到了信天翁,
> 我希望他会回来,我的蛇。

> 因为他似乎又像是一位国王了,

如果我们有时间,我们会停下来考察一下这个"像"。为什么这条蛇不是国王,而是"像一位国王",与人类政治中的国王相似?但他不仅仅被类比于国王,他"像一位国王",他不是国王,但他仍然像一位不是国王的国王,出于两个原因(你们记得诗中的三行):因为他在流亡之中,他不是现任国王,他是一位没有权力的国王,在某种意义上是一位失去王位的国王——而显然,流亡的场景与好客的场景产生共鸣(流亡和好客两者并存,流亡者寻求好客的款待),这是身处家中的场景,是身处家中而又不身处家中的场景,是 unheimlich(我们下周会回到这个问题上来),unheimlich,所有这一切都很诡异,最熟悉也最陌生,最令人不安,同时也最恐

329 怖（我下周也会回到这一点上：unheimlich 这个词，经常被海德格尔用来翻译索福克勒斯笔下的希腊语 deinon 一词，即恐怖、可怕，他说人类最为 unheimlich，最不自在 [dépaysé] 又最能改变环境 [dépaysant]，身处家中而又不身处家中），这整个场景都很诡异，而显然，这种诡异性，这种远离家中又身处家中的情形，既是流亡的场景，也是好客的场景——那些寻求庇护和款待的流亡者不在家中，他们寻找一个家园，而另一边，在水源那里，在这个对于客人或流亡的客人或寻求庇护者来说是资源和指望的水源那里，则是接受他们或不接受他们的人。因此，他像是一位国王，但不是一位君临中的国王，因为他处于流亡之中，他没有王冠，他是"地下世界的无冕之王"：

> 像是一位流亡中的国王，地下世界的无冕之王，
> 现在应该重新戴上王冠。

暂时处于流亡中的蛇，指向的是一个有待从他的流亡状态中——从放逐他的场景那里——重建的王国。这首诗令人震惊的地方，其中明显是对伊甸园进行反讽性或倒错性翻译的地方在于：这个被放逐者、流亡者是蛇，不是亚当和夏娃，而是蛇。这一切事情的受难者，亚当的受难者（"亚当"的意思是大地），受难者是蛇。有必要重读《圣经》，因为归根结底整个故事里面最可怜的是蛇！（笑声）一般而言人们并不这样理解《圣经》！而且这里没有女性，没有，只有一个男人和一条蛇。

[提问时间]

SNAKE

A snake came to my water-trough
On a hot, hot day, and I in pyjama for the heat,
To drink there.

In the deep, strange-scented shade of the great dark carob-tree
I came down the steps with my pitcher
And must wait, must stand and wait, for there he was at the trough before me.

He reached down from a fissure in the earth-wall in the gloom
And trailed his yellow-brown slackness soft-bellied down, over the edge of the stone trough
And rested his throat upon the stone bottom,
And where the water had dripped from the tap, in a small clearness,
He sipped with his straight mouth,
Softly drank through his straight gums, into his slack long body,
Silently.

Someone was before me at my water-trough,
And I, like a second comer, waiting.

He lifted his head from his drinking, as cattle do,
And looked at me vaguely, as drinking cattle do,

And flickered his two-forked tongue from his lips, and mused a moment,
And stooped and drank a little more,
Being earth-brown, earth-golden from the burning bowels of the earth
On the day of Sicilian July, with Etna smoking.

The voice of my education said to me
He must be killed,
For in Sicily the black, black snakes are innocent, the gold are venomous.

And voices in me said, If you were a man
You would take a stick and break him now, and finish him off.

But must I confess how I liked him,
  How glad I was he had come like a guest in quiet, to drink at my watertrough
And depart peaceful, pacified, and thankless,
Into the burning bowels of this earth?

Was it cowardice, that I dared not kill him?
Was it perversity, that I longed to talk to him?
Was it humility, to feel so honoured?
I felt so honoured.

And yet those voices:
If you were not afraid, you would kill him!

And truly I was afraid, I was most afraid,
But even so, honoured still more
That he should seek my hospitality
From out the dark door of the secret earth.

He drank enough
And lifted his head, dreamily, as one who has drunken,
And flickered his tongue like a forked night on the air, so black;
Seeming to lick his lips,
And looked around like a god, unseeing, into the air,
And slowly turned his head,
And slowly, very slowly, as if thrice adream,
Proceeded to draw his slow length curving round
And climb again the broken bank of my wall-face.

And as he put his head into that dreadful hole,
And as he slowly drew up, snake-easing his shoulders, and entered farther,
A sort of horror, a sort of protest against his withdrawing into that horrid black hole,
Deliberatly going into the blackness, and slowly drawing himself after,
Overcame me now his back was turned.

I looked round, I put down my pitcher,
I picked up a clumsy log
And threw it at the water-trough with a clatter.

332   *I think it did not hit him,*

But suddenly that part of him that was left behind convulsed in undignified haste,

Writhed like lightning, and was gone
Into the black hole, the earth-lipped fissure in the wall-front,
At which, in the intense still noon, I stared with fascination.

And immediately I regretted it.
I thought how paltry, how vulgar, what a mean act!
I despised myself and the voices of my accursed human education.

And I thought of the albatros,
And I wished he would come back, my snake.

For he seemed to me again like a king,
Like a king in exile, uncrowned in the underworld,
Now due to be crowned again.

And so, I missed my chance with one of the lords
Of life.
And I have something to expiate;
A pettiness.

Taormina

《蛇》

一条蛇来到我的水槽
在炎热、炎热的一天，我因热而穿着睡衣，
去那里喝水。

在巨大阴暗的角豆树那深邃而气味怪异的树荫底下
我带着水罐走下台阶
而我必须等待，必须站着等待，因为他在那里，先于我来到水槽。

他从阴暗处土墙的缝隙中下来
拖曳着他黄褐色的柔软腹部的松弛，绕过石槽的边缘
将喉咙放在石槽的底部，
水从龙头滴下，清澈的水滴，
他就用笔直的嘴啜饮，
从他笔直的牙床，柔和地流进他那松软而长的身体，
静静地。

某位先于我来到我的水槽，
而我，像后来者一般等着。

他喝水的时候抬起头，像牛那样，
模模糊糊地看着我，像喝水的牛那样，
唇间闪烁着他那分叉的舌头，沉思片刻，

俯下头又喝了一些,
来自大地燃烧的肠中的土褐色、土黄色
在西西里的七月这天,在艾特娜火山冒烟的这天。

我受的教育对我发出声音
他必须被杀死,
因为在西西里,黑蛇、黑蛇是无害的,金蛇是有毒的。

334　我内在的种种声音说,如果你是(男)人
你现在就拿起棍子打断他,解决他。

但是我必须承认我多么喜爱他
我多么乐于看到他像一位客人般安静地到来,在我的水槽饮水
然后平静地、和平地、不说感谢地离去
回到这大地的燃烧之肠中?

我未敢杀他,这是胆怯吗?
我渴望与他交谈,这是反常吗?
感到如此荣幸,这是谦卑吗?
我感到如此荣幸。

但那些声音说:
如果你不害怕,你会杀了他!
的确,我害怕了,我非常害怕,

但即便如此,我更感到荣幸
荣幸于他会来寻求我的款待
从那隐秘大地的暗门出来。

他喝够了水
出神地抬起头,像一个喝醉了的人,
闪烁着他的舌头,像空中分叉的夜,如此黑暗;
仿佛舔着他的嘴唇,
像一个神那样环视四周,对着空中视而不见,
缓慢地转过他的头,
缓慢地、非常缓慢地,仿佛做了三次梦,
开始盘起他那缓慢的长身子
再次爬上我那破裂的墙面斜坡。

当他把头伸进那个可怕的洞里,
当他慢慢向上,敏捷地弯曲着他的肩膀,进一步深入,
针对他躲进那个可怕的黑洞,
针对他故意进入黑暗,缓慢地在后面拖着身子
一种恐惧,一种抗议,在他转过身去时,向我袭来。

我环视四周,我放下我的水罐,
我拿起一根笨重的木头
向水槽掷去,哐啷一响。

我觉得没有打到他,

但突然间，他身子留在外面的部分狼狈而急促地蜷缩起来，
闪电般扭动，并消失在
黑洞里，墙面裂开的土缝
静寂的正午，我入迷地盯着那里。

我马上就后悔了。
我想，这是多么无聊、多么粗俗、多么卑鄙的行为！
我鄙视自己，鄙视我那些该死的人类教育的声音。

我想到了信天翁，
我希望他会回来，我的蛇。

因为他似乎又像是一位国王了，
像是一位流亡中的国王，地下世界的无冕之王，
现在应该重新戴上王冠。

所以，我错过了一位生命之主。
我有需要忏悔的事情；
一种吝啬。

于陶尔米纳

D. H. 劳伦斯

第十讲

Dixième séance

2002 年 3 月 6 日

[阴性的]野兽与[阳性的]主权者,那么是**什么**呢(alors, *quoi*)？那么是**谁**呢(alors, *qui*)？

还有牵线木偶,它是**什么**或**谁**呢？它是某样东西,还是某个人？并且,它是活的还是死的？是活的动物还是活的人？

今天,我要以铭文(exergue)的方式铭刻一个日期,然后是一段引文。我以此来提请你们注意一个历法,但也是一个历史纪年,其意义和必然性慢慢会明确起来。我称之为铭文,当然是为了指向"作品之外部"(hors-d'œuvre)(像 *parergon*[附属装饰;字面意思为"作品的旁边"]一样,*ex-ergon*[铭文;字面意思为"作品外"]位于作品的外部,位于作品或运作的边缘,像一种无效而无为(désœuvré)却使劳作得以可能的"无劳作状态",资本的另一个形象;像资本①一样,铭文位于开头);不过,我称之为铭文,首先是为了表明:在一个铭文那里,铭刻在那些金属、有时是皇室的金属中,被称为铭文的东西,通常不仅有文字,还有日期。

这里的日期是 1681 年。这个文本这样写道:

---

① 资本(capital)一词源于拉丁语 *caput*(头部)。——译注

[……][在1681年][……]也许从未有过比这更华丽的解剖。无论是就动物的庞大而言,还是就各部分标本的精准度而言,还是就参与者的数量和质量而言。(朗读两遍)

338 目前我只想指出一点:除了这里谈到的庞大野兽,即一头大象(文本中强调了"动物的庞大",强调了这头被解剖的巨型动物的维度、尺寸、它的宽度和高度),除了这头宏大的野兽,要注意到,那些"参与者"里面(文本中说的是"参与者的数量和质量")有一位伟大的、宏大的主权者,即路易大帝本人;关于这位太阳王,这个文本写道(我一会儿会回到这里):他"亲自莅临"此次"仪式"。你们可以想象一下这个"仪式":一头巨大的动物,一头大象,和一位伟大的主权者,在1681年,野兽与主权者一起出现在同一个房间里,出现在同一节解剖课程上,一个是活的,一个是死的,活的那个观察死的那个,两者一起出现在这个"仪式"的时间和空间内,而这个"仪式"是一次解剖,也就是一次知识的操练,是为了观看和认知而对死者施加的一场暴力。对此我们一会儿还要讨论。

[**阴性的**]野兽与[**阳性的**]主权者,那么是什么呢?那么是谁呢?

[**阴性的**]野兽与[**阳性的**]主权者在一起,在同一个地点,一个是死的,一个是活的,一个看着另一个,那么是什么呢?那么是谁呢?某个物体,还是某个人?

在前几次课上，看过那么多头颅的登场——戴着王冠的头、首都、资本和斩首——你们应该已经注意到：是的，伴随着主权者的国王的**威严**，一场带有确定日期的革命正在成为我们的主题。

这场带有确定日期的革命，正是断头台和恐怖统治的革命，正是将国王和众多革命者斩首的革命，这些革命者自己建立并证成了革命的恐怖统治。你们记得卡米尔（Camille Desmoulins）之妻卢西尔喊出的"国王万岁！"，而"这位卡米尔"，策兰说道，在毕希纳的《丹东之死》中，"死得很戏剧化，甚至带有抑扬格的性质"①（"iambisch"暗示着《子午线》的第一句话、开场语句，后者本身是对《丹东之死》中卡米尔的一句话的准引用："你们会想起，艺术是一种牵线木偶，一种五音步抑扬格［……］"②——而贯穿整个《子午线》的关于艺术的问题，关于诗歌之为艺术的问题，同样也是关于技术的问题，因为它关系到下述显现，关系到艺术的三种显现之一、艺术的三次到来或三次回返之一，即艺术显现为牵线木偶，也就是显现为技术性的**谁**和**什么**。谁会否认牵线木偶是一样技术性事物，甚至是对技术力量本身、对机械性的某种寓言性的具象化？因此，问题关乎在美术的 *technê* 和技术的 *technê* 之间探究艺术。不过，我们会看到，至少就海德格尔的问题、忧虑、风格主题而言，上述问题并不是唯一一个与之相近或交叉的问题）。

［……］因此，这个卡米尔死得很戏剧化，甚至带有抑扬格的性质，只有在两个场景之后，根据一个与他很疏

---

① P. Celan, *Le Méridien*, dans *Le Méridien & Autres Proses*, *op. cit.*, p. 62.
② *Ibid.*, p. 59.

远——但又很接近——的语词[既疏远又接近的语词,记住这句话:"*von einem ihm fremden - einem ihm so nahen - Wort*"],我们才觉察到这是他自己的死亡;于是,关于卡米尔的哀婉笔调和措辞,确证了"牵线木偶"和"丝线"的胜利["*Puppe*" und "*Draht*",这次是一个引用,我会回到这一点上来],而卢西尔,这个对艺术盲目的人,对这同一个卢西尔来说,言语是某种人格性的东西[*etwas Personhaftes*,我假定这与牵线木偶相对立:阐述],是某种可以被看到和感知的东西(*etwas Personhaftes und Wahrnehmbares*);再一次,卢西尔突然喊道:"国王万岁!"(*Es lebe der König!*)①

引号里对牵线木偶(这次是 *Puppe*)和"丝线"的指涉,间接引用自毕希纳的戏剧(第二幕第五场),其中那些死刑犯将自己比作被历史操纵的牵线木偶、被历史的主权权力操纵的牵线木偶;他们不再觉得自己是负责任的个体、自由的主体,而是人偶,甚至是机械般的龙套,置身于那些被认为创造历史之人的看不见的手掌中。但他们怀疑,在这个政治木偶的舞台上,甚至不存在牵线之人,不存在操控丝线的历史主体。在死亡的瞬间,他们说出和想到了这一点,他们喊道:"牵线木偶,我们是牵线木偶,未知的力量在手中操弄着丝线,我们自己什么都不是,什么都不是!"②

---

① *Ibid.*, p. 62 –63.

② G. Büchner, *La Mort de Danton*, acte II, scène V, dans *Œuvres complètes*, *op. cit.*, p. 133; cité par J. Launay dans P. Celan, *Le Méridien & Autres Proses*, *op. cit.*, p. 103, n. 31.——原编者注

所以，你们记得卢西尔的"国王万岁！"，她在处刑台或断头台旁边喊出的这句话，令《子午线》显得引人注目。这句话也标记了"威严"(*Majestät*)的两种含义之间的重要差别，为我们解读这首诗提供了指引。所有这些都只是确证了我们的假设。在这场大革命中，问题当然关乎头颅、资本和斩首。美杜莎的头和其中指向勃起和阉割的一切标志，都足以让我们想起这一点。

尽管我没有以下述方式和次序向你们展现这些事情，但我敢肯定你们已经意识到：上次课上，我们在两个独特的主权者之间，在两位法国国王——路易十四和路易十六——之间，在路易大帝陛下或太阳王与被斩首的路易十六、路易·卡佩陛下之间移动。从克莱斯特和瓦莱里到策兰，我们在追随某个牵线木偶舞台剧的过程中，已经非常警觉地观察到"威严"一词引人注目的变化，从它在拉丁语中指涉的主权(*majestas*，如博丹所说)，一直到它在《狼与小羊》中以及在拉封丹献给王太子的《寓言》献辞中的出现。

［顺带一提，当我说出 *dauphin*（王太子）这个词的时候，我想到了人们用这个词来命名的动物，想到了所有那些海豚（*dauphins*），想到了这种被认为非常有人性，非常聪慧，几乎跟人类一样聪慧的野兽，而就在两三个星期前，恐怕是因为人类的错误，因为人类对于深海和近海的污染，有大量海豚迷失了方向，这些可怜的海豚被人类搞乱了方向，它们悲惨而顽强地上了岸并死去，死在法国北部的海滩上。不要忘记，"dauphin"一词（希腊语里的 *delphis*，拉丁语里的 *delphinus*），首先是人类对于这种巨大而粗壮的动物、对于这种食肉类鲸目动物的命名，它的脂肪可以提供一种珍贵的油（*delphinus delphis*），而且它被认为非常接近人类，对我们非常和蔼友好，以至于拉封丹——将《寓言》献给"王太子殿下"的拉封

丹为它写了颂词:在这则我要给你们读的寓言中,拉封丹赞美了这种动物,你们会看到,这种动物不那么愚蠢,它对人类很友善;我接下来要给你们读这则寓言,在此之前,我想提请你们注意,"Dauphin"这一用来指涉王太子即王位继承人的法语称号,带有一段非常具有法国色彩、纯粹法国色彩的历史,就像我们眼下关心的君主制历法和大革命一样。Dauphin 首先是维埃纳省的法国领主带有的名字,而后当名为 Dauphiné 的领地被割让给法国国王的时候,这个名字就传到法国的王位那里。作为 Dauphiné 之来源的专名,Delphinus 是鱼的名字,原因非常简单,因为那些领主选了三只海豚放在盾徽上。如果将这种纹章象征主义理解为一种图腾效果的话,这就意味着:作为对长子和王位继承人的称呼,Dauphin 是一个图腾性的称号,至少是朝着皇室的海滩流去。我现在要详细解读拉封丹一则题为《猴子与海豚》的寓言,不仅是因为这里包含的反讽,即拉封丹这个臣民/公民将他的所有寓言献给作为潜在主权者的王太子(Daulphin)殿下;还出于很多其他原因:因为假如这些寓言里的所有动物都是拟人化的形象,并且在不同的意义上是人类形象,是正面或负面的主人公,那么这则寓言里的动物不仅像在其他寓言里一样也是人类,而且在人类动物中,在具有人类形象的动物中,在最广泛意义上的类人动物中,这则寓言里的动物属于在自然意义上更具有人性、尤其对人友善、"对我们种族抱有强烈善意"(如寓言中所说)的形象。然后是猴子,寓言中的另一个主人公。在我们的问题意识这里,以及在更具人性的动物之中,猴子不只是随便什么动物,我无须强调这一点;尤其是,在我之后还会讨论的策兰的文本中,也有一只猴子;为我们"野兽与主权者"的舞台,我们正在扩充我们动物志中的主要角色

（狼、海豚、猴子，还有别忘了——我们有机会或许还会讨论——蜂王）。在这则寓言中，海豚拯救了人类，确保了他们的安全；海豚就像人一样，对猴子和人类之间的相似感到震惊，他先是搞错了，然后在注意到猴子的愚蠢之后，方才醒悟过来并认识到错误；接着，这只海豚笑了（人们相信动物不会笑），他能对人类表示友善，对"我们种族"表示友善，他笑了，他嘲笑猴子，他发现猴子很蠢；他像人一样发现猴子既相似又愚蠢，而这恰恰是因为：虽然猴子能通过符号进行交流和反应，但他从来不会说话，他并不是真的知道如何说话，并不知道如何回应，并不知道如何倾听名字和问题的意义；你们会看到，海豚狡猾地作了伪装，然后问了个带陷阱的问题，无尾猴就掉进了陷阱（根据其用法之一，*magot*[无尾猴]的意思是猴子，巴巴里的猴子，尾巴短小、不发达的猴子，猕猴种的猴子；"magot"是一个有趣的名字，它来自《启示录》中的玛各[Magog]）。你们会看到，海豚对猴子的最终判断——他上当了——属于一种笛卡尔式的逻辑。这只17世纪的海豚，这只笛卡尔式的海豚想到：这只猴子很蠢，他不是人，尽管他与人相似，他是一架机器，他不是人类，因为他不知道如何回应，他单纯地反应而不回应，他只会愚蠢地作出反应。（朗读并评论）

《猴子与海豚》

>希腊人曾有种风尚：
>无论谁出门去海上，
>总要带上几只猴，
>几只会耍把戏的狗。

有条船载着这样的乘客，
在雅典附近的海上沉没。
若没有海豚，他们全淹死。
普林尼写过一部《博物志》，
书中说海豚把人当朋友——
这说法，我们该相信。
海豚尽力救人性命，
连一只猴子也同时搭救；
他占了同人相像的便宜，
认为自己也应该被救起。
有海豚错把他当人搭救；
让他端坐在自己的背上——
谁见了他那庄重的模样，
准认为他是那著名歌手。
海豚快靠岸，想让他上去，
随口就问了他一个问题：
"你可是雅典城里的居民？"
他说："对，那里我很有名；
你若在那里出什么事情，
可以来找我，因为我亲戚
在当地都坐第一排交椅，
就连大法官也是我表兄。"
海豚大大地感谢了一通：
"比雷是不是有这份荣幸，
同样能见到你大驾光临？

我想,你时时见到它的吧?"
"天天都碰头,他是我朋友,
我们相识了已很久很久。"
我们这猴子这下出了岔:
他当作是人,其实是港口。

这样的家伙世上还真多:
他们竟把伏日拉当罗马,
还总是唠唠叨叨说着话——
什么都说,但全没经历过。
海豚笑起来,转过了脑袋,
把那只猴子看了个仔细,
发现自己虽把他救起来,
然而他只是个畜生(bête)而已。
海豚让猴子又落到水里,
并去把他想救的人寻觅。]①

我说过,从克莱斯特到瓦莱里到策兰,我们在追随某个牵线

---

① J. de La Fontaine, «Le singe et le dauphin», Livre quatrième, fable VII, *Fables*, *op. cit.*, p. 217 – 219. 在课堂上,德里达引用完之后补充道:"他想救'人类'!不是'野兽'……这对海豚来说将是一种'反人道罪'!"从第 340 页开始的括号中的长文结束于此。——原编者注

[中译文根据让·德·拉封丹:《拉封丹寓言全集》,钱春绮、黄杲炘译,西安:陕西师范大学出版社,2016,第 107 – 109 页。——译注]

木偶的舞台剧；同时，我们分析了"威严"一词引人注目的变化，从它在拉丁语里指涉的主权（majestas，如博丹所说），一直到它在《狼与小羊》那里以及在拉封丹《寓言》中给王太子的献辞那里的出现，最后是策兰在君主制的威严和诗性的当下威严、见证人类之当下的荒谬的威严之间所作的区分（"*für die Gegenwart des Menschlichen zeugenden Majestät des Absurden*"）。

你们也记得，这个问题在上次课上交替出现了几次。从克莱斯特到瓦莱里的《泰斯特先生》——叙事者说他想要"杀死内在的牵线木偶"——接着是策兰的《子午线》，牵线木偶的问题不断回来，不可决定地介乎"什么"和"谁"之间，介乎阴性和阳性之间，以各种形式出现，从作为处女、小玛丽的木偶，到阳具性的勃起，到**类似**（comme）牵线木偶的阳具假肢和无法消肿的阴茎勃起异常症、致死的勃起、悲剧性和喜剧性的僵化勃起；所有这些都刻画了一个诡异的形象，刻画了牵线木偶作为生命和死亡、生命—死亡、生命死亡的令人不安而不可决定的形象，它既有生物的自发而优雅的自律性，又有机器和死亡那里的、死亡机器或愚蠢机器那里的僵硬的自动作用。

我们问道：阳具（*phallos*）是人所固有的吗？

并且，我们也问道，如果阳具是主权者所固有的，它是否也同样地为人所固有？在什么意义上是固有的？在什么意义上是属人的？在什么意义上为人所固有？如果阳具是愚蠢本身，又会怎么样？这一关于主权者、关于至高者的挺立姿态，关于其伟大或高度的问题，将我们带向了哪里？

主权的"*Majestas*"指的恐怕是很高的长度、高度。此外，人们不单单说"陛下"（Sa Majesté），也说"国王殿下"（Son Altesse royale）①，我甚至在 17 世纪的一份由加兰（Antoine Galland）即《君士坦丁堡纪行》的作者所写的档案中找到了"Sa Hautesse"（高位者）的说法——人们也使用"皇帝［/伟大的主君］"（Grands Seigneurs）、"公爵"（Grands Ducs）、"宰相"（Grands Vizirs）和表示卓绝之高迈的"Son Éminence"（卓绝者）等说法。

继续沿着这一方向前进之前，继续讨论威严而至高的勃起/挺立作为一种冲动，即一种迈向至大、至高和至为坚固的冲动之前，我想在逻辑上进行一下阐明，防止可能出现的一个误解。即误解"**大**"和"**高**"在这个情形中的意思：事实上，在这个**情形**（cas）②中，没有事例也没有 casus（落下/事例），没有下落、下坠、消肿、往低处回落。我们已经明确指出，在这个不同寻常的情形中，主权的逻辑不仅朝向最大最高，而且通过一种夸张的、不可抑制的加码，通过一种往往的确使之变得崇高的根本性的傲慢，朝向一种比高度更高的高度，如果这样的表达（"比高度更高"）没有失去意义的话（但我们在主权问题上讨论的，正是这种意义的丧失、意义的过剩），一种比高度更高的高度，比优越性更优越的优越性（恰恰是在《泰斯特先生》的例子那里，我们几次想起了尼采式超人的位置/主题［topos］，他甚至克服了卓越之人，超越了他的高度）。因此，主权的根本和固有的性质，不是几何学上可以测量

---

① 法语 altesse（殿下）一词源于意大利语 alto（高），用作对于王室成员的敬称。——译注

② 法语 cas（情形/事例）一词源于拉丁语 casus，后者派生自动词 cadere（下落）。——译注

的、可感知或可认知的大和高，而是过度、夸张、一种无法餍足地逾越所有可规定界限的过度：比高更高，比大更大，等等。关键问题是**更**、**更甚于**，绝对意义上的更甚，超越所有比较级、朝向绝对最高级的绝对增补。我们谈论的勃起是一种最高级的勃起，绝对的勃起，超越任何可感知的、增大中的勃起。由此，"大"甚至"高"的属性都要被相对化。它不过是"更甚"和最大限度的一个例子或形象，虽然被称为最大限度（像 majestas 一样，"最大限度"［maximum］这个词也来自 magnus［大］、majus［更大］），但这一最大限度不再是"大"的最大限度，而也许是——这是我想要讨论的问题——"小"的最大限度：可能意义上的最小，作为更小的"更甚"，同样可以为主权发挥作用——或者，顺带一提，如法语里所谓的 le petit（小东西），即男性性器官的勃起（参见巴塔耶和他的《小东西》①）。在这里，对于主权而言——主权首先是一种权力、一种权能、一种"我能够"——重要的是权能的最大限度、是最大的权能、是全能，而这种全能既可以呈现为最宏大者的宏大，也可以呈现为微小、至小、最小者的绝对减少。这种全能可以呈现为微观的因而几乎不可见的、minus（更小的）、缩小到最小的指小词（diminutif）的极小形象。对于这种高度而言，它可以轻易安放最大和最小。最小可以占据很高的位置，就跟最大一样，而且，对于可感知和可比较的形象的细小化和减少，不仅在无限小者的主权那里可以见到，在至大者或至高者的威严主权那里、在无限大者和无限高者的主权那里也可以见到；这一指小的细小化，会逐渐

---

① Georges Bataille, « Le petit », dans Œuvres complètes, t. III, Œuvres littéraires, Paris, Gallimard, 1971, p. 33 –69. ——原编者注

引向可感形象的消失,而且,没错,相比于增大,可感形象的消失往往更容易通过缩减、化约、缩小化的减少来实现。

我阐明这一点,首先是为了解释如下事实:在今天,试图凭借经济和技术科技资源让自身主权占据上风的政治势力(上次我提到了覆盖世界范围的监控卫星,有时候相关情报会被美国购入),会通过钻研如今所谓"纳米技术"来实现这一点,这是一种以工具的细微化著称的技术知识,有时候其细微化程度令人咋舌;这种纳米技术在最近几年取得了惊人的进步,而且承诺在今后几年会有更多进步。这种技艺,这种技术,被不加限制地向着更加细小的地方展布(因而是几乎不可见的、微小的、几乎不可感的、最不可见的、最轻的、最不明显的、最难发现的东西,最易于被人的身体摆弄、携带或位于人体内部的东西,等等;它们与电脑、转换器、各种生物假肢相关联)。而且,在一般意义上的所有市场空间中,以及在军事战略和全球地域监控的空间中,或者在生物学、医学和外科学的空间中,这些纳米技术都在展布其力量。

在这里,既然我再次谈到了卫星和监控,那么就得说,细小化过程中最小的东西被和最大的东西分离开来,但它仍然可以和最高的东西相结合:最小的可以是最高的,甚至在地外、在超地位置上,比最高者更高。一个超地的上帝,也就是一个不可感的上帝;我们没有理由称之为渺小,也没有理由称之为伟大("伟大的上帝")。为了描述上帝的全能,我们为什么不说"微小的上帝""非常微小的上帝",而要说"伟大的上帝"?这个问题我留给你们来回答。应该已经有许多尝试性的回答。有些回答挑战几何学的拓扑学,甚至认为如果上帝内在于我们,比我们自己对自己还亲密于我们,那么它就必定以不可感、不可见的方式内在于我们,在我们内部既比我们更大，也比我们更小。简言之，它在我们内部比我们"更甚"。其他的回答则提到，在某些宗教中，神的临在和神的主权是经由微小的事物、最小的事物而呈现的：例如孩童耶稣或羊羔的弱小，这两个例子对我们此处考察的问题而言至关重要。

经过纳米技术的迂回，我当前想考察的是如下问题：作为主权之特征的更甚、至高、最大限度，是**权能**而非尺度上的"更甚"，因而是质量或强度上而非尺寸上的"更甚"。潜在的存在、可能的存在、*dunamis*，确乎可以尽可能地微小，同时又不失其潜能。而勃起的图式，甚至是我们将之与主权的威严联系起来的阳具性勃起的图式，是一种关乎权能的图式，而不是关乎尺寸的图式。"更强力"无法被化约为"更大"或"更小"。一般意义上的权能、主权权能，就像所有特殊的权能一样，无法在大和小的对立性框架中得到规定。权能可以由最大者的力量实施，也可以由最小者的力量或狡计实施（它同样是一种力量，即狐狸的力量；我们在讨论马基雅维利时谈过这一点）；这相当于说，在这一情形下，小不是大的反面。重要的是"**更甚**"，是"**更甚**"的经济/构造，剩余的经济/构造或增补的经济/构造，最小者可以比最大者更有力甚至更大；这是下述法则的另一个逻辑结果，你们记得尼采就这一法则说过，最弱小的可以比最强大的更强大——这是全部的历史。不要忘了铭文，我之后会回到那里；这个铭文在同一个仪式中，在一个死后（*post mortem*）的仪式中，在死刑之后的仪式中，在解剖的仪式中，在同一个地方，汇聚了一头非常庞大的动物和一位非常伟大的国王。

因此，通过这个关于权能、权力的谜题，通过这个"我能够"的谜题——这种"能力"可以自我增大或自我强化,并通过"更少"或"更小"的形象或规定性来获得"更多"——我们重新回到数年来一直在此耕耘的田埂上,也就是思考作为不可能性的可能性,思考作为不可能性之条件或无能(im-puissance)之条件的可能性条件。但今天我不会从正面继续这一话题。

同时,这个关于主权、挺立姿态、至高者的宏伟或高大的问题,上次不仅将我们从罗马的 majestas——罗马的国家主权或人民主权——带向拉封丹的一则寓言《狼与小羊》的威严,带向狼大人的威严,而且将我们带向一种双重分裂,可以说是分裂本身的分裂;我想说,通过《子午线》这首关于诗歌的诗,在这首诗这里或通过这首诗,这种双重分裂体现在策兰式的话语之中,体现为潜伏在他的诗歌中并为他的诗歌打下印记的话语逻辑或公理,这一双重分裂即:

一方面,第一个差异、分离或分裂,是君主的威严(这里是君主路易十六,他即将在一场大革命中掉脑袋)和所谓当下或诗歌的威严(Dichtung,你们记得策兰在谈到①"für die Gegenwart des Menschlichen zeugenden Majestät des Absurden"之后补充道:"但我相信它是……诗歌"[aber ich glaube, es ist... die Dichtung])之间的差异、分离或分裂;这最后的威严、最后的主权、诗性的主权,不是君主的政治主权;

另一方面,位于点、位于尖端、位于作为当下在场本身的此刻的正点(ponctualité)之中的分裂,位于诗性当下的威严之中的分裂,位于作为遭遇的诗歌之中的分裂;这种分离,这种分割,也是

---

① 打印稿中误作"de la"。——原编者注

一种分有,介乎以下两者之间的分有/分割:[一方面是]我的当下、当下本身、当下在场本身、同一当下、同一性的当下,另一方面(d'autre part)——这是分割和分有的另一部分——则是另一种当下、他者的当下,诗歌让他者的时间得以在场(fait présent),诗歌通过一同说话(Mitsprechen)而任由他者的时间、他者固有的时间说话("[…] das Gedicht selbst hat ja immer nur diese, einmalige, punktuelle Gegenwart –, noch in dieser Unmittelbarkeit und Nähe läßt es das ihm, dem Anderen, Eigenste mitsprechen: dessen Zeit"[在诗歌的此地和此刻——就其自身而言,诗歌只有这一独特的、点状的当下——诗歌的这种直接性和毗邻性,也让他者最属己的部分说话:它的时间]①)。

我们已经花了很长时间阐述这一话语在诗歌的遭遇中留给他者的时间是什么,它超越了对此的政治—民主阐释,超越了可计算的言说时间或选举主权者时的投票计算。

来到这一要点之后,来到这一关于主权者的阳具性威严和革命中的斩首的要点之后,为了不跟丢我们关于人的固有性的问题,在强调这些母题和有关动物、猴子、牵线木偶尤其是美杜莎之头的母题的同时,我想尽可能快速地、图式性地重构一条轨迹,它会将我们带回策兰所谓"对于人性领域的逾越"(ein Hinaustreten aus dem Menschlichen)②那里。

这种对于人性领域的逾越,逾越荒谬(l'Absurde)的诗性威严所见证的人性,**可能**(必须保留这里的条件式,你们会看到为什么始终得说"也许"),**可能**是毕希纳笔下艺术所固有的东西,但这种

---

① P. Celan, *Le Méridien*, dans *Le Méridien & Autres Proses*, op. cit., p. 77-78.
② *Ibid.*, p. 67.

艺术可能很"诡异"(你们看到,这个词出现了两次,一次被翻译为"陌生"[étrange],另一次被翻译为"陌生、令人不安"[étrange, dépaysant]),这种艺术可能很诡异,因为在这种艺术中,安居其中(zuhause)的是那些显然非人性的东西,是三个显然非人性或与人性无涉的东西,而从话语一开始,艺术就以这些非人性之物的形象显现,这三次显现分别是:(1)美杜莎的头(它方才出现于毕希纳的棱茨口中,策兰想要通过它来倾听毕希纳本人的声音);(2)"猴子的形象"(die Affengestalt,这之前也出现过);(3)自动装置或牵线木偶。

一如既往,这里我们也要注意各种省略或暗中的滑动,要注意一闪而过的暗示。策兰就像人们描绘他者(毕希纳的棱茨或毕希纳本人)的姿态或动作那样描绘着这种对于人性的逾越,而他承认给它的性质、赋予或给予它的性质,正是"诡异"。你们知道,这个词带有两种明显矛盾和不可决定的意思,我们在此已经就这个问题说过很多了(参见弗洛伊德与海德格尔)[①]:它表示熟悉而又陌生,它表示陌生性令人感到的巨大不安,但也表示自己家中的亲密性。在同一个段落中,这个词出现了两次,而在其他地方出现得更为频繁:(引用并评论,强调"诡异")

"昨天,当我沿着山谷边上行走的时候,我看到两个女孩坐在一块石头上:一个在扎头发,另一个在帮忙;她们的金发垂下来,一张真挚而苍白的脸庞,如此年轻,还

[①] 尤其参见《责任与秘密》研讨班(1991—1992)的第九、十、十一讲。Paris, EHESS,未刊稿。——原编者注

有那黑色的衣衫,而另一个如此专注地帮忙。古日耳曼画派最出色、最生动的图画也无法表现出这一景象。有时人们宁可变成美杜莎的头,以将这样的两个人变成雕像,好叫人们来看一看。"(*Man möchte manchmal ein Medusenhaupt sein, um so eine Gruppe in Stein verwandeln zu können, und den Leuten zurufen.* *)

女士们、先生们,请注意:"人们宁可变成美杜莎的头",才能借助艺术来如其所是地领会自然(*um… das Natürliche als das Natürliche mittels der Kunst zu erfassen*)!

不过,这里说的是"人们宁可",而不是:**我**宁可。

在这里,我们越过了人性(*Das ist ein Hinaustreten aus dem Menschlichen*),跨入了与人性相对峙的诡异领域(*unheimlichen*)——猴子、自动机器,以及……啊!还有艺术,似乎也栖居于此。

这不是历史上的棱茨在说话,而是毕希纳的棱茨在说话;在这里,我们听到了毕希纳的声音:在他看来,艺术即便在这里也带有某种诡异色彩(*etwas Unheimliches*)。①

"诡异"一词在此具有全部分量;在我看来,正因为它始终含混而难以翻译,它说出了《子午线》的核心意义。在文本中,它在

---

① P. Celan, *Le Méridien*, dans *Le Méridien & Autres Proses*, op. cit. , p. 66 - 67. [星号指涉的是 Büchner, *Lenz*, op. cit. , p. 179.——原编者注]

别的地方再次出现,与另一个频繁出现的词结合在一起,即"陌生"(étranger)。(引用并评论)

那么,诗歌会如何呢?必须走上艺术道路的诗歌会如何呢?在这里,这会是一条通往美杜莎和自动装置的道路!

我不寻求逃路,我仅仅是沿着同一个方向探索问题,而我相信这也是《棱茨》断片所指示的方向。

也许——我只是在提问——也许,诗歌也像艺术一样,在一个自我遗忘了的"我"的伴随下,走向这个诡异而陌生的领域(zu jenem Unheimlichen und Fremden),并在那里自我解放(wieder frei)——但是在哪里?在什么地方?以何种方式?作为什么东西?①

虽然 Unheimliche 的奇特性(étrangeté)——这是一种熟悉的奇特,因为自动装置、猴子和美杜莎头的形象都置身家中(zu-hause)——[虽然 Unheimliche 的奇特性]经常和陌生联系在一起,但绝非偶然的是,它也非常接近于那造就诗歌之秘密即遭遇之秘密的东西。因为秘密在德语里是 Geheimnis(亲密性、内转、自我封闭中的隐匿、家中或房屋中的密室),这一遭遇的秘密,在诗歌中构成了当下在场(Gegenwart und Präsenz)的最亲密的核心。(朗读并评论)

---

① Ibid., p.69.[德里达在课上强调了"也许"一词:"仔细听所有的'也许'(vielleicht),这个词出现了数十次。"——原编者注]

那么,诗歌就会更加明确地成为独一者的语言,具备形象的语言——而在它最内在的本质中,它是当下和在场(Dann wäre das Gedicht – deutlicher noch als bisher – gestaltgewordene Sprache eines Einzelnen, – und seinem innersten Wesen nach Gegenwart und Präsenz)。

诗歌是孤独的(Das Gedicht ist einsam)。它是孤独的,并且在路途中(Es ist einsam und unterwegs)。写诗者,与诗相伴前行(Wer es schreibt, bleibt ihm mitgegeben)。

但是,正因如此,诗歌岂不是在此处于一种遭遇之中(in der Begegnung)——**处于遭遇的秘密之中**(im Geheimnis der Begegnung)?

诗歌想要走向他者,它需要这个他者,它需要与之面对面。它寻求他者,向他者说话。

对于寻求他者的诗歌来说,每个事物,每个人,都是这个他者的一个形象(eine Gestalt dieses Anderen)。①

在回到这个和奇特性相关的"陌生性"概念之前,在回到诡异的奇特性之前,我想通过海德格尔的一些文本来至少提示一条很长的迂回道路。几年前,就在这个地方,我强调说,*Unheimliche* 和 *Unheimlichkeit* 等词在海德格尔那里具有很少被人指出的关键意义(关键性不亚于在弗洛伊德那里,尽管两者有着至少是表面上的

---

① *Ibid.*, p. 76 – 77.

差异)。① 我不想也不能再次详细讨论海德格尔笔下——从《存在与时间》一直到最后——关于 Unheimliche 的问题,只能指出《形而上学导论》(1935)中一个与人性和非人性有关的段落,它诡异地(unheimlich)呼应着策兰关于 Unheimliche 的论述,即安居于艺术之中、几乎是在人性之中逾越了人性的东西,在人的艺术中逾越了人性的东西。

根据目前我们所关切的问题的引导,我要略显粗暴地重新打开《形而上学导论》;海德格尔在其中重提了"什么是人"的问题。② 在具体谈论这趟旅程中令我们感兴趣的问题即 Unheimliche 之前,要画出两个核心标记。

第一个标记。海德格尔首先讨论的是人之定义——人作为"理性动物"(animal rationale 或 zôon logon echon)——的次要特征,要言之,即在本体论的意义上属于衍生性的特征,迟来的、根本上很不令人满意的特征。另外,无可非议且很有意思的是,他称这一定义为"动物学"定义,不仅是因为这个定义将 logos 与 zôon 联系起来,并试图以下述方式来说明并论证(logon didonai)人的本质:即主张人首先是一个"生物",一个"动物"("Die genannte Definition des Menschen ist im Grunde eine zoologische"[对于人的这种定义根本上是一种动物学式的定义])。但这种动物学的 zôon 在很多

---

① 参见上文第 351 页注释。——原编者注

② M. Heidegger, *Einführung in die Metaphysik*, Tübingen, Niemeyer, 1976, p. 108 *sq.*; *Introduction à la métaphysique*, tr. fr. Gilbert Kahn, Paris, PUF, 1958, p. 155 *sq.*

方面仍然很可疑（fragwürdig）。换言之，只要没有在本体论的意义上探究有生命的存在者的本质、探究生命的本质，那么对人的定义——zôon logon echon——就始终是可疑而含混的。海德格尔认为，正是在这一尚未探究的基础上，在这一颇成问题的基础上，在关于生命的存在论问题未被厘清的前提下，整个西方构建了自身的心理学、伦理学、知识论和人类学。然后，海德格尔带着反讽和优越的口吻，描绘了我们身处其中的文化状况：人们可以读到封面上写着《人是什么？》的各种书籍，这个问题的最初发端却没有在任何地方被提出来，除了在封面上。他在 1935 年写道，这样的书籍却被《法兰克福报》称赞为"不同寻常且颇有勇气"。①

第二个标记。由此，对"什么是人？"这一问题的回答不能是一个回答，而得是一个问题、一种探究、一种提问（Fragen）的行动和经验，因为在这个问题中，正是人自己通过探究自身、通过探究自身的存在而规定自身，以此在提问中揭示自己的探究性本质。海德格尔从这里得出了**一体两面**的结论，也就是——我这里引用一下法语译文，但这个译文在我看来不太明晰，我稍后会尝试作些澄清："正是因为他在提问中现身，人才来到他自身那里，人才是自我"（Der Mensch kommt erst als fragendgeschichtlicher zu ihm selbst und ist ein Selbst）（评论）。因此，这个 Selbst，这个自我，这个同一性（这是对 Selbst 的翻译）尚不是"我"，也不是一个个体，也不是一个"我们"，也不是一个共同体，它是先于所有"我"之前的一个"谁"，先于所有个体、所有人格、所有"我们"和所有共同体之前

---

① *Ibid.*, p. 109; tr. fr., p. 156.

的一个"谁"(此外,考虑到我们关心的问题,我要补充一句:它也不是一个主体或一个政治动物,因为海德格尔对于人作为"理性动物"的疑虑,同样适用于作为"政治动物"的人,我们之后还会详细讨论亚里士多德的这一表述)。因而,嵌套在第一个结论中的第二个结论是:关于人的自身存在(nach seinem eigenen Sein)的问题就得到了转化,不再是"什么是人?""人是什么东西(quoi)?"(was ist der Mensch?)而是"**谁**是人?"(wer ist der Mensch?)①

在提出上述两个标记之后,如果你们照着我的要求重读这一文本,你们就会看到,海德格尔暂时放下他解读中的巴门尼德并转而讨论索福克勒斯的《安提戈涅》②,为的是寻求一种诗性描绘,即对于古希腊人如何倾听人之本质的诗性描绘(③在对这一诗性描绘的阐释中,海德格尔提议回到他所谓的更为原初意义上的古希腊城邦(polis),而城市或国家(Stadt und Stadtstaat)的译法都"无法对应其充分含义"(dies trifft nicht den vollen Sinn)。城邦先于国家,因而先于我们所谓的政治;城邦是 Da(此),是此在(Dasein)在它之中并因它而具有历史性(geschichtlich)的那个"此";此在在它之中并因它而作为历史而到来,作为历史的历史起源而到来。不仅主权者(Herrscher),即不仅执掌权力、军队、海军、委员会、民众议会的人属于这一历史性的位置,而且诸神、神殿、教士、诗人、思想家也属于这里。④ 不过,在这里,在这些对于索福克勒

---

① Ibid., p. 110; tr. fr., p. 157.

② Ibid., p. 112 –126; tr. fr., p. 160 –178.

③ 原文中该括号没有闭合。——译注

④ M. Heidegger, Einführung in die Metaphysik, op. cit., p. 117; tr. fr., p. 166.

斯的解读中，对我们来说最关键的是，海德格尔将 deinon 的 deinotaton——最可怕的、最残暴的或令人不安的事物中最令人不安的（参见《安提戈涅》第 332－375 行，那里还写道：没有什么比人更为 deinon）——翻译为"das Unheimlichste des Unheimlichen"（诡异中之最为诡异的）①，对此他会说，[这一诡异者]位于冲突之中，位于正义（dikê）和技术（technê）的对立关系之中（im gegenwendigen Bezug）。海德格尔自己问道："我们为什么把 deinon 译为 un-heimlich？"②根据他回答的原则，"Der Mensch aber ist das Unheimlichste [也就是 deinotaton]"（人是最诡异的）这句话（Spruch），对"人"给出了本真性的、固有的、**希腊式**的定义（gibt die eigentliche griechische Definition des Menschen）。为什么？为什么要这样来翻译？不是为了在事后为 deinon 一词加上一层意思（这个词经常被译为"残暴"或"可怕"），也不是因为我们将 Unheimliche 理解为一种感官印象、一种情绪或一种赋予我们感性印象的东西，而是因为在 Unheimliche 那里有着某种东西，它将我们从 Heimliche（故乡的）那里放逐，从家庭的和平安详那里，从 heimische（本土的）、习惯性的（Gewohnten）、日常的和熟悉的（Geläufigen）事物那里放逐。人是最 unheimlich 的，因为他逾越了熟悉的事物，逾越了习惯的通常边界（Grenzen），等等。当歌队说人是 to deinotaton 或 das Unheimlichste，在海德格尔看来，这里的关键不在于人是这样或那样，然后才是 unheimlichste；关键在于，毋宁说在更早的时候，人的本质、人的固有性（他的根本特征，他的 Grundzug），正是这种陌生性，这种疏远于一切能被认作熟悉之

---

① Ibid., p. 124; tr. fr., p. 176.

② Ibid., p. 115; tr. fr., p. 164.

物、可辨认之物的陌生性。根本上,人的固有性就是这种无法安然居家(*heimisch*)的方式,甚至无法安然自处,无法与自身的固有本质安然相处。根据一个如今已经足够传统的母题,海德格尔仿佛在说,人的固有性是这样一种经验:它体现为对于被"熟悉性"收编的固有性的超越。在这个意义上,海德格尔没有说"不存在人所固有的东西",而是说:这种固有性的根本特征,就算不是某种非固有性或被剥夺状态(ex-propriété),至少也是一种令人不安的(appréhendé)性质(propriété),作为财产/性质,它是陌生的、不合适的甚至是无法征用的东西,与 *heimisch* 疏远的东西,与可辨认性和相似性那令人安心的亲近感疏远的东西,与熟悉性疏远的东西,与家庭的内在性疏远的东西——尤其是,[这种固有性]外在于所有被海德格尔称作动物学定义的定义,即把人界定为 *zôon logon echon*。

由于没有时间了,在这数页里,以及海德格尔著作的其他地方,围绕"*Der Mensch ist to deinotaton, das Unheimlichste des Unheimlichen*"(人是诡异中之最为诡异的)①这一陈述的一切讨论,我就放下不谈了。我仅仅强调一点,然后我们回到策兰那里与之形成的奇特回响:最高级(*das Unheimlichste*)也很重要,它与它所最高级化、夸大化、极端化的那个含混而不稳定的意思(*das Unheimliche*)同样重要。人不仅仅是 unheimlich——[他的]本质已经和 *unheimlich* 一词的意思一样含混而奇特(我重复一遍:参照弗洛伊德在《论诡异》里关于这个词在德语里的矛盾含义的讨论,它指的既是最熟悉的事物,也是最陌生的事物)——人,所谓的人,不仅 *deinon* 和 *unheimlich*(诡异),而且 *to deinotaton* 和 *das Unheimlichste*(最诡异),他

---

① *Ibid.*, p. 114; tr. fr., p. 163.

是最为 *unheimlich* 的存在者。也就是说，他在至高的意义上卓绝于此，他比一切事物都更 *unheimlich*，我想说——不过这不是海德格尔自己的语言和词汇——在诡异的存在者之间，在诡异性的种种样态中间，人达到了一种例外性的卓越、一种主权。最高级标志着夸张，它戴上了人类此在之主权的王冠。你们已经看到，这种主权在 *Unheimliche* 的标记下，涉及某种陌生性的经验，不仅关乎奇特（de l'étrange），而且关乎陌生（de l'Étranger）（在海德格尔之后讨论特拉克尔[Trakl]的文本中，在《通往语言的途中》中，这个形象还会出现；我在很久以前的几次讨论课上对此有过考察①）。

现在，记住这组不可分割的对子——一边是**至高的、最高级意义上的诡异**，另一边是疏远或陌生性——让我们回到《子午线》，回到旅途中的这一时刻：策兰提到对于人性的逾越（*ein Hinaustreten aus dem Menschlichen*），提到这种"迈向和人性相对峙的诡异领域"的运动（艺术的三种显现：自动装置、猴子的形象、美杜莎的头）；必须让这一逾越人性的时刻和早先提到的事情一同出现，即"也许"（策兰说"我相信"）诗歌是献给荒谬之威严的颂词，后者见证了人性的当下在场（*für die Gegenwart des Menschlichen zeugenden Majestät des Absurden*）。你们看到，策兰还问道，诗歌是否应该走上这样一条艺术道路，它同时也是美杜莎和自动装置的道路。从这一刻开始，*unheimlich*② 的含

---

① 例如，参见 «La main de Heidegger (*Geschlecht II*)», dans *Psyché. Inventions de l'autre*, II, *op. cit.*, p. 35−36, 以及研讨班 «Nationalisme et nationalité philosophiques: le fantôme de l'autre», 1984—1985 Paris, EHESS, 未刊稿。——原编者注

② 打印稿中作"*unheimliche*"。——原编者注

义就无法再和陌生的含义分开,不仅是奇特,而且是陌生;并且,对于所谓诗歌的所有接近——多样的接近——都不是接近某种本质,而是接近某种运动、某条道路和步伐、某个方向,接近步伐方向上的一次转换,就像气息本身的一次转换(Atemwende)。

我们几乎可以在每一行上找到例证,至少从第 70 页开始。我只能引用一部分,以此说明:策兰对于自由而交错的步伐、对于在不同方向上来往的步伐的强调,要求我们将诗歌视作一条道路(Weg——不论对错,我们很难将策兰频繁使用的这个词跟海德格尔对于道路、道路的 Bewegung[运动]、Weg 的运动所作的持续而执着的沉思分开);在策兰这里,这条道路是为了往来行人的道路,所以与其说它**存在**,不如说它是一个事件,它是某个正在发生的事件的到来。我很快强调一下这里道路、往来、步伐所具有的优先地位。但在阅读这几行的时候,我无法满足于标记步伐/原地踏步(marquer le pas),我还想涉足三个其他的词,原因一会儿再说。这三个词即"我""陌生"和"无底深渊"(Abgrund)①:

---

① 出于阅读方便的考虑,我们将德里达在原稿中用括号括起来的一段话放在注释里:"阅读并评论第 70–72 页,一直到'在脚下天空就是深渊'(告诉听众我们会强调拓扑学和方位、位置和步伐。我和深渊(Abgrund):无底(联系谢林,Ungrund, Urgrund,等等)。关于这一主题,参见海德格尔《形而上学导论》的开头部分(译本第 9 页,原文第 2 页),那里讨论的问题是'什么是存在者?什么是实体的基础?'。海德格尔于是问道,这一根基是否是一种原初根基(Urgrund);或这一原初根基是否拒斥所有根基,并成为 Abgrund;抑或是说,它是一种非根基的根基,一种根基的表象,Schein von Gründung, Ungrund;'…')。"最后的括号在原稿中未完。——原编者注

于是,艺术就是诗歌在身后留下的道路——不多不少。

我知道,还有其他道路,更短的道路。但诗歌也经常先于我们。同样,诗歌快速掠过我们。

我要抛下那些自我遗忘的人,抛下那些专注于艺术的人、艺术家。我相信,在卢西尔那里我遭遇了诗歌,而卢西尔将语言感知为形象、方位和气息(*und Richtung und Atem wahr*)——在毕希纳的这本《棱茨》中,我也寻找着同样的事物,我寻找着棱茨本人,我寻找他,寻找这个人,我寻找他的形象:因为我寻求诗歌的所在,寻求解放,寻求步伐(*um des Ortes der Dichtung, um der Freisetzung, um des Schritts willen*)。

女士们、先生们,毕希纳的《棱茨》仍然是一个断片。为了认识他的实存所选择的(*welche Richtung dieses Dasein hatte*)方向(*Richtung*),我们是否应该探究历史上的棱茨?

"他的实存是一种必然的重负。——他就这样活下去……"叙事中断于此。

但就像卢西尔那样,诗歌试图洞察形象所指示的方向,诗歌先行一步。我们知道他的生活**去往哪里**,而且知道他**如何苟活**(*Wir wissen, wohin er lebt, wie er hin-lebt*)。

"死亡",我们在一部1909年出版于莱比锡的关于棱茨(Jakob Michael Reinhold Lenz)的著作(由莫斯科的一位教员罗莎诺夫[M. N. Rosanov]所写)中读到,"作为救赎者的死亡,没过多久就来拜访他了。1792年5月23日至24日夜里,棱茨的尸体被发现躺在莫斯科街头。一位贵族出资埋葬了他。他最后的安息地仍然不得而知"。

这便是他如何**苟活**的(So hatte er hingelebt)。

棱茨这个人:真正的棱茨,毕希纳的棱茨,毕希纳笔下的形象,我们在叙事的第一页就能认出的人,"1月20日在山间行走(durchs Gebirg ging)"的这个棱茨,这个人——而不是艺术家,不是专注于艺术问题的人;作为一个"我"(er als ein Ich)的这个人。

也许(vielleicht)我们现在可以找到陌生性之所在,找到一个人将自己作为"我"进行解放的地点(Finden wir jetzt vielleicht den Ort, wo das Fremde war, den Ort)——一个打着陌生性印记的"我"?因此找到这一地点、这一步伐(einen solchen Ort, einen solchen Schritt)?

"……无法倒立用头走路,这时常令他不快。"——这就是棱茨。我相信这就是他,他和他的步伐,他和他的"国王万岁!"。

"……无法倒立用头走路,这时常令他不快"(daß er nicht auf dem Kopf gehn konnte)。

但凡谁倒立用头走路,女士们、先生们,——但凡谁倒立用头走路,在他脚下天空就是深渊(wer auf dem Kopf

geht, der hat den Himmel als Abgrund unter sich）。①

在这里，在策兰的道路或诗性话语中——作为始终具有决定性的事件——在"也许"（vielleicht）的范畴或保留下，事实上是在两个"也许"甚至是三个"也许"之间，甚至是四个、五个、六个、七个、八个"也许"之间（出现在大约二十行和两个段落中），在这里，在两个或三个或四个、五个、六个、七个、八个"也许"之间，出现了闻所未闻的转折事件，我会和你们一起探索这一转折的危险，辨认转折的角度。策兰方才提到诗歌所固有的晦涩，他说这是从远处陌生的地平线而来的一次遭遇的地点。下面是第一个**也许**：（朗读并评论）

[……]如今，指责诗歌"晦涩"已经成为通行看法。[……]——如果不是固有的晦涩，那么这种晦涩至少是一种赋予诗歌之上的晦涩，为的是一次遭遇、一次来自遥远陌生的地平线的遭遇——也许这种晦涩是由诗歌自身所投射的（vielleicht selbstentworfenen）。

接着，在第二个**也许**的保留下，出现了对于陌生性本身的奇特分割：也许存在两种陌生性，两者非常接近：（朗读并评论）

也许在同一个方向上存在两种陌生性②——彼此非

---

① P. Celan, *Le Méridien*, dans *Le Méridien & Autres Proses*, op. cit., p. 70–72.
② 原文该词为单数。——原编者注

常接近（*Aber es gibt vielleicht, und in einer und derselben Richtung, zweierlei Fremde – dicht beieinander*）。

现在，若要阐明这一位于陌生性内部的双重性，我们会发现，这里有一种革命内部的革命。你们记得，卢西尔的"国王万岁！"被称颂为一种"反话语"（*Gegenwort*），它也许（策兰说的是"我相信"）就是诗歌；在那里，敬意并不是被献给反动的对抗性示威的政治法则，而是被献给见证了人性的当下在场的荒谬之（非政治）威严。现在，在这里，另一个"国王万岁！"，棱茨的"国王万岁"，也就是毕希纳的"国王万岁"，被认为比卢西尔更往前走了一步。这一次，切断气息、切断话语的不再是一个词，也不再是一个反话语（见证 *Gegenwart*［当下］的 *Gegenwort*［反话语］），更具体地说，不再是一种威严，而是一种可怕的沉默。（朗读）

在此，棱茨——也就是毕希纳——比卢西尔多走了一步（*ist hier einen Schritt weiter gegangen als Lucile*）。他的"国王万岁"不再是一个话语（*Sein «Es lebe der König» ist kein Wort mehr*），而是话语的可怕中断（*es ist ein furchtbares Verstummen*），这一中断切断了他的——还有我们的——气息和话语（*es verschlagt ihm – und auch uns – den Atem und das Wort*）。

诗歌：它可以指一次气息转换（*Dichtung: das kann eine Atemwende bedeuten*）。谁知道呢，也许（*Wer weiß, vielleicht*）诗歌踏上这条道路——也是艺术的道路——正是

为了这种气息的转换（um einer solchen Atemwende willen zurück）?①

一方面，我仍然要强调我们这里所关注的思考，即思考主权，思考主权以当下和自我在场的同一性（l'ipséité）形象所体现的威严，有时[这种同一性形象]以"自我"的形式来自我呈现，呈现为"自我"的鲜活当下，呈现为"我"，呈现为这个"我"，呈现为这个言说"我"的能力，而从笛卡尔到康德到海德格尔，这一能力始终严格而明确地被保留给人类存在者（只有人类可以通过自指、通过自我指涉的方式，来言说或意指"我""自我之我"，言说或意指自身——笛卡尔、康德、海德格尔三个人都如此写道）；另一方面，如果可能的话，我想展现策兰如何提示这样一种他异性：它内在于当下的、鲜活的、点状的"我"，内在于作为当下之尖端、鲜活地自我呈现的"我"，这是一种全然他异的他异性，它并不包含另一种鲜活的当下，也并不使之模态化（如胡塞尔对于时间化的分析、对于此刻鲜活当下中的另一种鲜活当下的"前摄"和"滞留"的分析，即"自我"在自身内部、在自身的当下中，包含着另一种当下）；相当不同的是，在这里，[问题是]任由**他者的**当下出现，即我们上次谈到的"放任他者的时间中最为固有的东西"。

首先，我朗读一下这段很长的文字，其中充斥着数不清的"也许"，而所有这些"也许"最终都是为了将这些关于诗歌之事件的诗性陈述，与知识的维度和知识的权威分离开来。（朗读并评论）

---

① *Ibid*., p. 72–73.

也许(*Vielleicht*),既然陌生性(*das Fremde*),也就是深渊和美杜莎的头、深渊**和**自动装置,看起来处在同一个方向上——也许(*vielleicht*)在这里,诗歌成功区分了两种陌生性,也许(*vielleicht*)正是在这里,美杜莎的头收缩了,自动装置停止运作了,在此刻,在这个转瞬即逝的独特时刻?也许(*vielleicht*),在这里,伴随着这个"我"——这个打着陌生性印记的"我",**在这里**并**以这种方式**(*mit dem* hier und solcherart *friegesetzten befremdeten Ich*),——也许某个他者也得到了解放(*vielleicht wird hier noch ein Anderes frei*)?

也许(*Vielleicht*)诗歌自身便从这里开始(*Vielleicht ist das Gedicht von da her es selbst*)······而现在,离开了艺术,从艺术中解放出来后,它可以踏上其他道路(*und kann nun, auf diese kunst-lose, kunst-freie Weise*),因此也有艺术的道路,——一次又一次地沿着这些道路前行(*wieder und wieder gehen*)?

也许(*Vielleicht*)。

也许(*Vielleicht*)我们可以说,每一首诗都有它的"1月20日"?也许(*Vielleicht*)今天写下的那些诗歌,其新颖性正在于:它们都是为了记住这些日期所作的最明确的尝试?

但我们都是从这些日期开始写作的,不是吗?而我们又将自己刻写在什么日期中呢?

但诗歌会言说!它保留着这些日期的记忆,但最终——它言说。当然,始终且仅仅以它固有的名字来言说,以它最为固有的性质来言说。

但我认为——这一想法不再令你们感到惊讶——我认为,恰恰是当诗歌以固有的方式言说的时候,它的愿望总是以**陌生性**的名义言说——不,我不能再用这个词,当诗歌如此以其固有的名字言说的时候,它是**以他者之名**言说,——谁知道呢,也许是以一个**全然他异者**之名言说(wer weiß, vielleicht in eines ganz Anderen Sache)。

这句"谁知道呢"(Dieses «wer weiß»)——我既然现在提到了这个说法——是我今天,在这里,能为旧有的愿望加上的唯一一样东西。

也许(Vielleicht),我现在应该对自己说,也许(vielleicht)——我在此要用一个为人熟知的说法——可以设想这一"全然他异者"与一个不那么遥远、非常切近的"他者"的相遇;这是可以设想的——始终且仍然可以设想的。①

当然,我目前只能让你们自行完整阅读并重读《子午线》。但也许我们在此开始思考这个介乎两种陌生性之间的微妙而诡异的差异,这个差异就像策兰之后就会提到的、让诗歌通过的狭窄空间。在此刻的针点那里,在当下瞬间的尖端那里,**在我的**当下的尖端那里,这个差异涉及下述两方面:**一方面**是我的另一个鲜活的当下(由一种不可或缺的滞留运动或前摄运动所保留或预期

---

① P. Celan, *Le Méridien*, dans *Le Méridien & Autres Proses*, op. cit., p. 73-74.

的当下），**另一方面**则是全然他异性、他者的当下，而后者的时间性无法被还原、包含、收编、内摄、征用为我的东西，甚至无法模仿它，无法成为它的同类，我恐怕必定得放弃这一为他者所固有的当下或时间，在根本上放弃它；但与此同时，它的可能性本身（超越于一切知识的"**也许**"），既是遭遇（Begegnung）的机遇，也是这一事件、这一到来、这一被称作诗歌的事物的机遇。未必可能的诗歌（"谁知道呢"①），但也是会切断并转换气息的诗歌；也就是说，它会切断并转换生命和道路，后者也可能是艺术的道路，更广义和更狭义的艺术。

我最后念一个段落，然后——我知道这有些唐突——跳回到或岔开到我们开始时提到的解剖场景，即解剖一头巨大的动物（大象），在路易大帝陛下在场的情况下。（朗读并评论）

将艺术扩大！② 这个问题，伴随着它过去和现在带有的令人不安的性质（mit ihrer neuen Unheimlichkeit），招呼着我们。我带着这一问题接近毕希纳。我相信能在那里再次发现这个问题。

我也有一个既成的回应，一种"卢西尔式的"反话语，我想要反对个什么，我想要站在那里并反驳：

将艺术扩大？

不。毋宁说，将艺术带入你最为固有的狭窄空间内

---

① 德里达在打印稿中始终写的是"qui sait?"，不过他所引的策兰文本里写的是"quit sait"和"wer weiss"。——原编者注

② 策兰的原文为法语。——原编者注

(*in deine allereigenste Enge*)。然后解放你自己(*Und setze dich frei*)。

在此,同样,在你们面前,我踏上了这一道路。这条道路形成了一个圆环(*Es war ein Kreis*)。

艺术——因此还有美杜莎的头、机械、自动装置;这个奇特的陌生的地点(*das unheimliche*)、这个难以辨认差异的东西,归根结底,这个也许(*vielleicht*)是独特甚至陌生的东西(*letzten Endes vielleicht doch nur eine Fremde*)——艺术会继续生存(*die Kunst lebt fort*)。

两次反复,即在卢西尔的"国王万岁"那里,以及在棱茨脚下开裂为深渊(*als Abgrund*)的天空那里,似乎都存在气息的转换(*die Atemwende*)。也许(*Vielleicht*),同样,当我试图坚守这个遥远而可及的地点,这个始终只有通过卢西尔的形象才变得可见的地点,那里也存在着气息的转换。①

你们已经知道,在两种陌生性的分裂中,在两种对于他者和时间的思考方式的分裂中,在两个"国王万岁!"的分裂中(只有第一个被称为**威严**,只有第一个,即卢西尔的"国王万岁!"需要"威严"一词:**诗性的**威严而非**政治的**威严),我们现在(也许)已经逾越了**所有威严,因此逾越了所有主权**。这仿佛是继诗性革命——它重新肯定了超越或外在于政治威严的一种诗性威严——之后

---

① P. Celan, *Le Méridien*, dans *Le Méridien & Autres Proses*, op. cit., p. 80.

的第二场革命,它通过与全然他异者的遭遇而切断气息或转换气息,它尝试或辨认,或试图辨认,甚至在没有任何认识或承认的情况下,试图**思考**一场革命中的革命、一场时间的生命本身中的革命、鲜活当下的生命中的革命。① 威严的这种不引人注目的、甚至是不明显的、甚至是细微的、甚至是微小的失效(détrônement),超越了知识。这不是向某种非知识的蒙昧主义表达敬意,而也许是为了给政治革命中的某场诗性革命作准备,也许它还是关于知识的知识那里的某种革命,它恰恰发生在野兽、牵线木偶、头颅、美杜莎的头和主权者陛下的头之间。或许,重复出现的"也许"和"谁知道呢"(wer weiß)就是其标志。

好的,在今天的结尾部分,为了给我们题为"野兽与主权者"的故事或寓言加上一个暂时的标点或几个省略号,为了标记出仍然在两个方向上悬而未决的符号——**一个方向**是让威严失效的革命,**另一个方向**是历史上关于一种知识的几个时期,这种知识,这种关于动物生命的知识用主权者的眼光将对象客体化或进行生产,无论这个主权者是伟大的国王还是人民;因此,在今天的课的最后,我们有两个符号,两个我们有待学会如何破解的符号。它们都和支配相关,既是政治的支配也是科学的支配,不可分割地具有政治意义和科学意义,即支配一个为了主权者(无论是国王还是人民)而成为知识对象的动物——关于死亡的知识,尤其是解剖学知识。在这两个情形下,一个是前革命的情形,另一个

---

① 在手稿中,德里达补充道:"既是诗性革命,也是政治革命(展开)。"——原编者注

是后革命的情形，关键问题都是对于知识领域的政治组织方式，它的呈现形式是解剖学课程或自然科学课程。

这两个符号、这两个标记，来自一本书尤其是一篇文章，我推荐你们读一下。这本书是艾伦伯格（Henri F. Ellenberger）写的，法语译作《心灵的医学——关于疯狂与精神治疗的历史试论》（*Médecines de l'âme. Essais d'histoire de la folie et des guérisons psychiques*）。① 这些文本由鲁迪内斯库（Élisabeth Roudinesco）编译。我要提到其中一篇文章《动物园与精神病院》，它提出了两种历史（动物园历史和疗养院历史）之间非常有趣的平行关系，特别是在法国。下周我会更详细地回到这一点上。但今天我想从中抽取之前提到的两个符号或索引。

第一个，前革命的符号，是我放在这次课开头的那个铭文。没错，这里涉及的是一次解剖课程。艾伦伯格非常细致地考察了卢瓦塞尔（Gustave Loisel）的名著《古代到现代的动物园史》②，并重绘了这一解剖场景和这类解剖课程——它在制度性的主导下、在一位伟大的主权者的凝视下，将一个巨大的大象尸体对象化。③ 我在这次课开头抽取的片段来自以下段落：（朗读艾伦伯格）

---

① Henri F. Ellenberger, *Médecines de l'âme. Essais d'histoire de la folie et des guérisons psychiques*, textes réunis et présentés par Élisabeth Roudinesco, Paris, Fayard, 1995.

② Gustave Loisel, *Histoire des ménageries de l'Antiquité à nos jours*, Paris, Doin et Laurens, 1912, 3 vol. ——原编者注

③ 在手稿中，德里达补充道：" 将对象客体化到死（展开）。"——原编者注

培根(Francis Bacon)在1614年至1617年间写下了《新亚特兰大》这部奇特的著作。在这本书中,培根描绘了一个想象中的国家,在那里,生命完全被对于科学研究的崇拜所主宰。那里的公园里包含了所有已知动物的标本,它们被用于实验性病理生理学试验,包括制造各种怪物、杂种和新物种。这里宣告了一种新的趋势:为了科学研究而利用动物园。

正是在法国,这种新的设施应运而生。1662年,路易十四创建了凡尔赛动物园,他当即希望将其建成世界上最大、最宏伟的动物园。① 尽管它作为展览设施主要被保留给王公贵族参观,他们的访问构成一大仪式,但路易十四也将它变成一个研究中心。宫廷艺术家会为每一个新加入的动物描绘画像、制作小比例模型。对于动物园的科学研究利用经由科学院批准,尤其是通过许多解剖,产生了比较解剖学上最初的伟大成就。卢瓦塞尔讲述了1681年对大象进行隆重解剖的著名故事,太阳王莅临了仪式现场:"[……]也许从未有过比这更华

---

① 这里译为"动物园"的法语单词是"ménagerie",指的是饲养王公贵族从各国搜集而来的奇珍异兽的私人设施。17世纪由路易十四设立的凡尔赛动物园一度成为波旁王朝繁荣奢华的象征。1795年,作为法国大革命的成果之一,巴黎植物园(Jardin des Plantes de Paris)收集了之前为王室所有的动物,并将它们向公众开放。而与仅向特权阶层开放的"ménagerie"不同,现代意义上的动物园最初是作为面向一般大众的教育研究设施而创立的。1828年作为动物学会资料收集设施的伦敦动物园创立,被视作最初的现代意义上的动物园。——译注

丽的解剖。无论是就动物的庞大而言,还是就各部分标本的精准度而言,还是就参与者的数量和质量而言。"但卢瓦塞尔也讲述了这个动物园在路易十五治下逐渐衰落,并在大革命中凄惨收场的悲伤故事。①

在这个动物园潦倒之后,仍然以知识为名,仍然以科学的客观性为名,法国大革命并没有以人和公民的权力的名义解放这些动物,而是一边以人民主权的名义说话,一边发明了新的动物学制度,这些制度对所有巴黎人来说仍然很熟悉,包括那些像我这样不管怎么说还是很喜欢[巴黎]植物园的人。(朗读艾伦伯格)

法国大革命树立了新的动物园观念。直到那时,各个动物园——甚至是像凡尔赛动物园那样进行重要科学研究的动物园——主要都是供君主及其亲友消遣的场所。这就是为什么《百科全书》里写道:"如果人们没有面包,就必须毁掉动物园。动物吃饱喝足,周围的人却在挨饿,这实在可耻。"所以,凡尔赛动物园就被革命派毁掉了。[博物学家]圣·皮埃尔(Bernardin de Saint-Pierre)将动物园的残迹运送至他身为园长的[巴黎]皇家植物园,并提议新建一个设施。巴黎自然历史学会让布隆尼亚(Brongniart)、米兰(Millin)和皮内尔(Philippe Pinel)这三名会员就这一问题写一份报告。我们很想知道,精神病医师皮内尔在这份1792年的报告中担任了

---

① H. F. Ellenberger, *Médecines de l'âme*, op. cit., p. 475 –476.

哪一部分的写作。这份报告的结论是:"过往君主和国王热衷修缮的动物园,不过是对亚洲式排场的昂贵又无益的模仿;但我们认为,一个不奢华的动物园对自然历史、生理学和经济学来说,都是非常有用的。"新的设施将同时服务于科技进步和公共教育。由此,巴黎自然历史博物馆·国立动物园(植物园)得以建立,成为19世纪所有类似设施的榜样。作为最早的园长之一,弗雷德里希·居维耶(更著名的动物学家乔治·居维耶的弟弟)在这里作出了许多关于动物心理学的开创性的观察,尽管它们在今天被不当地遗忘了。①

---

① *Ibid.*, p.476.

第十一讲

Onzième séance

2002 年 3 月 13 日

你们恐怕会好奇,你们很可能会好奇,这次课的主要问题点是什么,因为每周都会有这样一个问题点。

好吧,为满足你们的好奇,我可以告诉你们——尽管你们还要稍微耐心点——[我可以告诉你们,]今天的问题点正是一种好奇(curiosité),不仅仅是某种特殊的好奇,或是种种好奇,而是好奇**本身**。好奇本身,如果存在这种东西的话。我们能在不抱有好奇的前提下,提出、向自己提出一个关于好奇的问题吗?

对于像我们这样的研讨班而言,"*curiositas*"这个词非常漂亮,一个非常漂亮的语词动物(animal verbal);而我们也许要根据在此考察和分析的多种传统之一,让这个语词动物、让这个字眼运作起来。一个繁重的、令人好奇的字眼。但让我们暂时把它放在一边,让 *curiositas* 在一旁休息等候。让我们假装自己在此期间被其他问题带走了注意力。

例如:什么是**尸体解剖**(*autopsia*)①?

什么是对自己的 *autopsie*(尸体解剖/自我观看)?

关于**尸体解剖**,我们有相当多图像和影像,而在这中间,人们

---

① 法语"*autopsie*"通常的意思是"尸体解剖",但就像德里达在这一讲中会阐明的那样,在此提示的希腊语"*autopsia*"在词源上由"*auto*"(自我)和"*opsis*"(看)构成,因此有"用自己的眼睛看"的意思。——译注

总是设想有一个手术台,甚至是一个试验台。在某个圆形剧场中,这个台子变成某具尸体的底座、支撑、基底。(你们知道,这间屋子,这个研讨班会场,在它前不久经历改造之前,就是这样一个自然史的工作场所。因为你们已经注意到——我觉得入口处还是可以看到铭刻的文字——这几栋建筑直到不久以前都用作动物学和自然科学实验室,用于研究活体器官或矿物。我觉得这一历史仍然刻写在外墙上。)解剖课程上的尸体解剖台也像是一个讲台,就像这里的这个一样,像是一个讲道台(chaire),在它上面敞露着、解剖着、分解着一个不再鲜活的生物的肉体(chair),不管它是野兽还是主权者。

在"**谁**"变成"**什么**"的过程中,在一个生命体变成对象的过程中,也就是说,通常情况下,在活物(*zôon*)变成死物的过程中,**尸体解剖**一词是什么意思,它涉及什么问题?必须耐心地设法将这个问题予以尸体解剖,甚至是对于尸体解剖的尸体解剖。

[**阴性的**]野兽与[**阳性的**]主权者,那么是**什么**呢?那么是**谁**呢?

通过提出并重新提出问题,并且以这种形式提出问题——"[**阴性的**]野兽与[**阳性的**]主权者,那么是**什么**呢?那么是**谁**呢?"——我可能会让人们以为、让人们期待,那个预期中的回答,肯定属于知识的范围。[**阴性的**]野兽与[**阳性的**]主权者,那么是**什么**呢?那么是**谁**呢?不错,对于这一系列或隐或显的问题,潜在的回答据说会使我知道、让我了解关于野兽和主权者的各种知识。人们假定这一回答就像所有的回答一样,可以丰富我的知识、科学和意识；它会给我更多的知识，通过教导我、向我揭示、向我展露，通过用例子和**真相**(*en vérité*)来教育我，它可以让我更多地认识一方和另一方**是**什么，野兽和主权者是什么，一方或另一方是什么，一方眼里另一方是什么，或让我认识它们——一方和另一方，一方或另一方——究竟是属于"谁"一类的存在者，还是属于"什么"一类的存在者。假定这一区分可以维持下去的话。

关于"野兽与主权者"，在知识、科学或意识的名义下，人们可以安排所有的理论领域和本体论领域。确切而言，理论和本体论是知识或科学：例如，就主权者的主权而言，就主权者的本质而言，政治科学或政治本体论神学是一种学问(*-logie*)、一种逻辑、一种知识、一种被认为是知识的理性话语；就动物性或兽性、生物学或动物学而言，它们同样是知识，是知识话语。生物的本体论，一般意义上的生物本体论，无论是区域性的还是整体性的本体论，都是一种理论知识，带有它自身的逻各斯、自身的逻辑、自身的理性秩序和科学秩序。而至少就其主导性形象而言，理论知识是一种观看、一种舞台性的看(*theôrein*)、一种投向可见对一象(ob-jet)的凝视、一种首先是**视觉性**的经验，它试图用眼睛触碰手上的东西，触碰手术刀下的东西，而这一视觉模型可以是一种至高的(*souveraine*)尸体解剖，就像那头大象一样，1681年在路易十四的注视下进行的解剖课程或仪式上那头被解剖、观察、检查、分解的大象。

为什么要重提这些人们有理由认为是微不足道的事实？

至少出于**两个原因**。除此之外，按照常理，对于进行哲学思考的人而言，或对于单纯想知道他想要说什么、想知道我们在谈论什么的人而言，始终还有另外一个正当原因，即要搞明白"知识"在这里是什么意思。

"知识"是什么意思？什么是"知识"？

在试图思考"**绝对知**"的可能性或不可能性之前，有必要知道的是，绝对而言，在绝对的意义上，也就是在一般意义上，在任何其他规定性之前，被人们如此坦然地称作"知识"的语词或经验，究竟是什么意思？一般意义上的知识[是什么意思]？知识，这到底是个什么东西？如果说，有很多事例可以用来试验表现在"啊，知识，这到底是什么东西？"那里的惊讶，张着嘴呆在那里的惊讶，而"野兽与主权者"不仅仅是其中的事例之一，那么事情会怎么样？而如果"野兽与主权者"首先是一种激励、一种挑衅，不仅要认知，而且要以其他方式进行认知，或要认知最初的知识，或更准确地说，要对知识进行**思考**、进行规定，因而还要对它进行勘察，也就是要认知它的边界，那么事情会怎么样？认识知识的边界，这意味着什么？

在这一总体视野的前提下——它会不断地划出边界，同时也溢出边界，超出我们的步伐和脚步——我刚才说，至少有两个具体原因，让我们重提这些人们有理由认为是稀松平常的事实。

第一个原因。我不想粗略或细致地回顾之前的内容，但在阅读策兰的《子午线》时，我们试图从其可能性和必然性中辨认的运动或姿态之一（它的动物，它的猴子形象，它的牵线木偶，它的美杜莎之头，所有的头颅，所有的斩首，它关于艺术的问题，它关于诗歌之步伐的"也许"，它的革命之中的革命，它的移置，"国王万岁！"的反话语和气息转换，以及它让主权性威严失去地位，等等；它对于遭遇的思考，对于"遭遇的秘密"的思考，对于深渊[*Abgrund*]、诡异和陌生性的思考，等等），[我们试图从其可能性和必然性中辨认的运动或姿态之一〕,恰恰是步伐(pas),一种步伐的运动,它体现为以"谁知道呢"(wer weiß)和众多"也许"(vielleicht)来中断确定性知识的秩序和权威,这是一种自我确定的知识,一种受到规定且具有规定性的知识;但这不是为了给晦涩进行辩护,不是为了赞美非知识,也不是为了不当地宣传蒙昧主义,而是为了开始思考知识的秩序,思考知识的界限划定/解除(dé-limitation)——也许,思想和诗歌都不能被毫无剩余地化约为这种知识秩序,而正是在这里,主权性威严和某种兽性体现为一种最高级的加码,体现为一种过度,或一种更加、"**更甚于**"的**傲慢**;这种绝对的"更甚"超越于法律而又制定法律。所有这些"也许",所有这些为了满足并公正对待(faire droit et justice)事件的到来和步伐的可能性而增多的"也许",所有这些"谁知道呢",所有这些通过保证诗性思考的可能性——即对气息转换的事件、对革命中的革命作出诗性思考的可能性——而实施解放、解救、解除的"谁知道呢",所有这些"也许"和"谁知道呢",艰难地、毫不妥协地邀请我们(但不是命令我们)跨越知识的边界,跨越——哪怕是为了认知和认识知识——知识的边界,尤其是跨越那个特定的知识形象,即所谓"我思"的确定性,当下的、不可分割的"我思"的点状形象,或声称要以绝对的确定性来避免"也许"和"谁知道呢"的鲜活当下的确定性。这一运动发生在一个革命和超革命的场景中,发生在政治和超政治的场景中——在这里,国王和猴子、美杜莎的头、牵线木偶摆在一起——这促使我们思考,正是在距离我们这条介于"野兽与主权者"之间的连接线或分离线最近的地方,这些"也许"和"谁知道呢"才得以被提出,才得以获得动力和生机。

第二个原因。在不—可能的可能性(le possible-im-possible)

和权力之间,可以感觉到一个"**也许**"。在这个"也许"的或许并不存在的甚至是无法决定的犁沟中,我们有如下预感乃至推测,即对**知识**的秩序来说,**权力**的秩序从来都不陌生;而对**权力**的秩序来说,**凝视**的秩序、**意志**的秩序和**获取**的秩序也并不陌生。指出下面这一点并不新鲜,但或许也没错:知识的场景,尤其是以对一象的客观性形式呈现的知识,把认知或想要认知的东西变成摆在眼前的对象的知识,[这一关于尸体解剖/自我观看(autopsique/autoptique)的知识场景]的前提是,人们对知识对象作出安排、摆在自身面前,并对它拥有控制力和权力。

在这里,我不打算也不需要全面展开这个宏大的问题,即存在者作为"对一象"的本体论规定问题(参考海德格尔与胡塞尔的对峙,等等;详细展开),甚至也不打算以海德格尔的风格来展开实存性分析,后者要求在几种类型的存在者之间作出区分(此在、上手存在、现成存在),其中只有"现成存在"(*Vorhanden-sein*)(在面前的东西,在那里的东西,手上的东西,手能够着的东西)才可以被称为对象;我只想提一个关键性的困难,一个当我们想要在海德格尔那里确认一种关于生物的本体论和关于动物性的思考时(我希望有一天可以有必要的足够时间回到这个问题上),会遇到的困难。[也就是说,]我在这里要再次从海德格尔那里(包括但不限于《存在与时间》)的一个困难入手,这个困难不仅涉及在三种类型的存在者中确定动物的位置,而且涉及在其中确定尸体的位置。严格来说,生物的尸体、人或动物的尸体,既不是"此在",也不是"上手存在",也不是"现成存在"……而活着的动物本身,作为活着的动物,作为野兽,同样既不是"此在",也不是"上手存在",也不是"现成存在"。

因此，我在这里不想重新打开这些宏大问题的窗口，而想通过缩小角度，从动物的尸体或野兽的尸体入手或接近，以此重新提出关于知识的问题：知识作为能力的意志(vouloir-pouvoir)，首先是作为凝视的意志(vouloir-voir)和获取的意志(vouloir-avoir)。知识是主权性的/自主的，它的本质是想要自由和无所不能，确认权力并获得它，占有和支配它的对象。你们很清楚，这就是为什么我在上一次课的开头和结尾提到一具尸体、一具巨大的尸体，为什么我将这个庞大的尸体放到这个研讨班的舞台或讲台上，并引用17世纪那次日期明确的解剖学课程的场景，而它只是众多为人熟知的图景之一，只不过这一次，台子上的尸体是动物而不是人类；所以，我所谈论的是在最伟大的国王路易大帝陛下的命令**之下**、在他的凝视**之下**进行的大象解剖的图景。野兽与主权者，在这里是野兽作为死掉的对—象，这个庞大沉重的尸体处于一位绝对君主的绝对知识的凝视和摆布之下。艾伦伯格告诉我们：

> 卢瓦塞尔讲述了1681年对大象进行隆重解剖的著名故事，太阳王莅临了**仪式**现场［注意"仪式"这个词，它表达的不止是一次科学实验：这里还有崇拜性因素、典礼性因素、庆祝性因素和庆典性因素，一种既有节庆色彩又模糊地带着葬礼色彩的守夜］："［……］也许从未有过比这更华丽的解剖。无论是就动物的庞大而言，还是就各部分标本的精准度而言，还是就参与者的数量和质量而言。"①

---

① G. Loisel, cité par H. F. Ellenberger, *Médecines de l'âme, op. cit.*, p.475. 强调为德里达所加。——原编者注

在继续我们的话题之前，关于这一点有**四个提醒**。

一、不管怎么说，面对这一场景，面对画家眼前固定的这一图景，我们有一种短兵相接（corps à corps）的感觉。谁与谁、谁与什么短兵相接？首先是两个宏大的身体之间，即野兽与主权者。首先是两个巨大的生物之间：国王中的国王，最伟大的国王路易大帝，和最大的动物。接着，这一短兵相接是一场决斗，或毋宁说是一场决斗的终结和事后（也许是战争似的决斗，或无意中带有爱恋的也就是自恋的决斗，是诱惑、狩猎、捕获、骗取和捕食的事后场景）。科学场景、知识场景在两个生物之一战败的事后或日后展开，在战场上展开，也在一种自恋式吸引的磁场上展开。这个磁场让两个宏大的生物相互对立，一个存活下来，另一个则遭到伟大的国王或其随从、士兵或商人捕获，在他们的远征途中遭到捕获，然后成为被另一方摆布的尸体对象，被另一方操控在手掌之中，变成他的猎物。

二、这个知识场景与大象一样**惊人**（phénoménale）。这是一头惊人的野兽、一头惊人的大象，也就是说，它通过自我显现（phainesthai）而不仅呈现在知识分子的凝视下，而且呈现在太阳王的凝视下——他是光明之王和光源之王，他是显现和知识的可能性条件，他是一位现象学意义上的、现象—诗学意义上的、现象—政治意义上的王，他是光明的来源和制造者，他就像柏拉图的善那样，像太阳和 agathon（善）那样，从至高处给予事物以存在和显现。在此，一切都臣属于太阳王——知识、存在、惊人的大象，都是这位国王凝视之下的臣民/主体（sujet）和对象。这位国王持有、拥有、占有这头巨大的野兽,他可以摆布这个巨大的尸体,它是他的权力对象、知识对象、占有对象和凝视对象,也是他的享乐对象。

三、这个装置([就是]想要获取凝视的权力和知识的权力[vouloir avoir le pouvoir de voir et de savoir],你们可以在所有方向上操纵这根链条),经历了种种制度的中介。这一整个关于分解和解剖课程的场景(解剖课程的前提总是一具有待着手的尸体、工具和人的凝视,解剖性勘察的前提总是一具任由尸体解剖摆布的尸体)在某个科学院的权威下展开,而就像法兰西学院那样,这个科学院本身也是由一位主权君主创立的。它始终顺从于这位君主。同一种权力的另一个制度,则是在对这个大(现)象(l'éléphénoménéléphant)进行壮观而戏剧性的解剖的不到20年前方才成立的,也就是1662年创建的凡尔赛动物园。我们想到这个大(现)象,它无法再凝视他们,但他们或许映入了它的眼帘,它的眼睛看到了自己的尸体被解剖时看着自己的国王。

四、正如我上次课通过一个引用来表明的,这个关于知识—权力、认知的知识、观看的知识和主权性的观看权力的装置,其结构根本上被法国大革命进行了革命化改造。它没有被中断,在国王死的时候人们依然可以说:"国王死了,国王万岁!"人们仅仅更换了主权者。人民主权或国民主权仅仅开启了同一个根本结构的新形式。墙壁被破坏了,建筑模式本身却没有被解构——你们会看到,它还会作为模式甚至作为国际模式而发挥作用。毁坏凡尔赛动物园仅仅是一段插曲、一次单纯的权力移交,因为当时皇家园林总管圣·皮埃尔将废墟搬到了别的地方,并提议创建一个新的设施。上次我提到,巴黎自然历史协会要求提交一份报告,而报告的撰写者之一是精神病医生皮奈尔,我们会看到,这绝不是无足轻重的事情。这份报告写于法国大革命高潮之际的1792年,它的结论是:

> 过往君主和国王热衷修缮的动物园,不过是对亚洲式排场的昂贵又没必要的模仿[我们一会儿,或下次课会看到为什么是"亚洲式"的:所以关键问题是,大革命结束了富人们的铺张浪费和游手好闲,但这绝不意味着结束所有民众的好奇;同时,关键问题在于要让仅仅是在模仿亚洲专制者的君主政体听从欧洲和西方的理性];但我们认为,一个不奢华的动物园[因此是一个民主和大众的动物园,一个人民民主的动物园、世俗和共和的动物园,它对应于新的主权,即国民和人民主权]对自然历史、生理学和经济学来说,都是非常有用的。①

因此,经历了奢侈和无益的花销,我们从奢侈的野兽转向有益的野兽,转向有益的、带来收益的动物园:在知识上带来收益,但同时,你们刚才听到了,也在经济上带来收益,作为知识的经济,首先恐怕是作为经济理论的经济,如重农主义者的理论,但也是在纯粹的经济上带来收益——经济,*oiko-nomia*(家政学),*oikos*

---

① 皮奈尔的报告,引自 H. F. Ellenberger, *Médecines de l'âme*, *op. cit.*, p. 476.

的 nomos,也就是家庭之法。我再次强调这一点,不是出于语义学或词源学的关切,而是因为在这一针对动物园、针对动物园式公园和一般意义上的动物园所进行的改造中(暂且不提我们之后会提到的马戏团和私邸)[此外我们会看到,即使建造动物园式公园的目的是为了知识和动物保护,它们也和马戏团有着共通之处:作为对公众开放的场所,两者同样是奇观和戏剧的场所——就像很长一段时间内的精神病疗养院那样],家政学(oikonomia)很重要,因为生态学考虑或经济考虑要经历一种为野兽提供住处和栖息地的技术,而这一过程摇摆于家畜化(也就是收编到家庭之法、住家[domus]之法、主人之家[dominus]的法或女主人之家的法之中——domus, heim, home, 驯化状态)、驯服、驯养、饲养等模态之间,有时则是将这些模态同时叠加。这一过程摇摆于众多模态之间:支配和主权权力的模态,权力和知识、权力的知识、为凝视而认知、为认知和能力而凝视的模态,对野兽的获取、占有、攫取和所有权的模态(通过捕获、狩猎、饲养、交易、监禁来进行)。因此,在这种同时将野兽、权力、知识、凝视和获取关联起来的经验那里,oikonomia 也是这种自我同一性(ipséité)——也就是对于野兽采取的主权性支配——的一般条件。所以,从这一新建制获益的知识领域,远远超越了狭义的动物学。并且,就像在主权者路易大帝的凝视下进行的那堂解剖课一样,人们的兴趣不仅在于解剖中的厚皮动物的皮肤所透露的解剖学知识,不仅在于涉及动物器官运作方式的生理动物学知识,而且已然是一种比较性的知识,它要澄清人类解剖或人类生理学与动物解剖和动物生理学之间的种种类比。问题已经涉及一种人类动物学。(当我还是一名民族学的学生时,我所在的人类博物馆有一门名字很奇特的学科和考试,叫动物人类学:这是一个比较性的知识领域,学生们在那里学习类人猿和人类之间的种种类比和差异。例如,有一次练习是区分以下事物——这有时候很难:一边是男人或女人的头盖骨、长头型的头盖骨或短头型的头盖骨、凸颌的头盖骨和不是凸颌的头盖骨、有凸出眉骨的头盖骨和没有凸出眉骨的头盖骨,另一边则是雄性或雌性大猩猩的头盖骨;或者区分属于不同物种、种族、性别、年龄的肩胛骨以及大腿骨或牙齿。)

这种比较的关切,在前革命时期的动物学试验和制度性场所那里,当然并非没有。巨大的大象在路易大帝的凝视下被解剖,围绕这个场景我们还得逗留很久(设想一下,好好想一下,描绘和再现一下(因为这一切都是一种再现/表演[représentation]),再现一下这头庞大沉重而可怜的野兽,不知怎么死的或怎么被杀的,不知从什么地方被搬过来,侧躺或平躺在一间奢华的房间里,这头野兽恐怕还在流血,周围是一群医生、外科医师、全副武装的手术医师,他们迫不及待地想要展示自己的技术,同时也迫不及待地看到并让其他人也看到接下来将要看到的一幕,对于尸体解剖的渴望让他们颤抖,他们准备好要动手,要将他们的双手、手术刀、斧头或小刀插入这个毫无防备的庞大身躯之中,尽管它有着仍然毫发无损的象牙防御和消肿的长鼻;在这个时候,矮小的国王——他没有他的名字所说的那样高大,这个国王比他的名字渺小,也比我们所熟知的、他那尺寸夸张的帽子渺小,恐怕这位国王也比一头小象渺小——这位矮小的国王盛大入场,后排坐着的大臣们、医生团队和学术团队全体成员向他深深俯首致敬。想象一下这个场景,再现一下这个仪式,这是在那部关于路易十四的出色电影①中看不到的一幕,我们要为这部电影加上这个片段,这个隆重盛大而有至高学术意义的解剖场景,解剖的恐怕是陆地上最大的野兽——在任何意义上,这都是一个非常有趣且非常重要的片段和政治图景,因为它消除了始终潜伏于我们内心的对于主权的渴望,它比在凡尔赛门举行的农业展览会更有趣、更重要、更有吸引力,没错,就是在凡尔赛门,在总统选举期间会举行的农业展览会②,所有政治家族中想要竞争总统之位的候选人(没有比这更具有家族性的事情了),[所有政治家族中想要竞争总统之位的候选人]这时候都要来摸摸牛屁股(当然得征得牛的同意,就像小偷和强奸犯总是主张的那样),坦荡地走在各个摊位之间,嚼着鹅肝,喝着啤酒,吃着总统选举活动的/田园风味的肉酱,满嘴的陈词滥调,一边说话一边狼吞虎咽或亲吻小孩;想要在这个人堆里区分野兽与主权者真是前所未有地困难——),[巨大的大象在路易大帝的凝视下被解剖,]这里的关键问题恐怕是,在这具巨大的尸体那里,在这头动物敞开的身体那里(没有人征询过它的同意,它任由手术医师、任由他们的手术刀和他们的凝视摆布),[关键问题恐怕是,]在这头巨大的动物那里,在这头并非动物之王(动物之王是狮子)的巨大动物那里,辨认出种种解剖—生理学上的

---

① 很可能指的是罗西里尼(Roberto Rossellini)1966年的影片《路易十四的崛起》。——原编者注
② 农业展览会是凡尔赛门每年3月举行的大型活动,展出从包括牛羊在内的家禽到各类农作物和土特产等农展品,堪称世界上规模最大的农业展览会。德里达本次研讨班在2002年3月进行,恰逢总统候选人依次造访当时正在进行的农业展览会。——译注

类比：大脑、心脏、肾脏、血液循环，等等。

为了恰当地重构所有这些历史可能性，我们就得沿着很多方向进行考察，这远远超出了我们这里拥有的时间内所能做的。首先，至少需要分析，是什么使得这个动物存在者呈现在人们的视线中，这个此后没有生命、此前却非常鲜活的 zôon，也就是这个被切开、敞开、剖开、探究的顺从尸体，它是世界上最巨大的动物之一，甚至就是最巨大的动物的尸体，而与之相对，或许稍稍在它之上，则是一位自诩世上最伟大的国王的鲜活身体；没错，我说这是国王的鲜活身体，但同时它也是国王的必朽身体，这位国王操控着另一个身体，操控着双重身体（①地上的、必朽的身体，以及天上的、崇高的、永恒的身体，职能或威严的身体，被认为永恒地凌驾于必朽身体之上的国王主权的身体——而在特定意义上或一般意义上，我想说在先验的意义上，主权总是以这一点为前提，因为它位于主权概念的结构之中，[主权总是预设了]这一双重身体，对其结构的分析见于康托洛维茨的《国王的两个身体》(1957)，大革命天真地相信它可以通过斩首路易·卡佩的地上身体而终止这个双重身体。因此，我建议你们读一下康托洛维茨，以及此前由布洛赫（March Bloch）写的一本书《国王的幻术》(1924)②，其中谈到教会法理论如何区分主权者人格中的两个位格，也就是两个身体，一方面是必朽国王的"个人人格"，也被称为"persona personalis"；另一方面则是不朽国王的"理想人格"，"persona idealis"。③

---

① 这个括号在打印稿中没有闭合。——原编者注
② Marc Bloch, *Les Rois thaumaturges*, Paris, Gallimard, 1983. ——原编者注
③ *Cf.* E. Kantorowicz, *Les Deux Corps du roi*..., *op. cit.*, p. 288. ——原编者注

这两个人格和这两个身体在国王活着的时候是统一的,而在他死后则分离开来,就像国王活着的时候的"尊严"与他死后仍然存在并从他那里继承给另一个国王的"主权"或"威严"的关系那样。一方面是当下行使的国王尊严(regia dignitas),另一方面是国王死后仍然存续并作为主权职能而从一位国王继承到另一位国王那里的国王威严(regia Maiestas)①。但在国王活着的时候,两个身体、两个王权、个人和理想、尊严和威严性主权,是统一的。是的,莅临这头巨大动物的解剖仪式现场的国王,以其两个身体和两种资格在场,他亲自在场,但却是以其双重位格在场,以其两面性位格在场,作为 persona personalis 和 persona idealis 在场,同时具备尊严和威严,因而也具备主权。

我们不要忘了,在同一时刻——你们读一下马兰(Louis Marin)关于这一主题的论著(尤其是《论猥亵的崇高》和《国王身体的顿挫》,收于《跨越性解读》之中②)——[我们不要忘了,在同一时刻,]国王的医生们正在他受苦的身体、在他的 persona personalis、在他必朽而脆弱的身体周围忙个不停,他们盯着他的所有症状,每天研究他的排便、出汗、体液,甚至做了一份关于国王健康状况的纪录,这份题为《1647 年至 1711 年间国王路易十四的健康纪录》仍然可以查得到。这些档案由塞纳-瓦兹省的精神科学·文艺·艺术协会保管。国王的医生们同时照看着国王的两个身体,一个是被尊敬、崇拜、崇敬、恐惧的全知全能的神的身体,另一个

---

① *Ibid*., p. 296.

② Louis Marin, *Lectures traversières*, Paris, Albin Michel, 1992, p. 171 – 178, 179 – 193.

则是客观的、被对象化的、被冷静观察和勘察的、作出不负责任之反应的动物身体（我们不能不想到我们的共和国总统蓬皮杜和密特朗去世时或去世后，这些医生扮演的角色和说出的言论，往往还有他们的出版物）。当我说他们照看和监视国王的身体，我是在严格意义上这么说的，因为他们甚至要照看他的睡眠；正是在这里，被认为看到一切并知道一切的国王、全知全能的国王，无法再看到他们——即他自己的医生们——正在看自己。为表明这一点，让我们看一下《1647 年至 1711 年间国王路易十四的健康纪录》中描述太阳王的烦躁夜晚的一个段落。（朗读并评论）

> 尽管他非常健康，但睡眠总是躁动不安，有点比通常情形更严重，经常说梦话，甚至会从床上坐起来，我觉得这足以表明某种亢奋的癫痫，也是他白天处理重要事务的结果，这些画面会在夜晚重现，并在身体休息的时候唤起精神的动作……还必须加上他高热的内脏，带有这种性质的主体容易动辄激动……脸庞的高温、头脑的沉重和整个身子的倦怠，极度的懊恼和没来由的忧郁，偶然的变故……这种种原因都凝缩在国王留给自己的少许休息时间内，他太长时间保持醒着的状态，而没有得到像他这样动脑筋的人需要的充分睡眠。①

---

① *Journal de la santé du Roi Louis XIV de l'année 1647 à l'année 1711* (années 1673, p. 117, et 1680, p. 135, notes rédigées par d'Aquin), Société des Sciences morales, des lettres et des arts de Seine-et-Oise, 1862; cité dans L. Marin, *Lectures traversières*, *op. cit.*, p. 173.

此外,我还建议你们读一下马兰的《国王的肖像》①,特别是其中的"国王的叙事,或如何书写历史"一章。当然,问题始终涉及路易大帝。尽管就我所知,马兰没有讨论与动物的关系,也没有讨论大象尸体解剖或凡尔赛动物园,但他还是为我们提供了很多精彩而有启发的细节,帮助我们观察和分析这一惊人场景的诸多含义。既然我说到马兰提供了很多"启发性"的细节,照亮了这一视觉性的、自我观看的场景——你们记得,这个场景对这头野兽运用了一种绝对的权力,目的是观看和认知,归根结底是以启蒙的名义;不过,最终,这种光——始终是太阳王的光——从来不会将服务于知识的理论观察(例如,这里是尸体解剖的光学),[从来不会将理论观察]与景观、戏剧、作为表征的仪式分开,也不会将它与作为国王**的**表征(仍然是在属格的双重意义上)分开——既是由国王根据自身的考虑而给予、命令、组织的景观性表征,同时也是**对于**国王的表征,再现国王,展现他,通过他的肖像来显示他,或通过行动来叙述他。而在"野兽与主权者"的标题下,我想说,分解大象、分解这头巨大的匿名野兽的仪式,这个确乎被卢瓦塞尔称作"仪式"的行为,正是这样一种表征;凭借展现大象和国王的那些博学之士——医生、解剖学者、学院中人——这个仪式旨在通过一个图景来展现国王,同时也旨在丰富关于太阳王的身体和行动的叙述,丰富关于他的种种碎片或光辉(les éclats ou l'éclat)。

从这一视角,我要从马兰的《国王的肖像》这本书中、从题为

---

① L. Marin, *Le Portrait du roi*, Paris, Minuit, 1981.

"国王的叙事,或如何书写历史"的章节中挑选几个段落,它们都与国王指定的历史学家即官方史学家佩利松(Pellisson)的工作和计划有关(佩利松是献给柯尔贝尔的《路易十四史草案》的作者),我要挑选的是佩利松想要向阅读其太阳王历史的读者—观众呈现的所谓"有趣景观"。关键问题在于,在阅读的时候,要仿佛景观在"绝对知"的观点下展开,仿佛读者事先就知道会发生什么,因为国王已经预先知道了一切。在这里,我不想遗漏的牵线木偶回来了,因为一旦存在"绝对知",一切事情都发生得仿佛已经被预先知道了,因此几乎都是安排好的、在天启的意义上规定好的(因为太阳王这个观看、认知并预见一切的主权者,本质上是天启式的,他不仅可以预见,而且提前书写、提前描述);而且,一旦有了这样一种天启的预见,一切事物就都像机械一般运转,一切都像被上发条一样展开,因而就是一个牵线木偶。在这样一种历史中,对于书写这一主权者历史的史家来说,关键问题是要在读者—观众那里(因而在国王的臣民那里)创造一种拟像、一种幻觉,即主权者操弄着历史的牵线木偶的丝线(你们记得,在毕希纳那里也是如此:革命者在某一时刻承认,他们感到自己像牵线木偶一样被历史操弄着)。

关于这一支配和主权的效果,马兰写道:

> 阅读的愉悦产生于这一反差,这一介乎表征和被表征者之间的往复运动;预期—预见和惊讶—新颖的律动;惊人的熟悉,对已知事物的预知;对支配和权力的欲望在阅读的想象中得以实现;叙事的愉悦—陷阱。一切都发生得**仿佛**[马兰这些非常贴切和明快的"仿佛",一

度引起一位古典历史学家的不耐烦:这些"仿佛"意味着什么呢,它们对历史学家而言毫无意义,历史学家知道到底发生了什么,真的发生了什么或没发生什么,但从来不知道什么叫"仿佛发生了",什么叫"一切都发生得仿佛":事情到底发生了没有? 这是令历史学家感兴趣的问题;我不会说这位历史学家愚蠢——有点愚蠢——但他对所有这些异乎寻常的"仿佛"视而不见、听而不闻,而这些"仿佛"实际上在述行的意义上创造了历史;我回到马兰的论述],[一切都发生得**仿佛**]读者—观众本人操弄着叙事者给他的人偶—牵线木偶的丝线,**仿佛**他主导着这些人物的历史命运,**仿佛**他在至高和必然的意义上,控制着他们行为的种种机遇和偶然性,**仿佛**[这仍然是我的强调]就像柏拉图的诸神那样,他操弄着叙事中的人偶的丝线,而在牵线木偶的每一个姿势中,他都能发现他自身行为的效果——偶然性的神性惊讶。①

如果我的阐释,或不如说我的重述和引申还属恰当,那么马兰表明的是,叙事或表征在此并不是事后对于主权者的天启式权能进行报告、讲述、描绘、再现;相反,这一叙事和表征是主权的结构性组成部分,是它的构成性结构、潜在或现实的本质、力量、*dunamis*(潜力)甚至王朝(dynastie)。但也是 *energeia*,意即行动、实在性;但也是 *enargeia*,意即显而易见之物的某种光辉,我们还会讨论

---

① L. Marin, *Le Portrait du roi*, op. cit., p. 80–81. 对于"仿佛"的强调为德里达所加。——原编者注

这种光亮。虚构是君主的潜力和王朝,但也是其行为、权力和权能的耀眼的 energeia 和 enargeia。他的可能性和他的权力:既是潜在的,也是现实的。隐匿又可见。没有这种表征,就没有主权。阅读或观看的主体,作为国王的臣民,臣服于这种主权权力;而他们抱有的幻觉或虚构,正是主权权力的实施和效果本身。主权是这种叙事性虚构或这种表征效果。主权从这一拟像效果中,从这一先天内在于主权权力、在某种意义上与之先天同源的虚构效果或表征效果中,得到它的全部权力和全部权能,也就是它的全能。这吊诡地意味着,通过给予叙事性表征的阅读主体或观看主体一种幻觉,让他感觉自己在至高的意义上操弄着历史或牵线木偶的丝线,这种对于主权的实际转移的拟像,就构成了表征的神秘化。这一"国王历史"的读者或观众抱有的幻觉是,自己已经预先知道了一切,仿佛自己与国王分享着"绝对知",仿佛自己就是所讲述历史的缔造者。他参与进主权之中,分有/分割或借取主权。这也是马兰不断提醒的陷阱——叙事陷阱,而我要说,这同样是主权的陷阱,关于分有/分割主权的陷阱,此外还会成为君主主权向国民主权或人民主权转移的陷阱。在我看来,或根据我要提出的一种解读,对于国王的审判及其斩首便是这些主权转移之一,这种转移是虚构的、叙事性的、戏剧性的、表征性的、述行性的,同时也是骇人地实在和血腥。在所有这些仪式性表征和戏剧性崇拜的展布过程中,在所有这些拟像中,鲜血并没有少流,流血同样残酷、同样不可逆转,无论是大象的鲜血还是绝对君主的鲜血。野兽与主权者都在流血,甚至牵线木偶也在流血。

例如,就主权的转移而言,革命是主权的转移,尽管它作为夺取权力的过程可能非常暴力和血腥(而如果一场政治革命既非针对政治领域的革命,亦非之前界定的、非严格意义上的诗性革命——也就是,一场没有在诗性革命的意义上对政治领域进行革命的政治革命,不过就是主权的转移和权力的移交),没错,我在这里所谓的主权转移,明确定位了问题的本质。如果说在政治领域中,在一切施展权力驱力的领域中(即弗洛伊德所谓 Bemächtigungstrieb[控制驱力],它位于其他驱力和死亡驱力之前和之外)——这种权力驱力甚至对观看和认知的驱力发号施令,对视线(scopique)和认识性欲望(épistémophilique)的驱力发号施令,[如果说在政治领域中,在一切施展权力驱力的领域中,]关键问题往往不是主权和非主权之间的抉择,而是**围绕**主权展开的斗争、主权的转移和移置,甚至是主权的分有/分割,那么我们就必须从这些情形出发,不再是从主权的纯粹概念出发,而是从驱力、转移、过渡、翻译、移动、分有/分割等概念出发。同样,也就是说,从主权的继承、传递以及主权的分割、分配,也就是主权的经济出发。经济是一种分配性的分割,不仅是因为它意味着 oikos(家)之法,而且因为法(nomos, nemein)的意思也是分有/分割。不是在主权本身这里——也许根本而言从来就不存在主权本身,不存在纯粹而单纯的主权本身,因为主权只是对一切事物的一种过度的超越,因此它本身不是任何东西,它是某种"无"(所以它跟虚构与拟像的效果很接近)——[不是在主权本身这里,]而是在这些确切而言具有中介性质的、不纯粹的、如中间地带或混合物一般的语词和概念那里(如转移、翻译、传递、传统、遗产、经济分配等语词和概念),我们才能究明问题的分量和决断,它们始终涉及力量关系的中间地带上的交易和商讨,即本质上可分割的各种权力驱力之间的力量关系。

因为事实上，我们很清楚，很长时间以来、于今尤甚的是，每当我们认为遇到了主权问题，仿佛我们必须在主权论和反主权论之间进行抉择，不管是在政治或法律理论的复杂论争中，还是在本地咖啡馆或农业展览会的修辞中，[每当这个时候,]问题都不是主权还是非主权，而是对一个据说不可分割的主权进行转移和分割的种种模态——这个据说不可分割、这个据说和被认为是不可分割的主权，从来都是可分割的。

我强调大象的尸体解剖以及自我观看的场景、图景、舞台、可见性，是因为我们探讨的是我早在1963年讨论列维纳斯的一个文本中称作"光芒的暴力"的问题。① 我刚才谈到的鲜血总是在光芒中闪耀，在观看和认知的 enargeia 中闪耀。关于这一点，也阅读一下马兰，特别是同一章节的两个小节"光彩陆离[Éclat(s)]：国王的位置"和"视线的诡计"。②

马兰的论证强调国王的未来史家笔下的主要关切——也可以说是国王的未来完成时的史家。佩利松想要界定和描述"国王的位置"，而这一"国王的位置"必定是一个闪耀的位置，或从那里强烈展现出（éclater）国王的性格——在光芒闪耀或迸发意义上、在 enargeia 意义上的"éclater"：太阳的发光、眼睛的闪光，太阳王必定在这些叙事中呈现出自身的姿态，即一个光源，但也是一个人们无法直视的光源，就像人们无法直视太阳那样（如柏拉图所

---

① Cf. J. Derrida, « Violence et Métaphysique. Essai sur la pensée d'Emmanuel Levinas», dans *L'Écriture et la différence*, Paris, Le Seuil, 1967, p. 125 sq. ——原编者注

② L. Marin, *Le Portrait du roi*, op. cit., p. 81 –91.

说)。"国王的肖像",马兰说道,"不仅是位于叙事中心的太阳,还是无远弗届的光芒,照耀着万物万民,**使得**他们被看见"。①

在这里,就像他多次提到的那样,马兰提到了笛卡尔,这里他提到的是《谈谈方法》的第五部分和《屈光学》,但我认为——不管怎么说,我建议——应该将所有这些,将所有我们这里谈到的这些,与许多其他的历史发展联系起来(虽然我们在这里远远做不到这一点),不仅要将所有这些和那个时代以及之前时代的医学、绘画、人体解剖图的全部历史联系起来(想想达·芬奇和所有《解剖学课》,如伦勃朗相隔 20 年画的两幅作品,包括我想是作于 1632 年的那副《尼古拉斯·杜尔博士的解剖学课》——解剖学课往往和科学著作一同得到再现,后者在画作中取代了《圣经》;你们也记得,伦勃朗作为这些解剖学课的画师,也画过许多动物,比如像基督身体一样敞露着的剥了皮的公牛),将所有这些与笛卡尔的时刻联系起来,不仅是笛卡尔的《屈光学》和《论人》——你们知道,笛卡尔的这部著作仿佛是一种尸体解剖或解剖生理学,将人体视作"上帝有意形成"的一台"大地上的机器",并把它和人类制造的机器相比较(时钟、人造喷泉、磨坊以及"其他类似的机器")。从这一观点来看,从必定与我们关心的尸体解剖仪式相联系的事物的观点来看,尤其有趣且重要的,就是与大脑、眼睛、首先是与血液循环相关的事物,特别是笛卡尔所谓的"动物精神"②,即一种非常微妙的空气,一种在静脉、动脉、心脏、大脑之间

---

① *Ibid.*, p. 81. [强调为原文所有。——原编者注]

② R. Descartes, *Traité de l'Homme*, dans *Œuvres et Lettres*, *op. cit.* 所引段落见于 p. 807, 814 –815, 818 –819 *sq.* ——原编者注

循环的快速而纯粹的火焰。特别是,特别是(不过我在这里不会谈这一点,因为我在别的地方(瑟里希旬日会①)谈过了,不过尚未发表)笛卡尔那里关于动物—机器的整个理论。把这些都读一遍,这些很容易找到而且很著名,但也值得从一种政治的观点进行重读。

简言之,马兰正确强调了与笛卡尔物理学体系之间的类比关系,并写道:"正如物理学话语中的太阳,国王的肖像本身就是叙事场景的闪耀性和特权性时刻,而就像笛卡尔的光芒那样,它带来光亮,并通过照耀历史中所有的行为主体,让读者—观众能看到他们。"②

从野兽与主权者的观点来看,就这一超光学的光学而言,另一个必须强调的特征是"不对称性"或"非对称性"的母题。关于反射的逻辑,关于这些光线、视线和镜面的反射效果,我们可以作很多引申。在某一点上,对称关系被打破了,主权的标志成为观看的权力,即能够看而**不**被看到,我在别的地方、在《马克思的幽灵》中讨论《哈姆雷特》时,将此称为"面甲效果"。③ 国王或国王的幽灵在看的同时,他的视线、他观看的源头、他的眼睛则不被看到。这里说的是同一件事,马兰也没有忘记提醒这一"非对称性":

---

① Décade «L'animal autobiographique», Cerisy, 1997. Cf. J. Derrida, *L'animal que donc je suis*, *op. cit.*, p. 108 *sq.* ——原编者注

② L. Marin, *Le Portrait du roi*, *op. cit.*, p. 82.

③ 参见前文第一讲,第 25 页注释。——原编者注

[……]人们也许会错误地认为,这一位置将国王放回到被看对象的位置上。事实正好相反。这个位置恰恰处于国王的视线之下,处于他目光的光束之下。[马兰就主权者的这一无所不见、环形敞视的眼睛给出了许多参照,在拉布吕耶尔那里、在拉辛那里(1685年法兰西学院的一次演讲,恰好是我们的大象被解剖的四年之后),等等。]在主权者的凝视中,在陛下的耀眼太阳和灿烂光芒(soleil éclatant et lumière éclatée)中,"我—人们"的凝视是复数性的、不确定的、非人格的眼睛[你们看到,"éclat"同时意味着光辉和冲击性的爆破,也意味着向所有方向的散布,为了渗透到一切中去而自我散布]。眼睛和视线的非对称的相互关系——眼睛看到国王所做、所说、所想的,视线则让眼睛看到国王所做、所说、所想的;尽管有着历史行为者和叙事者这两极,这一反射或承认的运作还是实现了这种既非过度也非不足的完美表征。但这一表征要产生效果,其代价是对这个景观的仿拟。①

马兰讨论的确乎是 autopsie,不过不是关于解剖课程的工作,即残暴地剖开一具死尸的身体,动物的身体或人的身体,首先是死掉的动物的身体。事实上,马兰在原本意义上使用 autopsie 这个词,即"由自己看",用自己的眼睛查看。这是 autopsia 一词的本来意思:这种经验体现为用自己的眼睛看,因此也体现为能够见证

---

① L. Marin, *Le Portrait du roi*, op. cit., p. 87–88.

(事实上,这也是马兰强调的意思,比如他说佩利松的灵感来自"autopsie 的古典要求",即"担保关于过去事件和空缺场所的叙事具有本真性",并让叙事者成为一个"见证者"甚或"殉教者"①——两者在原本意义上是同一回事)。

但 autopsia 之后在希腊语中具有**两种含义**,马兰有理由对此不作考虑,我们在这里却得严肃对待:

一、一种很少见的含义,即参与诸神的全能,并与诸神保持亲密交往;

二、一种通行甚至具有主导性的含义,作为一个转喻或一种被认可的缩写,我们这里用这种含义来指涉这个分解仪式,也就是对尸体进行解剖。根据《利特词典》,这是一种错误用法,正确的说法应该是"尸体的解剖"(autopsie cadavérique)或"尸检"(nécropsie)。在这里,在两种意义的潜在嬉戏之中,令我感兴趣的是(假定我要从中取乐):在对于大象的尸体解剖/自我观看这里,最伟大的国王、至高的主权者的凝视,直接或间接地看着最庞大的野兽的尸体,这具尸体同样表征着必朽的动物,包括国王的身体之一;正是在这里,存在着所有意义上的 autopsie——作为灿烂的反射性参与的 autopsie(在第三种意义上),第二种意义上的 autopsie,对于全能的一种符号性的、虚构的、虚幻的分有/分割,不仅是死去的大象的全能,也是永恒的国王的全能,但也是存活着的(sur-vivant)、必朽的国王的全能。在尸检过程中,这头死象,这头被国王杀死或因死亡而被国王牢牢控制的大象,某种意义上也可以说是死去国王、必朽国王的图腾性表征,一个被否认和回避

---

① *Ibid*., p.89.

的、模糊的图腾性表征,这个国王死于所有人都既恐惧又期待的国王之死,每个主体/臣民都将这种国王之死投射到对主权的尸体解剖或尸检之中。这份悼词的叠奏从未停止:国王万岁,国王死了;国王万岁,国王死了;国王万岁,国王死了。从路易十四的世纪到大革命到毕希纳到卢西尔再到棱茨,这份悼词不绝于耳。

你们记得另一个讲台,波舒哀在那里用权威的口吻念出了他自我检视的悼词。我在这里不想引用伟大的波舒哀(别忘了,他是论述天启的理论家),而想重新引用一段马兰在其著作开头引用过的论述,它出自波舒哀关于国王职责的一个讲道。到此为止,我们已经谈到了一根难以割裂的链条,即 pouvoir(权力)、voir(观看)、savoir(认知)、avoir(获取)的链条,其中缺少的是 devoir(义务)①,有必要提到 devoir。

我首先想说,马兰在引用波舒哀和帕斯卡尔之前,提议在国王的两个身体之外加上(如果可以这么说的话)另一个身体(康托洛维茨关于国王的两个身体的理论已经很著名了)。马兰认为,在古典绝对主义那里,国王的身体分割成或繁衍成三个:

一、历史和物理的身体,也就是必朽的身体,国王的医生们,还有他的臣民和妻妾们,围绕这个身体操劳操心;

二、法律和政治的身体(要言之,虽然马兰没有这么说,但我想说,这是在国家和政治的严格意义上的主权者身体);

三、符号学的圣礼身体,这第三个身体最令马兰感兴趣,因为通过国王的肖像(这是为什么他称之为符号学的身体:你们了解

---

① 法语"devoir"作名词表示"义务""责任""职责"等,作动词表示"必须""欠负"等。——译注

394 马兰关于肖像和圣牌的出色研究),圣礼的身体据说保证了三个身体之间"没有剩余"(马兰语)的交换。在我看来,这个由上帝本身、由神圣主权本身所宣誓和正当化的神圣身体或圣礼身体,事实上就是交易的场所,是地上全能的政治—法律主权和天上全能上帝的主权之间的契约或联合。总之,提出这三种身体的假说之后,马兰为支持他的猜想,引用了波舒哀和帕斯卡尔的下述文本。这些段落写得非常好,而且道出了对我们这里的考察来说非常重要的一些根本结构和法则,我在这里念一下:(朗读并评论)

1662年,波舒哀在关于国王职责的讲道中宣称:"为建立这种代表他权力的权力,上帝在主权者的额头和脸庞刻下了神圣的标记。[……]上帝在君主那里,制造了一个关于其不朽权威的必朽意象。大卫说:你们是神,你们都是至高者的孩子。但是,血肉之躯的神啊,尘土的神啊,你们会像人一样死去。没关系,就算你们会死,你们也是神,你们的权威不死;国王的精神会完整地传到你们的继承者那里,并在各地产生同样的畏惧、同样的尊敬、同样的崇敬。的确,人是有死的;但我们要说,国王永远不死:上帝的意象是不朽的。"

早些年,在一张小纸片上,帕斯卡尔已经分析过代表装置的机制,描述了由此产生的种种效果,通过它们在政治、法律和神学领域勾勒出的种种构型,厘清了它们的道理:"人们习惯于见到国王身边有着护卫、鼓声、官吏,以及所有让这架机器向着尊敬和恐惧倾斜的事物,于是,当国王的脸庞有时孤零零地出现,没有这些随从陪伴时,也会在臣民那里引起尊敬和恐惧,因为人们在脑海中不会将他们的人身与通常都和他们在一起的事物分开。全世界都不知道这个效果来自习惯,而相信它来自一种自然之力;由此产生了这种说法:'神性的特征印刻在他的脸上',等等。"①

如果像我们所见的那样,法国大革命像转移主权那样转移了凡尔赛动物园,如果它在破坏其现实的同时却没有解构其模式(客观地进行观看的知识—权力—获取),这一古老而新颖的模式——让我们称之为 *autopsique*(尸体解剖的/自我观看的)——成了所有 19 世纪动物公园的全球化模式。我称之为尸体解剖模式/自我观看模式的全球化,这里"autopsique"一词带有我们迄今强调过的所有特征:知识的对象化勘察,这种知识正是对某个 *zôon*(生物)的外观进行勘察、观看、凝视,这个生物因为死亡、被捕获或单纯因为被对象化而丧失了生命和力量,它展现在那里,展现在手前和手下,展现在视线前面,因单纯的对象化而丧失生命力,这种学术性的对象化无疑为学界的学术研究作出贡献,同时也为社会作出贡献——对于这个社会而言,发生在理论知识的尸体解剖/自我观看的凝视和戏剧性景观的尸体解剖/自我观看的凝视之间、发生在理论和舞台之间、发生在勘察和景观之间的过渡和转移不仅很吸引人,而且实际上已经得到了组织化和制度化,由此产生了 *autopsia* 的其他两个意思:与尸体之间的尸检关系,以及对于神性权力的参与。阐明了这一点,就能认识到:这一"理

---

① L. Marin, *Le Portrait du roi*, *op. cit*., p. 21.

论性—戏剧性"的结构，或者说勘察—景观性的（inspeculaire）结构，这个尸体解剖/自我观看和对象化、去活力化的结构，还确保了某种类比性的过渡，即现代和后革命动物园与精神医学制度、精神病院之间的类比性过渡。为了给这个类比空间一个共通的名称，我建议使用"好奇"一词，重新唤起这个词，从某种屈折的角度重新赋予这个词活力。抱有好奇，curiosus，既是渴望知识——curiositas，好奇，首先是渴望认知、观看和了解——也是留心、实施治疗（cura，家庭中的治疗、治愈疗法、医院中的治疗）、悉心勘察、照料。但我们知道，这种通过留心而进行认识的好奇，一旦变成出于对认知的热爱而实施的尸体解剖，或一旦急于确证旁观者的支配力，就会堕落为冒失而病态的好奇（海德格尔所谓的 Neugier, Neugierde；你们知道，海德格尔从这里、从"常人"[das Man]之中，见到了"此在"与知识之间的一种非本真性关系；参见《存在与时间》）。"curiosité"一词（一如英语里的 curiosity，但不同于拉丁语里的 curiositas）既可以指涉主体，也可以指涉客体。我们说某人的好奇，但也说某事或某人"奇了"，对旁观者或有兴趣的人来说成了好奇之物。

没错，我试图用"好奇"一词来将整个类比领域予以形式化，这个领域汇集了野兽和疯子，而在后革命动物园和精神病院中，他们成了——在这些词的所有意义上——人们热切而强迫性的**好奇心**对象，成了**好奇**之物，这些外面的人在一定距离范围内接近他们，在将他们关起来之后，从外部高高在上地（souverainement）观察或勘察它们。

在我引用过的那本书中，艾伦伯格在《动物公园与精神病院》这篇文章里着重强调了他所谓的这两个机构之间的"总体比较"。

我接下去会说——也许下一次也会谈到——为什么我对艾伦伯格这一著作背后的哲学（其他人可能会说是意识形态）有所保留，尤其是他得出的结论；但我首先要以自己的方式对他提供给我们的材料加以重述。他提醒说，法国的模式（我称之为 *autopsique*）在大革命之后被全球化：伦敦动物园（1829）、阿姆斯特丹动物园（1838）、柏林动物园（1844）、安特卫普动物园（1848），等等。这些动物园有时是国家补贴创建的，有时是世界贸易和投机的对象；它们既是研究的场所，也是为假日群众和好奇者准备的大众出游场所，其中也包括艺术家、画家、学者，比如伦敦的达尔文和高尔顿。

19世纪的这些动物公园令人惊讶的地方——并且让它们在某个有待确定的方面可以相比于精神病院的地方在于，它们共通的封闭方式、它们有关领土界限和不可跨越之边界的新体系，与我所谓"动物展规划"的出现、与某种生态学进步、与某种新生态学经济、与某种为动物和精神病患的生存条件带来一定改善的生态系统之间，并非不可兼容。在动物展变成动物公园的调整中，这种经济往往首先是资本主义意义上的经济，也是在两个世纪之前、在"全球化"一词发明之前实践市场全球化的商人的收入源。可以举一个真实的动物商家庭为例，可以说，他们也是进步主义动物公园的创立者。在德国，一位知名的哈根贝克（Hagenbeck）为马戏团提供来自世界各地的动物（因此是为了景观和好奇、驯化和演出；这些被捕获和运输的动物成了好奇之物，以满足好奇之人的好奇心，这些人想要且从此可以用自己的眼睛观看和观察这些动物，在尸体解剖/自我观看的意义上），但也为动物展提供动物。他的儿子卡尔·哈根贝克（1844—1913）是一名作家；他在

1908 年写了一部题为《论动物与人》(*Von Tieren und Menschen*)的自传,他扩大了其父亲的生意,通过向世界各地派遣远征队,沿着殖民的路线而将生意扩展至全球。不仅如此,这位商人作家也是一位制度的创建者和学校的创立者。在瑞士建筑家和雕刻家艾根施瓦勒(Urs Eggenschwyler)的帮助下,他在汉堡建了一个巨大的动物园,这个动物园非常著名,原因之一是它新创的边界系统——或者说它由边界所围绕,就像通过边界的围绕而关心照料(entoure de soins)一般。我们在这里谈论的当然是留心、操心、关心、*cura* 的概念,以及能否在不施加重新占有性的(réappropriatrices)边界的情况下予以关心照料的问题。发明边界、设置边界,这是我们在此讨论的技艺。这既是一种关心的技艺,也是一种监禁的技艺。在野兽与主权者之间,唯一的问题是边界的问题,是了解一个边界究竟是可分割的还是不可分割的。因为了解如何设置边界,既是一种技艺,也是一种技术,也许是 *technê* 本身。也许 *technê* 总是对边界的发明。既然在这里,关键问题总是为这些生物的活动自由设置边界,汉堡动物园的策略就是改造这些边界的可见形式和结构,改造它们的现象和现象性,从而将它们变得难以察觉,由此赋予这些被捕获的动物以一种自律活动的假象。于是,这些新的边界不再是牢不可破的金属栅栏(栅栏已经在限制活动的同时,让两边都能看到对方:所以栅栏不是一种绝对的、不可见的边界),[这些新的边界不再是牢不可破的金属栅栏,]而是不再呈现为围栏的深沟,事实上,这些沟壑在凹陷的时候就消失了;要言之,它们恰恰以中空的方式形成并显现,它们成为否定化的边界、中空的边界,可以说是隐匿的边界,比栅栏更加无法跨越,但同时也像一个内在化了的、得到自由同意的边界那样不可见,仿佛这些被捕获的、沉默的可怜动物,对一种非常自我确信的暴力,对这种我认为是以自由主义、观念论或精神主义面目出现的压迫性暴力,给予了它们事实上从未给予过的同意。

尽管如此,艾伦伯格还是认为,哈根贝克"不仅是一位商界奇才,而且精通动物心理学,这从他创立了一所驯兽师学校这件事就可以看出来",而他的"创新[……]被许多动物公园采纳。其第一个结果是,动物在生物学上的生活条件得到了改善。许多之前在捕获环境下没法生育繁殖的物种,都开始在现代动物园中繁衍后代"。①

在这里,至少是根据主导性的阐释,尤其是艾伦伯格的阐释,这个关于生命繁衍的问题非常关键,特别是为了在类比关系中对动物公园和精神病院进行区分。在动物公园和精神病院这两个共同的、共时的、一定程度上平行发展的机构这里,如果人们允许野兽进行繁衍,那么人类——至少是精神病院墙内的人类——就不得繁衍。但是等一下。

好奇的文化为好奇群众组织安排了各种奇物展览,而这同一种好奇文化也企图**治疗**(traiter)、照看甚至治愈。甚至是通过别种方式的监禁来实现解放。这种令人好奇的好奇,它的 cura 始终徘徊在两种形式或两种目的的**处置/治疗**(traitement)之间。

处置/治疗:我希望强调这一关于处置/治疗的语汇,因为我发现它在这里很合适,而这正是因为它有歧义,**因为**其歧义而合适,因而也就是某种根本上的非固有性/不恰当性(im-propriété),

---

① H. F. Ellenberger, *Médecines de l'âme*, op. cit., p. 477.

处置/治疗经验中甚至是买卖经验中的某种构成性的含混（妇女买卖也遵循类似逻辑），处置/治疗、贸易或没有契约的买卖经验中的某种构成性的含混，它恰恰体现为一种奇特而有歧义的经济，一种奇特而有歧义的生态学，它剥夺（ex-proprier）他者，通过夺走被认为是他者固有之物，夺走他者的固有位置、他者的固有居所、他者的 *oikos*（家）而攫取（approprier）他者。策兰会说，还有他者的时间。因为在这里，在这些边界的 *technê* 这里，关键问题既是空间也是时间。[关键问题]同时还是这一对于他者居所的处置那里——甚至是一般意义上的"处置"概念那里——的某种 *Unheimlichkeit*（诡异性）。在提出这一点之后，我建议保留"处置/治疗"（*traitement*）一词，并保留我们提到的另外两个词，即**尸体解剖/自我观看**（*autopsie*）和**好奇**。

凭借好的待遇或粗暴对待，人们对待/治疗的方式有好有坏，而这种处置/治疗可能是医疗上的治愈，也可能不是；这种 *cura*，这种治疗，可能会治愈也可能不会；它可能在没有治愈的情况下产生生活质量上的改善，甚至带来健康，也可能不会（你们知道，例如在圣日耳曼大道上，现在有一些商店或商铺，卖的是"健康"（bien-être）——就在店的看板或招牌上这么写着：正如你在它们的店头所见，它们是"健康"商店；不是古希腊伦理意义上的"*eu zên*"或作为生活技艺的"良好生活"（bien-vivre），而是健康；这些店既不是药店，也不是素食食疗法或自然派营养学产品的商店，也不是能够促进肌肤健康的家具或服饰商店，而是介乎灵与肉之间，兜售健康，兜售无法分类的产品的商店，从关于性的书籍——温和的或硬核的——到所谓精油，到各种建议（如何避免背疼、如何不受飞机噪音困扰等等），到香薰和各种按摩道具，等等；这既不属于医学,也不属于外科,也不属于药店,也不属于草药店,也不属于整形外科,也不属于食品店,也不属于心理学或精神分析,不属于所有这些,但又介乎所有这些学科之间——为了你的健康)。[所以,凭借好的待遇或粗暴对待,人们对待/治疗的方式有好有坏,而这种处置/治疗可能是医疗上的治愈,也可能不是;这种 cura,这种治疗,可能会治愈也可能不会,]但无论如何,权力处置野兽和精神病人;无论如何,不管其目标是什么,不管目标是否公开,不管目标是好是坏,不管目标是否产生所求或所谓的效果,这种处置都表现为监禁、剥夺活动自由,也就是剥夺自由本身,因而也剥夺权力,剥夺在某些边界之外进行观看、认知、获取的权力,也就是剥夺主权。这一好奇的文化,通过[将对象]监禁在观念化的边界内——这些边界总之是变得更为不可见了,几乎变得半内在化了——通过我们从一开始就在分析的那些虚构或寓言之一(这些虚构或寓言也是力量、权力、暴力和谎言的所在),也企图或自认为可以为了充实和好奇的目的而处置/治疗、照看、关心(cura)它所监禁以及对象化和抚养的东西。

关于监禁,关于某种后革命现代性中的动物公园和精神病医院所共有的监禁,[刚才我说到了]自由,说到了限制活动自由,也就是限制观看和认知的权力,也就是限制主权,我想再次强调——简洁但着重地强调——这一可怕的逻辑。

什么逻辑?

没错,这是一种双重束缚(double bind)的逻辑,我们不该对它的极大张力、它的重量和它的重力置若罔闻。这一重力强大而沉重,很难从中摆脱出来;它位于一切决断和一切责任、一切战略和一切有待处理的交易的中心,确切而言位于重力的中心(不管是政治交易还是其他交易——政治和其他事物的张力不过是诸多张力之一,这些张力既增补了又内在于我所说的双重束缚)。我使用英语"double bind",不是出于方便,而是有意为之,因为我要提到的矛盾或张力不仅涉及一种双重联系、双重命令,而且涉及这样一种双重性,它内在于"联系""义务""束缚""约束""韧带"等概念本身之中,内在于或紧密或不那么紧密的"捆绑"概念之中,内在于"束缚"(stricture)而非"结构"(structure)概念之中(如我在《丧钟》里所说①),而这一束缚恰恰以主权来限制自由,或以自由来限制主权。因为我们必须看到,流传最广、最为人们认可的"自由"、自律、自我规定、解放、独立等概念,与这个主权概念密不可分,与它没有界限的"我能够"密不可分,因此也就与它的全能密不可分;我们在这里做的,正是对这一概念进行审慎、耐心、繁杂的解构。在很多方面,自由和主权都是密不可分的概念。我们质疑主权概念,就无法不危及自由的价值。因此这是一种艰难的操作。每次我们似乎在批评那些施加在野兽或精神病人的活动自由之上的监禁、围栏、界线和规范时,至少像我们这里的情况一样,我们可能不仅以自由为名进行批评,而且以主权为名进行批评。谁会为一种没有界限的活动自由、一种没有界限的自由而战呢?谁会为一种没有法规的自由而战呢?无论涉及的是谁,无论是什么生物,不管是不是人类,不管是不是正常,不管是不是公民,不管是不是潜在的恐怖分子?

这里的双重束缚在于,必须在理论和实践上解构主权的**某种**

---

① *Cf.* J. Derrida, *Glas*, Paris, Galilée, 1974, p. 21, 124 – 125, 162, 169, 207, 227, 230, 272, 274, 276, 286.——原编者注

政治本体神学,同时又不危及我们以其名义进行解构的某种关于自由的思考。

这就假定了另一种对于自由的思考:**一方面**,一种确切而言是在他律意义上联系于、被联系于这一双重束缚的指令的自由;因而**另一方面**,是**负责的忍耐**(不过也必须考虑到,只要我们刚才谈到的权力——各种权力,包括政治权力、警察权力、经济权力、精神病学的权力,等等——试图施加在动物公园里的动物和精神病医院里的精神病人的活动之上的限制,[只要这些限制]被认为所限制的是不负责任/无法回应的生物、纯粹的反应性机器,那么责任/应答可能性的概念就跟我们提出的问题——即人与动物的对立作为责任/应答可能性与反应的对立——并不互相抵触),[回到我的论题,那么这就假定了另一种对于自由的思考:**一方面**,一种确切而言是在他律意义上联系于、被联系于这一双重束缚的指令的自由;因而**另一方面**,是**负责的忍耐**],即忍耐这种困难而显然的事实:选择或决断并不是在不可分割的主权和不可分割的非主权之间进行,而是在几种分割、分配、经济(économies)之间进行(我说过,nomie,*nomos*,*nemein* 的意思都是分配和分割),在一种可分割主权的各种经济之间进行。这同一种双重束缚的另一个维度或另一个形象——我在别的地方已经试图将这个问题予以形式化(尤其是在《无条件的大学》中①)——就是对一种绝对性/无条件性(inconditionnalité)、一种无涉于不可分割之主权的绝对性/无条件性(无论是关于自由、赠予、宽恕、正义还是好客)

---

① *Cf.* J. Derrida, *L'Université sans condition*, Paris, Galilée, 2001, p. 11 – 24, 69 – 71, 76 – 78.——原编者注

进行思考。这种思考非常困难,它是绝境性的(aporétique),因为主权总是呈现为不可分割之物,也就是绝对的、无条件的。

等到这一双重束缚、这一不可缓解的矛盾得以消除之日(在我看来,这在定义上是不可能的,我也很难想到有人会如此期待),那将会是……不错,那将会是乐园(paradis)。

我们应该梦想乐园吗?如何避免梦想乐园?如我所说,如果这是不可能的,也很难设想有人会如此期待,这可能表示我们只能梦想乐园;而与此同时,乐园的承诺或记忆既是绝对的幸福,也是无法回头的灾难。

我在这里谈论乐园并非戏言。你们或许知道,艾伦伯格也提醒我们,并不是所有事情都从尘世的乐园开始,从《圣经》告诉我们的伊甸园开始——从蛇的故事开始(我之前解读劳伦斯的《蛇》时跟你们谈论过一些,在下周课上我还会谈到蛇)、从所有被人依照上帝指示而命名和主宰的动物的故事开始——[你们知道,]并不是所有事情都从这个尘世的乐园开始,也不是从更早一些的、其模式已然得以传承的波斯人的 *paradeisos* 开始("*paradeisos*"原本是波斯语①),即一个广大的封闭区域,许多野兽在人类的监视下半自由地生活在那里,这都是出于君主的喜好和好意。这些是被驯养的动物,很多是由国王提供或国王给予友人的动物。那里有着用于王室狩猎的动物、用于官方展示的动物和服务于艺术家描

---

① 希腊语"paradeisos"指的是波斯王公贵族的园林;它源于波斯语"pairi-daeza",原意为"周围(pairi)被围起来(daeza)的场所",一般是供贵族狩猎的四周有围墙的猎场。——译注

摹的动物。波斯人的 paradeisos 具有艾伦伯格称为"神秘"的作用：国王体现了至高的神或造物的主宰，因此他在一个不向凡人开放的公园内接受这些动物的祭献和敬意。相比于禁止动物出去，它更禁止人们和国王的臣民进入。

不错，这个 paradeisos 本身无甚新奇。它可以追溯到巴比伦帝国和亚述帝国，而这些大帝国本身也是在部落政治组织时期之后才出现的。在部落政治组织时期，统治者们就已经开始无明确目的地收集野生动物，似乎纯粹是为了游乐，有时也以对动物的屠杀告终。我们还要重新讨论所有这些，尤其是因为艾伦伯格以一种我不具备的自信口吻在文章最后问道，在经历了一场蜕变之后，在一场进行中的可喜进步的终点——既是动物公园的进步，也是精神病医院的进步——"也许有一天，我们会看到波斯的 paradeisos 的复兴，也许那一复兴会产生一种新的伦理？"①

今天我想暂时记下的一点是：伊甸园、《圣经》和但丁（还有那天谈到的 D. H. 劳伦斯）告诉我们的乐园，并不是原初性的东西，就像所谓"原罪"也不是原初性的东西。同样是暂时性地作为总结，我在此要向你们提到拉康的几句话，我们几个月前在一次质询式的解读尝试中，曾经引用过这几句话。我们得从另一个角度重读并再次考察这几句话。在《主体的颠覆和欲望的辩证法》中，拉康说了这些话——我只强调几个词："经验"（它承载了问题的全部重量）、"我""相信"，以及关于"bêtise"的语词（"傻瓜"和"使人发傻"）：

---

① H. F. Ellenberger, *Médecines de l'âme*, op. cit., p. 502.

这一享乐,这一让他者变得不连贯的**缺失**,它是我的吗?**经验**证明我一般是得不到这个享乐的。而这并不仅仅如那些**傻瓜们**[是不是"bêtes"?]所**相信**的那样,仅仅是由于社会的安排失当;这毋宁说是大他者的**过错**,假如它存在的话:但由于大他者并不存在,我所剩下的就只有让"我"自己承担这个**过错**,也就是**相信经验**引导以弗洛伊德为首的我们所有人所达到的东西:**原罪**。因为即使我们没有弗洛伊德的明白而又痛心的坦白,事实仍然是,那个我们得自于他的神话,一切历史中最新出现的神话[俄狄浦斯神话],也跟那个关于受诅咒的苹果的神话一样没用。只是有如下细微差别:这个神话更简洁,因此很显然没有那么的**使人发傻**[使人愚蠢(abêtissant)?]。但这并不是神话本身的功劳。

但是,尽管弗洛伊德像对待俄狄浦斯情结那样明确表述了阉割情结,后者却不是一个神话。①

我们所讨论的一切事情,是否都属于这一阉割逻辑——包括对于家禽的阉割和对于精神病人实施的、某种程度上是潜在的不孕手术?比起神话和信仰,这种关于阉割的话语是否更科学?对于我们的好奇来说,甚至是对于我们今天的尸体解剖来说,这里问题已经够多了。

---

① J. Lacan, «Subversion du sujet...», dans *Écrits*, *op. cit.*, p. 819 – 820. [中译文根据拉康:《拉康选集》,褚孝泉译,第 631 – 632 页,略有改动。——译注]

第十二讲

Douzième séance

2002 年 3 月 20 日

我们能否在错综的状况中厘清头绪,能否有一天顺利解开、松开、整理**动物学**和**生物学**之间的纠缠?动物学和生物学之间,两个希腊语词之间,即 zôê 和 bios 之间的纠缠(它们不仅仅是语词,它们都被译为"生命")?这一尝试是否太晚了,而根本上,所有沿着这一方向作出的努力不都是徒劳的吗?特别是在法语里,但也是在德语、英语和许多语言里,这些语言并不区分出表示"生命"(vie)和"生物"(vivant)的两个语词甚或两个概念。尽管语文学领域的讲授者和伪专家往往摆出一副了不起的样子,语文学[对此问题]不也非常不充分和不相称吗?语文学太不相称,不足以衡量这个远不止涉及意义和语词的问题;我们会看到,对于任何留心厘清头绪的人来说,在 zôê 和 bios 之间,在**动物学**和**生物学**之间,logos 的逻辑无法进行任何调停或简化。在法语里,当我们说"la vie"①时(啊,"生活"!),当我们说"生物"时,我们在说什么?我们是在说动物学或生物学吗?这里的差别是什么?我们在此执着地用"生命"这个词指示的是什么?

我喜欢海德格尔的一句话,虽然在死亡问题上我并不打算总是跟从他。生命和死亡的问题。还有动物的问题。我指的是海德格尔的下面这句话(以他那咄咄逼人的傲慢口吻,以他那熟悉而恼人的轻蔑态度):"Den Eigensinnigen ist Leben nur Leben[对于顽

---

① 法语"vie"同时表示"生命"和"生活"。——译注

固的人(固执的人, den Eigensinnigen: 对于那些脑子一根筋的人), ist Leben nur Leben(生命仅仅是生命)]"。对于顽固的人，生命只是生命，生命仅仅是生命，或生命完全是生命。你们可以在《形而上学导论》①里找到这句妙语，我们一会儿还会回到这个文本上。海德格尔继续说道②:"Den Eigensinnigen ist Leben nur Leben"，对于顽固的人、固执的人，对于脑子一根筋的人(en tête)——在德语里，此处没有涉及脑袋，但法语表达又往我们关于首长、头脑、头/海峡、斩首的目录里加了一个脑袋；在这里，脑子只有一根筋的人的顽固固执，几乎是对于 bêtise 的定义；而当海德格尔批评那些 eigensinnig 的人时，几乎可以准确地说，他差不多觉得他们愚蠢(bêtes);认为生命只是生命，而不像海德格尔接下去做的那样，思考作为生命的死亡、作为死亡的生命、属于生命之存在本身的死亡等问题，这就是愚蠢。不过在这里，用于表示顽固性和固执性之愚蠢的"eigensinnig"是个有趣的词；你们会看到，一方面，它标志着一种顽固的愚蠢，即不提出任何问题。

(这一点比较难，需要作一个简短的插入说明，因为事实上人们可能会倾向于认为，愚蠢表现为对于问题的无能，而这恰恰是一种简单的想法。人们倾向于认为，任何不提出问题的人都非常愚蠢，不是吗，[认为他们]缺乏批判精神和反思：他们不问问题，这就是"愚蠢"；但反过来说，在这种形式的愚蠢和某种固执之间，

---

① M. Heidegger, *Einführung in die Metaphysik*, op. cit., p. 100; tr. fr., p. 144.
② 德里达在两个段落之后才真正继续引述海德格尔的话。——原编者注

也有着一种奇特而棘手的亲缘性——固执于提出问题或自问、固执于想要知道(*wißen wollen*:"*Fragen ist Wissen-wollen*"①[想要知道:"提问是想要知道"],如海德格尔所说——而这就将我们带回上周探讨的关于认知和好奇的问题;不过在这里,海德格尔所讨论的是作为认知意志的提问,它尚未堕落为好奇,前提是要记得:对于存在的提问或关于存在的问题,其前提在于,意志不是一种行动(*Agieren*),而是基于一种"放任"(*laßen*),放任存在是其所是)。我要说——不过对于海德格尔的阐述到此为止了——在这里,愚蠢、顽固的愚蠢,就是不知道如何放任存在如实地是其所是,而是兴奋地扑向问题、屈服于冲动、屈服于问题——后者是一种兴奋而紧张的冲动,是不断累积的好奇驱使的认知意志。因为,就像存在着关于肯定的愚蠢和关于否定的愚蠢一样,恐怕存在着一种关于问题的愚蠢。我们说过,愚蠢不是任何东西,它没有本质,甚至不是先验性的,但它恰恰可以通过确保这三个模态(疑问、肯定、否定)而贯通并危及它们,以一种实证的(positive)方式贯通—危及—确保它们,而愚蠢也许就是实证性本身、是定立(position)本身,肯定性的"是"无法还原为这种实证性或定立。毋宁说,愚蠢类似于贯穿这三种模态(疑问、肯定、否定)的自我定立,它是实证主义(positivisme),根本而言,是一种进行定立/实证化(positive)的自我实证主义/自我定立主义——无人可以免疫或避免于此,甚至指责 *Eigensinn* 的人也做不到。补充说明到此为止。)

刚才说到,根据海德格尔的论述,最后的"*Eigensinn*"一词标志

---

① M. Heidegger, *Einführung in die Metaphysik*, *op. cit.*, p. 16; tr. fr., p. 29.

着：顽固的愚蠢表现为不提出问题，这个词至少潜在地指涉了固有性(eigen)和意义(sinn)；稍微玩点文字游戏的话，我要说，归根结底，Eigensinnige 那固执的(opiniâtre)愚蠢，便是固执于自己的意见(opinion)，认为事物有且只有一个固有的意义：生命就是生命，句号——这就是我的意见而且我相信它。这就是我的意见，我坚持我的意见，句号。针对这种 Eigensinnigkeit (顽固性)，海德格尔继续说道："［对于这些 Eigensinnigen］Tod ist ihnen Tod (死亡对他们来说就是死亡) und nur dieses [而别无其他，只是这个，死亡。然而，海德格尔补充道，生命的存在同时也是死亡]. Aber das Sein des Lebens ist zugleich Tod [任何获得生命的事物，由于这个事实，已经开始死亡，迈向自身的死亡，而死亡同时就是生命]. [...] und Tod ist zugleich Leben. Heraklit sagt Frg. 8①[...]"（后面是对于矛盾的定义和对于逻各斯作为相反者之集聚的定义）。

让我们把这篇关于"愚蠢"的短论留在这里，也许愚蠢从来都是坚持某种关于生死的顽固意见。在我看来（我不会强调这一点，因为我在别的地方已经阐述过了②），在这个主题上，海德格尔有些 eigensinnig 的地方甚至有些愚蠢的地方在于，他如此牢固地坚持下述意见（我认为这不过是一个意见罢了），即只有人类或"此

---

① 德里达对法语译文有所改动。M. Heidegger, *Einführung in die Metaphysik*, *op. cit.*, p. 100：«Den Eigensinnigen ist Leben nur Leben. Tod ist ihnen Tod und nur dieses. Aber das Sein des Lebens ist zugleich Tod. Jegliches, was ins Leben tritt, beginnt damit auch schon zu sterben, auf seinen Tod zuzugehen, und Tod ist zugleich Leben. Heraklit sagt Frg. 8：" Das Gegeneinanderstehende trägt sich, das eine zum anderen, hinüber und herüber, es sammelt sich aus sich."» Tr. fr., p. 144.——原编者注

② 参见 Jacques Derrida, *Apories*, Paris, Galilée, 1996.——译注

在"与死亡有着经验性的关系,只有人类或"此在"才与死去、**死亡本身**、他**固有**的死亡、他固有的"死亡能力"、他的可能性——哪怕是不可能的可能性——有着经验性的关系,而动物,我们称为动物的这另一种生物(zôon),只会消亡而从来不会死亡,动物与死亡之间不构成真正的关系。至于我,虽然有固执于这个主题的危险(我已经在别处阐述过这一点了,而我们之后讨论海德格尔和动物的主题时还会回到这里),我还是认为,事情并非如海德格尔所说的这样,无论如何都不能确定地说,人类通过其可能的不可能性而与死亡有关系,或对死亡**本身**有经验;也不能恰当地说、在单纯和固有的意义上说、心安理得地说,动物缺乏这些。但我们把问题留在这里;不管怎么说,这要求我们彻底重铸概念体系,而我们所涉及的正是这一工作。

终点迫近了,我是说这一年度研讨班的终点。我希望来年可以继续讨论下去,我清楚地看到,你们清楚地看到,我们始终处在门槛上。

没错,门槛:什么是门槛?

上次课的最后引起我们关注的问题,其名称之一就是"门槛";当时我们正在考察封闭和监禁的逻辑,而我们质询的其实正是门槛,是要被跨越或不被跨越的门槛,在双重意义上禁止的(interdits)①门槛,既是对动物公园里的动物而言,也是对精神病院里的精神病人而言,也是对两者的好奇观众而言。而在伊朗的 *paradeisos* 那里——它比伊甸园更原初,比所谓的"原罪"更原初,但两

---

① 法语"interdit"既表示"禁止的",也表示"哑的"。——译注

个公园的标志都是禁止——比起禁止野兽离开,更重要的是禁止人们进入。

因此,可跨越或不可跨越的门槛是什么?根本上,可以说我们过去十几年里所有的研讨班,都涉及"责任"的意义,因而也就涉及某些边界的意义和结构,涉及人们必须或不能做什么,人们必须或不能回应什么——所有这些研讨班都站在、仍然站在门槛上,我说的就是所有研讨班,而不仅仅是数年前那次关于"好客"的研讨班(它直接提到了门槛和每一步中对于门槛的跨越)。关于责任的问题是关于门槛的问题,尤其是像我们今年再次确证的那样,这是一个位于责任起源之处的门槛,经由这一门槛,人们从反应过渡到回应,也就是过渡到责任;根据人文传统和人类中心主义传统——事实上是根据我们在此解构的逻各斯中心主义传统(我们今天会详细谈论逻各斯)——这一门槛标志着、被认为是标志着动物和人之间不可分割的**阈限**(*limen*)、不可分割的边界。上次我们提到,这一边界,这一责任的门槛,同时也是自由的边界和门槛,没有它就没有责任/应答可能性,因此就没有主权。像自由那样,责任/应答可能性意味着这种不可分割的主权,它被认为是人类固有的、野兽没有的。

所以,问题始终是门槛。什么是门槛?一旦我们说到门槛,门槛本身(LE seuil),说到门槛那不可切割、原子式的统一性,说到单一的门槛,我们就假设它不可分割;我们假设它呈现为一条分界线,就像一条没有宽度的直线那样不可分割,人们只有在一个点状的瞬间、只有以一个本身不可分割的步伐,才能跨越它或被禁止跨越它。

在公园或医院的名义下,上周我们说到的内容涉及一种对门槛和好客的处置,对动物园或医院之好客的处置,这既延续了关于监禁和死刑的讨论[1999—2001],因而延续了关于主权的讨论,也延续了关于好客的讨论[1995—1997]。我还记得,在其间关于宽恕的研讨班上[1997—1999],我们提出了下述问题:某些动物是否会感到内疚或悲哀,它们是否会感到羞耻,是否会表示悔恨,并要求宽恕(我们对这个问题的回答是"是")。至于关于秘密的研讨班[1991—1992],它典型地讨论了各种不可逾越的边界,讨论了 secernere(分割)那里、secretum(秘密)那里的分离——我们在"Geheimnis der Begegnung"那里,即策兰所谓"遭遇的秘密"那里,并且在关于 Unheimlichkeit(诡异)、Abgrund(深渊)、Urgund(根源)和 Ungrund(无底)的全部诗性政治问题那里,再次发现了这一轨迹。

因此,始终是同一个研讨班。当我说我们仍然处在门槛上时,这不仅是说**我们缺少**那把钥匙,或我们没有任何钥匙,而且是说,我们逗留其上的关于门槛的问题,正是关于钥匙的问题,关于知晓是否存在钥匙,是否存在那把开门、开栅栏、开动物园、开医院、开启有待破译之暗号的钥匙。我们不仅有可能会永远停留在门槛上,而且事实上我们所做的是质疑堪称"门槛"的东西是否真的存在。门槛不仅假定了不可分割的边界——而这种边界正是所有解构工作的解构起点(解构首先是不信任任何不可分割性、任何原子性),门槛的古典形象(有待解构的形象)不仅假设了这种无法找到的不可分割性,它还假设了地面或基础的牢固性,这些也是可解构的。① "门槛"一词本身意指地面的牢固性;它来自

---

① 德里达在上课时纠正道:"而这些也是不可解构的"。——原编者注

拉丁语 solum,意思是土地,或更准确地说,意思是建筑横梁或脚掌立于其上的基础;solum 是最下部、底部或鞋底;solea 是凉鞋,等等。当我们说,在这些研讨班那里,我们仍然在门槛上,这并不意味着我们逗留其上,或坐实了这么一个门槛的存在,不管我们是仍然待在那里,还是无止境地跨越它。毋宁说,在我看来这意味着——这是一种解构性思考的姿态——如果"门槛"的意思**要么是一种不可分割的界线,要么是一种基础性地面的牢固**,那么,我们甚至并不确信门槛(自然的或人造的门槛)是否存在。假设我们逗留在门槛上,这也是为了经受试炼,即感受始终在发生的地震,它危及所有门槛的存在,危及它们的不可分割性和基础的牢固性。

如果不存在门槛,如何用钥匙来打开门槛上的大门入口?

缺少钥匙,缺少一把丢失了的钥匙或一把不存在的钥匙(你们记得,就像是动物公园的情形那样,四周用很深的沟渠代替了监禁的栅栏,这些沟渠无法跨越,同样是因为不再有任何钥匙或关于钥匙的问题),[缺少钥匙,缺少一把丢失了的钥匙或一把不存在的钥匙,]也就是不知道入口和出口在哪里,不知道从哪里解除封锁,甚至不知道从哪里开始。几乎所有动物园和精神病医院都有钥匙,但每个房间、每个住处(家庭的、都市的或国有的住处)、每个经济和生态学的场所,也都以门槛、边界为前提,因此就是以钥匙、钥匙串为前提,不是吗? 为了侵入都市、房屋或国家的领土,或为了破译密码,钥匙是不可或缺的。即使如今金属钥匙或固体钥匙被电子密码、电码、电脑密码、数字技术和信号化所取代,情况似乎也仍然如此;即使如今可以在不涉足或鞋底(solea)不沾地的情形下,利用众多秘密侵入领土、渗透地面(solum),甚或进行侵犯——而且这比踏上地面更高效、更不可阻挡——情况似乎也仍然如此。现在有很多不带钥匙的锁或挂锁、很多监禁装置，它们只对掌握密码的人，也就是掌握一个或多个数字的人开放。在美国，甚至监狱也开始被电子手环替代，它们让囚犯每时每刻都能被定位，因而就能让他在受监视的自由下随意走动。而且，受监视的自由是最为普遍的状况，也就是一种被监视的自主性（souveraineté）；我们有谁敢说自己可以逃离于它，甚至更严重地说，自己渴望逃离于它？

当然，我们也渴望某种监禁，为了我们的"幸福"而渴望某些界限和门槛。并且，根据艾伦伯格为比较动物公园内关着的动物和精神病医院内关着的病人所提供的材料，有论述表明，这一渴望地域化（territorialisation）的逻辑，使得划界的生态系统受到喜爱：动物和疯子，此外我还想加上所有人，所有我们这些疯狂的动物，都爱待在里面，不亚于我们想从中出去。人们喜爱门槛，既是为了跨过它，也是为了不跨过它。艾伦伯格引述了一位叫契美克（Bernhard Grzimek）的人，即《动物的捕获饲养》（1950）（"野兽的监禁"，或对野兽的禁锢、拘禁行动）的作者，他提到说，离开动物园的动物——我们倾向于说是逃离动物园或从中解放出来的动物——事实上会感到无家可归，*heimatlos*，并会想尽一切办法"回家"（*zuhause*），即回到笼子里。① 我不知道这一论断在多大程度上可以被一般化，或被如实接受下来，但很可能的是，这一状况的发生有某些条件。根据这同一种逻辑，当动物占领它新的拘禁性

---

① Bernhard Grzimek, « *Gefangenhaltung von Tieren* », *Studium Generale*, vol. 3, 1950, p. 1–5; cité par H. F. Ellenberger, *Médecines de l'âme, op. cit.*, p. 494, n. 42.——原编者注

领地时，它会对入侵者显出更危险和更具侵略性的态度，而对遵守门槛的人和仅仅从外边给它投食的人显出更为平和的态度。这一法则在人类一方有其对应。来自圣安娜的法国精神病学家多梅松（Daumézon）医生（我跟他很熟悉，记得大约50年前，福柯——我们一会儿就要谈到他——带我和另外一些学生去拜访他。当时正值精神病理学资格的实习，我们看到他对于患者的检查和介绍——对患者的检查和对年轻实习生的考核，这些实习生要在多梅松医生和我们面前进行诊断——这是一些充满魅力、可怕又难忘的时刻），这位多梅松医生撰写了一篇题为《康复病人在精神病院里的定居》的文章，他在其中提到，经常有病人适应了精神病院，这些显然已经康复的病人一旦听到有人对他们说起出院，说起治疗结束，就表现出新的症状或复发旧的症状，这些症状恰恰就是为了让他们能继续待在或回到精神病院，根本上他们不想再离开。他们不复想要跨过精神病院的门槛，离开这个已经成为他们"家"①的地方。

因此，门槛：什么是门槛？什么构成了它的不可分割性，无论是点状的还是线状的不可分割？什么构成了它的牢固性——基础或地表的牢固、地域的牢固、自然或技术性的牢固、建筑上的牢固、自然（physique）或法（nomique）的牢固？

我刚才一直在把门槛看作一根所谓不可分割的线条，人们跨过这根线条来进入或离开。因此，门槛总是一个开端，内部的开

---

① G. Daumézon, «L'enracinement des malades guéris à l'asile», *L'Hygiène mentale*, vol. 36, 1946—1947, p. 59–71; cité dans *ibid*., p. 494, n. 43. ——原编者注

端或外部的开端。随着我们迫近这一年度研讨班的终点——我希望来年继续这一讨论——我清楚地看到,你们清楚地看到,我们始终处在门槛上,我们探究着这个门槛的可能性本身,而正是在这个地方,门槛的可能性与开端的可能性联系在一起。

门槛:提问"什么是门槛?",就是提问"如何开始?"。在靠近我们本初子午线①的临时终点、靠近我们原初线条的循环或回归的临时终点之时,我们要问:如何开始? 如何重新开始? 关于开端和命令的问题,关于 archê 的古老(archaïque)问题——我再次提醒一下,[archê]这个词同时意味着开端和命令、原则和君主,原初的/首要的那个"一"(le Un du premier)。archê,执政官(archonte),这是主权者本身的一个形象。而我们在此谈论的便是"一",便是"一"与"他者"。

我上次提到,野兽与主权者,一方与另一方/"一"与"他者"(l'un et l'autre),已经是"二";而甚至在乐园以前、在我们的乐园以前、在伊甸园甚或伊朗的 paradeisos 以前——这一模式已然早于我们《圣经》中的伊甸园——一方就**命令着**另一方。

介乎野兽与主权者之间,我们已经不知道如何着手探讨这个关于乐园或前乐园的开端或命令的问题。我们的工具箱(trousse),我们的准经典性的参考文献行囊(trousseau)……

[顺带一提:由于我们在谈论门槛和钥匙,没错,谈论 trousse 和 trousseau,谈论 trousser(卷起,处理)等等(或诸如 trousse-galant

---

① 本初子午线,或称格林尼治子午线或零度经线,是通过英国格林尼治天文台的一条子午线,被确立为国际标准子午线。本次研讨班所处的巴黎位于东经 2.27°,非常接近本初子午线。——译注

［霍乱］、trousse-pied［缚脚皮带］、trousse-queue［后鞦］、troussequin［后桥］、trousse-traits［牵曳皮带］，等等），对于这些语词和词汇，我要说，照道理，我要花一整年的研讨班来讨论；也许这没有那么不合情理，因为（以下是我的建议），如果你们仔细阅读一些词典，比如《罗贝尔词典》以及《利特词典》中关于 trousse, trousser, trousseau 的词群，你们就能在数页内掌握我们在这里关心的整个主题和问题网络，你们就能获得我们在这里试图把握的所有问题的工具箱和行囊，钥匙串不过代表了众多资源之一，尤其当钥匙丢失或被密码取代的时候——这些资源能让我们应对我上次课最后谈论"双重束缚"和"乐园"时提到的诸多结构、束缚和锁。关于 trousseau 的补充说明到此结束。］

介乎野兽与主权者之间，我们已经不知道如何着手探讨这个关于乐园或前乐园的开端或命令的问题。我们的工具箱（trousse），我们的准经典性的参考文献行囊（trousseau），也就是《创世记》，因而就是"太初"本身，Béréshit——按照舒拉基（Chouraqui）的译法，这个词的意思也是"首先"（en tête）（在这里，我们可以看到开端、命令、上帝［Elohim］那述行性的"要有"［fiat］，以及所谓《旧约》的开头，它以一个"要有"开头，以一种命令性的开端开头，以一种"要有"的命令开头；我们还会回到这个问题上）。但在考察我们手头所有这些开端的行装之前，在考察我们欧洲人传承自亚伯拉罕宗教和希腊哲学而来的所有这些开端之前，至少要提到三个开端：

一、创世（Béréshit）和人类之前对于动物的创造，以及与之相伴的各种事情；我们会回到这一点上；

二、《约翰福音》的开端:"*En archê ên o logos*, *In Principium erat verbum*"(太初有道[*logos*],道即上帝)。把作为创造万物之全能主权者的上帝说成逻各斯,这是根本上确证了《创世记》的最初几句话、《创世记》的开头,在那里,上帝通过言语、通过"要有光"、通过这一原—述行语,使得光存在和到来。约翰继续说道:"这道太初与神同在(*outos ên en archê pros to theon*)。万有是藉着他[通过他的逻各斯]造的;凡所成的,没有一样不是藉着他而成的。生命(*zôê*)在他[逻各斯]里面,这生命就是人的光(*phôs*)。"①暂时记住这一节:主权等于 *archê*, *archê* 等于 *logos*, *logos* 进行创造、促成到来或来临, *logos* 创造生物,创造生物(*zôê*)的生命;要言之,福音式的 *logos* 重复了《创世记》,讲述了主权者上帝以全能的"要有"所造之世界的起源——这一"要有"可以说是**动物之道**(*zoo-logique*)意义上的"要有",它属于一种产出 *zôê* 的 *logos*,这个生命是光,是显现,是人类的光(*phôs*)和光生物学(*photologie*)。你们可以清楚想见,这种动物之道(zoo-logie)需要从一种特殊意义上来理解,但与通常理解的动物学也不该差太远。或许,如果我在这里所谓的动物之道涉及 *logos* 之中的生命,涉及约翰所谓作为人类之光的 *logos* 之中的生命,如果他肯定不是在谈论生命科学或有关生命之话语意义上的"*zôê* 的 *logos*",那么仍然可以说,如果存在作为生命话语、理性或科学的动物学,这恰恰是因为在生命、*zôê* 和 *logos* 之间存在着某种本体论意义上的亲缘性;

三、在保证我们口袋里仍然揣着亚伯拉罕式的—哲学的古典

---

① 《约翰福音》1:1-4;德里达的译文。——原编者注
[中译文根据和合本《圣经》,下同。——译注]

钥匙串的同时，还存在另一个开端，另一把钥匙。它在时序上早于《约翰福音》，也就是亚里士多德的《政治学》：后者同样谈论了 logos 和 zôê，亚里士多德的这些陈述同样著名，再怎么重读也不为过。

今天，我认为自己有义务从这里开始，接下来我就要回到亚里士多德《政治学》里的一个你们或许很熟悉的段落，它始终存在于我们迄今谈论的所有问题的背后，而眼下也许正是重读这个段落的好时机——眼下，站在已然是传承而来的伊甸园的门槛上，介于《创世记》的述行性"要有"，和约翰式的、福音式的"*En archê ên o logos*"与"*en autô zôê ên*"（logos 和其中的生命在开端处存在，根据命令而存在）之间，正是重新打开《政治学》文本的好时机。我们在其中发现了 zôê 和 logos 的另一种构型，发现了 logos 本质上内在于生物或生物本质上内在于 logos 的另一种方式，发现了另一种**动物之道**或另一种**逻各斯生命**（*logozoïe*），它们位于或被认为位于 *archê*（开头）、开端，位于与光芒中显现和生长之物相关以及与光的 *phusis*、*phôs*、生命、*zôê*、logos、言语相关的一切事物的主权性原理那里。

当海德格尔似乎在抨击他有些轻蔑地称为对于人的"动物学"规定的那个规定，即将人规定为"理性动物"时（你们记得《形而上学导论》中我们提到的文本），他事实上把目标间接指向了《圣经》里的陈述，从《创世记》到《约翰福音》。我们接下去会看到，海德格尔也的确这么做了。

但是，由于亚里士多德的文本早于福音书，而且首先始终是更具政治性的文本，事实上是唯一一个明确而严格地具有政治性的文本（在"政治"这个词的原初意义上，也就是希腊语意义上），是唯一一个将 logos 与政治联系在一起的文本,而既然我们对于主权的讨论首先讨论的是政治,我想稍微重新回到亚里士多德文本的字面上,虽然这得冒着在已经被很好地开垦过的土地上重复劳作的风险,但根本而言,亚里士多德的这个段落非常曲折、繁复、缠绕,它抵制着开垦,也抵制着识读和破译。

首先,让我们考察一下这一关于人作为政治动物的定义的文本情境,或更严格地说,关系到在**自然**的意义上(*phusei*)是政治动物(*politikon zôon*)的人。① 这个定义出现在政治学的开头、起源、开端,出现在亚里士多德《政治学》第一卷开头。将人定义为政治动物,这一定义始终明确强调"在自然的意义上"(*phusei*)——反复强调字面意义上的 *phusis*,这一点毫不含糊——这个将人规定为政治动物的定义,还会以相同形式再次出现在第三卷(1278 b),亚里士多德在那里定义了国家(*polis*)和政体的目的;亚里士多德说道:"*kai oti phusei men estin anthrôpos zôon politikon*"[人自然就是一种政治性的生物]。② 正是在这一段落中,在众多 *zôê* 或 *zên*(生活)的使用里,唯一一次出现了 *bios* 这个词;以此为基础——我们或许会回到这一点上——阿甘本在我已经提到的《牲人》这部著作开头,认为他发现了 *bios* 和 *zôê* 之间的区分,而这将会结构起他的全部问题。正是在这一区分的名义下,阿甘本将自己放在福柯的思考脉络中,一边引用福柯,一边提议——按照他自己的说法——

---

① Aristote, *Politique*, I, *op. cit.*, 1253 a 3. ——原编者注

② Id., *Politique*, III, 1278 b 19. 德里达参考了 Jean Aubonnet 的译文(Paris, Les Belles Lettres, 1971, t. II, 第一部分),并对它作出了调整。——原编者注

首先要"重新思考"福柯的论断：

> 根据福柯的论断，对于亚里士多德而言，人是"活着的动物加上政治性存在的能力"；因此，这个论断需要被重新思考的地方恰恰在于，这里的"加上"究竟是什么意思。①

两页后，阿甘本的论述远不止于"重新思考"，他说的是"修正和完善"。我引用如下：

> 因此，需要修正福柯的论题，或至少完善它［这不是一回事，但我们放过这一策略或修辞］，因为现代政治的特征不是将 *zôê* 包含在 *polis* 之中（这本身非常古老），也不仅仅是这一事实，即生命本身成为国家权力进行计算和预测的主要对象；毋宁说，关键的事实是，伴随着例外到处变成规范的过程，赤裸生命的领域——它起初位于政治组织的边缘——最终逐渐与政治空间等同起来，在这里，排斥与包含、外部与内部、*bios* 与 *zôê*、法与事实，进入了一个不可化约的无差别地带。②

在回到亚里士多德之前，我们要重构这整个语境，并且或许可以说，我们得从这里的观点出发，来更好地考察今天这一重读

---

① G. Agamben, *Homo sacer*, I, *op. cit.*, p. 15.
② *Ibid.*, p. 17.

的意义何在。阿甘本在这里和其他地方的全部论证策略,都取决于希腊人那里——尤其是在亚里士多德那里作出一个区分,或一种根本性的、清晰的、单义的排除:一边是所有生物(动物、人类、神)共通的赤裸生命(*zôê*),另一边则是作为个体生命或群体生命的规定性(qualifiée)生命(*bios*:如 *bios theôrêtikos*[沉思的生命]、*bios apolaustikos*[享乐的生命]、*bios politikos*[政治生命])。遗憾的是,这一区分从来都不那么明晰而确定,阿甘本自己不得不承认有很多例外,比如在谈到神的时候,亚里士多德在《形而上学》中说神具有一种"*zôê aristê kai aidios*"①,一种高贵而永恒的生命;这种语义上如此不稳定的区分无法用以确定历史分期,以至于阿甘本说道——我再引用一次:

> [……]现代政治的特征不是将 *zôê* 包含在 *polis* 之中(这本身非常古老),也不仅仅是这一事实,即生命本身成为国家权力进行计算和预测的主要对象;毋宁说,关键的事实是,伴随着例外到处变成规范的过程,赤裸生命的领域——它起初位于政治组织的边缘——最终逐渐与政治空间等同起来,在这里,排斥与包含、外部与内部、*bios* 与 *zôê*、法与事实,进入了一个不可化约的无差别地带。②

---

① Aristote, *Métaphysique*, Livre Λ, 7, 1072 b 28, cité par G. Agamben, *Homo sacer*, I, op. cit., p. 9.——原编者注

② G. Agamben, *Homo sacer*, I, op. cit., p. 17.

这个论题中难以维系的观念是，认为（现代）进入了一个不可化约的无差别地带，而［事实上］差异性从来都不是稳固的（我认为阿甘本暗中也承认了这一点）；特别是，更加难以维系的观念是认为，这里有什么现代的或新的东西，因为你们会看到，阿甘本自己在严肃对待福柯所谓现代特有的生命政治的同时，强调说它十分古老，古老而陈旧。因此，我要读一下这个段落，它一方面非常唐突地质疑了福柯关于生命政治之现代性的论题——阿甘本恰恰在这里似乎想要略带保留地将自己刻写在福柯的脉络中，而福柯将**几乎是**第一个主张看上去现代的事物实际上非常古老的论者，正如阿甘本自己是第一个说福柯几乎第一个如此主张的人。因此，在我们经历一个很长的迂回后，我要读一下这个段落，它另一方面放弃了对国家的生命政治作出明确的现代规定；你们会看到，国家的生命政治不过是与古老和最为远古之事物的重新联系。我提到所有这些文本，不是因为我理解它们（我承认自己往往得放弃理解），而是因为它们至少标志着我们此处这些问题和关切的现实意义。

接下去我会先引用阿甘本，然后引用福柯。但我首先得指出，两者都没有提到海德格尔，尽管我认为提到海德格尔是公正而不可或缺的。你们记得，海德格尔在《形而上学导论》里说，只有到很晚，只有在事件（Geschehnis）之后，在人作为历史性的人而带着意识、学识、知识出现（die wißende Erscheinung des Menschen als des geschichtlichen）之后，只有在这一历史的事件性之后，只有到了很晚，我们才获得了一个概念（in einem Begriff）来定义（海德格尔将这个词放在引号内："definiert"）什么是人，而这个概念就是（海德格尔甚至无须提到这一字面定义的署名者亚里士多德）: *zôon logon* echon，理性的动物，具备理性的生物，"vernünftiges Lebewesen"。海德格尔阐述道，在这个对于人的定义中，logos 当然得到显现（kommt vor），但它以一种无法辨认、无法认知的形式和形象（in einer ganz unkenntlichen Gestalt）显现出来，并在一个非常奇特、非常惊人的环境中（in einer sehr merkwürdigen Umgebung）显现出来；这是令海德格尔感兴趣的地方，他在一门同样也解读巴门尼德、赫拉克利特、亚里士多德和黑格尔的课程中，试图从根源上重新思考 logos 和 phusis 之间的关系（他在《形而上学导论》开头说，phusis 的拉丁语译文是 natura，后者也有"诞生"之义，而这已经偏离了希腊语 phusis 的原初含义，正如道德意义上的"伦理"是原初意义上的 ethos 的堕落）。①

海德格尔在此之前提了五个问题，我们在反思过程中要牢牢记住这些问题②：

1. "Wie west die ursprüngliche Einheit von Sein und Denken als die von φύσις und λόγος?"［存在和思的原始统一是怎样作为 phusis 和 logos 的统一来活动的？］

2. "Wie geschieht das ursprüngliche Auseinandertreten von λόγος und φύσις?"［logos 和 phusis 的原始分裂是怎样出现的？］

3. "Wie kommt es zum Heraustreten und Auftreten des λόγος?"［logos 怎样离开（舞台）并显现、登上舞台？］

---

① M. Heidegger, Einführung in die Metaphysik, op. cit., p. 108; tr. fr., p. 155.

② 德里达自己重译了接下来的整个段落（参见第 423 页注释）。——原编者注

4. "*Wie wird der* λόγος (*das «Logische»*) *zum Wesen des Denkens?*"［logos（"合逻辑的"）怎样变成思之本质？］

5.（我在此要稍微强调一下这个问题，原因后述）"*Wie kommt dieser* λόγος *als Vernunft und Verstand zur Herrschaft über das Sein im Anfang der griechieschen Philosophie?*"［在希腊哲学开端时，这个 *logos* 怎样会作为理性与理智来对存在进行统治的（怎样实施它的主宰、权威和它的主权［*Herrschaft*］）？］①换言之，不是 *logos*，不是 *logos* 本身，而是被规定、阐释、歪曲、粉饰，甚至可以说是败坏为理性和理智形式的 *logos*，**作为**理性和理智的 *logos*，事实上是作为"逻辑"的 *logos*，它如何通过这种粉饰或模样，从希腊哲学开端起就主宰存在，变得比存在更强力？我没有对"强力"一词或对强力与强制、支配或霸权的关系进行强行解读。我只是尊重海德格尔的论述和明确意图，因为海德格尔在这里谈到了"*Herrschaft*"（我们可以将这个词译为支配或领主权，也可以译为主权）；这里的关键问题是由**作为**理性、理智、逻辑的 *logos* 暴力性施加的主权；关键问题是理性的强力，它压制了（a raison de）对于逻各斯（*legein*，*logos* 的词汇或语词、意义）的另一种或另外几种阐释，或压制了倾听 *logos* 的不同方式；关键问题是一种介乎各个强力间的战争和冲突，理性在其中靠强力获胜，而我们可以看到，伴随着理性（*ratio*，*Vernunft*）而来的，便是铭刻在"理性的动物"或 *zôon logon echon* 这一定义中的

---

① M. Heidegger, *Einführung in die Metaphysik*, op. cit., p. 94; tr. fr., p. 135. ——原编者注

［中译文根据海德格尔：《形而上学导论》，熊伟、王庆节译，北京：商务印书馆，1996，第 123 - 124 页，译文根据德里达的引文稍有改动。——译注］

理性主义。这也不仅意味着强力和理性之间一种单纯的冲突或对立,如人们通常认为的那样,就像强力和权利的冲突或对立那样,而更是这样一种冲突:在这里,强力站在理性一边并占上风,在另一个意义和另一个层面上,这有点像"最强者的理性",它与拉封丹的寓言话语相协同,也许后者能够在这里找到根本的源泉。在这个表述中,我将"*Herrschaft*"一词译为主权或主权性统治,完全没有强行解读其意义、用法和含义,因为两页前①——你们翻到那里——海德格尔在谈论由柏拉图学派而来的"逻辑"、谈论变成命题意义上的逻各斯学说的思之学说所产生的"逻辑"时,同时,在谈论黑格尔那里 logos 的逻辑学、合乎逻辑、逻辑学规定所占据的优势地位时,他两次使用了"*Machstellung des 'Logischen'*"的说法,而"*Machstellung*"意味着强力的立场,这个表述经常被用来谈论国家,谈论国家强力的立场,就像"*Machtspruch*"指的是强力决断、任意和主权性的决断。此外,法语译者卡恩(Gilbert Kahn)在这里将"*Machstellung des 'Logischen'*"译为"'逻辑'的主权"。②

这并不意味着这种主权、这种霸权、这种逻辑理性的优势强力,战胜了另一种对于 logos 的思考、一种对所有强力都陌生而无辜的思考。关键问题在于,这里有不止一种强力之间的冲突。因为 *legein* 或 *logos* 作为集聚,作为 *Sammlung*(收集)或 *Versammlung*(召集)——海德格尔认为这层意思比作为理性或逻辑的 *logos* 更为原初——已然是强力和暴力的一种展布。海德格尔说,集聚从来不

---

① 根据所引用版本,应该是一页之前。——原编者注
② M. Heidegger, *Einführung in die Metaphysik*, op. cit., p. 93; tr. fr., p. 134.

是简单的汇拢，不是单纯的累加，而是在相互归属（Zusammengehörigkeit）中持存下来、不让自己分散。在这种持存中，logos 已经具有占据优势地位的 phusis 的暴力性质，或如译文所说，已经具有 phusis 全面支配（perdominance, Durchwalten）下的暴力性质。① phusis 是这种 Gewalt（暴力）、这种强力的展布，它不会让被主权或各个强力的展布所"durchwaltete"（全面支配）、贯通、麻痹的事物，消解在缺乏对比或缺乏相反物的那种空洞之中（in eine leere Gegensatzlosigkeit），而会将它们维系在张力的最高锐度上（将它们维系在极端张力本身之中，也许可以说是至高的张力之中，"in der höchsten Schärfe seiner Spannung"）。因此，无论如何阐释，logos 本身作为集聚、Sammlung，或之后作为逻辑、理性或理智，始终已经属于权力和强力甚或暴力的领域，属于这种难以翻译的 Gewalt 的领域（强力、暴力、力量、权力、权威：往往是正当的政治权力，命令的强力；walten 的意思是统治、主宰、命令，实施一种往往是政治性的权力；主权、实施主权，这属于 walten 和 Gewalt 的范围）。②

对我们来说，在这个语境中更有意思的是，海德格尔在同一个阐释过程中——对于 logos 的阐释同样是一种强力或暴力的实施，一种 Gewalt 的实施——[他在阐释过程中]对《新约》中基督教的 logos 概念进行了定位和阐释，我在一开始引用《约翰福音》时提到过这个概念："En archê ên o logos, In Principium erat verbum"（太初有道[logos]，道即上帝）。海德格尔谨慎地指出，不应该在此区

---

① Ibid., p. 102; tr. fr., p. 147.
② 德里达关于海德格尔笔下 Gewalt、phusis 和主权之关系的论述，可参见《野兽与主权者（第二卷）》。——译注

分"对观福音书"和《约翰福音》,但他认为本质上,根本而言(*Grundsätzlich*),新约的 *logos* 并不意味着——例如,像是在赫拉克利特那里一样——存在者的存在(*das Sein des Seienden*)、冲突性力量的集聚(*die Gesammeltheit des Gegenstrebigen*)。约翰的 *logos* 指的不是存在者的存在或相反之物的集聚,而是**唯一一个**特殊的存在者("ein *besonderes Seiendes*":海德格尔强调了"唯一一个"),即上帝之子,他的作用是上帝和人类之间的中介。

此外,*logos* 的这一偶然事件,将 *logos* 与其希腊起源分离开来的这一漂流,是一种犹太遗产;海德格尔在一句话中非常罕见地断定,必须在这个 *logos* 作为中介者的表象中,辨认、揭示甚至告发他所谓表象的影响或血缘关系,"即犹太宗教哲学的[表象]"(*diejenige der jüdischen Religionsphilosophie*)——[他没有说犹太宗教,而是犹太宗教哲学],在此就是犹太人斐洛的表象。海德格尔提醒我们,斐洛在他关于创世的学说中,事实上赋予 *logos* 以 *mesitês*(中介者)的功能。基本上,这种在希腊—犹太哲学影响下、在希腊化犹太教影响下进行的对于福音式 *logos* 的解读,出于两点而让我们感兴趣,这些都是为了整理我们的经典文本行囊。**一方面**,因为在基督教对于 *logos* 的这一占有中,重要的是述行性命令;**另一方面**,因为重要问题是生命(作为 *zôê* 的生命)。

什么意思?

甲、**没错,一方面**,在七十子译本中,在所谓《旧约》的译文中,作为命令(*Befehl, Gebot*)的上帝话语被赋予 *logos* 之名。十个命令被译为"*oi deka logoi*",即所谓十诫。而海德格尔也指出,*logos* 的意思是 *kêrux*(使者,布告者),即大声宣告之人,由此衍生出 *kêrigma*,神圣的宣告;*logos* 的意思也是 *aggelos*,即传达指令和命令或传达福音的传令官或使者。*Logos tou staurou*（十字架的逻各斯），就是来自十字架的话语。十字架的福音是基督本身。

乙、**另一方面**，基督是拯救的 *logos*(*der Logos der Erlösung*)、永恒生命的 *logos*、*zôê* 的 *logos*([*logos*] *des ewigen Leben*, *logos zôês*)。① 在这个意义上，基督——海德格尔没有这么说，但我相信根据他的阐释可以这么说——不仅是一个犹太人，不仅根据他的出身是犹太人（这一点众所周知），而且是从对于希腊的 *logos* 进行犹太式占有（斐洛）而来的、被规定为 *logos mesitês*（中介的逻各斯）的犹太人，而且是一个动物学意义上（zoologique）的犹太人，因为他作为犹太人，在他这个上帝之子的人格中统一了 *logos* 和 *zôê*。而且，说他是动物学意义上的犹太人，不仅是因为他是献祭的羊羔，不仅是因为他是犹太复活节的羊羔或抹去世人罪孽的神秘羊羔。因此，也是在这个意义上，通过将 *logos* 和生物的生命、将 *logos* 和 *zôê* 统一在同一个身体中，或统一在同一个概念中，一种**动物之道**或**逻各斯—生命**变得必不可少。在海德格尔看来，它将会把自己的权威乃至主权、把自己的霸权性优势地位，强加于希腊 *logos* 的原初阐释之上，同时强加于亚里士多德对于人的定义之上——人作为 *zôon logon echon*，具有 *logos* 的动物。至于基督，就他是人而言，他不仅具有 *logos*；他就是 *logos*。道成肉身。他体现了他所具有的 *logos*。

像《形而上学导论》一样，海德格尔的这些论述见于 1935 年，见于他在弗莱堡开设的一系列课程中。大约十年之后，在战后的

---

① M. Heidegger, *Einführung in die Metaphysik*, *op. cit.*, p. 103; tr. fr., p. 148.

1946 年,在《关于人道主义的书信》中,我们发现了关于"理性动物"或"zôon logon echon"之主题的相同主张,不过这一次,对于生物学主义的批判——海德格尔将这一观点和生物学主义(Biologismus)联系起来,并以此名义进行揭露——恐怕带有政治意义(这不是海德格尔第一次抨击生物学主义,而他借此至少间接而潜在地抨击了纳粹主义的某些方面);但这首先表明,海德格尔——他对希腊语的语源和规则的关心毋庸置疑——没有在 bios 和 zôê 之间建立一条牢固的边界,而阿甘本的全部话语都是靠这条边界建立起来的。在回到福柯和阿甘本、接着最后回到亚里士多德之前,让我们读几段《关于人道主义的书信》中的话。① 分成两个阶段。

一、**第一个阶段**,海德格尔首先想要表明,将人规定为"理性的动物"似乎不够人道主义,这一规定缺乏人的人性、人的固有性。而如此缺乏人之本质的便是形而上学。

二、**第二个阶段**,海德格尔揭露生物学主义,揭露这种关于人的定义的生物学还原。而这意味着,古典的人性论形而上学、不够人道主义的形而上学,根本上是生物学主义和动物学主义的同伙或共谋。

> 形而上学不追问存在本身的真理。因而形而上学

---

① Id., *Lettre sur l'humanisme*, éd. bilingue, tr. fr. et présentation Roger Munier, nouv. éd. revue, Paris, Aubier, Éditions Montaigne, 1964.

也从来不问人的本质是以什么方式属于存在的真理。形而上学不仅迄今没有提出这个问题,这个问题对作为形而上学的形而上学来说是不可接近的(Diese Frage ist der Metaphysik als Metaphysic unzugänglich)。存在还等待着人将会认为它本身是值得思(denkwürdig)的呢。无论人们在着眼于人的本质规定时是如何规定生物的理性的,无论是规定为"原理的能力"(Vermögen der Prinzipien)也好,规定为"范畴的能力"(Vermögen der Kategorien)或其他的东西也好,总之理性的本质无论在何时何处都是基于下述情况:在对存在者在它的存在中进行任何一种了解时,存在本身都已经是澄明的了,而且都已在存在的真理中出现了。同样的情形在谈"动物"、ζῶον(生物)的时候,已经注定要先谈"生命"了,而谈"生命"又必须以谈作为ζωή(生命)与φύσις(生)的存在者为基础,有生命的东西就是在这样的存在者范围之内显现出来的。但除此之外而且归根到底仍须先于其他一切来问一下,人的本质(das Wesen des Menschen)是最初而且先于一切决定着一切的,究竟这样的人的本质是不是根本就在于动物性这一度之中(in der Dimension der animalitas)呢?如果我们把人、而且只要我们把人当作在其他生物之中的一种生物来和植物、禽兽及神划清界限的话,是不是我们就根本走在通向人的本质的正确道路上呢?人们可以这样办,人们可以以这样的方式把人列于存在者的范围之内,作为在其他存在者之中的一个存在者。人们在这样办的时候还总能关于人说出正确的东西来。但人们也必须明白,在这样办的时候,人就终归仍然落入动物性的本质范围之内(in den Wesensbereich der animalitas),即使人们不把人和禽兽等同起来,而是把人说成有特殊的差异(eine spezifi sche Differenz),也仍然如此。人们在原则上总是想着生物的人,即使生命力被假定为精神或思而精神或思以后又被假定为主体、为人格、为精神,仍然是想着生物的人。这样的假定就是形而上学的方式。但用这种办法人的本质就被注意得太少了,就不是就人的本质的来历着想的,这个人的本质的来历在历史的人类看来总仍然是本质的将来。形而上学想人是从动物性方面想过来,而不是想到人的人性或人道方面去。①

这里是一段关于生物学主义批判的段落(我们可以毫无曲解地说,这是对生物政治主义的批判):

> 生存(Ek-sistenz)只有就人的本质才说得上,这就是说,只有就人之"存在"的方式才说得上;因为就我们所知来看,只有人堕入了生存之天命。因此生存也绝不可以被设想为其他各种生物中的特殊的一种,这样说的时候是先认定,人是命定要思他的存在的本质,而不是报

---

① M. Heidegger, *Lettre sur l'humanisme*, op. cit., p. 53 –57. [中译文根据海德格尔:《关于人道主义的书信》,熊伟译,收入《海德格尔选集》,孙周兴编,上海:上海三联书店,1996,第367 –368 页。——译注]

告关于他的情状与活动的自然故事与历史故事的。所以连我们从与"动物"的比较中认为属于动物性的人的东西本身,也是基于生存的本质的。人的身体和动物的机体比较起来是一种本质上不同的东西(Der Leib des Menschen ist etwas wesentlich anderes als ein tierischer Organismus)。人们用灵魂来补充人的肉体,用精神来补充灵魂,用生存来补充精神,并比迄今为止更加响亮地为对精神很高的评家作宣传……这些办法并不能克服生物学主义的迷乱(Die Verirrung des Biologismus),最终只会让一切都掉进生命体验之中,一边还信誓旦旦地指出,思会凭其死板概念破坏生活之流,而存在的思会使生存变得畸形[这里潜伏着许多敌人……]。生理学和生理化学可以用自然科学的办法把人作为有机体来进行研究,这件事情并不足以证明人的本质在于此种"有机体"中,也就是说,在于此种可以由科学来说明的身体中。这种观念就跟认为自然的本质是从原子能中推出来的一样不足为训。事情倒可能是这样:在自然面向着人用技术来掌握它的这一方面的时候,自然恰恰是隐蔽了它的本质。和人的本质并不在于是生物的有机体的情形一样,这种对人的本质的不充分的规定,也不能靠把人用不朽的灵魂或理性能力或用人格装备起来的办法加以消除与补救。这些做法都忽略了本质,并且对本质的忽略都是基于同一种形而上学投射。①

当然,我们在这里无法讨论海德格尔关于动物的论述,关于weltarm(匮乏于世界)的野兽的论述,这需要更多时间,我希望留到下一年度。今天,为了接近亚里士多德有关人之为政治动物的政治学开端,我想强调指出海德格尔的几个命题,以此重构一个语境;这些命题既没有被福柯引用(他事实上从未谈论海德格尔,甚至当他引入"生命政治"难题的时候也没有),也没有被阿甘本引用,而阿甘本非常了解海德格尔,恐怕也在著作中引用海德格尔,但完全没有在他本该如此做的当下语境中提到海德格尔——而海德格尔关于这些问题至少有两个主要文本,两者都为人们耳熟能详且很容易找到。甚至在《牲人》最后一部分,甚至在我引用的那个小字号的长注释里,阿甘本鲁莽地写道:"海德格尔与纳粹主义的关系……只有被放在现代生物政治的视野里才具备真正的重要性(而这恰恰是海德格尔的批评者和捍卫者都忽略的一点[完全违背事实的说法,但这不重要])"②;此外,你们还记得,阿甘本第一个指出,列维纳斯是第一个指出下面这一点的论者,即"强调这种新的关于人的本体论规定[从'事实性生命(faktisches Leben)的阐释学'出发]与隐含在希特勒主义那里的某些哲学特征之间有着类比关系",没错,阿甘本在这样说的时候确实引用了

---

① M. Heidegger, *Lettre sur l'humanisme*, op. cit., p. 57-61. [中译文根据海德格尔:《关于人道主义的书信》,熊伟译,收入《海德格尔选集》,第368-369页,略有改动。——译注]

② G. Agamben, *Homo sacer*, I, op. cit., p. 163.

《形而上学导论》，但他这么做也只是为了表明，海德格尔对于国家社会主义哲学的某种流行形象的批判，事实上证明了（我引用他的话）海德格尔与国家社会主义之间"根源上的相近"。①

然而，对于我们刚才读到的所有关于 logos、关于 zôê、关于对人的动物学阐释的文本，对于在有关 logos 和 zôê 的阐释上占据主导的形而上学、技术和基督教，对于生物学主义批判，阿甘本都完全沉默。虽然他似乎忽略了这些文本，或有必要忽略这些文本，我敢肯定他对它们很了解，就像他很清楚自己不会是第一个解读它们的人，而这恐怕就打消了他仔细对它们进行重读的念头。

但是，不言而喻，海德格尔**一方面**批评生物学主义（显然是现代生物学主义），**另一方面**则揭示说，将人定义为 zôon logon echon 甚或 zôon politikon 的动物学主义是一种形而上学，是一种不充分的考察；就此而言，他行进的方向恰恰就位于阿甘本认为福柯首先开启的所谓崭新构造之中——虽然提出要"重新思考"福柯的"论断"或"完善和修正"其论题的也是阿甘本。

为了厘清这些问题，我提示两点：

一、一如既往，福柯丝毫没有提到海德格尔——我们待会儿会引用福柯；

二、阿甘本在这几页里也没有提到海德格尔，他关于福柯说道（我刚才引用过，但我认为有必要再读一遍）：

> 根据福柯的论断，对于亚里士多德而言，人是"活着的动物加上政治性存在的能力"；因此，这个论断需要被重新

---

① Ibid., p. 164–165.

思考的地方恰恰在于,这里的"加上"究竟是什么意思。①

你们记得,两页后,阿甘本走得比"重新思考"更远,他说的是"修正和完善":

> 因此,需要修正福柯的论题,或至少完善它[我们说过,这不是一回事,但我们放过这一策略或修辞],因为现代政治的特征不是将 *zôê* 包含在 *polis* 之中(这本身非常古老),也不仅仅是这一事实,即生命本身成为国家权力进行计算和预测的主要对象;毋宁说,关键的事实是,伴随着例外到处变成规范的过程,赤裸生命的领域——它起初位于政治组织的边缘——最终逐渐与政治空间等同起来,在这里,排斥与包含、外部与内部、*bios* 与 *zôê*、法与事实,进入了一个不可化约的无差别地带。②

全部的困难在于,阿甘本非得要定义现代政治或现代生命政治的特殊性(福柯在《认知意志》最后将此作为主题,而至少来说,对于这种可能性,海德格尔并非没有过思考),阿甘本非得要用"赤裸生命"这个概念来界定这种特殊性,他将"赤裸生命"等同于 *zôê*,并将它与 *bios* 对立。过早逝世的福柯甚至也没论述过这种特殊性。这在"生命政治"一语中便已然如此,阿甘本恐怕更倾向于用"动物政治"一词。阿甘本写道:

---

① G. Agamben, *Homo sacer*, I, *op. cit.*, p. 15.

② *Ibid.*, p. 17.

福柯的死使他未能阐述生命政治概念的所有内涵，未能展现他会如何推进他的研究［通过补充或探索福柯那里缺乏的深度，阿甘本进行着这一工作。他继续写道：］［……］不过，无论如何，将 zôê 引入 polis 的领域，对赤裸生命本身进行政治化，构成了现代性的关键事件，标志着古典思想的政治哲学范畴的根本转型。实际上，事情很可能是：如果当今政治正在经历一场漫长的日食，这正是因为政治疏忽了与现代性的这一根本事件展开对决。①

我用阿甘本自己的语词来重复或重述一下：他说，当今政治正在经历一场漫长的日食，但我们不知道这说的是政治（政治这个东西、政治生命、政治史）还是政治话语；如果这一政治如今正在经历一场漫长的日食（但从何时开始、到何时结束？），阿甘本说这仅仅是"很可能"，而原因是什么？没错，由于一种疏忽。政治（政治事物或政治思想）疏忽了。疏忽了什么呢？疏忽了"现代性的根本事件"，据说它奠定了现代政治的基础，并被政治遗忘了。这一根本事件表现为什么？我再引用一遍，它表现为"将 zôê 引入［这个词被大胆地译为'赤裸生命'，也就是没有性质、没有特性的生命，'活的而非死的'这种纯粹而单纯的事实，'生命之为单纯的生命'，就像海德格尔嘲笑的顽固之人所说的那样：'*Den Eigensinnigen ist Leben nur Leben*'］［这一根本事件表现为什么？我再引用一遍，它表现为将 zôê 引入］polis 的领域"。

---

① *Ibid.*, p. 12.

为了表明这一点,阿甘本必须要证明,*zôê* 和 *bios* 之间的区别是绝对严格的,而且在亚里士多德那里已然如此。他能做到吗?在继续这一追问之前,我想提个醒。我在这里提出的问题或保留,无论是针对福柯还是(在此更准确而言)针对阿甘本,都不意味着我对所谓生物与政治之关系的特殊性、对这些作者坦然称作"现代性"之特殊性的东西毫无兴趣。今天,在这一方面,当然发生着各种新的事情。

——一如既往,不是吗?

——不,我的怀疑和不满,针对的是人们用来分析和描述这些新颖性的概念或概念策略。例如,我不相信 *bios* 和 *zôê* 之间的区分是一个可靠而有效的工具,足够锐利并且——用阿甘本的话说,这不是我的用语——足够深刻,足以深入这一"[所谓]根本性的事件"。同样,对于一个多多少少有能力的语文学家而言,对于一个能够区分 *bios* 和 *zôê* 的语文学家而言,为了唤醒当今政治并让它摆脱遗忘或沉睡状态,"疏忽"这一范畴也不太恰当。更何况,所谓的语文学者必定已经反复认识到,不仅亚里士多德在许多世纪前谈到了 *zôon politikon*(我们马上会看到,这里的"加号"——*zôon* + *politikon*——是一个非常脆弱的门槛),而且有时候,如我之前所举的关于上帝的例子,*zôê* 指的是一种规定了的生命,而不是"赤裸"生命。

因此,由于我们得回到亚里士多德的《政治学》——无可否认,它将人定义为 *politikon zôon*——一切问题都涉及有关 *politikon* 如何加诸 *zôon* 之上的两种阐释方式、两种往往无法区分的阐释方式。阿甘本试图区分作为"生物本身之属性"的"*politikon*"和他所谓"对作为属的 *zôon* 进行规定的种差"。我先引用阿甘本,然后我们会看到,这一介乎"属性"和"种差"之间的区别不仅难以辨别,而且其中还存在一种我称为第一或第三的解读,它会使得所有这些假设变得更为脆弱。

阿甘本在书的开头几行宣称:

> 希腊人没有一个单一的语词来表现我们所谓的"生"。他们使用两个语词,尽管两者可以追溯到一个共同的词源[而且!],它们在语义和形态上都不一样:zôê 表示的是所有生物(动物、人类或神)共有的单纯事实,即生活;bios 表明的则是一个个体或一个群体所固有的生活形式或方式[……]①

……因而,说了这些之后,阿甘本认识到第一个例外(这个例外正是"zôê aristê kai aidios"[神的高贵而永恒的生命],而第二个例外,我们马上会看到,要言之,便是亚里士多德的 zôon politikon),在接下去一页,阿甘本这次又必须停下来,他刚刚陈述的规则似乎遇到了一个重大的例外,即亚里士多德的 politikon zôon:也就是一种规定了的而非赤裸的 zôê。

这里的选择非常困难:**要么必须证明**——事实上这也正是阿甘本要做的——在属性和种差之间有一种站得住脚的区别(这不容易,我认为甚至不可能做到),**要么必须承认**,亚里士多德已经看到、已经以自己的方式想到这种可能性,即在某些场合下,在人的场合下,政治、政治性可以规定甚至占有赤裸生命(zôê),因而亚里士多德或许已经以自己的方式把握或表达了被福柯和阿甘

---

① G. Agamben, *Homo sacer*, I, op. cit., p. 9.

本视作现代特殊性的问题(阿甘本无论如何也不愿意这样做,因为这样会毁掉他自己的全部原创性和所谓优先地位)。这也解释了为什么福柯和阿甘本和其他人一样,不得不引用亚里士多德,也不得不绞尽脑汁解读这个晦涩的段落。

阿甘本以一句"的确"开头:"的确,在一个著名的段落中〔……〕",这似乎是一个让步,一个事实上会毁掉他整个立论的让步;但是,通过提出"生物的属性"和"对作为属的 zôon〔也就是生物〕进行规定的种差"①之间微妙的、在我看来站不住脚的区别,他会撤回这一让步。我问你们,如何区分"生物的属性"和"对作为属的 zôon〔也就是同一个生物〕进行规定的种差"?阿甘本写这些话的时候,他不得不承认,几乎可以说,存在着并非赤裸的 zôê(我要朗读一个很长的段落,阿甘本在其中判断了福柯和阿伦特的优点和不足,然后我会给出两点观察):

> 的确,在同一著作的一个著名段落中,人被定义为 politikon zôion(1253 a 4),但在这里,且不说动词 bionai 在雅典散文中实际上不用于现在时,"政治"一词不是生物本身的属性,而是对作为属的 zôon 进行规定的种差。再者,人类社会接着就被区别于所有其他生物的社会,因为通过一种与语言相联系的政治性的增补,人类社会建立在善与恶、正义与不义的共同体的基础上,而不仅仅是快乐与痛苦。

福柯正是在《认知意志》结尾,概括发生在现代的门

---

① *Ibid*., p.10.

槛上的这一过程时——自然生命开始被包含进国家权力的机制和计算、政治变成**生命政治**——提到了这一定义:"数千年来,人仍然是亚里士多德所说的那样:一个活着的动物加上政治性存在的能力;现代人则是这样一种动物:在政治中,他作为生物的生命成了问题。"(Foucault 1,p. 188)

在福柯看来,一个社会的"生物现代性的门槛"位于这一点上,即物种和个体作为单纯活着的身体成为政治战略的目标。1977年以后,福柯在法兰西学院的课程中开始界定从"领土国家"向"人口国家"的过渡,并且,国民健康与生物学生命作为主权权力问题而变得愈发重要,主权权力从此逐渐转变为"人的治理"(Foucault 2,p. 719)。"其结果是一种由最精密的政治技术实现的人的动物化〔这是字面意义上的海德格尔〕。于是,历史上出现了人文科学和社会科学的众多可能性;同样,也出现了在保护生命的同时允许发生大屠杀的可能性。"尤其是,从这一视角来看,资本主义的发展和胜利,离不开新的生命权力所实现的规训性控制,它通过一系列恰当的技术可以说创造了它所需要的"顺从的身体"。〔令我感到困惑的不是"新的生命权力"这个观念,而是这"新"东西是生命权力;令我感到困惑的不是生命权力中包含某些新颖性这一观念(对此我是相信的),而是认为生命权力是新的……〕

另一方面,20世纪50年代末(也就是《认知意志》的大约20年前)〔阿甘本关心的总是谁是第一人……〕,阿伦特已经在《人的条件》中分析了*homo laborans*(劳动人)和与之相伴的生物学生命本身逐渐占据现代政治舞台中央的过程。阿伦特恰恰将现代社会中公共空间的转型和衰落,归结到这种对自然生命超过对政治行动的重视[她并非没读过海德格尔……]。这些分析实际上没有得到继续,而福柯也从未在他对于生命政治的研究中提到阿伦特,这证明了思想在这一领域不得不面对的困难和抵抗。很可能是由于这些困难,在《人的条件》中,作者丝毫没有联系她之前对极权性权力作出的敏锐分析(生命政治的视野在其中完全缺席);很可能是由于这些困难,福柯奇怪地从未考察现代生命政治的典型场所:集中营和20世纪庞大的极权主义国家的结构[这个主张完全是错的]。①

要言之,我的两点非常简单的观察如下。

第一点观察。首先,关于逻辑风格的观察。我在"生物本身的属性"和"对作为属的 zôon 进行规定的种差"之间看不到清晰而必然的差异。亚里士多德很可能会说——我认为他肯定说过——"生物本身的属性"(因而是赤裸生命的属性,如阿甘本所说),**被称作人的存在者的**赤裸生命的属性是政治,而这就是他的种差。在人的生物生命中,在其赤裸生命中,人的种差或生物属性,可以说就是政治性的存在。福柯所谓的"加上"确乎与此相呼应,他似乎用一个"成问题"将两种可能性对立起来,而我认为这

---

① G. Agamben, *Homo sacer*, I, *op. cit.*, p. 10-12. 强调为我所加。[黑体为阿甘本的强调,下划线为德里达的强调。——原编者注]

两种可能性完全是相互的,可以相互转化或互补[重新引用阿甘本引用福柯的整个段落]:"数千年来,人仍然是亚里士多德所说的那样:一个活着的动物**加上**政治性存在的能力;现代人则是这样一种动物:在政治中,他作为生物的生命成了问题。"①

第二点观察。再说一次,我不是说"当今"没有出现任何新东西(另外,"当今"和现代性是从什么时候开始的?)。我不是说"当今"在这些领域没有出现任何新东西;这样认为也太傻了,或者说太愚蠢了。如果阿甘本觉得有人想说这些领域没有出现任何新东西,那就是他感到自己周围都是傻子,他们愚蠢得、盲目得不可容忍。因此,我不是说"新的生命权力"不存在;我说的是"生命权力"本身不是新东西。生命权力那里有不可思议的种种创新,但生命权力或动物权力(zoo-pouvoir)不是新东西。

另外,阿甘本的论辩和修辞中最令我感到惊讶的,且始终让我感到困惑的是,他明确承认了我刚才所说的,即生命政治是一个原初古老的东西(archi-ancienne)(虽然今天它有许多新的手段和新的结构)。它是一个原初古老的东西,并与主权观念联系在一起。不过,如果承认这一点,那么为什么要费力地装作在唤醒政治,让它意识到所谓"现代性的关键事件"? 事实上,阿甘本像无意识一样什么都不想放弃,他想两次成为"第一人",第一个看到并宣布的人,以及第一个回想起来的人。他既想成为第一个宣布一件前所未有的新事情的人,即他所谓这个"现代性的关键事件";也想成为第一个回想起来的人,即回想起事实上从远古以来事情就从来如此。他是一口气告诉我们两件事的"第一人":事情

---

① *Ibid.*, p. 11. [强调为德里达所加。——原编者注]

刚刚发生,你们什么也没看到,但既然你们尚未看到什么,我来第一个告诉你们,事情要追溯到远古。听着:

> 尽管这样一个交错点的存在似乎在逻辑上隐含在福柯的研究之中,它始终是一个视觉盲点[可怜的福柯!从未有过对他如此残酷的赞美者……]——就像一个无限远去的消失点,他的探究(以及更一般而言,整个西方对于权力的反思)的各种线索朝这一点汇聚,却始终未能抵达。
>
> 眼下的研究关注这一隐匿的交点,这里交错着法律—制度的范式和权力的生命政治范式。在这一研究的种种结果中,值得记下的恰恰是:两种分析无法分开,并且,政治领域对于赤裸生命的包含构成了主权权力的原初内核,尽管是隐而不彰的内核。**事实上,我们可以说,对于生命政治的身体的生产,就是主权权力的独特行为。**在这个意义上,生命政治至少和主权性例外一样古老。通过将生物学生命置于其计算的中心,现代国家因而恰恰显示了连接权力和赤裸生命的隐秘线索,从而(根据在众多领域观察到的现代与古代之间根深蒂固的呼应)重建了与最古老的 arcana imperii (统治秘术) 之间的关联。①

为什么要如此强调这些文本细节,例如这里阿甘本和福柯的文本,阿甘本和福柯,或更准确地说,阿甘本反对福柯——他非常

---

① G. Agamben, *Homo sacer*, I, *op. cit.*, p.14. [强调为阿甘本所加。——原编者注]

接近福柯，却以多重而迫切的质疑向福柯致敬，他说（我再引用一次）福柯的论题需要被"重新思考""修正并完善"？

我如此强调这些文本细节，首先是因为这些论述非常有意思，它们触及了这次研讨班中我们关切的问题的要害：主权权力、生命和死亡、动物性，等等。在福柯那里，你们应该着重仔细重读（就像我前不久在这里和其他地方所做的那样①，我不想重述了）那些涉及主权权力之为生死权力的论述，见于《认知意志》②（1976）中题为"死的权利和对生的权力"的最后一章。你们可以从中发现有关"性的严厉君主制"③的话语——我在《抵抗》（"正确认识弗洛伊德"④）中试图对其进行探究和阐释——以及继"血

---

① 特别参考《论死刑》研讨班的第一讲（1999年12月8日），1999—2000, Paris, EHESS（未刊稿），德里达在那里讨论了福柯的《规训与惩罚》。——原编者注

② M. Foucault, «Droit de mort et pouvoir sur la vie», dans *La Volonté de savoir* (*Histoire de la sexualité*, I), Paris, Gallimard, 1976, p. 177–181.

③ *Ibid.*, p. 211.

④ J. Derrida, «Être juste avec Freud», dans *Résistances – de la psychanalyse*, Paris, Galilée, 1996, p. 139 et 144, n. 1.（这个文本首先发表于 *Penser la folie. Essais sur Michel Foucault*, 精神病学史和精神分析史学会第九届学术讨论会议论文集 [1991年11月23日], Paris, Galilée, 1992）。德里达在这个注释里提到一个尚未发表的演讲，题为"超越权力原则"，该演讲报告于1986年4月由Thomas Bishop在纽约大学组织的一次纪念福柯的活动上。这一未刊演讲的最初两页（《超越权力原则》打印稿第8–9页, archives Jacques Derrida, Caen, IMEC）在德里达为福柯所写的追悼文章结尾得到了重复和补充。参见 *Chaque fois unique, la fin du monde*, textes présentés par Pascale-Anne Brault et Michael Naas, Paris, Galilée, 2003, p. 118–120.——原编者注

的象征论"而来的"性征分析"话语①。顺便一提,福柯宣称他原本"可以在另一个层面以死刑为例"②。所以他没有以死刑为例,而是解释说,如果他以死刑为例,他会把死刑的减少联系到生命政治的进展和一种"被赋予管理生命之职责"的权力。假设事情的确如此,假设死刑在某种程度上的减少主要可以由新的"生命政治"的诞生予以解释(福柯将生命政治的诞生追溯到古典时代终结之时)(这就要求我们跟阿甘本重新讨论这一概念和"门槛",即他参照福柯而称作"现代性的关键事件"或"现代性的根本事件"的事情,而他首先想到的是20世纪的大屠杀,是集中营和纳粹对犹太人的屠杀),[我刚才说,假设事情的确如此,假设死刑在某种程度上的减少主要可以由新的"生命政治"的诞生予以解释(福柯将生命政治的诞生追溯到古典时代终结之时),]我们就要追问,应该从中得出何种政治—法律的结论,以及我们是否应该为死刑的减少感到后悔?但尤其是——这是我对刚才提出的问题给出的回答("为什么要如此强调这些文本细节,例如这里阿甘本和福柯的文本,阿甘本和福柯,或更准确地说,阿甘本反对福柯……"):没错,我再说一遍,因为这些文本非常有趣,并且触及我们在此关切的问题的核心,但尤其是因为,它们遭遇的种种问题、我们刚才提到的种种混乱和矛盾(例如,主张第一次揭示全新的事件、"关键而根本"的事件,而同时又说这些事件没有年龄,事实上非常"古老",等等),所有这些都恰恰迫使我们——而我们要为此感谢它们——重新思考如何思索历史、如何处理历史、如

---

① M. Foucault, *La Volonté de savoir...*, *op. cit.*, p. 181.
② *Ibid.*, p. 195.

何让逻辑和修辞与对于历史或事件的思考关联起来。

质疑通过这些形式呈现的对于历史分期的关切(一个我们不知其开端和终结的"现代性",一个其影响仍然可以觉察的"古典时代",一个其种种概念前所未有地鲜活而持久的"古希腊",一个只是在呈现古老性质的所谓"现代性的关键事件"或"现代性的根本事件"),[质疑通过这些形式呈现的对于历史分期的关切,]不是要化约事件的事件性或独特性,恰恰相反。毋宁说,我倾向于认为,如果我们放弃这种线性历史——尽管福柯和阿甘本恐怕会对这一形象提出各种反对,但这一线性历史在他们那里仍然是一种共同的诱惑(现代性出现于古典时代之后,各个 *épistémè*[知识型]相继出现和失效,亚里士多德之后到来的阿甘本,等等)——如果我们放弃这种线性历史,放弃关键和根本的事件这种观念(尤其是,如果我们试图重思和重估主权性例外的逻辑中"决断"所意味着的持久的、绝境式的经验,就更该如此),如果我们放弃共时和历时之间的抉择(这个抉择在我们刚才读到的文本中始终是前提),那么,事件的这一独特性,会如它本应如此的那样,变得更为不可化约,也更为令人困惑。在我看来,放弃关键而根本的事件这种观念,绝不是忽视那在所发生之事上作出标记和署名的"事件性",但这里恰恰没有任何基础或决断来保证事情的发生。此外,至少作为我论述的增补性标记,这也解释了下面这一点:如亚里士多德的《政治学》或博丹的文本,或其他许多文本,以及并非总是哲学著作或政治科学著作的文本,甚至根本不是著作的文本,[这些文本]仍然有待被解读、有待被艰难地破译;无论它们是否以书本形式呈现,它们因其深渊般的全部层理(stratifications)而不可或缺,这样我们才能理解政治和对于政治的超越,乃至理解我们称作"我们时代"的现代性的生命权力或动物权力。

在此,既不存在单纯的历时性相继过程,也不存在单纯的共时性同时发生(或者说,两者同时存在);既没有过程的连续性,也没有中断或单纯的切分;历史上经过和发生之事的过程既不源于牢固的基础,也不源于根本的决断;[历史]过程底下没有根基性的地面,也没有不可分割的线条,这些都要求我们重新思考"门槛"的形象(地面、根基的牢固、内部与外部之间的界线、包含与排斥,等等)。至少可以说,我们所阅读的文本,要求一种更高的警惕:警惕我们不可遏制的对于门槛的渴望——渴望门槛就是门槛,一个单一而牢固的门槛。也许从来都不存在门槛,从来都不存在这样一个门槛。也许这就是为什么我们始终在门槛上,而且有可能永远都逗留于此。

深渊当然不是根底,不是原初性的根基(Urgrund),也不是某个隐匿基础的无底(Ungrund)深度。

如果有深渊的话,深渊就是:存在着**不止一个**地面、不止一种牢固性、不止一个单一的门槛/不再有单一的门槛(plus d'un seul seuil)。

不止是一个单一的单一/不再有单一的单一(Plus d'un seul seuil)。①

这就是我们所处的位置。

下次课:亚里士多德和《圣经》(《创世记》和诺亚)、讨论。

---

① 打印稿中如此。——原编者注

第十三讲[①]

Treizième séance

2002 年 3 月 27 日

① 第十三讲对应于打印稿中的第十二讲(参见"编者前言",第 14 页注释)。在这一年度的最后一讲中,德里达如他在前一次课结尾时宣布的那样,想要谈论《创世记》,而打印稿确实包含了一段很长的摘抄,内容来自有关这一主题的一个演讲,后者已经发表在 *L'Animal autobiographique* 之中。但由于这一讲的部分内容是讨论,他即兴重新组织了讨论部分之前的内容而没有采用这一文本,仅仅告诉听众如何找到这一解读(参见第 463 页注释)。就像第九讲那样,出于相同的原因,我们在此没有收录讨论部分,而只根据录音整理了此前的即兴阐述部分。——原编者注

[……]①我们上次谈论了门槛,而我们的确始终在门槛上。

请允许我透露一下自己的工作方式,或者说着手工作的方式。我注意到一件事:为了准备这次研讨班的第一讲,我在电脑上着手展开论述,然后我想到,在抵达这个论点之前(我之后会告诉你们是哪个论点),我需要一个工具、一些前提、一个迂回;随着每周课程的进行,在我的电脑上,那些本该出现在开头几页的内容,总是出现在每次课的结尾,而我没有抵达那个论点。因此,我还没有说出我认为自己要在第一次课刚开头说的话。这里的问题涉及(我一会儿会谈到它)对《创世记》和创世瞬间的一个解读、对最初之言语的命名作用的解读,也涉及开端、命令、劝告、重新开始的意义,涉及这种开创所包含的句法和权威的种种问题。

我答应过,今天我们要花一部分时间来讨论。我们会进行讨论的;但如果你们允许的话,我想在开始讨论之前给你们一个——不是给你们一个总结(那会是荒谬而不可能的事),而是一些反思,我试图将这一年度的十二次研讨班中分散或零碎的一些东西拢集起来,因为我注意到,或许你们也一样,比起我们仔细地准备一个单纯用来朗读的文本,当我们即兴讨论的时候,某些根本性的图式、某些不可或缺的框架会更好地呈现出来。所以,为尝试这个半总结性质的反思,作为接下来讨论的前提,我选择标

---

① 这一讲的开头部分没有录上。——原编者注

记出、提醒并让你们注意：根本而言，我们所谈论的一切都归结为翻译问题。根本意义上、多重意义上的翻译问题。说翻译，首先是因为人们谈论"动物"和"人"——[也就是谈论]人们往往根据一个依然鲜活的、存续着的、无所不能的传统中被接受下来的种种区分，以这些名字来称呼的东西——[人们谈论动物和人]在显现、意指、意义性（significance）上的差异（我经常强调这一点，因为它适用于从笛卡尔到拉康的一众人），并将动物那里的程式化反应逻辑和人那里的自由而自主（souveraine）的责任/应答可能性逻辑对立起来。而在被阐释为反应和被阐释为回应的东西之间，重要问题恰恰是一种翻译性的阐释——所有阐释都是一种翻译。正是在我们对于所谓动物性反应的翻译方式中，我们认为自己能够（但这是一种翻译的风险）辨别或划出动物性和人性、反应的动物性和回应或负责的人性之间的边界。这是在不同语言之间进行翻译的问题。

这一翻译难题还有另一个维度，它根本上关系到我们所使用的所有语词，许多语词，特别是那些基本的、指导性的语词，首先是"动物"或"野兽"。我将这次研讨班称作《野兽与主权者》，因为在法语里"bête"和"动物"不是一回事；你们记得，我们在区分"bête""bestialité"以及尤其是"bêtise"时遇到了各种棘手的习语问题，因为这些都未必是动物的特征。你们也记得，法语中的"bêtise"一词在翻译上、在逐字翻译上、在字词翻译上遇到了不可逾越的边界：世界上没有一个词能够翻译法语中的"bêtise"一词。我想我们已经表明了这一点。这首先意味着，我们法国人或法语圈的人体验、经验、实践、使用"bête"或"bêtise"一词的方式，每次都是由各种语境系统所规定的，以至于甚至在法语中，"bêtise"一词也无法由法语译为法语:我在某个语境下、在某种意义上使用"bêtise"一词,而在另一种语境下,则在另一个意义上,以另一种含义、另一个述行效果使用这个词;换句话说,"bêtise"一词无法由法语译为法语。它是不可译的,也就是说,它不具有一个固定或单义的意义或能指,来让我们说,我们在不同场合,关于不同的人、不同的行为、不同的语言,谈论的都是同一个"bêtise"。而语境——我们以"语境"这个相对轻易的词称呼的东西,也即实际情境——每次都以这种限制性的方式规定"bête"或"bêtise"一词的意义,这一事实意味着,在那些被称作法国人的男人和女人们所说的语言和动物语言(即遵从复杂程式或线路的指令的东西)之间,不存在可以被轻易形式化的差异。这并不是说,每次我们使用"bêtise"一词的时候,我们都像野兽一般说话;而是说,习语的特权——也许这也是诗歌的特权:当然,一如既往,就像习语的特权一样,这也是例如被人们称为"诗歌"的语言之独特事件的特权,"诗性发明"的特权——[习语的特权]指的不仅是诗歌,同时也意味着一种污染,即遭到被我们归诸所谓"被动的或反应的动物性"的东西污染。

因此,你们看到,这一翻译问题在相当广泛的意义上多元规定了我们在此讨论的所有问题。当然,我刚才指出,在话语性的言语和实践中、在我们所谓"人类语言"中,存在很多翻译问题,但鉴于我刚才说到的理由,所谓"人类语言"的区域已经变得颇成问题。不过,正是在这里,我们会遇到另一个关于转移或翻译的问题,这个问题自我折叠,或将翻译进行折叠、多重折叠:这个问题就是,如果我们试图以法语之外的语言来命名动物性,我们就会遇到像 bios 和 zôê 这样的语词,你们记得对于生命的这两种命名方式带来了多少问题，我们上周试图以阿甘本的文本作为借口来探讨这些问题——动物属于 bios 还是 zôê？等等。当然，在语言问题上，在 bios 和 zôê 之间的区分问题上，在动物或人类生物的问题上，我们折返到"logos"这个根本语词这里——人被定义为 zôon logon echon，具有逻各斯的动物或生物。这是什么意思？这个定义主宰了一个宏大传统。我们所谈论的整个传统都被这个定义所支配，例如，我们上周已经根据是否接受阿甘本所谓"本质属性"和"种差"的区分（一个在我看来非常脆弱的区分），看到了这一定义中的种种困难。总之，logos 本身，无论人们将它翻译为语言（就像通常情况下那样）、话语或理性，还是将它翻译为计算、算计（"ratio"一词会被如此翻译：作为计算、算计的理性），"logos"一词本身就是翻译的重大争议点所在。通过追随海德格尔的阐释（这阐释本身就是翻译性的），我们对此有了一定的了解，至少有了一个观念……海德格尔自己在提出异议的过程中，提出要对人的古典定义——人作为 zôon logon echon，作为"理性动物"——进行解构，他由此邀请我们思考这样一件事：希腊语 logos、legein，同时意味着言说、集聚、积累和阅读（［拉丁语］legere 源于此），这一 logos 已经偏离了它的意义——即（海德格尔所认为的）通过强力来集聚和维系各种对立面、相反面——而所有这一切都发生在与 phusis 相关的层次上（这个词甚至不能被译为"自然"）。另一个翻译问题：在海德格尔看来，phusis 不是 natura；phusis 是一切生长（phuein）、增大的事物，而在增大的事物中，在作为 phusis 的世界或存在中，logos 扮演了、确切而言代表了一种"强力"；海德格尔强调这一强力（回想一下我上次强调的语词，如"Herrschaft"或"Machstellung"，它们恰恰诉诸一种强力的展布，即将对立面维系在一起的强力），没错，这一强力，希腊语 *legein* 具有的这种本源性强力的意义，例如在赫拉克利特那里所示的意义，已经遭到了偏离、遮蔽或败坏——有诸多可能的阐释——无论如何，这层意义已经被遗忘了。例如在约翰那里，在《约翰福音》那里，所谓"太初有道（*logos*）"指的不是存在者的存在，而是一个特殊的存在者，即中介者基督，受犹太人斐洛影响的约翰恰恰把 *logos* 解释为中介、中介者，把 *logos* 翻译为、等同于基督。而在这里，海德格尔还谈到一种"*Herrschaft*"、一种"*Machstellung*"，也就是一种主权的运作、一种战胜另一个力量的力量的运作。因此，关于翻译性的阐释，我们要应对的翻译不仅仅是一种字典式的或语言间的平和操作：这是一种背负整个文化的阐释性翻译，它与裹挟着世界和时代的一切力量的历史运动密不可分。关键问题不在于自行决定将 *logos* 翻译为、阐释为中介者基督的那些语文学家，而在于历史的全部力量，后者才导致了这一翻译的产生。当然，正如在海德格尔看来，这一翻译遮蔽、遗忘、扭曲、腐化或败坏了 *logos* 的本源性意义。同样地，在亚里士多德如此权威的文本《政治学》中（我一会儿会谈到它），人被定义为 *zôon*，定义为具有 *logos* 的动物生物，而在这里，*logos* 同样不再是原初的 *logos*，而这将产生一整个关于理性人、关于人作为理性动物、计算动物等等的传统。因此，你们看到，在我们的"野兽与主权者"这个大问题上，翻译的重要性不能被限定在词汇学家、学院派语义学家或文学翻译学的论述范围内：毋宁说，在这些有关翻译的操作中，也就是在对于野兽与主权者之关系的界定中，问题涉及的是西方历史的总体，因为野兽与主权者的关系，也是动物（一种被认为没有理性的 *zôon*）和被认为是理性的 *zôon* 之间的关系，[在这种关系中，]主权者根据神圣范式被刻画为人类,一个自然拥有理性、责任等等的人类。所以,翻译问题在绝对的意义上具有规定性,具有规定性的同时却难以被规定、难以被限定:没有任何边界或疆界可以限制这些有关翻译的问题。

我接下来想要跟你们一起快速看一下几个文本,但在此之前,为确保这一年度的课程不会在尚未打开亚里士多德文本的情况下就结束(我上周想讨论亚里士多德,但没来得及……),我想给你们读一个我不久前发现的文本,我后悔没能在将狼群引入我们研讨班的时候提到它。我选择朗读这个文本,我马上就会朗读它,这是因为——我简单提醒一下——你们应该已经注意到,有一份历史文献(这不是我事先想好的,我在准备这次研讨班的时候偶然碰到了这份文献,本年度开始那会儿,我没想到12月会是这样)变得对我们而言、对我而言必不可少,这份历史政治文献在相当程度上带有法兰西的顺序——我想强调,我们进行的是一次**法语**研讨班(关于 bêtise 的讨论,关于拉康和德勒兹那里的 bestialité 的讨论,都是法语的问题,我们必须思考其中的法兰西特性[francité])。没错,对我们而言、总之对我而言必不可少的这份关于主权问题的历史政治文献,在相当程度上具有这样一个顺序,它从法国王权的伟大时代,即[路易十四的]"伟大时代"和稍早时期开始,一直到法国大革命、斩首、断头台、卡佩的历史,路易·卡佩的历史,而不管是以直接的方式,或是经由策兰的《子午线》,在必然的和不可避免的意义上,我们关心的问题始终是发生在法国的主权者、绝对主权者、绝对君主制头上的法国大革命,始终是大革命的时刻。所以,我打算给你们读的这个文本有意思的地方在于,它从法国王权的角度看待狼——我们谈到王太子、谈到海豚和狼——同时将它和一个概念或至少是一个语词联系起来，这个概念或语词就是翻译、转移(translation)。我要给你们读的是马丁(Jean-Clet Martin)的一本书《纳骨堂：中世纪罗马解剖学》①里的几页——就像我们小时候放假前一天，学校作为休闲给我们读的那些文本——我要给你们读一下这个关于狼群和国王的文本。这是《纳骨堂》第163页，在题为"政治圣徒传"的一章中：

> 可以说，一切都发生于兰斯、拉昂和苏瓦松之间。从路易四世至路易六世以来的困境暂时告一段落。这里出现了一个罕见而珍贵的间歇状态，各种不同的力量在此抗衡，它们在克吕尼修道院和主教区的对立线上、在国王与领主的对立线上［你们记得这个对立，其中"dauphin"一词——同样是一个不可译的法语词——将海豚动物与世袭君主的形象联系起来，这个过程涉及对Dauphiné领地的吞并］、在上帝和平运动②与国家和教会的对立线上、在圣徒与教皇的对立线上悬而不决。所有这些都源于一种永远处于断裂中的、亚稳定态的错综状态，这种错综状态能够向民众发话、诉诸民众发动事件的潜力——1038年，叛乱和暴动性欢腾的一年——在发动叛乱的民众构成上，［当时的修道士］弗勒里(André

---

① Jean-Clet Martin, *Ossuaires. Anatomie du Moyen Âge roman*, Paris, Payot, 1995.——原编者注

② 10世纪末在王权弱化的法兰西南部发起的罗马天主教会改革运动。教会试图限制领主贵族的暴力行为，通过确保农民安全来维持公共秩序。——译注

de Fleury)试图理解为何"一群赤手空拳的民众可以像武装起来的军队那样在战士们那里引起恐惧,令他们害怕到在面对这群卑贱的乡下人时,会像面对国王的最强势力一般仓皇出逃,将自己的骑士身份抛诸脑后"。若没有圣徒之名和圣徒遗物的斡旋,这一事态何以可能?而这次轮到卡佩家族用圣马库尔传说①来抗衡这些名字了。

在兰斯和拉昂、拉昂和苏瓦松之间,森林广袤。在这个三角地带,[圣马库尔]传说形成了它的荒漠,在新的关系下将权力封建化,并重新分配权力的地形。在这片晦暗的森林里,徘徊着一头独一无二的狼[因而我们要将这头狼加到我们不计其数的狼群里:这里又有一头……]。巨大的狼[我们一直在应对巨大的动物——你们记得路易十四的大象——下一年度我们也许会应对小一些的动物!……这一年度都是大动物!……]。一个动物。当然,一个动物!但是,当它指涉一个异质的多样性时,这个动物的名字就变成了别的东西[这是翻译的开始],我们根据阿贝拉尔(Abélard),将这一过程视为怪物(chimère)。这头多疑的狼既是动物也是症候,它骑着马[一头骑马的狼!……]穿过它一边散布疾病、一边保护着的森林和城镇;路易国王[我们谈论过的多位路易之一]在 954 年夏天要遭遇的正是这头狼,而在

---

① 马库尔是公元 6 世纪的一位圣徒,据说有治愈鼠疮的能力。当时坊间流传着马库尔将超自然能力赋予法国国王的传说。——译注

这个动物底下，阿尔努夫将根据他的幻想性影像，告知和预言另一个路易。在一个混乱的间歇期后——所有可能性在这里此起彼伏，挣脱了国家的罗网和筛查——这同一头狼(Loup)[现在带上了大写字母]将会让路易十四落马、让路易十六降生。

根据议事司铎弗洛多阿尔(Flodoart)记载，这头狼决不能被化约为一头动物的单纯现身。这是狼的转移[仍然是翻译，"狼的转移"]，它通过这种 ethos(精神品质)分叉出了对于一系列相似性和一系列变异性的规定，它将一系列变异性像普瓦提埃的彩绘玻璃一样重新拼接起来，在这里，各个空间运动得以相互联系，它们之间的巨大距离得以保持，它们各自的构造得到尊重。如同阴影一般，某个"像狼一样"的东西从这头狼这里升起，它的名字向着难以计量的意指扩展开去[翻译这头"名字向着难以计量的意指扩展开去"的狼：因此是翻译中的狼，转移中的狼]，并置在某种图表上。这个名字，这个狼之名，展开了图表或分叉的卷宗，一个类目由此形成；这个类目没有范畴，因为它侵越了(mord)[这是一个啃咬(mord)的类目！……]带有不同地形的多个相似性体系：这个装置将导致加洛林王朝的溃败而让卡佩王朝的轮廓得以成型，这个名字始终诅咒着加洛林王朝，显示着后者遭受的痛苦[要言之，两个王朝之间的战争]。

国王路易受到这头让他落马的巨狼的诅咒，他死于象皮病，一种与大象有关的病患——由于一种名为"寻常狼疮"(Lupus vulgaire)的传染病，狼群(lupullement)在王室谱系中迅速繁殖。在 13 世纪的门槛上，人们用一个简单的"狼"字来指涉这种疾病［所以"狼"是一种疾病名称；我们已经说过这一点］。简言之，从狼这里——它的可怕阴影拦住了国王的去路——分离出一个拟像［我们也可以称之为一个"种类"……］，一个名称的拟像，它能够描述王室的疾病；分离出这样一个论断，即名称依据一种精神气质而变化，各种不属于同一地形的相似性，各种必然会分歧的相似性，将会在这种精神气质中得到分配。这就是为什么，horla①［horla 就是法律之外，你们记得，我们早些时候讲到的狼人就是 horla，法外之徒，他像主权者那样，站在一个外在于、超越于法律的地方来制定法律，你们记得在英语里狼人被译为 outlaw］这个名字逃亡、化入相似的回响之中，被其他的时空条件所捕捉。接着是各种差异极大的不调和的汇聚，这里的差异之大，就像将动物、圣徒、风景——"奥尔拉"这个名字就标志着它们的轮廓和朦胧的对角线——与真皮结核症分离开来的不调和那样。

森林之狼马克伍尔夫 (Marcwulf) 定义了一个名词复合体，一个可以指向不同方位的、可变的木板 (planche) 或哀叹 (plainte)，一声让疾病传播并让最后的加洛林王朝陨落的悲鸣 (planctus)。但也正是在这声哀

---

① 这里指的是莫泊桑的短篇小说《奥尔拉》。"horla"为莫泊桑杜撰的词，由"hors"（外部）和"là"（那里）组成，在小说中是一个正体不明却纠缠着叙事者的东西。——译注

叹的外表上，民众开始繁衍；同时，这声哀叹也是这样一个传说，它重新切断民众、施行封建制，来为卡佩国王腾出空间。狼、国王、圣徒因此将被统合[这里是对野兽与主权者的统合]，将被统合进一个装置之中，它的每一项都显示一种机能，即其他两项根据一种新的功能来施行封建化。封建性在这里是一个多重臣属的指标和一个配置，马克伍尔夫的名字比加冕礼更能界定和个体化这个配置。加冕礼无法说明那个过程，那个会将圣徒和国王、国王和狼都铭刻在同一个异序 ethos 内部的主体化过程。

马克伍尔夫，"边境之狼"（loup-de-la-marche）[这里"marche"的意思是边界、界线、疆界]，过程中的狼，它是一个民众的怪物。民众不断称颂这个怪物，认为它是他们自身坚实性（sa proper consistance）的计谋。这个民众派来的动物就像一个社会结晶体的中心主题，一个母题，它可以形塑穿越其中的各种力量，这些力量将自身投射到一个形象多变的、幻术师般的国王身上[回想一下我们在阅读马兰时提到的施行幻术的国王，以及康托洛维茨的《国王的两个身体》，在它之前还有布洛赫的《国王的幻术》]。并且，这个国王更依赖于圣徒和狼（他仿佛是他们的下属），而不是奠基性的加冕礼，后者被认为是一个停顿，被认为是封号授予仪式的障碍。归根结底，加冕礼、封地仪式无疑都成功利用了封建机器，使之成为阿达贝隆（Adalbéron）所称颂的国家装置，成为与教皇和改革后的教会相联合的王权[自然，这是一段宏大的历史……我读得很快,你们得阅读整本书]。但是,尽管与封建机器的对峙瓦解在中央集权化国家周围垂直编织的权力之网中,在加洛林王朝到卡佩王朝的过渡时期,还是出现了与政治独特性的对峙、出现了政治独特性的中断。①

引用到此为止。你们可以清楚看到,问题涉及两个王朝之间的主权冲突,这里的重要问题是根据封建结构、根据领主们与国王之间的战争来明确国家主权。我尤其想给你们读一下这个文本,不仅是因为卡佩王朝和加洛林王朝的狼群,而且是因为这里进行着一种翻译性、修辞性、转喻性的操作,一种将名字进行移置的力量;同时在某种意义上,这里的问题还涉及 logos。关于 logos,我想说一句:根本而言,人们称作——我从很久以前开始称作"逻各斯中心主义"的东西,在我自己这里,指的始终是一种强加的霸权、一种施加霸权的强制性(forçage),它不仅意味着 logos 作为话语和语言的权威——这已经是一种阐释了——而且意味着一种操作,一种恰恰是(我加上引号)"欧洲式"的操作,它同时将《圣经》传统(我们已经看到从犹太人斐洛到《约翰福音》的某个过渡)和哲学传统集聚在一起;笼统地说,它将诸多一神教、诸多亚伯拉罕式的宗教和哲学集聚在一起。亚伯拉罕式宗教和哲学的这种逻各斯中心主义,指的与其说是 logos 单纯地位于一切事物的中心,不如说,它恰恰处在主权性霸权的情境中,它根据翻译的强制力来组织一切事物。

---

① J.-Cl. Martin, *Ossuaires*..., *op. cit.*, p. 163-165.——原编者注

在剩下 20 分钟左右的时间里，我基于这一点作两个提议：首先，我们快速看一下亚里士多德《政治学》里的 logos，它出现在亚里士多德将人定义为 zôon logon echon 的著名段落中；然后，如果有时间的话，我们稍微说一下《圣经》，我今天本想在开头的时候以《圣经》开场的。

我上次课简短地提到，[我们关注的部分]开始于《政治学》卷一开头，亚里士多德在那里将 polis、将国家定义为一种共同体（koinônia），而作为共同体而言，国家是以某种**善好**为目标建立起来的。国家是以某种善好（agathon）为目标建立起来的共同体。当然，我们可以说这个善好自然地被所有共同体所追求，甚至包括动物共同体在内，但亚里士多德一开始就宣称，国家作为人类共同体，作为人类的 koinônia，是以作为**至高**善好①的善好为目标而组织起来的；这是通行的翻译，而被译为"至高"的语词当然就是——回想一下我们在谈到博丹时说过的——希腊语里通常用来指涉主权的"kurios"：

> [……]显然，所有共同体都致力于某种善好，而所有共同体中至高的共同体[kuriôtatê：共同体是一切事物中至高的，因此主权概念在这里一开始就包含在国家、polis 和共同体的概念之中]、包括所有其他共同体的共同体，其目的正是所有善好中至高的善好[kuriôtatou，至高的善好，最高的善好]：这是人们所谓的城邦或政治共同体（ê koinônia ê politikê）。

① Aristote, Politique, I, op. cit., 1252 a 1 -6. ——原编者注

然后,正是在下一个段落中,他定义了所谓主人或国王、定义了政治家:

> 有人认为城邦政治家(或行政官)、国王(*basilikon*)、一家之主(*oikonomikon*)、奴隶主(*despotikon*)都是一样的,这些人的表达不正确[因此,亚里士多德要区分政治家(*politikon*)、国王、一家之主和奴隶主:那些认为他们都相同、都一样的人是错的,他们没有正确表达自己,没有正确地选择他们的语词]。事实上,他们在这些人物那里只看到数量多寡,而没看到种类上的差异:例如,如果一个人对少数人实施权威,那么他就是主人;如果一个人对很多人施行权威,那么他就是一家之主;如果一个人对更多的人施行权威,那么他就是政治家或国王,仿佛一个大家庭和一个小城邦之间没有区别[换言之——这是一直延续到施米特的一个传统——不能认为国家仅仅是一个放大了的家庭;因此,一个家庭共同体和一个国家共同体之间,存在着结构性的差异]。至于政治家和国王的区别:如果一个人只是施行权力,那么他就是国王;相反,如果一个人根据政治科学规范来施行权力,轮番作为统治者和被统治者,那么他就是政治家。但这并不正确;而我关于这个问题要说的内容,对任何用我们的通常方式考察这一问题的人来说,都是明白无误的。①

---

① *Ibid.*, 1252 a 4 –23.——原编者注

接着是一段方法论阐述，它试图、它宣称要回到"*ex archês*"，回到开端（你们记得，"*archê*"一词的意思是开端和命令）："因此，通过考察事情如何从它们的起源（*ex archês*）发展而来，在这里一如在其他地方，我们可以最为正确地观察它们。"那就让我们回到起源：

> 首先，离开对方就不能存在的存在者，必须一对对地结合，诸如女人和男人，为了繁衍就必须结合（这一结合不是选择的结果，而是和其他动物和生物相同，人类所遵循的一个自然法则，即倾向于在身后留下与自己相似的另一个存在［换言之，繁衍和生育是一切生物的固有性质，不管是植物、动物还是人类］）；此外，天生的统治者和天生的臣属者为了两者的保全也必须结合［这是自然的，天生如此，*phusei*］。因其知性而能够预知的人，是天生的首领、天生的主人［仍然是 *phusei*］；因其强健的身体而能将这种预见付诸实施的是臣属者、是天生的奴隶；这就是为什么，主人和奴隶具有相同的利益。因此，女人和奴隶天生［仍然是 *phusei*］就区别开来了，因为自然不会像匠人锻造德尔菲小刀那样精打细算，它造每个事物只为一个用途［……］。在野蛮人那里，女人和奴隶具有相同地位，因为野蛮人没有天生的统治者［所以女人和奴隶都不是天生的统治者］，他们的共同体不过是女性奴隶和男性奴隶的共同体；所以诗人们说："希腊人有权统治野蛮人"，仿佛野蛮人和奴隶天生就是一回事。
>
> 因此，这两种共同体［我读得比较快，这是为了尽早

457

看到 *zôon logon echon* 的问题]中首先形成了家庭,赫西俄德不无道理地在他的诗中说:"先得有房子、妻子和耕地的牛";事实上,在穷人那里,牛是奴隶的替代。为满足每日生活而依据自然建立起来的共同体就是家庭,其成员被加隆达斯(Charondas)称为"*compagnons*"(食橱伴侣),克里特的厄庇米尼德斯(Epimenides)则称之为"*commensaux*"(刍槽伴侣);另一方面,为超越生活所需而由几个家庭形成的第一个共同体,就是村子。

确切而言,村子最自然的形式似乎就是家庭的聚落,其成员被人们称作"同乳子女"或"子孙"。正因如此,城邦在起源时由国王统治,而其他民族至今仍然如此。臣属于国王的人们形成了城邦;每个家庭事实上都服从最长者的统治,而继起源的共同体之后,家庭聚落也同样如此。这就是荷马所说的[等等]。①

接下来就是对我们来说非常关键的部分:

从数个村子中诞生的共同体是城邦,可以说达到了完备而完全自足的层次[*autarkeia*,也就是独立、自我统治,在自身内部具有自己的 *archê*]:它的形成是为了**生活**的需要[这里是 *zôon* 的动词形式 *zên*,即活着],它的存在是为了**善好的生活**(*eu zên*)[一个政治共同体,一个城邦,其目标是**善好的生活**(*eu zên*)。在某种意义上,亚里

---

① Aristote, *Politique*, I, *op. cit.*, 1252 a 27 -1252 b 22. ——原编者注

士多德将从 *polis* 的这一事实、这一本质出发——即以最高善好和善好生活为目标——将话题转为对人的定义，即正是人拥有逻各斯］。这便是为什么每个城邦都自然地［仍然是 *phusei*］存在，正如最初的城邦：事实上，城邦是共同体的目的，一个事物的自然就是其目的；当一个事物完成了它的成长，我们就称之为这个事物的自然，如一个人、一匹马、一个家庭。此外，最终的原因和目的是至善；自足(*l'autarcie*)既是目的，也是至善。①

这是对主权的本体论定义，也就是说，既然我们追求善好的生活(*eu zên*)，那么就最好生活在自足之中，也就是自己掌握自己的原则，自己掌握自己的开端和命令，这比相反的情况要好："［……］最终的原因和目的是至善；自足既是目的，也是至善"。要言之，由此就产生了主权的根本而必然的定义：主权者是自己掌握目的或自己就是一切之目的的人。

然后，在这些前提之后，出现了这个经典而根本的文本，你们记得，种种争论和讨论都由此展开。回想一下我们讨论过的阿甘本的阐释，回想一下海德格尔的阐释，后者质疑的正是这个将人规定为 *zôon logon echon* 的定义，海德格尔说这个定义配不上人的人性，不仅因为它是一个"动物学"定义(海德格尔语)，不仅因为 *zôon* 被赋予 *logos*，而且因为人们悄悄忽略了对于 *logos* 的一种［特定］阐释，而在海德格尔看来这种阐释本身就已经颇成问题。需

---

① *Ibid.*, 1252 b 27 – 1253 a 4. 括号内的斜体字"*l'autarcie*"为德里达引用版本的译者所加。——原编者注

要指出的是(我要顺带一提,因为这也是我本想在这一年度探讨的一个领域或问题所在,但我们没时间了,我希望下一年度可以回到这里),从这一观点来看,海德格尔既打断了传统(他希望以自己的方式来解构传统),打断了某种将人定义为"理性动物"的形而上学人道主义传统,他称它为"动物学"定义——他宣称要打断这个宏大传统;但与此同时,同样是海德格尔,他在许多文本中(我确实想在这一年度跟你们一起阅读这些文本,我希望下一年度可以做到)否认动物具有他在人类那里、在人类"此在"那里发现的许多根本特征,而他恰恰希望把"此在"抽离 zôon logon echon 的传统——这些特征即言语、死亡、对死亡本身的经验、"本身",尤其是向世界本身的开敞、向"本身"的开敞。在1930年的一次著名的研讨班上(我希望跟你们一起阅读这次研讨班)①,海德格尔将动物定义为"匮乏于世界(weltarm)",而人则可以形成世界,石头则没有世界(weltlos,石头和无生命物;weltarm,动物;weltbildend,形成世界的人类)。动物匮乏于世界,尤其是因为动物与存在本身没有关系、与事物"本身"没有关系(动物与太阳有一种关系,它感受到太阳的温暖或太阳的光亮,但动物与太阳本身没有关系)。在海德格尔看来,这一对于动物的匮乏性定义,与他针对

---

① M. Heidegger, *Die Grundbegriffe der Metaphysik. Welt – Endlichkeit – Einsamkeit*, dans *Gesamtausgabe*, II. Abteilung: *Vorlesungen 1923—1944*, vol. 29/30, Friedrich Wilhelm von Herrmann (éd.), Francfort-sur-le-Main, Vittorio Klostermann, 1992; *Les Concepts fondamentaux de la métaphysique. Monde, Finitude, Solitude*, texte établi par Friedrich Wilhelm von Herrmann, tr. fr. Daniel Panis, Paris, Gallimard, 1992. 参见德里达《野兽与主权者(第二卷)》。——原编者注

人的动物学定义的质疑之间,并不是无法兼容的;恰恰相反。由于他希望强调、强化、锐化动物和人的这个边界(这正是我们在此质疑的),他一方面批评(也可以说解构)将人视为"理性动物"的形而上学传统,另一方面则强化了动物和人的区分。因此(我们会回到这一点上),可以说他对于 zôon logon echon 的批判、对于"理性动物"的批判,不仅涉及对人的定义——通过人与 logos 的关系来定义人——而且涉及对政治的定义:人作为政治动物,与人之为具有 logos、logos ekhon 者的定义密不可分。

亚里士多德的文本如下:

> 从这些考察可以清楚看到,城邦是一个自然现实,而人天生就注定生活在城邦之中[政治动物,tôn phusei e polis esti, kai oti anthrôpos phusei politikon zôon:是一个政治动物];天生或偶然没有城邦的存在者,要么比人低等,要么比人高级["没有城邦"者,也就是 apolis、非政治者,要么比人低,要么比人高;要么是动物,要么是神。政治是人所固有的、人的生活中所固有的:"天生或偶然没有城邦者(kai o apolis dia phusin kai ou dia tuchên,等等),要么比人低等,要么比人高级]:他就像荷马谴责的那样,"没有部族,没有法律,没有炉火";一个天生如此的人,同样也是好战者;他就像棋盘中的一颗孤子。因此,为什么人比所有其他动物,比蜜蜂或其他群居动物都更是**政治性的存在**,原因就很清楚了。事实上,如我们所说,自然不造无用之物;在动物之中,只有人具有话语[logon de monon anthrôpos echei tôn zôôn:所以,政治性和 logos 的安排之间有着根本联系,两者密不

可分]。或许声音(*phônê*)的声响可以表现痛苦和快乐;它们也可以在一般的动物那里找到:动物的天性仅仅让它们能够感知痛苦和快乐,并在彼此之间将其表现出来[因此,*phônê* 不足以界定 *logos*]。①

(我在很久以前区分了逻各斯中心主义和声音中心主义②,这一区别正是为了表明,逻各斯中心主义通过指涉 *logos* 这个能指、这个词——它是我刚才界定的历史文化领域(亚伯拉罕式宗教、福音宗教和哲学)所固有的——这种逻各斯中心主义在我看来规定了人类历史中的这个[特定]领域或这个[特定]时期。而过去和现在我都认为,声音中心主义是普遍的,因为它定义了所有文化那里赋予口语和表音文字的权威或霸权。也就是说,存在一种声音中心主义,我们可以在欧洲以外的地方发现它的符号或症候,甚至可以在那些运用非表音文字(表面上看来是非字母、非表音文字)的文化里发现它的符号或症候。例如,你们知道在中国文化里,文字不是表音的,虽然其中包含了表音的要素;尽管如此,还是有许多迹象表明[那里有]一个被承认的声音权威,在我看来,这意味着声音中心主义具有普遍性,而逻各斯中心主义则没有。总之,这里亚里士多德说到的 *phônê* 仅仅涉及发出声响,而

---

① Aristote, *Politique*, I, op. cit., 1253 a 2–14.——原编者注

② 特别参照 J. Derrida, *De la grammatologie*, Paris, Minuit, 1967, p. 21–24.——原编者注

[中译本参见德里达:《论文字学》,汪堂家译,上海:上海译文出版社,1999。——译注]

事实上这可以出现在没有理性、没有 logos 的动物那里：存在着没有 logos 的 phônê。）

> 或许声音(phônê)的声响可以表现痛苦和快乐；它们也可以在一般的动物那里找到：它们的天性仅仅让它们能够感知痛苦和快乐，并在彼此之间将其表现出来。而言语(logos)则用来表示有用和有害，以及正义和不义[换言之，言语(logos)和善好(agathon)之间、正义和不义之间(kai to dikaion kai to adikon)有着本质关联。动物无法做到这一点：它们具有 phônê, 但它们既没有 logos, 也没有与善好、至高的善好、正义或不义的联系]。事实上，这就是人相比于所有其他动物的独特特征[pros talla zôa tois anthrôpois idion: 在所有其他生物面前(或依照所有其他生物)，这是人所固有的(idion)]：只有人能感知善恶、正义和不义(to monon agathou kai kakou kai dikaiou kai adikou)；正是对这些价值的共同占有，形成了家庭和城邦。①

显然，我们上次提到的问题还整个地留待解决，即了解亚里士多德在这样说和这样做的时候，是否已经——怎么说呢——感到、接近、打开了某种法国样式的所谓"生命政治"。你们记得，阿甘本试图在 zôon politikon 的定义中区分"本质属性"和"种差"（在我看来这个区分站不住脚）。然而，亚里士多德恰恰告诉我们，人是被政治掌握的生物——也正是在这里，阿甘本在两种属性之间

---

① Aristote, Politique, I, op. cit., 1253 a 10 –18. ——原编者注

作出的区分无法奏效：人是政治性的生物，本质上就是如此。换言之，人是动物—政治性的（zoo-politique），这是人的本质性定义，是人的固有性、*idion*；政治为人所固有；政治为人类这一生物所固有，所以人直接就是动物—政治性的，在人的生命本身之中就是如此，而生命政治和动物政治的区分在这里根本不成立——另外，海德格尔和福柯都没有停留在这种区分上，而且很显然，在亚里士多德那里已经有对于今天所谓"动物政治"或"生命政治"的思考。这并不意味着——上次我已经指出过这一点，今天我也要强调一下——当然，这并不意味着，亚里士多德已经预见了、思考了、分析了如今动物政治或生命政治的所有形象：这么认为就太荒谬了。但是，就生命政治或动物政治的结构来说，它已经被亚里士多德提出了，已经在那里了，论争就从那里开始。

接下来对我而言是个困难的问题，因为我们得留出讨论时间……我希望和你们读一下《创世记》的两个叙事，然后读一下诺亚，关于诺亚的段落——不过目前我不打算读了。下一年度我会回到这两个叙事上来，它们会占用很长时间，这里就不触及了。请允许我向你们提到我的一个文本，在那里我讨论了相关问题；这个文本出自我几年前所作的一次为期两天的长演讲，它是那次演讲的一个片段，收录在题为《自传性动物》的文集里①：我在那个文本里提出了一种对于《圣经》、对于《创世记》的解读，讨论的

---

① Cf. J. Derrida, «L'animal que donc je suis (à suivre)», dans *L'Animal autobiographique*, op. cit., p. 265 -269; *L'animal que donc je suis*, op. cit., p. 33 - 37.——原编者注

主题是人对动物的统治（这是《创世记》的两个叙事之一）。另一方面，有关诺亚，可以参考我的小书《赠予死亡》，那里还提到了上帝懊悔时发生的事情……①

以上就是我要说的。我觉得阻止今天的讨论就不好了，所以我就此打住，将发言权交给想说话的人。

---

① *Cf.* J. Derrida, *Donner la mort*, Paris, Galilée, 1999, p. 187–189.——原编者注

［参见拙译《赠予死亡》，西安：西北大学出版社，2017。——译注］

人名索引

(索引页码为原著页码)

Aristote 亚里士多德 13, 42–43, 49, 90, 205, 228, 299, 355, 418–422, 431, 433–442 各处, 449–450, 455–463 各处

Agamben, Giorgio 阿甘本 13, 134–139, 419–443 各处, 459, 462

Balibar, Étienne 巴利巴尔 80

Bataille, Georges 巴塔耶 307, 346

Benjamin, Walter 本雅明 38

Bennington, Geoffrey 本宁顿 28

Benveniste, Émile 本维尼斯特 101–103, 173 注释

Bodin, Jean 博丹 52, 78–80, 83, 106, 287, 340, 344, 442, 455

Bourdieu, Pierre 布迪厄 189

Celan, Paul 策兰 250–254, 271, 275, 289–313 各处, 338, 340–344, 349–366 各处, 374, 399, 412, 451

Chomsky, Noam 乔姆斯基 41–42, 130

Cixous, Hélène 西克苏 281–282

Deleuze, Gilles 德勒兹 14, 104–105, 142, 195–217 各处, 229, 235, 237, 242, 244–247, 259, 450

Descartes, Réne 笛卡尔 90,119,148,158,160 注释,162 -165, 175,183,185,204,243,245,255,262,342,362,390 -391,446

Dumézil, Georges 杜梅齐尔 125

Ellenberger, Henri F. 艾伦伯格 367 - 369, 396 - 399, 403 -404

Flaubert, Gustave 福楼拜 189 -190,216 -220,237,249

Foucault, Michel 福柯 13,415,419 -442 各处,462

Freud, Sigmund 弗洛伊德 56 -57,99 -100,146,157,160, 171,175,183,186,197

Friesenhahn, Ernst 弗利森哈恩 115 -116

Heidegger, Martin 海德格尔 30,83,90,137 -138,170,172, 207 -208,212,227,232 -234,237,275,313 注释,329,339, 351,353 -359 各处,362,375,395,407 -410,418,422 -437 各处,448,449,459,462

Hobbes, Thomas 霍布斯 14,28,31 -33,42 -43,50 -54,64, 67 -106 各处,116 -118,134,253,286

Kant, Immanuel 康德 21,83,90,119,124,148,158,203,207, 226,245,278,287,362

Kantorowicz, Ernst 康托洛维茨 382,393

Kleist, Heinrich von 克莱斯特 255 - 256, 271, 275, 293, 340,344

La Fontaine 拉封丹 13,26 -27,31,75,91,96,116 -117,121, 248,278 -288 各处,290,340 -344,349,424

Lacan, Jacques 拉康 14,90,105,132,141 -214 各处,242, 244 -247,255,326,404,446,450

Lawrence, D. H. 劳伦斯 316–336 各处, 403, 404

Lévinas, Emmanuel 列维纳斯 91, 137–139, 154, 158, 176, 316–318, 431

Machiavel, Nicholas 马基雅维利 14, 83, 112, 116, 118, 121–133 各处, 171, 348

Marin, Louis 马兰 27–28, 383, 384–387, 389–394

Martin, Jean-Clet 马丁 451–454

Marion, Jean-Luc 马里昂 293

Montaigne, Michel de 蒙田 31, 92–96, 118, 267, 291

Nietzsche, Friedrich 尼采 21–22, 132, 178, 239, 246, 268, 307, 345, 348

Platon 柏拉图 31, 83, 95, 213, 281, 377, 389

Plaute 普劳图斯 14, 30–31, 95–96, 102, 118, 134

Rousseau, Jean-Jacques 卢梭 14, 30–34, 42–45, 97–98, 118, 134–145 各处, 229

Schelling, F. W. J. 谢林 209–214 各处, 244

Schmitt, Carl 施米特 14, 30, 37, 54, 73–81 各处, 83, 84, 107–116 各处, 118, 456

Guattari, Félix 加塔利 14, 245

Pascal, Blaise 帕斯卡尔 27, 291, 393, 394

Plutarch 普鲁塔克 43–45

Ronell, Avital 罗奈尔 104, 212, 231–240 各处

Valéry, Paul 瓦莱里 186, 224, 237, 243, 249–250, 254–275 各处, 278, 302, 340, 344

译后记

本书根据 Jacques Derrida, *Séminaire: La bête et le souverain* Volume I（2001—2002）（Paris: Galilée, 2008）译出，同时参考了本宁顿（Geoffrey Bennington）出色的英译本（*The Beast and The Sovereign*, Volume I [Chicago and London: the University of Chicago Press, 2009]）和西山雄二、郷原佳以等人合译的日译本（『獣と主権者I』，東京:白水社 2014 年）。翻译过程中得到了吴子枫老师和我的同事 Mark Roberts 的许多帮助，在此一并致谢。

如编者说明中所说，《野兽与主权者》是德里达在巴黎社会科学高等研究院开设的最后两次研讨班课程，这里译出的第一卷呈现的是 2001 至 2002 学年的内容。毫无疑问，将当时或后来属于"理论热点"的"动物研究"和"政治哲学"放在一起讨论，德里达的这一姿态或许非常符合人们对于时髦的法国理论的那种（并不时髦的）看法或偏见。展现在这十三次课程中的诸多话题——"动物"与"野兽"的区分、"动物"和"人类"的边界、"动物""主权者"与"法律"的关系、"主权"的动物性和兽性，等等——散落在德里达分析的不同文本之中，这些话题并不通向某个确切的结论，而这些文本的作者则涵盖了政治哲学史上的经典作家（如霍布斯、马基雅维利和卢梭），20 世纪的重要思想家（如海德格尔、拉康和福柯)以及文学史上的一些重要作家(如拉封丹、策兰、瓦莱里和D. H.劳伦斯)。通过德里达眼花缭乱同时又显得急促的分析——一方面,他在研讨班中不断地说"我接下去会回到这里"(有的时候他的确这么做了,更多的时候则没有);而另一方面,他有时会明确地说"我们没有时间了"——读者(或听众)被带向"野兽"和"主权者"之间纷繁复杂的交错关系中。

"野兽""动物"和"主权者":这些词如今在学界内外都已经不新鲜了;毋宁说,一方面由于过去数十年中国国内动物保护运动的迅猛发展,另一方面由于政治哲学尤其是施米特著作在国内的流行,德里达所讨论的议题在今天中国的语境下正变得愈发具有相关性。不过,就像他不断提醒的那样,无论面对哪个概念,或许我们需要做的都是一种耐心的、谨慎的解构:我们必须看到已有的政治概念在体制的层面上、在现实中发挥着的效力,必须意识到单单批判某个机制背后的概念框架或预设,未必就能直接通向公平与正义。

当然,依照一种几乎始终被默默遵守的"学术礼仪",但凡有一部外文著作被引入国内,它凭借这一事实便几乎立即具备了对国内学界乃至对当下社会的"相关性",立即变得无比重要、无可取代,仿佛不读一下不足以过生活。对于《野兽与主权者》,自然也可以从这个角度大幅展开一番。不过,作为译者,我想强调的可能是恰恰相反的一点:在我看来,德里达的"蹑手蹑脚/狼的脚步",他逡巡在不同文本、不同细节之间的姿态,与他讨论的一些大词在通常意义上可能引起的关切之间,甚至与读者可能对"野兽与主权者"这个主题抱持的关切之间,形成了明显的距离。这话的意思是,如果人们期待从这份研讨班讲稿中得出一些特定的结论,决定性地规定"野兽"与"主权者"的关系,那么这一期待很可能会落空。例如,动物保护运动的参与者们或许乐意倾听德里达有关如今所谓"人类中心主义"的批判,但他们未必会乐意全盘接受德里达关于"动物权利"的论点——所谓的"动物权利"的主张者,恰恰忘了他们援引为模板的"人权",其前提就是现代形而上学确立的人与动物的等级关系。

在德里达看来,"主权"意味着"更甚",意味着"比高更高,比大更大","主权者"那无法规定的自我规定,它那被施米特界定为"决断例外"的特性,体现为一种超越所有可测量、可比较维度的绝对性。主权者是无可比拟的存在。另一方面,德里达却从中偷偷引入了各种"类比":主权者一如野兽(bête),两者都处于法律的外部;主权者一如"愚蠢"者(bête),它那朝高处挺立的姿态也正是无法消肿的阴茎勃起状态的荒诞。无论占据"主权者"位置的是一位君主还是所谓"人民",情况都不会有丝毫改变。因此,如何在"主权"之外设想另一种绝对性,或者(两者其实是同一个问题的不同侧面),如何设想绝对之"主权"的可分割性、可分配性甚或有限性,便成为德里达在研讨班中通过讨论策兰《子午线》等文本所处理的重要问题。不过,这一迷宫式的考察并没有通往一个豁然开朗的结局;相反,在繁复的"迂回"过程中,读者在途中遭遇的各种动物——狼、鸽子、大象、狐狸、狮子、蛇、猴子、海豚等等——会将问题散落到其他层面和其他指向上去,使得读者在每一个方向上都不得不重新整理思绪。同时,读者也不可期待从《野兽与主权者(第二卷)》中找到这趟旅途的结局,因为在下一年度,德里达将再次从一个新的角度出发,重点围绕两个文本——笛福的《鲁滨逊漂流记》和海德格尔的《形而上学的根本概念》——展开有关"世界""孤岛""死亡"等议题的讨论。

在这个意义上,毋宁说,正如德里达会不断质疑被许多学者们用作不言自明之前提或主张的概念本身的稳定性和成立条件,这些学者面对德里达的种种论述也会嗤之以鼻:说了半天的"野兽"与"主权者",绕来绕去的,你到底想说什么?——用德里达所分析的劳伦斯的《蛇》为例,可以说,当面对这条突然出现的蛇,面对这位危险的"客人",如今有太多人不会选择去尊重它,而是会毫无顾忌地将它打死:因为,文本中的叙事者告诉我们,这是一条毒蛇。这是毒蛇,是邪恶、敌人、秩序的破坏者,而我——人类——我是正义、是文明、是伟大,两者泾渭分明,凡是看不清这一点的人,都属于毒蛇阵营。不止于此,如今有太多人甚至会从此加固自家的边界,竖起围墙,填补裂缝,防止毒蛇再次侵入;另一边则成群结队,带上武器来一场针对毒蛇的围剿。在今天的语境下,对于所有这些,"解构"或许是一种太过体面的、近乎布尔乔亚趣味的操作——尽管在当年的知识界"体面人"眼中,它曾经显得那么大逆不道、败坏堕落。今非昔比。

于是,在今天的语境下,阅读德里达正在成为,或许已经成为一件有些尴尬的事情。问题涉及至少三个方面:第一,鉴于研讨班的性质,就德里达在这里展开的论述来说,其中尤为明显的特征是,不但他在不同文本之间的过渡往往显得随意,而且他在文本分析过程中很少以既有研究为基础。无论我们如何从主题的要求方面为之辩解,这都显得像是"不符合学术规范"的做法。(吊诡的是,德里达对于阿甘本和福柯的批评之一,正在于他们在论述"生命政治"的时候漏掉了对海德格尔的参照。)第二,由于德里达往往喜欢在法语表述上玩文字游戏,而译文只能呆板地、亦步亦趋地将文字游戏转录为其他语言,在法语中存在着的语词之间的关联在译文中只能缺失,导致"懂的人自然懂",从而阅读德里达(当然也不限于德里达)在某些场合下近乎于一小撮爱好者看"爽文"般的体验;而爱好者们受"启发"写下的文字,更是放大了德里达式的论述在外语语境下的格格不入之感。就像"同人圈"内的人们乐此不疲地操弄着咒语般的语言,外人却不知道他们在说些什么东西。第三,一旦人们为德里达贴上"时髦理论"的标签,那么在"时髦理论"的意义上,德里达如今也已经不再"时髦"了:不仅有关"主权",有关霍布斯、马基雅维利、卢梭等思想家的研究据说应该被正统地归于"政治理论"或"政治哲学",而且当下的流行趋势——"情动""新唯物主义""加速主义"——正如社交平台上的"每日热点"一般,也逐渐将德里达从"时髦理论"的前沿那里撤下。

　　如果说阅读德里达正在或者已经变得尴尬,那么翻译德里达则有过之而无不及。在学界内外能人辈出的今天,翻译越来越显得是一件吃力不讨好的事情。不仅翻译软件的日新月异让"翻译"这件事作为一项严肃的学术工作(据说)变得越来越尴尬和可疑,而且,对于如今正像科幻小说中的克隆人一般量产式地增加着的、在本科乃至高中阶段就已经精通十门八门外语的语言天才来说,"译作"似乎不过是一个不那么好笑的玩笑。不过,两个因素叠加起来,反而正好为我的这份译事提供了正当性:既然没有优秀的外语能力和学术能力,那我就只好来做一做这种据说因技术的发展而终将被淘汰的"粗活"。

　　译稿基本上完成于 2020 年,完成于当时我与其他同事共用的一间办公室里。那间办公室位于东京大学驹场校区内拥有百年历史的"101号馆",公家的电脑大屏幕使我能将原文和两个译本放在一起对照参考,而不必在自己的笔记本电脑上折腾。但与此同时,平日频繁的电话声、来客和其他种种打扰,使得翻译工作进行得断断续续;加上德里达的语言并不因授课的形式而变得更为简明(但的确变得更为琐碎),这就导致虽然我已经尽力让译文读起来连贯通顺,但或许其中仍旧有些磕磕绊绊的地方,甚至是译文上的错误,这一点还请读者谅解。最后,这次邀请我承担这份译事的依然是陈越老师,在此也对他的信赖表示感谢。

王钦

2021年9月于东京

著作权合同登记号:陕版出图字 25-2019-043

图书在版编目(CIP)数据

野兽与主权者.第一卷/(法)雅克·德里达著;王钦译. --西安:西北大学出版社,2021.12
ISBN 978-7-5604-4874-9

I.①野… II.①雅… ②王… III.①德里达(Derrida, Jacques 1930 -2004)—哲学思想 IV.①B565.59

中国版本图书馆 CIP 数据核字(2021)第 250342 号

野兽与主权者(第一卷)
[法]雅克·德里达 著
王钦 译

出版发行:西北大学出版社
地　　址:西安市太白北路 229 号
邮　　编:710069
电　　话:029 -88302590
经　　销:全国新华书店
印　　装:陕西博文印务有限责任公司
开　　本:889 毫米×1194 毫米　1/32
印　　张:18.125
字　　数:405 千
版　　次:2021 年 12 月第 1 版　2021 年 12 月第 1 次印刷
书　　号:ISBN 978-7-5604-4874-9
定　　价:136.00 元

本版图书如有印装质量问题,请拨打电话 029 -88302966 予以调换。

Séminaire: La bête et le souverain
Volume I (2001—2002)
de Jacques Derrida
Copyright © Editions Galilee 2008
Chinese simplified translation copyright © 2021
by Northwest University Press Co. , Ltd.
ALL RIGHTS RESERVED

Re 精神译丛（加*者为已出品种）

第一辑

*从莱布尼茨出发的逻辑学的形而上学始基	海德格尔
*德国观念论与当前哲学的困境	海德格尔
*正常与病态	康吉莱姆
*孟德斯鸠：政治与历史	阿尔都塞
*论再生产	阿尔都塞
*斯宾诺莎与政治	巴利巴尔
*词语的肉身：书写的政治	朗西埃
*歧义：政治与哲学	朗西埃
*例外状态	阿甘本
*来临中的共同体	阿甘本

第二辑

*海德格尔——贫困时代的思想家	洛维特
*政治与历史：从马基雅维利到马克思	阿尔都塞
论哲学	阿尔都塞
*赠予死亡	德里达
*恶的透明性：关于诸多极端现象的随笔	鲍德里亚
*权利的时代	博比奥
*民主的未来	博比奥
帝国与民族：1985—2005年重要作品	查特吉
*政治社会的世系：后殖民民主研究	查特吉
*民族与美学	柄谷行人

第三辑

*哲学史：从托马斯·阿奎那到康德	海德格尔
试论布莱希特	本雅明
*论拉辛	巴尔特
马基雅维利的孤独	阿尔都塞
写给非哲学家的哲学入门	阿尔都塞
*康德的批判哲学	德勒兹
*无知的教师：智力解放五讲	朗西埃
*野蛮的反常：巴鲁赫·斯宾诺莎那里的权力与力量	奈格里
狄俄尼索斯的劳动：对国家形式的批判	哈特 奈格里
免疫体：对生命的保护与否定	埃斯波西托

第四辑

*古代哲学的基本概念	海德格尔
黑格尔精神现象学的起源与结构	伊波利特
卢梭三讲	阿尔都塞
*野兽与主权者（第一卷）	德里达
野兽与主权者（第二卷）	德里达
黑格尔或斯宾诺莎	马舍雷
第三人称：生命政治与非人哲学	埃斯波西托
二：政治神学机制与思想的位置	埃斯波西托
领导权与社会主义战略：走向激进的民主政治	拉克劳 穆夫
德勒兹：哲学学徒期	哈特

第五辑

基督教的绝对性与宗教史	特洛尔奇
生命科学史中的意识形态与合理性	康吉莱姆
哲学与政治文集（第一卷）	阿尔都塞
疯癫，语言，文学	福柯
追随斯宾诺莎：关于斯宾诺莎学诸学说与历史的研究	马舍雷
斯宾诺莎《伦理学》导读 I（解放之途）	马舍雷
斯宾诺莎《伦理学》导读 II（受感致动的情状）	马舍雷
拉帕里斯的真理：语言学、符号学与哲学	佩舍
速度与政治	维利里奥
《狱中札记》新选	葛兰西